菊坛名家丛书·评弹系列

朱雪琴传

飞珠泻玉韵连风

高博文 赵倩倩 唐燕能 主编

陶春敏 著

上海人民出版社

菊坛名家丛书

编委会

主　　编

高博文　赵倩倩　唐燕能

编　　委

高博文　赵倩倩　唐燕能　姜啸博

朱雪琴

摄于20世纪40年代

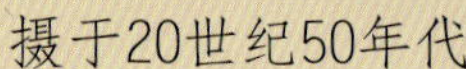

摄于20世纪50年代

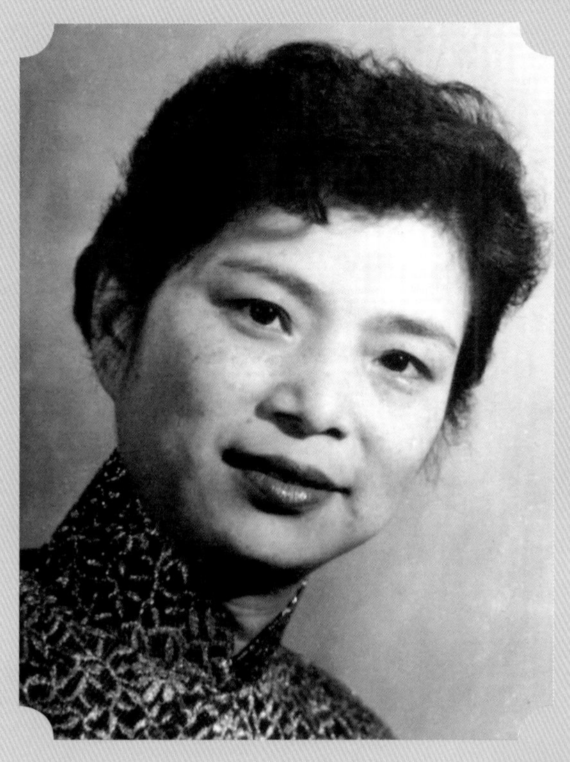

摄于20世纪60年代

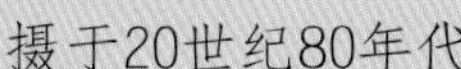

摄于20世纪80年代

朱雪琴与郭彬卿在上海仙乐书场演出《珍珠塔》（摄于20世纪60年代初）

朱雪琴与薛惠君演出《珍珠塔》（1962年印制赴港演出特刊时摄）

朱雪琴与余红仙演出《珍珠塔》（摄于20世纪60年代初）

朱雪琴辅导学生赵小敏、朱建玲（20世纪80年代初摄于江阴路家中）

朱雪琴、徐丽仙与越剧表演艺术家袁雪芬（20世纪60年代初摄于上海）

朱雪琴与张鉴庭、余红仙、陈小洁、唐耿良、蒋月泉（1981年摄于上海）

朱雪琴与金声伯（1984年摄于上海）

朱雪琴与越剧表演艺术家尹桂芳（20世纪90年代初摄于上海）

朱雪琴（右一）与徐丽仙、孙淑英、薛惠君（1962年摄于香港）

朱雪琴与蒋云仙、侯莉君、徐美琴（1993年朱雪琴舞台生涯六十周年纪念演出时摄于中国大戏院）

朱雪琴80年代生活照

朱雪琴与爱子朱一鹤（1991年摄于愚园路家中）

朱雪琴、朱一鹤母子与爱犬小刚（20世纪90年代初摄于愚园路家中）

总序

吴宗锡

评弹发源于文化古城苏州，得其人文精华的滋养，经历代艺人的耕耘，在清代中叶，艺术即趋于成熟，书目累增，人才辈出，形成了独创的美学和表演体系，流传于长江三角洲各城镇乡村。上海开埠以后，进入这一新兴都市，随着其经济文化的繁荣发展，受“海纳百川，改革创新”的文化精神的熏陶，融会进其都市文化。到20世纪30年代，名家荟萃，书目繁茂，流派纷呈，艺术登临于高峰期。

新中国成立后，有了党的领导，创办了国家经营的评弹团，天时地利人和相际会，评弹迎来了艺术繁荣的鼎盛时期，上海成为其艺术发展的中心。当代杰出的艺术家云集上海。这门家底深厚、丰瞻、精熟的艺术，造就了诸多名家翘楚；同时，也是众多才华横溢、勇于创造而又勤奋敬业的艺术精英，推动了艺术的发展提高。人才出书目，人才创艺术，人才的作用是大的。

在灿若群星的艺术精英们成长发展的道路中体现着评弹艺术整体的发展史。可是对这些为艺术作出终身成就和重大贡献的艺术家却还没有详尽全面地立传，以记述其经历和业绩。1991年上海文艺出版社曾编过一本《评弹艺术家评传录》，为十余位当代评弹名家著录其传略，既叙述其生平经历，又评介其艺术成就，每篇一万余字，受到读者欢迎。但为篇幅所囿，尚欠详尽，且仅出了五百本，影响有限。这次，上海评弹团和上海人民出版社计划编写一套近现代评弹艺术家的传记，应该说，这对弘扬评弹艺术，为后起人才传承发展评弹艺术，树立楷模，为广大评弹爱好者欣赏艺术，提供资料，都是很有必要的。

20世纪50至60年代，评弹随着时代发展，进入了艺术革新发展、推陈出新、生面别开的又一个创业期，产生了大量反映新时代新人物新思想的优秀节目，发展了多种适合当代人民群众审美需求的演出形式，提高了艺术表现力以及艺术素质、艺术品位，从而也大大提升了评弹在文艺界的地位。这些艺术名家正是艺术开拓、实践的功臣，也是这些集结于国家评弹团的艺术名家形成了发展提高评弹艺术的主力。

他们的出身不同，性格各异，学艺的经历也各殊。他们特点鲜明的强烈的艺术个性，使他们形成了卓尔不群的风格流派。但是由于所处的时代相同，事业相同，尤其在进入了新中国后，接受了党的教育，处身于宗旨、目标一致的评弹团群体以后，使他们的人生和艺术道路，有了显著的共性。从其共性中，我们可以领悟到新中国评弹艺术，在党的领导下，从卖艺江湖的民间艺术升华为雅俗共赏的高雅艺术的发展轨迹。

从其共性中，我们还可以看到，这些艺术人才在学艺之初，都曾经历过勤奋刻苦、艰辛崎岖的学艺道路，在激烈的竞争和坚毅的努力下才攀登上艺术高地，进入名家的行列。而成名之后，有些人曾在物欲横流的社会环境中，一度沉湎于声色享乐，尤其是男艺人们，其风流韵事时有传闻。只有了解了他们的这段经历，我们才更能认识到，新社会中这些艺术精英，接受了党的教育，建立了为人民服务，为事业献身的价值观之后，一心敬业，为评弹事业奋力进取、竭诚奉献的难能可贵。也就更能认识到，在党的正确方针政策下，成功打造的艺术核心，对于改进提高艺术和推动艺术发展所起的卓越作用。

他们也正是在进入了由党直接领导的团队群体之后，认识了人生的价值和艺术的真谛。他们不仅提高了文化学养，更建立了自己的人文理想。在他们的晚年，经历了“文革”劫难的冲击，不顾衰病的困扰，依然执着于自己的艺术追求，以实现自己的人生价值。或为艺术经验的记录整理，或为传统书目的传承，或为编演新的传世精品，或为艺术的发展乃至乐器的改革，孜孜不倦地写作、录音、钻研和教学授业。更有的身罹癌症，在与疾病顽强抗争的同时，仍时刻以艺术为念。应该说，是艺术改变了他们的人生，也是高尚的人生理想，提升了他们的艺术境界，而其高尚的艺术境界和人生理想成了这些艺术精英们的卓然共性。他们是受到人民群众热爱的，他们也深爱着广大的评弹听众，深爱着人民大众。也可以说，对艺术，对人生的热爱也体现了他们对国家、对社会的热爱。

因此，为新中国的评弹名家立传，记述他们的人生和艺术道路，是很有意义和必要的。我们希望传记作者们在记述他们作为人民艺术家的不平凡的人生和艺术的历程的同时，并总结他们的艺术经验，彰显他们的艺德艺品、艺术追求和艺术理想。当然，也记述下他们为新中国的评弹事业所作的卓卓建树和取得的丰硕成果。

刘厚生同志在为《菊坛名家丛书 · 京昆系列》作的总序中提出了传记必须真实的警示，十分重要。真实是诚信，真实才有意义，真实才有价值。真实是对历史，也是对传主的高度负责。但要真实是不易的，须得传记作者踏实和艰辛的努力，深入调查研究。即使是当事人的口述，也还需要作认真的核实。此前，我就遇到过多起口述不实的事例。真实，还要建立在理解的基础上。只有理解，才能透过表象，接触并反映本质的真实，由形似而达到传神。

衷心祝愿丛书获得成功。

序

评弹艺术在数百年的发展中，涌现出了众多大师和名家，朱雪琴就是其中十分耀眼的一位。作为一名女性艺人，她所创造的第一个女声弹词流派“琴调”，她与郭彬卿开创的女上手、男下手合作的“朱郭档”，表演风格影响深远，至今为人称道，在评弹发展史上留下一道浓墨重彩的印痕。为朱雪琴先生著书立传，既是缅怀她对评弹事业作出的巨大贡献，更是把这样一位不平凡的女性从旧时代到新社会的坎坷而丰富的经历展现给读者，让我们从中感受到她备受苦辛而坚韧不拔的意志和荣辱不惊、豁达乐观的精神。

朱雪琴先生是一代大家，成名很早，在评弹界乃至文艺界享有崇高的威望。余生也晚，第一次见到她是在1985年3月，上海评弹团青少年业余培训班的开班仪式上，当时先生已六十开外，动过几次大手术的她依然精神矍铄，毫无架子，热情地欢迎我们参加评弹学习并希望我们青少年学生多听评弹、多了解评弹。从小喜爱琴调艺术的我见到了仰慕已久的名家，兴奋了好多天。1987年我考入了上海戏曲学校评弹班，和她见面的机会多了起来。每月的六号是团里发工资的日子，总能见到她。至今还清晰地记得，那天我在团部大厅练习三弦，她走了进来，停下脚步，仔细端详了一会儿，然后走到了我面前。我当时非常紧张，她走近后，和蔼的笑容和浑厚的嗓音让我顿时放松了不少。“小鬼啊，弦子弹的不错，但是肩胛不能歪，不好看，在台上台风要正，来，我来示范给你看……”她拿过三弦，非常认真地演示和讲解，这段情景让我终身难忘。其实她当时并不认识我，但她知道这是团里的学员，像她这样的前辈们早已把艺术当成了自己终身的事业，把团队当成了自己的家，团里的青年无疑就是她们的接班人。

之后，在陈红霞老师的带领下，我走进了朱雪琴先生的家里，更深切地感受到了这样一位大艺术家的谦逊、热情、宽厚，以及对生活的热爱。她的家里总是那么热闹，朋友、同事、学生、票友等等，都喜欢去她家坐坐，谈谈艺术聊聊天，她喜欢那样的氛围。其实她自己话并不多，甚至基本不讲话，她喜欢听别人谈天说地，尤其是年轻人的聊天，她听得很仔细，也会提些问题。她总是打趣说："我老太婆也不能落后，要跟上时代……"我们几个青年学员也经常会去她家里讨教，只有在讲起她的艺术时，她的话才会多起来。她讲到琴调唱新题材的变法，有一次用了一下午的时间，特别详尽地分析了《琵琶记·哭坟》的唱法和郭彬卿的伴奏技巧。还拿出一段她借鉴快蒋调唱腔而唱的一版，和原来的《哭坟》差别很大，她还说，因为散板多了，琵琶就托不进来，为此她和郭彬卿还争论了好久。可惜这版录音我后来再也没有听到过。

朱雪琴先生的晚年生活算是平稳丰富的，当年上海评弹团女名家三鼎甲中，朱慧珍先生五十不到即遭劫难而去，徐丽仙先生亦只有五十余岁就患病身去。朱雪琴先生在七八十年代虽也连续动过几个大手术，然生命力很顽强，这应该也是她的性格使然。她的艺名雪琴二字，就是听客看到她虽是女孩，却生有男生之豪气，即把清末湘军名将彭玉麟的字——雪琴二字题为她的艺名，所以她也成了绝无仅有的由男演员做下手的女上手。她的性格中有一种坚韧的不怕难、不服输的自信，在晚年依然克服病痛，尽力提携新人、热心社会活动、排演长篇新书等，忙得不亦乐乎。家中经常高朋满座、热闹非凡。她家的保姆有时不免要跟她埋怨，一个月茶叶要用掉好几斤，有时饭点到了还要留饭，但是她始终没把这些当回事，她喜欢热闹，喜欢大家聚在一起说评弹。

朱雪琴先生七十二岁去世，她在最后一两年里饱受病痛的折磨。以至于我去拜访她，要向她讨教艺术时，她已经不能像以前很投入地讲述了，讲了几句就痛得讲不下去了，只能无奈地跟我说："小鬼啊，我实在讲不动了，下次我精神好些再讲吧……"朱雪琴先生离开我们已经二十六年了，每每忆起当年的情景心情总是难以平静。尤其令人钦佩的是，她去世后，多少年来，人们只要提起朱雪琴的人品和艺品，无不交口称赞，她乐于助人、爽朗大度、勇于担责的品格为人津津乐道。

这次由常熟市曲艺家协会主席陶春敏先生撰写的《朱雪琴传》成稿出版，这是对朱雪琴先生最好的缅怀。春敏兄的本业是教书育人，但对曲艺尤其评弹艺术研究颇深。为撰写此书，他注入了大量的时间和精力，遍访相关人士，查阅大量资料，搜集整理照片等，终于编撰完成。在此特别感谢他的辛勤付出。

我们深切缅怀老一辈艺术家，也正是要弘扬她们的精神，把评弹事业传承好、发展好！

上海评弹团团长　高博文

2020年11月

目录

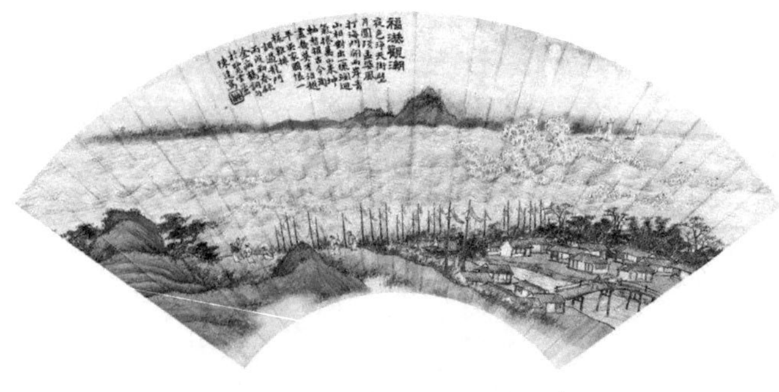

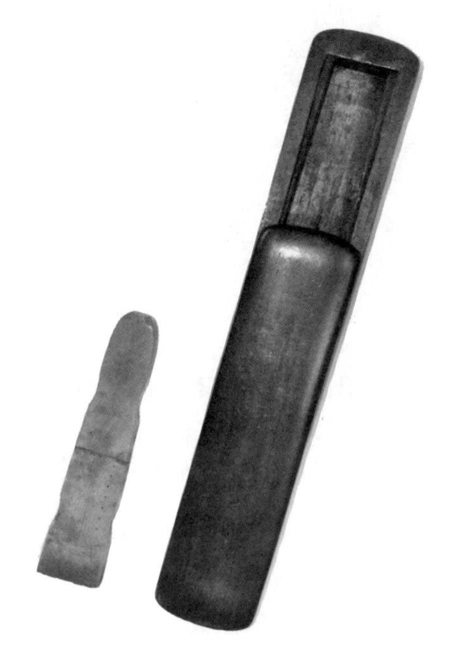

第一章 坎坷童年

品茗听书历来是江南民众最为钟情的休闲生活，茶馆书场遍布水乡小镇，弦索铮铮、醒木声声，构成了独具江南风情的生动场景。说书人见多识广，阅历丰富，凭着三寸不烂之舌，评说古往今来，弹唱悲欢离合，宣扬忠孝节义，因此被听众尊称为“说书先生”。

尽管如此，说书这个职业在旧社会却并不为人所喜爱。因为说书人为了鬻艺谋生，常常居无定所、四处漂泊，这种“背包囊，走官塘”的“跑码头”生活十分艰辛，一般家庭是极不愿意子女去走这条路的。因此，过去的说书艺人除了家传之外，大多是为生活所迫的无奈之举。朱雪琴的从艺，上述两种因素兼而有之，这和她坎坷的身世有关。

诞生东河头

1923年5月30日，农历四月十五日，在浙江濮院东河头一户简陋的民居内，一个活泼可爱的女婴，用她洪亮而富有节奏的啼哭声，宣告自己的诞生。接生婆凭着自己几十年的经验，竟误以为是个男孩，“大胖儿子”正要出口之际才发觉是女孩，幸亏她经常走家串户，应变能力强，窘态一闪而过，马上口称“千金”，连连恭喜，不住地夸奖女婴喉咙响，眼睛大，脸蛋漂亮，将来吃“开口饭”必定红得发紫。

冥冥之中自有天意，没想到接生婆的恭维之辞竟然成了精准的预言！二十多年后，这名女婴真的成了名满书坛的女弹词大家，她那独特的嗓音和唱腔风靡江浙沪，她的唱调被听众赞誉为“琴调”。她，就是评弹界第一个女声弹词流派的创始人，弹词艺术家朱雪琴。

朱雪琴（朱一鹤先生提供）

朱雪琴的父母并非濮院人氏，生下朱雪琴之时，他们只是刚刚来到濮院寻求生计的异乡之客。小夫妻俩背井离乡的背后，隐藏着一段鲜为人知的爱情故事。

朱雪琴的父亲姓吴名浩希，本是江苏镇江人（一说是江苏丹阳人）。晚清和民国年间，由于内战频繁和连年灾荒，镇江、丹阳一带大批人口背井离乡，赴上海和江浙等地谋生，朱雪琴的父亲就是这样跟着同乡到了上海。为求生计，他做过腌腊店的小伙计，后来又在小东门外顾家的神袍店谋了一份职业。

小东门原名宝带门，在上海老城

厢九座城门中比较著名，门外即是有着上海水上门户之称的十六铺码头。早在明清时期，小东门十六铺一带就有各地商贾开店设庄，从事农副土特产交易，此后渐趋繁荣，成为重要的商业中心。

朱雪琴（朱一鹤先生提供）

朱雪琴父亲所在的神袍店主要制作神佛、僧道、艺人的袍服和戏班的戏装，店铺虽然不大，但因为开设在小东门这个商业贸易比较发达的地方，生意着实不错。店主夫妇的独生女顾秀英长相俊美，泼辣能干，是店里的当家小姐。朱雪琴的父亲模样英俊，朴实勤劳，深得店主一家的信赖，除了打理杂务之外，也跟着店主学做一些简单的裁缝活。

当时已是民国初期，社会观念逐渐解放，像神袍店这样的小户人家，自然不会再拘泥未婚男女之间的封建礼节。因此，店堂内朝夕相处的当家小姐和小伙计，逐渐从熟悉产生好感，进而萌生了爱慕之意。两人偷偷发展的恋情很快就被店主夫妇看破，并且遭到了强烈的反对。为了及早斩断他们的情丝，避免不堪设想的后果，店主急急忙忙给女儿托媒说亲，要找个殷实之家把她嫁了。面对亲情和爱情的抉择，脾气倔强的当家小姐果断地选择了爱情，为了追求自由幸福，放弃优越的生活，毅然做出了影响一生的决定——私奔。根据事先的计划，他们匆忙逃离上海，一路向西，来到一百多公里之外的浙江嘉兴，最终在丝绸业发达的濮院落脚。

濮院位于杭嘉湖平原腹地，古称檇李墟。春秋时期，这里是吴国和越国的边界，也是吴越相争的主要战场之一，历史上曾发生过两次檇李之战。唐宋时濮院还只是一个草市，习称幽湖。南宋建炎元年（1127年），原籍山东曲阜亲贤乡的著作郎濮凤（字云翔）随宋高宗南渡，初与弟濮凰寄居广德，建炎三年（1129年）扈驾临安（今杭州），濮凤悉以家产让弟，因见幽湖一带多栽梧桐，自己的名字为凤，正好符合“凤栖梧桐”之意，遂举家迁居幽湖。濮凤生六子，都在南宋为官，一门显贵。濮氏繁衍子孙，

濮院东市河

购置田产，修建宅院，使小镇日益繁盛。嘉定末年，濮凤六世孙濮斗南拥立宋理宗登基有功，被提升为吏部侍郎，其宅第被下诏赐为“濮院”，后逐渐演变为镇名。

南宋末年濮氏子孙无意仕途，转而经营家业，开启了濮院的商业发展之路。元大德十一年（1307年）濮鉴出资构屋开街，设立丝行、绸庄，收购当地机户所产丝绸，吸引远近商贾进行贸易。明清两代，濮院丝织业发展更为迅速，“濮绸”之名驰誉海内，经济、文化的共同繁荣，使濮院跻身“江南五大名镇”。万历年间秀水知县李培在《玄明观碑记》中的一段文字，道尽了当年濮院的繁华：“迩来肆廛栉比，华厦鳞次，机杼声札札相闻，日出锦帛千计。远方大贾携橐群至，众庶熙攘，于焉集往，亦嘉禾一巨镇也。”

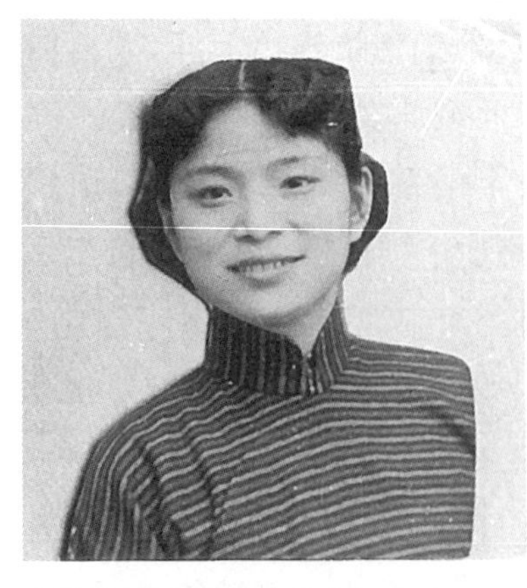

朱雪琴（朱一鹤先生提供）

民国年间，濮院的丝绸业已渐趋衰落，繁华程度也大不如前，但在外地谋生者眼中，这个有着富庶“家底”的小镇，仍然不失为一个安居乐业的理想所在。这或许就是朱雪琴的父母选择濮院的主要原因。另外，镇上南北客商、手艺人很多，有同乡可以依靠，这对于人生地不熟、举目无亲的小两口来说，也很重要。俗话说“荒年饿不死手艺人”，为了养家糊口，朱雪琴的父亲在同乡的帮助下学起了剃头的手艺。

朱雪琴演出照（上海评弹团提供）

旧社会的剃头师傅不单要会剃头，还得根据客人的要求进行挖耳、捶背、推拿、按摩等服务。按照现在的行业划分，他们既是理发师，又是按摩师。民国年间丹阳常闹灾荒，外出谋生者较多，丹阳帮“三把刀”（面刀、剃头刀、扦脚刀）远近闻名。剃头是他们从事的主要职业之一，靠着同乡之间相互介绍帮扶，“丹阳帮”剃头在各地颇有规模，是老百姓心目中有一定影响力的行当，过去的弹词作品中也频频出现。喜欢听书的朋友都知道，弹词名家、“蛇王”杨仁麟先生在长篇弹词《白蛇传》中有一段脍炙人口的选曲《捉白》，唱的是公差奉令捉拿白素贞到案，沿途经过南货店、肉店、酒店、剃头店、裁缝店、铁匠店等店铺，店家伙计被白娘子的美貌所吸引，以至于做生意心不在焉，闹出许多笑话。这档篇子用“铃铃调”弹唱，诙谐幽默，不仅巧妙地从侧面描写出白素贞的美貌，也反映出旧时与百姓生活息息相关的主要商业店铺。其中有一段唱道：“……登勒剃头店门前来经过，剃头师傅丹阳人，俚奈也要看佳人……”可见当时丹阳人剃头在江浙一带很有影响。

濮院镇商业繁荣，聚集了各地的生意人和谋生者，连小小的剃头行业也很发达，有“本地帮”“苏北帮”和“丹阳帮”三派。朱雪琴的父亲虽然跟着“丹阳帮”学到了剃头手艺，但终究是初来乍到，人地生疏，生意兴隆的镇中心早有老师傅们立足，凭他的手艺和人脉都不足以与老师傅们竞争。因此，朱雪琴父亲的剃头铺只能敬而远之，开在东河头。空闲之时，

濮院东河头的街道

利用他在神袍店学到的一点手艺，接做一些裁剪缝补的零活。朱雪琴的母亲虽然是神袍店小姐出身，倒没有一点点娇生惯养的习性，颇能适应当时的处境，除了料理家务之外，还收些衣物回家浆洗，或者给人家编织绒线，帮有钱人家太太梳发，以此赚些家用，减轻丈夫的负担。

尽管生活清苦，小夫妻俩却能相濡以沫，甘苦与共。然而，这样的生活持续了没几年，随着孩子的出生，生活压力越来越大，这个小家庭渐渐陷入困境。

家庭陷困境

靠着给人剃头和做零活，朱雪琴父母在濮院的生活能勉强维持。爱情结晶的相继诞生，给贫困的小家庭增添了不少欢乐。尤其是女儿，遗传了父母的优点，模样俊俏，活泼可爱，是全家的心肝宝贝。当然，那时候她还不叫朱雪琴，父母为她取的名字叫吴心宝。

若是安居乐业的太平盛世，这样一个夫妻恩爱、儿女双全的小家庭，足以让所有人心生羡慕。然而，在那个军阀割据混战的年代，时局动荡，民生凋敝，他们在濮院的生活也变得每况愈下。

朱雪琴（朱一鹤先生提供）

吴家所在的东河头位于濮院东北郊，不像镇中心那样热闹繁荣，除了市河北岸的花园街、仓前街等街道外，再往东北是船码头和十景塘，在当时属于乡下了。濮院东北和嘉兴交界，船码头主要停靠来往嘉兴、王店、新塍等地的航班。每天的航班为东河头送来最大的客流，但是船客大多是到镇上办事或做买卖的，来去匆匆，并没有给吴家的剃头铺带去多少生意。

与门庭冷落的剃头铺相比，小家庭倒是人丁兴旺，孩子接二连三的出世。全家的生活就靠夫妻俩四只手，哪怕日夜操劳也无济于事，原本就捉襟见肘的生活变得越来越艰辛，沉重的负担压得他们喘不过气来。几十年后，当朱雪琴回忆起这段童年生活时，言辞中依旧充满辛酸："小小一爿理发店，靠四只手，日做夜做，又是拖儿带女一大群，真是吃了上顿没下顿。我当时还小，不懂爷娘的苦难，肚子饿了就吵着要吃。可是我不会忘记，有几次，我娘看我们吃不饱，就把她碗里的稀饭倒给我们吃。我爷摇头叹气，眼泪嗒嗒滴！"

那时候，朱雪琴的外公外婆已经知道女儿和小伙计私奔后的境况。母亲日夜思念女儿，偷偷托人捎信到濮院，希望她回心转意，在父亲面前认个错，求得原谅，只要她愿意回到上海，家里还会给她一幢房子和全套家具。然而，他们显然低估了女儿的倔强脾气，即使家里穷得揭不开锅，她自始至终没向父母开口，也从未表示后悔之意，始终没有回家。这样的

朱雪琴（朱一鹤先生提供）

性格可能是遗传自她父亲的，父女俩谁也没有向谁低头，谁也没有拗过谁，就这样直至生命终结。爱情与亲情的博弈，最终以两败俱伤而告终，可惜，可叹！

既无亲人依靠，又无朋友帮助，吴家的生活如同一只重载的小舟，漂泊在大海之中，风吹浪打，险象环生。在吴家人的字典里，幸福两字已变得越来越模糊，越来越遥远，取而代之的是贫穷、饥饿、疾病、无奈……夫妇俩先后生育了十二个子女，孩子的名字寄托了他们良好的愿望，长命、长生、长根……可惜事与愿违，大多因为疾病而夭折了，只剩下四五个。

少年不识愁滋味，对年幼的朱雪琴而言，生活尽管贫困，却仍不乏乐趣。因为家贫没有学上，她和邻居小伙伴们每天都沉浸在无拘无束、尽情玩耍的快乐之中。船码头边，十景塘上，翔云观前，香海寺内，到处是他们追逐打闹的身影，大街小巷和各个白场（濮院人称大片空地为“白场”）都是他们的天然乐园。在那群玩伴中，朱雪琴最为引人注目，她完全不像常人眼中的女孩子，走起路来一蹦一跳，像只小松鼠，而且不走平地，总喜欢挑高低不平之处行走。每当她带着满身尘土回家时，父母也从不责怪她，只是笑着骂她是个“野小囡”。

朱雪琴八岁那年，镇上的同福园书场来了一对弹唱《描金凤》的说书艺人。他们的到来，竟然使“野小囡”收了野性，成为一个小“书迷”，她的一生也由此发生巨大的改变。

濮院翔云观

聚散同福园

濮院中心镇区的街道是极具特色的“棋盘街”，东西走向有南横街、北横街，南北走向有大街、义路街，这四条街道刚好构成一个方形棋盘，故名“棋盘街”。北横街北侧的庙桥街和大街是濮院镇前身永乐市的旧址，也是全镇形成时间最早、最为热闹的街区。濮院镇区不大，街道也都比较短。庙桥街北起大德桥（该桥为元代濮鉴所建，因桥北有土地庙，故俗称庙桥），南至严介汇，虽然总长不过六七十米，大大小小的店铺却有近二十家，同福园书场就位于这条人流密集、商业繁荣的石板路小街上。

濮院位于浙江北部，与苏州同属吴语太湖片的苏沪嘉小片，起源于苏州地区的评话与弹词在濮院也十分流行。早在清宣统二年（1910年），镇中心大街就开设了全镇第一家书场——东厅书场。书场的出现，极大地丰富了百姓的娱乐生活，加之长篇故事的连续性十分吸引人，所以书场生意非常好。庙桥街的杨学泉瞅准了这个商机，利用自家房屋较多的优势，开设了规模更大的同福园书场。尽管在1934年和1948年，大街和庙桥头又相继开出了同乐书场和大同书场，但同福园始终稳居濮院书场的第

庙桥和庙桥街

一把交椅，这和杨家人的勤劳能干、善于经营是分不开的。从第一代杨学泉和丁氏开始，同福园就在艺人和听众中赢得了极佳的口碑，第二代杨文奎和李美宝接手后，书场经营更趋发展。杨文奎还在招牌上加了“群仙”两个小字，意为来到同福园休闲听书的群众都快活似神仙，其妻李美宝精明能干，将书场内外的一切事务都处理得妥妥帖帖，使书场名声更上一层楼。自从李美宝嫁进杨家的那天起，大家就叫她“新娘子”，因为是同福园女掌柜的缘故，这个称呼渐渐传开，一直到她九十多岁去世，濮院人仍亲切地叫她“新娘子”。“新娘子”声名远扬的背后，也在一定程度上反映了同福园在濮院人心目中的地位。1956年以后，同福园和另一家经营时间较长的同乐书场合并，改为国营的濮院书场，仍由杨家负责经营。“新娘子”退休后，书场由其儿子杨启华接手，他是同福园的第三代，濮院人都叫他的小名——“阿福”，濮院书场由他坚持经营至九十年代。

同福园位于庙桥街中段，坐东朝西，双开间门面，共有五进房屋，约五百平方米。同福园除开设书场之外，还兼营茶馆、客栈、浴室，聘用职工二十多人。据《濮院镇志》(1996年版）记载：第一进楼房为茶室，附近农民喜在楼上饮茶，码头上客商喜在楼下；第二进楼房，楼下茶室常为镇上商人聚会之处，楼上是客栈，有十几只铺位；第三进平房，是卧茶室，室内有茶榻，上放小茶几，饮茶人可躺可倚，茶盏为扣盅，有托盘，一律由景德镇定制，上烧有“同福园”三字；第四进为书场，三间平房，有二百多座位，张鉴庭兄弟、严雪亭等评弹名家都曾在此演出。第五进为男子浴室，名称为“日升浴室”。浴池方型洋灰（水泥）砌成，可储清水三十担，另有腰园型

同福园书场旧址

洋灰浴缸，可行盆浴，铺位共十八只。书场、浴室的出口处在杏林街西段。1937冬日军攻入濮院，同福园也惨遭炮火侵袭，第三进的卧茶室被毁，其旧址改建了一个简陋的戏台，旁边摆放些长板凳，偶尔也有戏班在此演出。

可以想见，在百年前的濮院小镇，这样一家多功能的休闲娱乐场所，对镇上的居民、客商而言，会产生多么强大的吸引力。别说大人，就连年幼的朱雪琴和她的邻居小伙伴们也成了同福园的“常客”，尤其到了下雨天，白场上没法玩了，他们就会钻进同福园，穿梭于茶馆、书场之中，寻觅和享受专属于他们的那份童趣。

八岁那年冬天的一个下午，朱雪琴和同伴们像往常一样来到同福园玩耍。书台上，弹词艺人朱蓉舫、朱美英正说着长篇弹词《描金凤》，书中的钱笃诏、汪二朝奉、许卖婆等市井人物让听众感到熟悉，容易产生共鸣，场内不时爆发出笑声。出于好奇，朱雪琴慢慢停下脚步，开始凝神静听。虽然经常出入同福园，但在此之前她从未关注过台上的演出，没想到说

朱蓉舫

书竟然这么有趣，这么的引人入胜。不知不觉中书已落回，当听众们一个个都散去时，她才依依不舍地离开，心里却仍然挂念着故事的发展。第二天下午，她不再像往常一样和小伙伴们四处闲逛，而是独自一人去了书场，那些妙趣横生的人物和故事，让她再次体验到听书的乐趣，并从此一发而不可收，成了专听“隑壁书”的小书迷。

吴语中的“隑”有靠的意思，“隑壁书”专指听客斜靠在墙壁上听书。过去的书场大多为茶馆书场，上午卖茶，下午和晚上说书，乡镇书场的日夜两场通常只请一档艺人，日夜说唱两部不同书目或同一部长篇的两个段落。长篇演出每回书约一小时三刻钟，中间休息十分钟左右，谓之“小落回”，下半回书结束则为“大落回”。按照书场行规，听客购票入场以“小落回”为界限，不买票的听客在“小落回”之后也可进场听书，但是不得占座位，只能站着听。因为站着比较吃力，时间一长，听书人总会将身体靠到墙上，所以形象地称之为“隑壁书”。当然，像朱雪琴那样还没有经济能力的小孩子是不受限制的，可以听全场。这样做其实也是书场的经营之道，因为听“隑壁书”的人当中不乏经验丰富的老听客，他们热爱听书，但囊中羞涩，只能在“小落回”后进场过过瘾。而且，听“隑壁书”的人数多少也在一定程度上反映出艺人的书艺高低，因为站着听书毕竟是累人的，艺术水准不高的书是无法吸引这批听客的。

命中注定的缘分真是妙不可言，在同福园聘请过的说书艺人中，朱蓉舫、朱美英的书艺只能算平常，毫无出众之处。但就是这样两个普通的艺人，激活了朱雪琴与生俱来的艺术细胞，使她对说书这门艺术产生了无限的憧憬和向往。一时之间，这个连听日夜两场“隑壁书”的小女孩成了书场的焦点人物，连台上演出的两位艺人也对她格外关注。小朱雪琴模样漂亮，活泼可爱，衣着虽然普通，但显得精神干练，透着一股灵气，听书听多了之后，她竟然也能跟着哼唱。女说书朱美英特别喜欢这个小老听客，每次下台后总要拉着她的小手说上几句话，或者逗她唱几句，亲热一番。

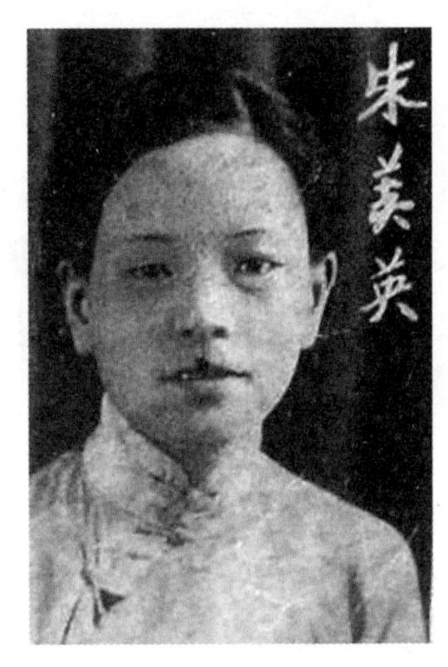

朱美英

正当彼此间感情越来越熟络的时候，“小书迷”突然连着两天没去听书，这可急坏了女说书朱美英。落回之后，夫妻俩一路打听，找到朱雪琴家里。此时，吴家人正急得束手无策。原来，朱雪琴前一天开始突然发烧，睡了两天也不见好转，家里穷，看不起医生，只能硬撑着。眼看宝贝女儿病得不轻，夫妻俩急坏了，想到此前儿子得了伤寒，也是因为无钱医治，三天不到就一命呜呼了，他们生怕朱雪琴步了哥哥的后尘，却又无可奈何，只得偷偷抹泪。朱蓉舫、朱美英的到来，让全家人看到了一线希望。更为巧合的是朱蓉舫曾在药材店当过伙计，略懂医道，他连忙给朱雪琴把脉，观察她的脸色、舌苔，很快确诊是“出红痧”并开出了药方。朱蓉舫知道吴家生活拮据，所以二话不说，慷慨解囊，亲自去药店赎药。

三帖药吃下去，朱雪琴的病情大为好转，全家人对两位救命皇菩萨感恩不尽。朱雪琴的双亲更是把他们当成女儿的再生父母，为了表示感激之情，也为了女儿顺利健康地成长，决定把女儿寄名给朱氏夫妇。朱雪琴天天听书，和朱蓉舫、朱美英已经十分热络，既然父母做主认义父义母，那是再好不过了，赶忙叩头行礼，改口叫寄爹、寄娘。朱美英高兴地抱着她不放手，还对她说既然喜欢听书，以后就跟着寄爹、寄娘学说书吧，朱雪琴喜出望外，又向他们叩了三个头。言者无意，听者有心，朱美英的一句话使朱雪琴的父母眼前一亮：家里穷得温饱都不能解决，三个孩子跟着也受尽了苦，与其在一起饿死，还不如给女儿一条生路，让她学说书吧，朱蓉舫夫妇如此喜

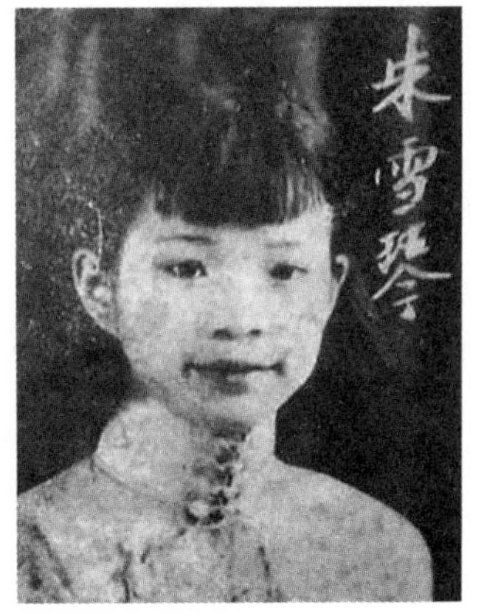

朱雪琴

欢女儿，这可是个千载难逢的好机会。

因为不熟悉说书这一行的规矩，他们把自己的想法告诉了同福园书场的老板娘丁氏，请她出出主意。丁氏常年和艺人打交道，熟悉说书的行规，她告诉朱雪琴的父母，学说书先得花费一笔拜师金，大约十元钱，然后跟师听书学艺，跟师期间的车马费、饭钱都得自理。她知道吴家穷得叮当响，愿意帮他们垫付十元拜师金，但是即便如此，吴家仍然负担不起女儿跟师的费用。无奈之下，他们想到了江湖上通行的另一种做法，把女儿送给说书先生做养女，这样拜师、跟师的费用都可免了，女儿也能有一条出路。丁氏和朱蓉舫夫妇一说，他们一口答应，朱蓉舫提出既然收做养女，还要教她说书，那孩子就得改姓朱了。吴家对此早有心理准备，只要女儿能过上好日子，姓吴姓朱都不重要，事情就这样定了下来。

不久之后，朱蓉舫、朱美英在同福园书场的演出档期圆满结束，已成为朱家养女的朱雪琴要离开濮院，跟随他们开始跑码头生活。亲生骨肉即将分离，父母虽有万般不舍，也只能硬下心肠，暗自伤心。年幼的朱雪琴还不能体会离别的滋味，内心反倒充满了期待，她觉得暂时离开父母，可以不用再过苦日子，只要跟着养父母学会说书，就可以赚钱养家，让父母和弟弟妹妹过上好日子。当背起母亲为她整理的行囊，跟着养父母踏出家门走向船埠时，她才感到父母的忧伤。还没走出几步，身后传来母亲凄切的呼唤声，她回过头去，只见母亲被父亲强行拉着，神情万分悲痛。想要回转身去再看看父母，无奈两手被养父母牵着，只能继续前行。听到母亲呜呜的哭声，朱雪琴也放声大哭，就这样边哭边走，离开了濮院。

琴川旧家声

中国人自古以来就有着强烈的宗族观念，不管身在何方，总会郑重其事地追溯和记录自己的籍贯。因为籍贯地是家族祖先生活居住的地方，承载着家族兴衰的记忆，传递着家风家训，籍贯在哪里，家族的“根”就在哪里。但是时代变迁过程中族人的迁徙和行政区划的调整，常常会给籍贯记载和表述带来影响，这方面名人籍贯的问题尤为突出。名人是一个地区的文化标志和荣誉标榜，近年来已成为各地争相抢夺的旅游资源，所以诸如南阳襄阳争诸葛亮、诸暨萧山争西施女这样的事件屡见不鲜。

朱雪琴（左二）与友人在常熟（朱一鹤先生提供）

籍贯源于古代的户籍制度，是带有浓厚中国特色的一个名词。籍，《说文》谓之“簿书”，是国家登记人口的文书。在古代，“籍”能限制人口的流动，对科举、职业等领域也有管理功能。例如，明朝末年产生于江苏常熟的第一个女弹词“草头娘”，其身份是“丐籍”，在当时属于贱民，只能从事吹唱演戏等贱业。贯，指出生地或居住地。籍贯的涵义，不是两个字义的简单相加，而是一种地域属性的象征，通常指的是祖父及以上父系先祖长期生活居住的地方。

那么，朱雪琴到底算是哪里人？她心目中的家乡在于何处？这个问题绝非一两句话能够回答清楚，其实也是无法说清楚的，探讨这个问题只是为了更加全面地了解朱雪琴的家世。关于朱雪琴的籍贯，虽然并没有出现争抢的情况，但由于她从小经历坎坷，她的籍贯也变得不易厘清。按照约定俗成的做法，朱雪琴的籍贯应该追溯生父或养父及以上先辈的祖居地，因此目前所看到或听到的表述有嘉兴、濮院、镇江、丹阳、湘乡、常熟等几种。

濮院是朱雪琴的出生地，行政区划属于镇级，江浙一带民众常说“桐乡不是乡、濮院不是县”，就是调侃两者的名称与行政区划不符（吴语中“院”与“县”同音）。现在的濮院是桐乡市的下辖镇，桐乡则是嘉兴市下辖的县级市，而当年并非如此。江南多水，百姓傍水而居，依河建市，行政区域划分大多以河为界，“一河穿镇而过，一镇两县分治”的现象在江南极为普遍，濮院则更甚。明宣德之后濮院一度分隶嘉兴、桐乡、秀水三县，一镇而三分为嘉界、桐界、秀界。辛亥革命后以市河为界，两县分治，东北属嘉兴县，称嘉濮镇，西南属桐乡县，称桐濮镇。新中国成立后两镇合并，濮院才完全隶属于桐乡。朱雪琴出生之时东河头属嘉兴县管辖，这就是许多文章都说她生于嘉兴的原因。关于其生父吴浩希的籍贯，朱雪琴在有关回忆中提及是江苏镇江人，而据同福园书场的第三代、弹词艺人杨一麟先生介绍说，濮院人皆知其父为“丹阳帮”剃头，是丹阳人。民国时期丹阳是江苏省直属县，解放后属镇江管辖，出现这两种说法可能是普通人对行政区划混淆所致。

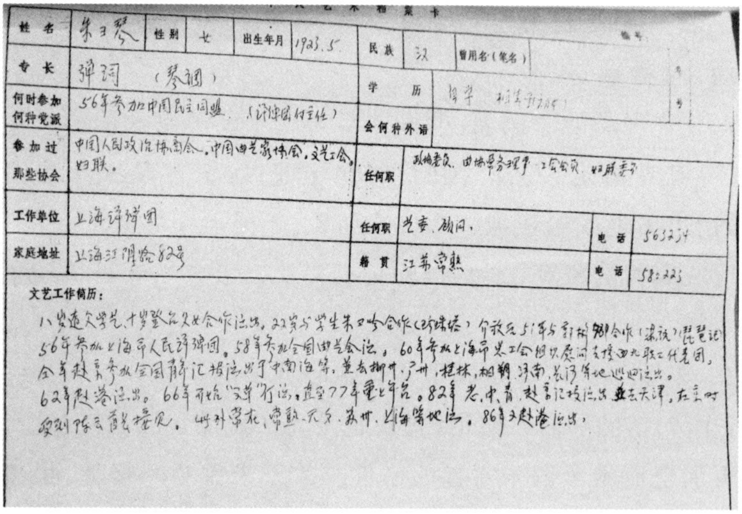
艺术档案卡

姓名 朱雪琴　性别 女　出生年月 1923.5　民族 汉　曾用名（笔名）　编号

专长 弹词（琴调）

何时参加何种党派 56年参加中国民主同盟（评弹团付主任）

学历 自学

会何种外语

参加过那些协会 中国人民政治协商会、中国曲艺家协会，文艺工会，妇联。

任何职 政协委员、曲协常务理事、工会会员、妇联委员

工作单位 上海评弹团　任何职 艺委、顾问。　电话 563254

家庭地址 上海江阴路82号　籍贯 江苏常熟　电话 582225

文艺工作简历：
八岁随父学艺，十岁登台父女合作演出。22岁与学生朱雪吟合作《珍珠塔》，解放后51年与郭彬卿合作《梁祝》《琵琶记》。56年参加上海市人民评弹团。58年参加全国曲艺会演。60年参加上海市总工会组织慰问支援四九联代表团，全年赴京参加全国曲艺汇报演出，到中南海等，并去柳州、广州、桂林、南宁、济南、长沙等地巡回演出。62年赴港演出。66年开始“文革”停演，直至77年重上舞台。82年老、中、青赴京汇报演出并去天津，在京时受到陈云首长接见。此外常在常熟、无锡、苏州、上海等地演出。86年又赴港演出。

朱雪琴填写的艺术档案卡（上海评弹团提供）

事实上，无论是镇江还是丹阳，都从未在朱雪琴的记忆里留下任何印象，因为其父到上海谋生时已经孑然一身，这个“根”早就断了。直至成为朱蓉舫、朱美英的养女之后，她才有了“根”。养父母是江苏常熟福山镇人，朱雪琴跟着他们时常漂泊在外，也时常会因为接不到生意而回到福山。从那时起，她生命中的家乡就是常熟福山，福山有养父母，有祖父母，还有同族亲友，家在福山，根在福山，福山让她产生了家族认知和家乡情

结。所以，在朱雪琴登记填写的任何材料中，籍贯一栏都填写江苏常熟。

其实，朱蓉舫不姓朱，本姓熊，祖籍湖南湘乡，其曾祖熊登武曾在晚清时担任福山镇总兵官，熊家就是从那时候开始定居常熟福山的。熊登武是“湘军”重要将领。现台北故宫博物院还藏有清廷编纂的《熊登武传》《熊登武列传》《熊登武出身履历清册》《熊登武事迹册》。

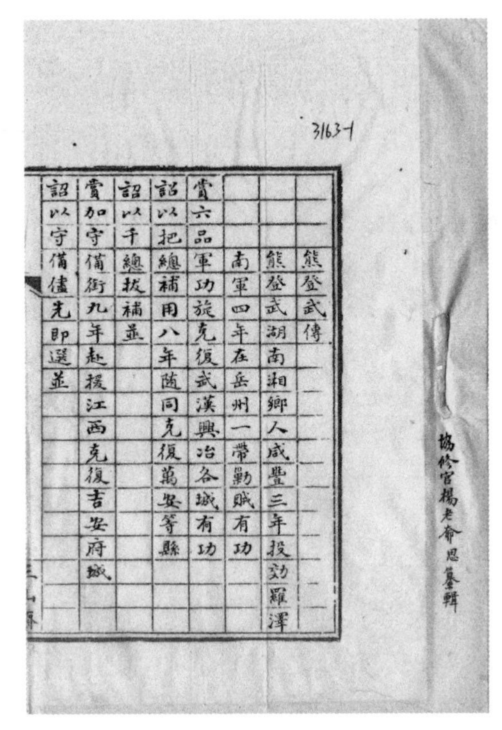
3163-1

熊登武傳

熊登武湖南湘鄉人咸豐三年投効羅澤南軍四年在岳州一帶勦賊有功

賞六品軍功旋克復武漢興冶各城有功

詔以把總補用八年隨同克復萬安等縣

詔以千總拔補並

賞加守備銜九年赴援江西克復吉安府城

詔以守備儘先即選並

協修官楊老命恩纂輯

台北故宫博物院藏《熊登武传》

熊登武，清湖南省长沙府湘乡县兴让八都人，生于道光十三年（1833年），祖父熊超群为当地有名的处士，姑母熊氏嫁与曾国荃。咸丰三年（1853年）同乡罗泽南募兵创建“湘军”，二十岁的熊登武投军罗营，开始了他的行伍生涯。咸丰四年（1854年）获赏六品军功诏以把总补用，咸丰六年（1856年）加入曾国荃所部，其战斗才能逐渐为曾氏兄弟赏识。

熊登武在平定太平天国不久后即擢升江南福山镇总兵官，因钦差大臣曾国藩奏请而暂缓赴任，暂留防剿，军务稍定后才到福山赴任。台北故宫博物院藏有2份熊登武的奏折，一份是同治三年9月3日以记名提督新授江南福山镇总兵身份具奏的“奏谢恩授镇臣”，另一份是同年9月23日奏谢恩赏骑都尉世职尽先提奏提督总兵并赏穿黄马褂等。

福山位于常熟北部，濒临长江，是古代重要的鱼盐集散地，商贸发达，同时也是江南观潮胜地，“福港观潮”名列明清时期“虞山十八景”之一。福山早在东汉永建四年（129年）就设有南沙乡，并置司盐都尉，开常熟地区吏治之先河，东晋咸康七年（341年）至唐武德七年（624年）长达

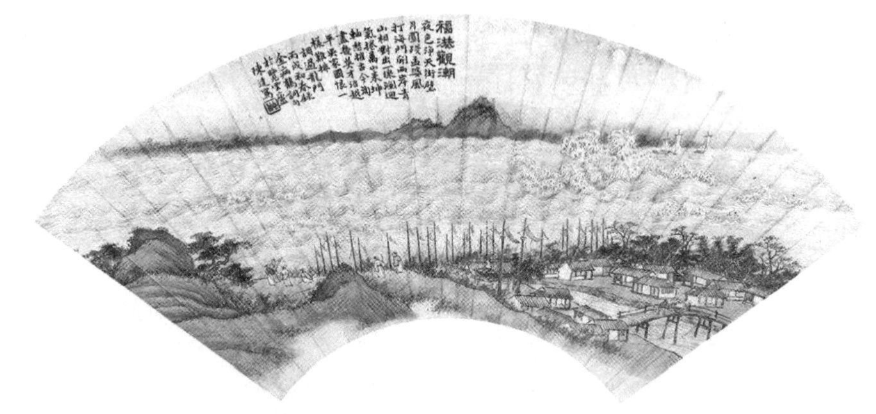

虞山十八景之福港观潮

位于福山南街的南苑茶馆书场旧址

283年的时间里，一直是南沙县（常熟县前身）和常熟县的县治所在地。

熊登武担任福山镇总兵共16年，举家定居福山，光绪六年（1880年）因病乞准卸任，颐养天年。熊氏自兹在福山繁衍成族，到朱蓉舫时已经是第四世，因为不是长房，没有继承骑都尉世职的权利，朱蓉舫这一脉家道中落。朱蓉舫原来在药材店当伙计，因为喜欢说书而拜师学艺，族人以其辱没祖先为由提出反对，他迫于无奈只能隐去本姓，在艺名中以“蓉”字代之（常熟方言“蓉”与“熊”同音）。朱蓉舫夫妇膝下无子，他们给朱雪琴取了个男性化的谱名——熊民初，使她名正言顺地成为常熟福山熊氏的第五世后人，在码头上则随了父母的艺名叫做朱小英。

朱雪琴在常熟（朱一鹤先生提供）

常熟别称琴川，自古以来就是弦歌礼乐之乡，深厚的历史文化底蕴不仅滋养着文学、书法、绘画、古琴等艺术，也成为苏州评话和苏州弹词诞生与发展所依赖的源头活水。从濮院来到常熟的朱雪琴把这里当作故乡，她的命运在这里发生转折，在很长的时间里，常熟一直是朱雪琴生活中的港湾和艺术上的支点。从常熟走向苏州、走向上海，朱雪琴的艺术生命迸发出越来越灿烂的光芒。

第二章
漂泊江湖

八岁的朱雪琴，懵懵懂懂地成了人家的养女，她并不知道自己离开家门的那一刻，已经踏入了纷繁复杂的江湖。说书人的江湖是背包囊、走官塘、跑码头、踏场子的艰辛，是游刃于场方、同道与听客之间的历练，是周旋于黑白两道之间的无奈，江湖上有机缘际遇，江湖中也暗藏凶险。游走江湖的岁月，朱雪琴经历了重重磨难，幸而与生俱来的乐观和坚强，才使她免于沉沦，历劫重生。

书码头因缘

苏州评话、苏州弹词起源于苏州地区，主要流行于长江三角洲的环太湖区域，即江苏南部、浙江北部和上海全境。评弹艺人的演艺活动以苏州、上海这两座城市为中心，除此以外的江浙沪城乡都被视为“外埠”，也叫“外码头”或简称“码头”。

“码头”是说书人锤炼技艺、安身立命的根本所在，也是评弹艺术赖以生存发展的重要阵地，所以评弹界有着许多和“码头”相关的名词术语。例如艺术活动方面，接洽业务谓之“接码头”，赴外地演出称为“开码头”，常年辗转各地叫做“跑码头”。再如对说书人的艺术评价，也常常冠有“码头”两字：有的人书艺平平，一年到头混迹于小城镇和农村，属于不起眼的“码头先生”；也有的人演出风格不为大中城市的听众喜爱，但在乡镇却具有强大的号召力，即便偶遇名家“敌档”也能立于不败之地，这类艺人常被赞誉为“码头老虎”，属于“响档”之列。

由于受到经济基础和文化差异的影响，不同地区的“码头”带有各自明显的地域特征。在江浙沪为数众多的“码头”中，常熟具有特殊的地位，不仅因为书场林立、场方热情和听客内行而成为说书艺人向往之地，同时也是孕育了一大批说书名家的艺术摇篮。常熟是备受评弹界尊崇的“江南第一书码头”和“评弹第二故乡”，朱蓉舫、朱雪琴两代人踏上书坛的因缘即源于此。

常熟简称虞，别名琴川，现为苏州市下辖的县级市。古代常熟为句吴国北境，濒临长江，历史上县域先后有海虞、南沙、昭文等县，以常熟为名始于南朝梁代。南宋宝祐《琴川志》记载：“梁改南沙为常熟命名之，义则不知也……此前人失于记述，故后人无所稽据。”关于“常熟”的涵义，后世大多认为与农业丰收有关。元至正《重修琴川志》谓“意者，海虞以山，南沙以地，而常熟则或以土壤膏沃，岁无水旱而名欤”，明万历《皇明常熟文献志》的解释为“以原隰异壤，虽大水大旱，不能概为之灾，则岁得常稔，故名”。

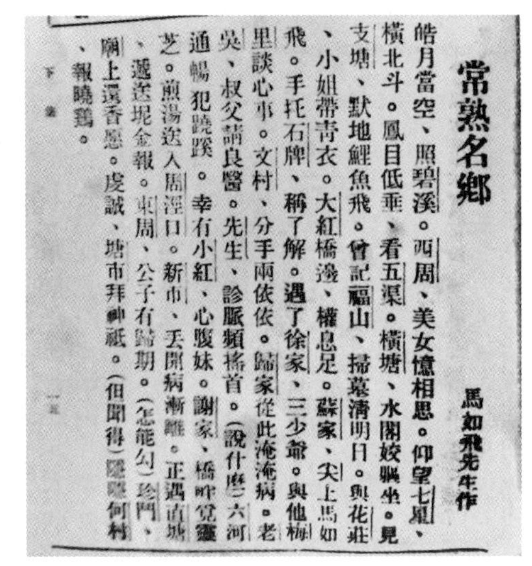
常熟名鄉

馬如飛先生作

皓月當空、照碧溪。西周、美女憶相思。仰望七星、横北斗。鳳目低垂、看五渠。横塘、水閣姣軀坐。晃支塘、默地鯉魚飛。曾記福山、掃墓清明日。與花莊、小姐帶青衣。大紅橋邊、權息足。薛家、尖上馬如飛。手托石牌、稱了解。遇了徐家、三少爺。與他梅里談心事。文村、分手兩依依。歸家從此淹淹病。老吳、叔父請良醫。先生、診脈頻搖首。(說什麽)六河通暢犯蹺蹊。幸有小紅、心腹妹。謝家、橋畔覓靈芝。煎湯送入周涇口。新市、丟開病漸離。正遇直塘、遞送堀金報。東周、公子有歸期。(怎能勾)珍門、廟上還香愿。虞誠、塘市拜神祇。(但聞得)隱隱何村、報曉鷄。

清代弹词大家马如飞集常熟乡名编写的开篇

山清水秀，物阜民安的常熟是江南吴文化的重要发祥地，文学艺术积淀深厚，在诗词、小说、书法、绘画、藏书、古琴、篆刻等领域均有影响深远的名家大家，形成了诸多重要的艺术流派。常熟方言是吴方言的重要分支，语音古朴厚重，清浊尖团分明，迄今为止仍保留了古汉语中的八个声调，语汇丰富，活泼生动。历史上，常熟的市镇规模和经济水平在苏州诸县中始终处于领先地位。北宋初年苏州地区共有四个镇，常熟独拥福山、梅李、庆安三镇，宋真宗大中祥符年间形成七镇六市，明清时期发展更为迅速，光绪年间已增至二十镇六十市。这些市镇工商贸易发达，士绅豪门众多，生活风尚奢逸，在江南地区首屈一指。

凡此种种文化以及社会生态，对评话、弹词等民间说唱艺术的诞生和发展无疑是极为有利的。纵观苏州评话和苏州弹词的发展历史，常熟是一个不可绕过的重要地标。

早在苏州评话与苏州弹词正式形成之前，常熟就已经出现弹词和评话演出。清代笔记《三风十愆记》中提到的“草头娘”被认为是最早的女弹词家，她是明末生活在常熟的“丐户”，“姿容秀媚，喜吹箫鼓琴，工博戏，能诵诗，更熟二十一史；精弹词，工于调五味，不减易牙”。浙江鄞县人周容在其《春酒堂文存》中以精彩的笔墨描摹了说书大家柳敬亭在常熟演出的实况：“癸巳借敬亭于虞山，听其说数目，见汉壮缪，见唐李郭，见宋鄂、蕲二王，剑戟刀槊，钲鼓起伏，髑髅模糊，跳掷绕座，四壁阴风旋不已，予发肃然指，几欲下拜，不见敬亭。”

明末清初是中国历史长河中十分特殊的时期，虽然因为政治荒怠而发生朝代更迭和社会变迁，但是商品经济却得到了高度发展，市民阶层逐

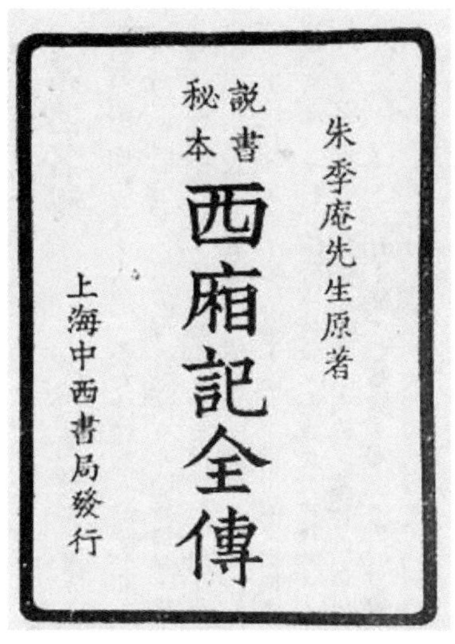
說書秘本
朱季庵先生原著
西廂記全傳
上海中西書局發行

清代常熟籍弹词家朱寄庵独创的西厢记说书秘本

第一位女评话家也是娥

渐兴起。明清小说的繁荣，民间戏曲、说唱艺术的应运而生，正是为了满足不断壮大的市民阶层的文化需求。在这种社会背景下诞生的苏州评话和苏州弹词迅速风靡江南，成为近四百年来最受江南民众热爱的说唱艺术，没有之一。常熟作为江南文化重地，与苏州评话和苏州弹词的渊源也由此愈加深厚。

乾隆四十四年（1779年），常熟南门外的后坛街已有颇具规模的“爱吾庐”茶馆，咸丰十年（1860年）时，城内庙弄、观弄等处已设有书场，乡镇的茶馆书场或许更早就有了。乾嘉之后，常熟的书场日益增加，男女说书艺人也越来越多，其中书艺卓著者有第一个开说长篇评话《金枪传》的金洪亮，第一个开说长篇评话《封神榜》《济公传》的张松亭，第一个弹唱长篇弹词《西厢记》的朱寄庵，第一个女评话艺人也是娥，以及擅说《三笑》的顾文标、顾雅庭父子，擅说《珍珠塔》的杨鹤亭、杨月槎、杨星槎，创立润余社的沈莲舫等。

晚清时期，常熟在说书界的重要地位已经广为人知。王廷鼎日记《南浦行云录》（1886年）关于听书的记载中写道：“此技独盛于苏，业此者多常熟人，男女皆有之，而总称之曰说书先生。所说如《水浒》《西游记》《铁冠图》之类曰大书。《玉蜻蜓》《珍珠塔》《三笑》《白蛇传》之类曰小书。”对弹词做过深入研究的著名学者阿英在《女弹词小史》中指出：“女弹词，清嘉庆、道光、咸丰时起源于常熟，同治时初盛于苏州，至光绪时被禁后渐渐衰落，至民国又渐渐兴盛了。”

常熟“第一书码头”的盛名与境内各个乡镇的繁荣密不可分，福山就是东北部的重镇之一。福山濒临长江，是重要的鱼盐集散港口，农业、手工业也十分发达，船舶成百上千，南北客商云集，镇上茶馆、酒肆、客栈较多，早、中、晚三市相当繁荣。直至20世纪40年代港口淤塞失治后，进出港船舶转向浒浦港，福山镇才逐渐变得冷落。从清末开始，福山镇上的老街、新街以及邓市、肖家桥、郑家桥等集镇的茶馆纷纷兼营书场，听书蔚然成风。熊氏自熊登武任职福山镇总兵之后已定居数十年，不管是语言还是生活都已经融入当地，孵茶馆听说书也成为他们日常生活中的主要娱乐。

擅唱《珍珠塔》的常熟籍弹词名家杨月槎、杨星槎

因了这种缘分，朱蓉舫自幼就经常跟随大人出入茶馆听书，是个小书迷。他虽然是福山总兵官的后人，但是出生时大清皇朝已到岌岌可危的境地，没有享受到祖上骑都尉世职的福荫。那时的熊家贵而不富，生活与普通百姓无异。青年时期他在镇上一家药材店做伙计，白天忙于工作，晚上有闲暇听书。时间一长，他对说书的喜爱与日俱增，为此省吃俭用买了一把三弦，和几个志同道合的朋友一起自学弹唱，成了一名票友。听书之余，三五知己品书评艺，弹弹唱唱，其乐无穷。如此一来，他的痴迷竟然一发不可收，觉得票友还不够过瘾，进而萌生了下海说书的念头。说书不

夏莲君

像玩票，得正儿八经地拜师学习长篇，根据自己对书目的喜好和经济实力，朱蓉舫选择了投拜有一定知名度的弹词艺人夏莲君为师。

夏莲君（？—1950），江苏苏州人，是光裕社前辈评话家夏锦峰之子。夏家是说书世家，夏锦峰为清末名艺人，1895年（光绪二十一年）十月初八在光裕社出道，擅说《三国》《西游记》，说书风格自成一路，授徒周镛江，艺传三代而绝。周镛江晚年蛰居浒墅关乡间，唐耿良刚出道到当地演出时向其补学了赠马至三顾茅庐十六回“前三国”以及初出祁山、失街亭、空城计、斩马谡等十多回“后三国”。夏锦峰长子夏莲生是“谢派三笑”创始人谢少泉的开山门大弟子，也是弹唱《三笑》的大名家，门徒众多，较著名者有王亦泉、徐云志、刘天韵等。夏莲君生子夏小莲承袭《三笑》，艺名颇著，可惜早夭，孙夏天麟除家传《三笑》外，又从尤少卿学《杨乃武》。

夏莲君是夏锦峰次子，师事弹词前辈唐芝云，弹唱《描金凤》《双金锭》两书。唐芝云于1895年正月二十四在光裕社出道，是大名家钱玉卿之徒，弹词《描金凤》嫡传第三代，三考出身，学问很好，说、唱、弹俱长，唱“俞调”小嗓绝佳，有“隔墙西施”之誉。夏莲君其貌不扬，身材矮小，尽管拜了一个好老师，但是当年说唱《描金凤》的名家响档很多，所以他在长篇上并没有很大的建树。由于他未能在光裕社出道，转而加入富有海派作风和革新精神的上海润余社，最终使他名扬书坛的正是他的创新之举。

20世纪20年代初，上海一些较好的书场均为名家所占，一批说书技艺较为平常的年轻艺人为糊口计，由夏莲君任班主，于1921年发起组成“化妆弹词”班子，将《三笑》《珍珠塔》《描金凤》《双金锭》等长篇弹词改编成连台本戏，或抽取关子书编成折子戏，在大世界共和厅演出。说书先生唱戏别开生面，一时间很有号召力，先后参加这个班子的有尤少卿、朱琴香、刘宾梅、朱一鸣、姚幼梅（即姚荫梅）、赵湘泉、樊钰庭、吴菊庭、周品泉、蔡钰峰等。可惜好景不长，夏莲君身为班主却染上了赌博的恶习，每当包银到手就输个精光，班子不到两年就告解散，各人回归说书本行。化妆弹词其实就是“书戏”，以往只在光裕社三皇圣诞或义演募款时偶尔演出，正式搬上舞台连续演出是夏莲君首创，因此当时书坛称他“书戏发明家”。此后班子中部分演员在化妆弹词的基础上进行改革，发展成为以“书调”为主要唱腔的“南方歌剧”（又称南方文戏或南方戏，著名弹词演员徐淑娟的父亲徐亭贤即为南方歌剧著名演员，艺名徐琴艳）。追根溯源，这和夏莲君的创新之举也是分不开的。

夏莲君娶朱家角新园场方之女为妻，妻弟王铁梅是润余社评话家郭少梅之徒。夏莲君女儿夏秀英、夏秀珍、夏秀娟均继承父业学唱弹词，夏秀英、夏秀珍还沿袭了父亲的创新精神，是20世纪二三十年代闻名沪上的弹词、滑稽两栖明星，她们是“女子独脚戏”的创始人，有胜利唱片公司的《滑稽毛毛雨》《交好运》等唱片传世。后有女徒吴秀珍，仍沿用夏秀珍之名，拼师徒双档。

俗话说：“酱缸打碎，架子还在。”熊家是福山的名门宦族，虽然改朝换代已经多年，但是熊家族人的封建思想依然存在，他们认为朱蓉舫学说书跑江湖是自甘下贱、有辱祖先之举。族人的指责丝毫没有动摇朱蓉舫的决心，他倾尽家中所有凑到四五十元钱拜师金，义无反顾地跟随夏莲君踏上江湖之路。他将熊姓隐入艺名之中，以常熟方言中的同音字蓉作替代，这样做既可消除辱没先人的世俗观念，又能寄托他不忘本姓的情怀，可谓两全其美，也充分体现了说书先生的灵活应变。至于姓朱的由来，现在已经无从考证，或许是舅家之姓，也可能是朱姓好写易记。无独有偶，在朱蓉舫之前常熟也有易姓为朱的说书人，他就是独创《西厢》的朱寄庵，朱寄庵本姓姚，为清代散文家姚鼐后裔，其子姚民哀、姚民愚艺名朱兰庵、朱菊庵。

朱云天

有一点需要说明，在过去的报刊、文章中，有时把朱蓉舫写作朱蓉芳，在朱雪琴撰写的回忆文章中也写作“芳”。现代人观念中“芳”字几乎都用于女名，其实这个字本身并无性别寓意，过去也广泛应用于男名。演艺界尤为常见，如京剧界的梅兰芳、周信芳等。说书人中以“芳”为名的男艺人也很多，但是大多数名望不高，而以“舫”为名的沈莲舫、程筱舫却是名震书坛的大名家。因此场方在书写海报时常常易“芳”为“舫”，艺人当然也希望自己能像沈莲舫、程筱舫那样扬名四海，所以大部分人都选择了默认。久而久之，群“芳”争艳变成群“舫”林立，林筱舫、陈雪舫、冷梅舫、徐翰舫等艺名都是这样来的，甚至徐琴芳、王琴芳等女艺人也常被误写为“舫”。本书沿用大多数文章的习惯写法，统一写作朱蓉舫。

在朱蓉舫的影响下，全家两代陆续出现了朱美英、朱云天、朱雪琴、朱雪明、朱雪芳等弹词艺人，这个著名的说书世家为“江南第一书码头”增添了浓墨重彩的一笔。

艺海苦作舟

孟子曰：“天将降大任于斯人也，必先苦其心志，劳其筋骨，饿其体肤，空乏其身，行拂乱其所为，所以动心忍性，曾益其所不能。”甫离双亲，初涉艺海，幼小的朱雪琴已感受到跑码头的不易和学艺之艰辛。个中滋味，怎一个“苦”字了得！

人们常用“台下一分钟，台上十年功”来形容艺术积累的艰辛，说书一道，尤为突出。说书是综合性特别强的艺术，优秀的说书人是多项全能的独特人才。首先，说书人是导演，是编剧，长篇演出中要根据实际情况将书目内容进行编排组织，铺陈情节，设置关子。其次，说书人是演员，既以旁观者身份讲述故事，又不断地“跳”入书中，以书中人物的面目出现在听众面前，不换服装，不用道具，一人兼演男女老幼和生旦净丑各种角色。此外，弹词艺人还是歌唱者和伴奏员，当说的功能无法表达到位时，弹唱是最佳的辅助和延续，能把说表和弹唱融为一体且独具特色的艺人就是名家响档。

弹词名家朱介生对说书之难有很深的体会，20世纪80年代专门就此撰写过一支弹词开篇，发表在《评弹艺术》第十集上。开篇原名《我的体会》，后来收入《弹词大观》时改为《说书说难也不难》。

朱雪琴签名照（朱一鹤先生提供）

艺术从来最最难，谁言最易是评弹。虽然是不须靶子刀枪练，也不要抢背吊毛筋斗翻。不过唱唱弹弹并说说，有人说评弹有点啥烦难。的确粗看好似真容易，仔细思量却很难。戏剧是有布景服装和道具，还要灯光效果来相陪；好似绿叶从旁护牡丹。我们是醒木一方扇一把，乐器无多也很简单；只有弦子琵琶信手弹。演戏是更有专家来导演，伲是演员导演独承担。演戏是场面琴师来伴奏，伲要自家歌唱自家弹。演戏有生旦净末丑，行当各分开；只要研究应用这一栏。我们是大小嗓音要都具备，因为门门角色要一人来，要分清大面与花衫。而且是勿扎网巾勿勾脸，勿贴片子与小弯。勿着海青勿着靠，勿戴头巾勿戴盔。不涂脂粉和油彩，本来面目上书台，不过穿着随身一件夹长衫。但是角色依然有形象化，分出那忠奸侠义与刁顽。所以评弹的确非容易，但是只要刻苦钻研便不难。首先要把人物个性揣摩透，必须斟酌再二三；还是欢来还是悲。做啥必须要像啥，上书台切忌怕羞惭。若是怕难为情做勿出，要面子反而变坍台。角色果然难表演，书中说表更烦难。顶要紧口齿清而兼有劲，勿要嘴里含个大橄榄。语言简洁须精炼，切不可废话连篇一大堆。逢到书中长表白，须要言词组织巧安排。起承转合分层次，有理有条侃侃谈。语调高低和缓急，与气氛情绪有相关。虽没有道具服装和效果，又无布景与机关。只要凭我三寸舌，说得淋漓尽致妙非凡。说出那崇山峻岭冲霄汉，说出那大海汪洋波浪翻。说出那千军万马如潮涌，说出那天空雨电与风雷。说出那竹篱茅舍乡村景，说出那绣幔珠帘娇女闺。说出那柳梢枝上舒新月，说出那荒野疏林挂夕晖。把各种不同环境来描绘，全仗舌灿莲花好口才，曲曲传神讲出来。说得宛如真境界，听众们好似身在其中亲眼看；自然津津有味不嫌烦。不过一本正经像做报告，听众们要枯燥无聊勿耐烦。所以噱头小卖也需要，使他们轻松愉快笑颜开。但是放到噱头须简洁，而且要与书情结合有相关。尤须幽默有回味，好似吃了檀香青橄榄；回到家中还要笑出来。这样噱头为上品，低级无聊切莫为。倘若先自抖穿包袱底，就要使噱头效果尽推翻。最好当然是肉里噱，凭他勿笑也无关。弹词弹唱为基本，要苦学勤练心莫灰。经常练习毋间断，无论炎暑与严寒，每日清晨要唱一回。唱须提足丹田劲，切不可一丝无力假痴呆。必须咬准中州韵，分清二五与四三。腔要圆来字要准，口齿清而感情来。若是只顾腔来勿顾字，凭你花腔一再翻，也算不上佼佼上驷材。唱篇确实非容易，但是丝弦也莫作等闲看。拍勺勾挑弹与拨，其中指法也十分繁。乐器必须勤练习，应当多合又多弹。尤其是评弹合作拼双档，要互相衬托互关怀，你若唱时你做主，我要留心轻按与轻弹。烘云托月来陪衬，如影随形分不开。切不可只图自己风头出，花过门接二又连三。勿顾怜凿拉别人腰眼里，害别人欲思开口勿能开；倒还得意洋洋百勿关。未登台切勿多开口，须把台词想一番，免得临场口冲与忘怀。尤其熟书须注意，勿以为已经说过好多回，不必劳神练与排，漫不经心勿介意，难免要脱头落襻语言乖。演出必须负责任，勿能马虎敷衍信口谈。倘若今朝身不适，除非请假勿登台，上了台就要扳一扳。要说噱弹唱臻化境，勿是一朝一夕所能为。艺术从来无捷径，勿要以为聪明伶俐有天才，必须研究把脑筋开。花多少心思结多少果，勿钻研断然得不到果子来。少小不努力，老大徒伤悲，要晓得大好光阴去不回。若是稍有些许小成绩，就昂然自得不平凡，尤其是座中客常满，掌声响如雷，就得意忘形骄起来，自以为胜过马如飞，压倒俞秀山，评弹界个个不如俺。要晓得满招损而谦受益，有了自满心情就进步难。要把评弹说唱好，与那知识文化极有关。因为评弹词句较风雅，需要悉心研究细推敲。有些冷门古典须查考，决不能信口开河胡乱谈。鲁鱼亥豕宜留意，勿要红梅阁念成江海关；引得旁人当笑话谈。所以历史语文和地理，也要分析从中好与歹。不过厚古薄今要勿得，轻视新书更大不该。勿要以为新书结构都粗糙，直革笼统少转弯。要晓得传统书也并非一说就说好，都是不断琢磨炼出来。只要你反复加工来改进，新书说好也不烦难。要出人出书走正路，宣传四化莫忘怀。活到老要学到老，全心全意为评弹；前途灿烂又光辉。

年幼的朱雪琴开始只知道说书有趣好玩，并不了解说书到底有多难。在跟随养父母跑码头的过程中，才逐渐有了深刻的体会和深入的了解。当然，面对重重困难，她没有退路，只能前行。明知山有虎，偏向虎山行。

王小燕与朱雪琴（王小燕女士提供）

首先遭遇的是颠沛流离之苦。20世纪30年代是名家辈出的时代，苏州的各大书场都被光裕社所垄断，上海则为光裕社、润余社双雄并峙，像朱蓉舫、朱美英这样的男女双档不为光润两社所容，因此只能奔走于浙江和无锡、常州、常熟以及苏州乡下等地。两人书艺并无特别长处，每到一地，大书场总为名家响档所占，他们只能四处踏场子（行话，指没有预先订约，临时寻找演出场所）。踏场子的艺人都是无名之辈，背着行李乐器登门求告，犹如叫花子要饭一样，常常会遭受白眼。有的书场对踏场子艺人不屑一顾，遇到心地善良的老板才能说上几天，但都是短期的演出，仅够吃饱肚子和赚些盘缠。将近一年的时间，朱雪琴跟着养父母游走于桥庙村浜，在乡间小茶馆做个十天半月，一旦生意清淡，场方立马就会“铲交椅”，他们只得背起行囊再找一家。一旦演出场子落空，全家的吃饭和住宿都成问题。这样的日子非常艰苦，却是艺人历练提高的必经之路，那种山穷水尽的困难环境，有助于艺人把生活压力转化为艺术动力，从而提升演艺水平。对于从小吃了上顿没下顿的朱雪琴来说，码头生活苦则苦矣，她完全能够适应，最大的苦闷来自学艺。

学说书都从跟师听书开始，朱雪琴也是如此。养父母在台上演出时，她被安排在书场角落里听书。刚开始她还能被陌生的情节和关子吸引住，乖乖地坐着听书。几个码头下来，书情越来越熟悉，她开始坐不住了，调皮贪玩的天性表现出来。当养父母全神贯注说书之时，她偷偷地溜出书场，找附近的小孩玩耍，快要落回之际再悄悄地回到座位上。小小的“诡计”没被识破，小朱雪琴心中无比兴奋，第二天又如法炮制，还是没引起养父母的注意。堂倌首先发现了她的秘密，提醒朱蓉舫说：“小先生时间倒掐得蛮准的。”朱蓉舫以为堂倌在拿小孩子开玩笑，所以并不在意。几天下来，朱雪琴胆子越来越大，溜出去玩的时间也越来越长，终于被养父母察觉了。于是她的听书“专座”从台下转移到台上，每天在书台一角静坐听书。听客们十分喜欢这个聪明伶俐的小先生，总有人会塞给她各种各样的零食，这也是她听书时的一大乐事。

蒋月泉、朱介生、朱雪琴、张鸿声探讨艺术（上海评弹团提供）

八九岁的孩子好奇心强烈，求知欲旺盛，仅仅听书已不能满足朱雪琴学艺的要求。然而朱蓉舫一天两场演出已经筋疲力尽，夜场结束后倒头就睡，根本没有精力教她说书。没人教怎么办？自学！听书时留心记住一些唱段，空闲时自己哼唱。她的学艺热情让父母感到欣慰，但凭着记忆自学难免有好多错误，为了打好扎实的基本功，夫妻俩决定趁热打铁，对她开始系统的培养。除了听书之外，重点学习弹和唱这两项基本功。弹词中生旦角色较多，起脚色和弹唱时常常需要运用小嗓，所以过去说小书(即弹词)重小嗓，没有小嗓是不行的。小嗓亦称假嗓，是一种特殊的发音方法，小嗓不是与生俱来的，必须通过后天练习“吊”出来。说书人吊嗓子的方法都是从生活中悟到的一些土办法，鸡叫声“喔……喔……喔”，或者呼鸭子的声音“鸭哩……哩……哩……哩”，都能够用来模仿练习。每天清晨，睡梦中的朱雪琴就会被父母叫醒，来到户外，对着空旷的田野或宽阔的河面吊嗓子，然后再回到书场练习弹琵琶。

三弦、琵琶是苏州弹词最主要的两种伴奏乐器，琵琶弹奏是做下手必备的技能。学弹琵琶先从拍工尺谱开始，通常先学相对简单的《老六板》，“工工四尺上，合四上，四上上工尺……”，然后背《梅花三弄》，再背老俞调过门。曲子背熟后由养母朱美英教弹奏，把四根弦线不同把位对应的音符一一记住，根据先前背熟的工尺谱练习弹奏。由于朱美英是半路出家，她的指法也不完全正确，所以朱雪琴学得极其艰难。琵琶抱在身上比她人还高，两只小手又要按又要弹，常常是顾了左手顾不上右手，叮叮咚咚，不成曲调。朱蓉舫发现这个问题后开始亲自教女儿，他三弦弹得很好，琵琶是半内行。俗话说“师傅领进门，修行在自身”，老师的指导十分重要。回想自己学艺时，朱蓉舫听到好听的

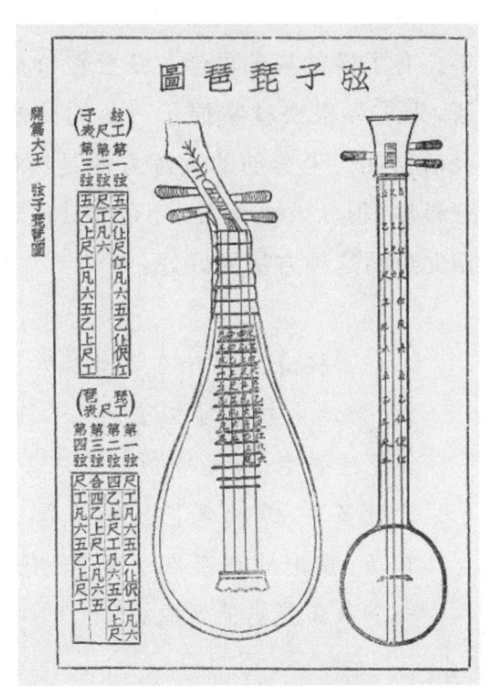

琵琶三弦工尺表

过门就求先生教，但是夏莲君比较保守，只是简单地把工尺谱说上一两遍，再要问时他就会说“你自己去化”。朱蓉舫尝到过学艺的艰辛，所以对女儿尽心指导，而且非常严格。

中国民间有句谚语：冬练三九，夏练三伏。过去不管是练武还是学艺，都特别重视酷热严寒条件下的锻炼。朱雪琴初学琵琶时是寒冬季节，弹奏之前，朱蓉舫让她把双手浸入冰冷刺骨的冷水之中，等手指冻得像红萝卜一样才取出，用干毛巾擦干。冻僵的双手既不能烘手炉，也不能搓手，要立即拿起琵琶练习，弹到手指发热变灵活为止。然后再次将手浸入冷水冻僵，再次弹到发热，就这样循环往复地练习。虽然弹奏时手指冻得僵硬，但疼痛感还是十分剧烈，手指碰到弦线时像刀割一样，十指连心，疼得直冒冷汗。幼小的朱雪琴生就一股倔脾气，哪怕手指开裂出血也绝不出声，只管咬紧牙关拼命地弹。夏天顶着烈日练习，一曲弹完衣衫尽湿，两眼发花，琵琶上的品都因为长时间被汗水浸渍而变成深色。这样极端条件下的苦练，在夯实弹奏技巧的同时也是对她意志的锻炼。

朱蓉舫采取的是少而精的教学策略，一支《梅花三弄》就学了足足半年。有了琵琶基础再学三弦要轻松不少，尽管指法有所不同，但是触类旁通，朱雪琴很快就掌握了三弦的按弦、换弦、换把和弹挑，稍加练习即能灵活自如。朱蓉舫的训练方法是历代艺人口口相传的经验，或许并不十分科学，但从效果来看，还是有其道理的。著名苏州弹词艺术家刘天韵曾撰文总结这种方法的好处：

> 这样练习有什么好处呢？因为从前的书场里没有暖气，每到冬天，书场内外气温相差无几。演员弹奏的基本功差，那么手一冻僵，就无法弹奏，就像吃饭时手冻僵了不能拿筷一样。有了基本功，不管天气多冷，拿起琵琶就能弹奏；更重要的是，经过这样的锻炼，手指有功，弹出的声音点子清楚、有力、悦耳。而且事半功倍，只要练上一个冬春就能见到成效。

朱雪琴晚年也曾谈起，她之所以弹得一手好三弦，就是因为幼年学弹琵琶时练就了过硬的童子功。吃得苦中苦，才有真功夫。

刘天韵（上海评弹团提供）

乐器弹奏学习到一定阶段之后，朱美英开始教朱雪琴唱开篇。传统教学讲究口传心授，教唱的开篇只有唱词没有曲谱，学生先把唱词记住，唱腔由老师手拍口传。这种方法源自昆曲的拍曲，行话叫做“拍作台”，教唱时不用乐器伴奏，老师根据板眼节奏以手拍桌，边拍边唱，学生跟拍跟唱，与书法临帖有异曲同工之妙。按照惯例，初学时往往选择较为简短的开篇，便于学生学唱，然后循序渐进增加难度。朱美英教的第一支开篇是老俞调《西湖十景》，这首开篇总共九句，是最短的弹词开篇，而且内容有情有景，从一唱到十，比较容易记住，朱雪琴天资聪明，一会儿就把唱词背熟了：

一出门来二条桥，三人背纤四人摇，五小姐独坐中舱内，六个书生在岸上跑，七公子拍手哈哈笑，八个丫鬟在后梢，九莲灯高挂在船头上，十里西湖六条桥，一枝杨柳间枝桃。

老俞调为清朝嘉庆、道光年间名艺人俞秀山所创，曲调受江南民间小曲以及昆曲的影响较大，节奏舒缓绵长，唱腔曲折回旋，是弹词书目中旦角的基本唱调。俞调的声腔结构严谨规范，行腔悠长，小腔丰富，稍有不到位便觉生硬刺耳。其音域十分宽广，高腔和低腔相差最多可达二十度，必须真假嗓相结合，衔接处要浑然天成不露痕迹，还要善用丹田气息，否则低腔的最后一个字根本无法听清楚。作为苏州弹词曲调的基础教材，俞调的重要性如同书法之正楷，学好俞调有助于弹唱者掌握唱腔的结构、规律，锻炼丹田气息的运用和真假嗓的变换，认识咬字、吐字与行腔的关系，掌握唱法上的轻重、缓急、虚实等技巧。这也正是艺人在启蒙阶段选择俞调的重要原因。

朱雪琴耳音特别好，记忆和模仿能力也强，所以学唱比学琵琶轻松得多，用不了几遍就能把养母拍的腔全部学下来。在《西湖十景》之后，朱美英还给她拍了《梅竹》《宫怨》等开篇，都是老俞调，但不同开篇中的唱腔各有不同。通过反复的拍唱练习，唱腔板式基本成型固化，然后将弹唱结合起来，以自弹自唱的形式动态呈现开篇。这种化整为零、循序渐进的教法看似缓慢，其实不然，通过手拍口传的学习，朱雪琴对俞调唱腔的结构规律已有深刻领会，再学唱其他开篇时能够举一反三，事半功倍。

书山有路勤为径，艺海无涯苦作舟。朱蓉舫、朱美英夫妇深知自己家无恒产，身无长物，唯一赖以生存的就是说书技能。尽管他们对朱雪琴视如己出，生活上倍加爱护，但在艺术上对她十分严格。他们时常告诫朱雪琴：只有从小下苦功，今后才有可能立足书坛，出人头地。肩负着生活的重压和父母的期望，懂事的朱雪琴不管寒暑，坚持苦练一年多，终于能够熟练地弹唱开篇。随着学习的深入，她越来越多地体验到成功的喜悦，这种快乐像催化剂一样，极大地调动了她学艺的积极性，使她在艺术生涯中迈出了踏实稳健、至关重要的第一步。

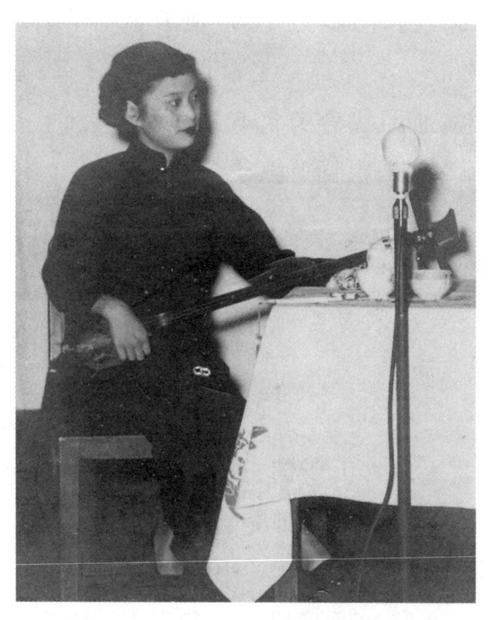

朱雪琴在电台演唱（朱一鹤先生提供）

小荷露尖角

在传统戏曲和曲艺舞台上，有许多艺人自幼坐科学艺，八、九岁就成为童星登台演出，常以“×龄童”“×岁红”等艺名来吸引听众。如艺名“七龄童”的京剧表演艺术家周信芳（后取谐音改称麒麟童），艺名“六龄童”的绍剧表演艺术家章宗义（电视连续剧《西游记》主演“六小龄童”章金莱之父）。虽然儿童的表演还显稚嫩，但是他们天真可爱，嗓音清脆，容易获得听众的认可和喜爱。

这种现象在苏州弹词的历史上也很常见，行话叫“童子戳”。例如“蛇王”杨仁麟九岁时随父登台唱开篇，书场为招揽生意，牌子上写“九龄童”，听客颇为新奇，加之杨仁麟嗓音清亮，很受欢迎。再如天资聪颖的刘天韵十岁即以“十龄童”之名随其先生夏莲生拼双档，演出于上海新世界、大世界等游艺场，闻名沪上。朱雪琴初次登台时年龄与上述两位名家相仿，为了讨口彩，养父母给她取了一个响亮的艺名——“九岁红”。

曾被誉为“九龄童”的弹词名家杨仁麟

自从学会弹唱之后，朱雪琴就跃跃欲试想上台演出，养父母经不住她的软磨硬泡，同意她上台“插边花”。所谓“插边花”，是指正在学艺的艺徒加座于书桌旁边，在正式演出前加唱一支开篇，或者在唱完开篇后的正书中再搭几句口。朱蓉舫告诫女儿：行内把三尺书台称作“落魂台”，第一次登台难免紧张，所以要做好充分的准备，把开篇练得滚瓜烂熟，关键是大胆地唱出第一句。果然不出所料，初次登台的朱雪琴十分紧张，三弦琵琶过门响起时，她心里怦怦直跳，喉咙口像被什么东西堵住了一样，竟然开不了口。朱蓉舫心中焦急，朝她狠狠地一瞪眼，朱雪琴被吓得张大了嘴巴，第一句居然清脆响亮地唱出了口。万事开头难，第一句顺利出口，大家都松了口气，紧张程度缓解之后，朱雪琴找回了平时练唱时的状态，一气呵成，出色地完成了她的“处女秀”。

登台“插边花”的同时，朱雪琴开始学说长篇。每天上台先由她“插边花”唱开篇，接着养父母说书，她坐在台上听书。这次听书和以往有所不同，不仅要认真听，更重要的是用心记。听第一遍时要把书路（主要情节）记住，临睡前默想一遍，第二天早起再默想一遍，加深记忆。听第二遍时，要把每回书的内容复述给养父听，由他及时指出遗漏或错误之处，这个过程叫做“回书”或“回课”。过去说书人的脚本比较简单，只记录每回书的主要情节和人物的挂口、韵白以及唱篇，说表、放噱头、起脚色等动态技艺全靠听书时学习模仿，听书后消化吸收。听书、回书是最快、最有效的传授方式，悟性好的学徒跟师三个多月，听书三四遍就能独立演出，这种人在业内有个专门的称谓，叫做“百日王”。

一部南词，半生衣食。过去艺人生活缺乏保障，生怕“教会徒弟，饿死师傅”，所以授徒传艺比较保守，长篇书的脚本不肯轻易示人，即使对艺徒也是藏着掖着，艺徒想要学有所获就只有偷学偷记。朱蓉舫学书就是如此，先生不让他多听书，也不准记录，每次说到关子书时，总是想方设法把他支开。为了把书偷记下来，等先生师母睡了之后，他在被窝里点上蜡烛奋笔疾书。有一天实在太困，写着写着竟睡着了，被子压下来时被火苗烤着，散发的焦臭味把先生师母惊醒了。此举虽然未曾酿成大祸，但是他偷偷记书的秘密被发现了，辛苦记录的书稿被师母全部拿走，付之一炬。

养父的辛酸回忆让朱雪琴感同身受，从中深受教益，深受鞭策。在养父母的悉心指导下，她加倍努力地听书、背书、回书，经过半年左右的时间，把《描金凤》和《双金锭》这两部长篇学了下来。在此期间，朱雪琴仍然是“插边花”的身份，但不只限于唱开篇和听书了，朱蓉舫也会根据书情给她安排一两个脚色，让她说上几句。这样做不仅让朱雪琴得到了锻炼，更重要的是调动了她学艺的积极性，她总是对养父提出“让我说点，让我说点，坐在台上太厌气了”。

朱雪琴性格爽朗，不像普通女孩子那样扭扭捏捏，说书起脚色“泼”得出。有一次说《描金凤》中的“龙虎斗”，一个青面孔董武昌，一个黑面孔陈荣，两个都是净角，朱雪琴虽然还是个娇小的女孩，照样憋粗了嗓音起黑虎陈荣脚色，与朱蓉舫起的董武昌争斗，你一言我一句，动作泼辣，做功到位，惹得听众哈哈大笑。说《双金锭》时，她起老谋深算的刀笔讼师戚子卿，也是可圈可点，得到养父母和听众的肯定。这样一来，养父分给她的书也逐渐增多，经过一段时间的实践，朱雪琴的说、唱、起脚色都有不小的进步，有时候养母生病不能上台，她和养父拼双档，也能够比较顺利地完成演出。

十岁那年，朱雪琴跟随养父母到常熟东唐市演出。唐市是常熟大镇之一，因位于县境东南而名东唐市，以区别于西北乡的塘市。唐市自明代始商贸发达，经济繁荣，有“金唐市”之称。这里不仅是出听客的大码头，还是个出响档的地方，润余社的程筱舫、程舫舟、诸寄儒和光裕社的杨振飞等都是东唐市人。邀请朱蓉舫演出的是古峰园书场，老板名叫吴渭昌，儿子吴梅村为润余社艺人，是该社宿将谢鸿飞弟子，与妻子吴异声拼男女档，弹唱《三笑》。朱蓉舫拜师夏莲君之后也曾加入润余社，双方既有同社之谊，又有同乡之情，而且都是受“正统”艺人排挤的男女档，因此相互之间常有业务来往。古峰园有三位“坐庄听客”是吸食鸦片的“老枪”，书场也因之有了一个响亮的别号——“三枪馆”，其本名反而鲜为人知。吴渭昌人称阿渭昌，身材不高，嗓音洪亮，每天开书前在书场外桥上高喊“开书哉”，其声远扬，听众闻之即到，若遇顺风时，可传三里之遥。凡是到过东唐市的艺人，无不对此留下极其深刻的印象，阿渭昌这声“开书哉”一传十，十传百，在说书圈内名闻遐迩，三枪馆书场也因此更加广为人知。

三枪馆地处空旷，环境幽静，适宜听书。朱蓉舫到此后日夜开说《双金锭》《描金凤》，生意颇为不错。谁知道说了没几天，一件突如其来的事情给朱雪琴创造了独立演出的机会。那天日场演出刚结束，朱蓉舫接到福山家中急信，其父亲急病在床，必须马上回家。朱蓉舫立即和老板商量，阿渭昌急得双脚直跳，这么好的生意，怎么舍得停下来！眼看煮熟的鸭子要飞走，他急中生智说：“你们回去看望老人合情合理，我不会阻拦，但是总不能让书场空着吧。”说着指了指旁边的朱雪琴：“我看让小先生代书吧。”常言道“初生牛犊不怕虎”，朱雪琴学艺两年，正愁英雄无用武之地，见老板急得满头大汗，她顿生同情之心，不假思索，一口答应。朱蓉舫虽然有些犹豫，但事已至此，只好让女儿留下救场，夫妻俩再三叮嘱之后，才匆匆赶回福山。

常熟东唐市杨园书场旧址

旧时茶馆书场的书筹
（孙利峰先生提供）

老板考虑到朱雪琴从未单独演出过，当天晚上的书肯定来不及准备，所以到镇上走了一圈，通知大家先生急事回家，夜场暂停一天，第二天由小先生“九岁红”代书。朱雪琴学艺两年，长篇已经听熟，第二天的书默想一遍，自忖没有问题，感到棘手的是唱篇未曾背熟。因为平时只记书情，唱篇要到用时才背，现在虽然有脚本，但朱雪琴没读过书，看不懂唱篇。好在她人小鬼大，灵机一动，让老板请一位识字的先生来读唱篇，凭着过人的记忆力，一档唱篇读几遍就记住了。幸亏在“插边花”时养成了好习惯，朱雪琴有条不紊地想书路，背唱篇，一觉睡到天明，早起后再想一遍书，把篇子唱熟，然后准备下一场的内容。老板阿渭昌在暗中观察，发现她人虽小，行事却很老到，因此对她放心了很多。

第二天清晨，“九岁红”代书的消息在茶馆里迅速传开，成为早茶时间的热门话题。有的说，十岁的小姑娘能有多大本事，恐怕床底下放鹞子——大高而不妙；有的说，没有三分三，不敢上书台，既然敢放单档，一定有点苗头；还有些听过书的茶客对其“插边花”的表现交口称赞，说这个小姑娘不同凡响，是块说书的材料。茶客们众说纷纭，无形中给朱雪琴做了义务宣传，仅半天时间，“九岁红”竟成了东唐市的新闻人物。当天中午，离开书还有一段时间，书场里早已经满坑满谷，坐满了闻讯前来争听“九岁红”的听客。

朱雪琴单档演出（朱一鹤先生提供）

等老板喊过“开书哉”，朱雪琴抱了琵琶，不慌不忙走上书台，将琵琶小心地置放在半桌上，坐下身来，两只小手抱拳一拱，煞有介事地开口说道：“各位老听客，我爷娘探望我家祖父去了，吴老板要我代书。其实我从来没有放过单档，今朝破口，肚皮里书不多，只好炒炒伲爷娘格冷饭。昨日夜里刚刚把篇子背熟，现吃现吐，肯定有许多不足之处，请各位多多原谅！”这段简短的开场白有礼有节，不卑不亢，令人刮目相看，原本人声嘈杂的书场很快安静下来。朱雪琴抱起琵琶调弦校音，眼睛扫视一周，看到满座听众颔首微笑，她信心倍增，气定神闲地开始唱开篇。工整的弹唱和悦耳的童声拉住了老听众的耳朵，一曲唱罢，听众报以热烈的掌声，并要求再唱一段，台上台下的距离也随之越拉越近。

听众有了好感，说正书就容易得多。朱雪琴模仿养父朱蓉舫的说表，将平日听熟的书情娓娓道来，而且六白、脚色俱全，虽然稚嫩却一丝不苟，偶尔有“口冲”（脱口而出说错台词）时便伸出舌头，做个鬼脸，听众对她并不苛责，而是用微笑给予谅解和鼓励。散场时，听众席掌声四起，一片夸奖之辞。第一天代书“破口”成功，给了朱雪琴极大的鼓舞，接下去的几天她更加投入，除了日夜两场，还有堂会，演出结束再请人教唱篇，忙得不亦乐乎。书场生意兴隆，老板非常高兴，不仅顿顿烧好菜，还给她炖桂圆红枣补身体。等到朱蓉舫、朱美英回到书场，“九岁红”之名已经不胫而走，轰动了周围的四乡八镇，夫妻俩笑得合不拢嘴，激动地说：“小鬼丫头，胆子真大，真不容易！”

这次突发的代书经历，为朱雪琴提供了一次珍贵的实践机会，演出中反馈出来的不足使她在学艺过程中有的放矢，再次听书时领会快，收获多。这件事也让朱蓉舫和朱美英看到了女儿潜在的实力，在此后的演出中分配给她的书日益增多，使她逐渐从“插边花”转变为正式拼三个档。他们在东唐市的演出有口皆碑，三枪馆书场剪书之后继续在常熟演出，几档生意做得都很好，听众对他们的关注度逐渐提高。

朱雪琴友人赠送的嵌名联（朱一鹤先生提供）

常熟地区崇文尚教，荒村野老亦不乏饱学之士。许多听众逐日听书，和朱蓉舫非常熟络，对锋芒初露的朱雪琴十分关心。某次闲聊中，一位颇有学问的老听客对朱雪琴的艺名提出了他的看法。他认为“九岁红”口彩虽好，但成年后就不适合用了，而朱小英这个名字过于普通，叫不响亮，从长远计，应该另取一个既好听又有特殊寓意的艺名。朱蓉舫认为听客所言极是，无奈自己才疏学浅，无能为力，取名之事一事不烦二主，索性拜托于他。经过几天的思考，老听客终于想出了一个十分满意的名字——朱雪琴。“雪琴”两字，来源于晚清名臣彭玉麟。

彭玉麟，字雪琴，年少博学，后投笔从戎，创办湘军水师，因战功赫赫而官至两江总督兼南洋通商大臣、兵部尚书，是晚清时期一位罕见的清廉、刚直、淡泊的名臣。彭玉麟多才多艺，诗书画俱佳，因其字雪琴而被尊称为“雪帅”，又因其曾赏加太子少保衔而被尊称为彭宫保，生活中的他重情重义，为怀念恋人梅姑，一生画梅十万幅，并作大量咏梅诗，他的梅花被誉为“兵梅”，与郑板桥的墨竹并称清代画坛两绝。

老听客向朱蓉舫解释道：“彭玉麟清廉刚直，才艺过人，重情义，淡名利；令爱虽为女子，却有须眉气概，性格爽直，脾气倔强，窃以为可借彭宫保之字而名朱雪琴。此名听似女子，实有刚直之寓意，希望她今后也像彭宫保一样重情重义，闻名艺坛。”一番话说得朱蓉舫和朱美英频频点头，啧啧称赞，当即采纳了该听客的建议。就这样，“九岁红”朱小英逐渐成为过去，朱雪琴三字如横空出世，开始登上书坛，受到听众和同行的广泛关注。

男女档风波

> 同一谋生，何必命妻女出乖露丑；同一糊口，何必累儿孙蒙耻含羞。可耻者，夫妇无五伦之别，雌雄有双档之名。随园女弟子此日犹讥儒林，野史女先生于今亦丑市井。

马如飞的这段话，是当时正统说书人排斥男女拼档和女艺人的集中反映，从中足可看出女性艺人在夹缝中生存的不易。

女子从事说书，古已有之。苏州评话和苏州弹词诞生发展的历史中，始终有女艺人的身影，有的甚至做出过重要贡献。例如，最早弹唱《双珠凤》的就是弹词女艺人陈碧仙，在光绪年间，唱《白蛇传》的丁宝仙，唱《三笑》的马秀英、朱素珍，以及唱《倭袍》和《金如意》的陈丽云，都是艺名颇著的女艺人。然而，女子抛头露面，登场弹唱，始终为世俗观念所不容，在封建统治者眼中也是“有伤风化”的举动，所以她们的艺术活动经常受到统治者和男艺人的压制。

咸丰时，女说书在苏州曾经风靡一时，马如飞为此写开篇嘲讽：“阴盛阳衰自古云，衙门坍塌庙廊新。苏州花样年年换，书场都用女先生。”然而好景不长，到同治年间就遭禁绝，“一张告示贴姑苏，女档的书场顷刻无”，原因大抵是“女唱书先生多把书场做，弹唱音调太出粗，引得那毛生个个骨头酥”。同治四年（1865年），马如飞、许殿华、姚士章等人发起复建光裕公所（原公所毁于太平天国战火），制定艺人公约，此举构建了规范的行业秩序，加强了艺人的行为自律，对提高艺人地位起到深远的作用。当然，光裕社男艺人的垄断地位得到巩固的同时，不可避免的加剧了对女艺人的排挤。

《光裕公所改良章程》第一条赫然写着：凡同业而与女档为伍，抑传授女徒，私行经手生意，察出议罚。光裕社员称女档为“妖档”，男女拼档为“雌雄档”，一旦有人违反此条社规，就将面临开除出社的惩罚。不仅艺人如此，就是书场也不敢轻易犯规。同治年间，苏州胥门外凤池书场场东王松涛请了两个女艺人演出，光裕社社员加以抵制，相约不到该书场演出，最后王松涛捐出一方土地给光裕公所才算了事。这是因为当年女艺

20世纪20年代苏州光裕社社员合影（彭本乐先生提供）

人的数量比男艺人少得多，书场一旦遭到光裕社抵制，必将关门大吉。此后的半个多世纪，苏州的书场始终为光裕社所控制，女艺人只能到外埠演出。在上海，虽然出现了可与之抗衡的润余社，但该社也是男艺人社团，因此上海的传统书场被光、润两社“瓜分”，女艺人也无法涉足。

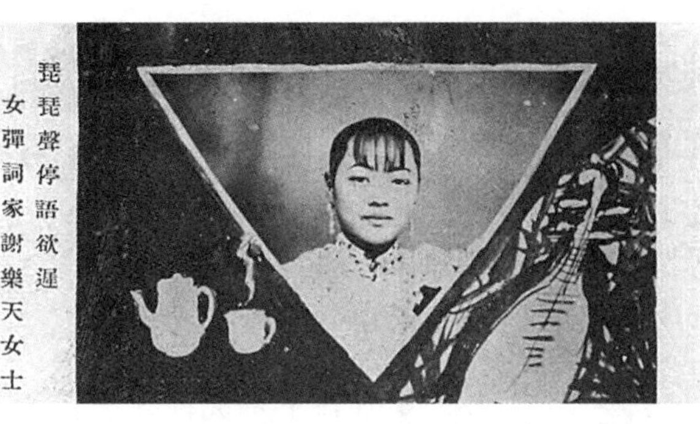

早期女弹词家谢乐天（天鹏画报1927年第8期）

直至五四运动之后，受西方思想的影响，妇女追求自由、平等、独立的呼声越来越高，女子参与就业和娱乐的现象逐渐获得社会的认可。那时候，上海新兴的游艺场开创了邀请女说书的先河，第一个女评话艺人也是娥携徒何处女率先进入天外天、劝业场、新世界、大世界。20世纪20年代中期又有谢乐天、夏秀英、夏秀珍等女弹词应邀莅沪，在小世界、神仙世界、荣记大世界和远东饭店书场演出。苏州的情况却依旧没有改变，1929年9月，阊门外石路口的啸云天茶社邀请男女合演南词，附近汇泉楼亦邀男女申曲，甫一开演就遭人举报，旋即被公安局勒令停止。

早期女弹词家夏秀英

这种状况一直持续到1934年夏天才被彻底改变，男女拼档和女子说书经过顽强的斗争，终于改变了在夹缝中生存的处境，赢得合法演出的权利，普余社由此应运而生。初出茅庐的朱雪琴跟随父母，亲身经历和见证了这次苏州评话和苏州弹词发展史上具有特殊意义的事件。

1934年的夏天，苏州大部分戏院都按照惯例进入了歇夏期。在观前街玄妙

1934年7月观东大戏院在苏州明报刊登的广告

观东脚门有一家观东大戏院，老板名叫王雨田（弹词名家王柏荫之父），是个精明能干善于经营的生意人。为了弥补戏院闲置、职工失业的损失，他灵机一动，有了一个大胆的计划——开设临时书场。观前街、临顿路一带书场众多，而且有各自的坐庄听客，观东大戏院靠什么来吸引听众呢？王雨田想到了不久前实验民众教育馆举行的新生活同志会成立大会，会后的余兴节目邀请了钱景章、陈亚仙和王燕语、王莺声的弹词，男女合作的形式受到大家的一致欢迎。临时书场若能请到男女说书，生意肯定十分兴隆。

主意已定，他迅速联系到正在苏州的钱景章、陈亚仙和朱蓉舫、朱美英两档艺人，钱、朱正为前途担忧，有此机会自然不能错过。考虑到消息一旦传出，光裕社必然横加阻挠，为了防患于未然，由观东大戏院设法请到国民党吴县县党部特派员孙丹忱出面协调，事先将演出事宜向公安局呈报，所演节目经公共娱乐审查委员会审查通过并给证许可。一切准备就绪，观东大戏院连日在《苏州明报》刊登广告：

> 观东大戏院挽友赴申重金礼聘南方弹词男女化妆苏滩：钱景章先生、陈亚仙女士弹唱 日《唐家书》夜《毛家书》，朱蓉舫先生、朱美英女士弹唱 日《描金凤》夜《双金锭》，汪颂英、朱筱香、江筱红化妆苏滩 日《卖草绳》夜《荡河船》，七月三日起日夜登台风雨不更，价目连茶二百，时间日三时夜八时。

尽管广告中只写了“南方弹词”，但是明眼人一看阵容就知道是男女拼档，消息迅速传遍苏城。光裕社闻讯后立即做出反应，当天就以“男女合档，弹唱秽词，妨碍风化”为由，呈请公安局取缔。面对光裕社的阻挠，钱景章、朱蓉舫与观东大戏院方面不甘示弱，经商议后决定把开书日期推

1934年7月7日男女说书在苏州观东大戏院成立（彭本乐先生提供）

迟三天，邀集更多的男女说书艺人，以壮大声势。7月7日观东大戏院开书之日，包括朱蓉舫、朱美英、朱雪琴在内的28位男女说书艺人在戏院集会，举行男女说书成立纪念，还特地请来观东大街的东方照相馆摄影留念。

对于被男艺人“统治”多年的苏州来说，女艺人登台说书具有强大的号召力，观东大戏院的临时书场上座极为可观，老板大发利市。光裕社见“弹唱秽词，妨碍风化”的呈文并不奏效，又以“钱景章藐视禁令，侵犯社规”

男女合擋

彈唱穢詞

光裕社呈請警局取締

光裕社前因已斥逐之不肖社員王石香等，違背社規，男女合擋、彈唱穢詞，妨礙風化，曾呈請公安局取締在案，近査前觀東大戲院聘請張景章（係小春化名）與陳亞仙女擋，及朱蓉舫朱美英男女合擋，登台演唱，殊屬藐視禁令，昨特具呈公安局援照成案，勒令停止彈唱、

光裕社呈请警局取缔男女合档的新闻

呈请取缔。对此，观东大戏院也以呈文抗议的形式，要求公共娱乐审查委员会“维持男女平权原则，准予合档说书”。委员会经推派金挹清委员实地调查之后，在7月24日举行的常务会议上议决：

> 一、男女合档，未便禁止，如有淫词，立予取缔。二、光裕社社规，其制裁只及于社员，所请禁止业已脱离社籍之钱景章，似属逾越范围，碍难照准。三、根据以上两原则，连同金委员调查报告，分别函县政府、公安局、县党部，并批答观东大戏院及光裕社知照。

光裕社主事者朱耀庭、杨月槎想尽办法，试图凭借张一鹏等人的力量扭转颓势，最终也未能成功。《吴县日报》《大光明》《苏州明报》等媒体对事件的连续报道，引发了更多民众的关注，观东大戏院书场的生意日益茂盛。公共娱乐审查委员会决议的公布，让戏院方和男女艺人吃了一颗定心丸。有了官方的支持和民众的认可，男女说书艺人大受鼓舞，男女书场呈现蓬勃发展之势。

朱雪琴的名字首次出现在广告中

观东大戏院乘势而上，停止了化妆苏滩演出，全部改为男女说书，阵容经过调整后更为丰富整齐，日夜各有三档书。日场除钱景章、朱蓉舫两对夫妻档外，增加了徐雪行、徐雪月、徐雪人三个档的《笑中缘》，夜场钱景章做两档，头档仍与陈亚仙拼档，另与严诵君合说《落金扇》送客。8月12日开始，夜场改由王燕语、王莺声夫妻档送客，同时，年仅11岁的朱雪琴也正式加入演出，与父母拼三个档。当看到戏院门口的海报和《苏州明报》的广告，都赫然写着“朱蓉舫先生、朱美英女士、朱雪琴女士弹唱后部珍珠塔”时，她激动不已，自己终于正式登上梦寐以求的书台了。

这一天不仅是她正式登台说唱长篇的开始，也是她和养父母弹唱《珍珠塔》的开始。朱蓉舫的出科书是《描金凤》和《双金锭》，怎么会说起《珍珠塔》来了呢？原来，朱蓉舫夜场说的《双金锭》篇幅比较短，演出一个多月即将完卷，而他已无第三部书可供调换。为了男女说书艺人的集体利益和前途，演出必须继续下去，怎么办？正在大家一筹莫展之际，和朱蓉舫素有交情的王燕语主动提出，将自己所说的《珍珠塔》后半部相赠，以解其燃眉之急。

王燕语是光裕社的公子公孙（继承家学的说书艺人），父亲王少泉是“王派三笑”创始人，兄长王畹香也是弹唱《三笑》的名家。王燕语原名王石香，少年时随父学艺，后从魏钰卿学《珍珠塔》，与师弟徐笑愚拼档六年，因徐倒嗓而失业，后在好友赵湘泉建议下以书艺授其妻黄氏，两年之后拼夫妻档赴浙江演出，旋因违反社规而遭光裕社除名。在浙江西塘演出时，听众为他改名王燕语，为其妻改名黄莺声，取“燕语莺声”之意。因吴语中王、黄同音，又是夫唱妇随，所以时常写成王莺声（笔者曾采访王小燕老师，在她展示的相册中发现一张其父母墓地的照片，墓碑上所刻为黄莺声）。王燕语为人正派，没有江湖气，说唱属工整一路，是艺人中的“稳档”。女儿王小莺、王小燕继承家学，是女艺人中颇负盛名的姐妹档。

普余社发起人王燕语（王小燕女士提供）

早期女弹词家王莺声（王小燕女士提供）

对朱蓉舫而言，真是山重水复疑无路，柳暗花明又一村。想到同场演出的王燕语非但没有“同行倾轧”，反而慷慨相助，将艺人视作“命脉”的脚本无偿传授，这份恩情即使先生夏莲君也不过如此。感动之余，他和王燕语结拜为异姓兄弟，两家人从此结下通家之谊。

8月12日开始，观东大戏院异常热闹，日场“徐三档”和夜场“朱三档”各有特色，相映成趣。徐雪月、朱雪琴一样的年龄小口齿老，广受听众好评，成为他们十分看好的响档苗子。还有一件有趣的事，夜场三档书竟然两档《珍珠塔》，开场“朱三档”先唱后部《珍珠塔》，送客是王燕语、王莺声弹唱前部《珍珠塔》。两档《珍珠塔》虽是同根同源，但演员不同，风格两样，体现了说书艺术各家各说的特点，对听众来说，先听后事，再知前情，前后《珍珠塔》同时听全，也不失为一次超值的听书经历。

由于观东大戏院生意爆满，盈利颇丰，其他戏院、书场也竞相效仿，纷纷接洽男女说书，想要从中分得一杯羹。阊门鸭蛋桥浜的大观戏院率先行动，邀请观东大戏院的原班人马：“徐三档”日夜《描金凤》《三笑》，王燕语、王莺声日夜《珍珠塔》，钱景章、严诵君日场《落金扇》，朱蓉舫、朱美英夜场《双金锭》。演出自8月20日开始，四档艺人在两家书场日夜环做（轮流交叉演出），那里地处商业繁华的石路北端，人流量大，听众如潮。与此同时，从外埠回苏的醉霓裳、醉疑仙兄妹档也加入观东日场演出，苏城的男女说书阵容日益增强。

见此情形，光裕社人如坐针毡，复以该社社员素搭高台说书，非社员概用平台以资区别为理由，具呈县党部并请求转函县政府令饬各茶馆遵照执行。这一次，县党部对光裕社的要求给予支持，认为光裕社积极开办党义训练班，在宣扬、教育、公益等方面殊堪嘉尚，而且所称惯例在该社一百五十周年纪念册上载有过去行政官署

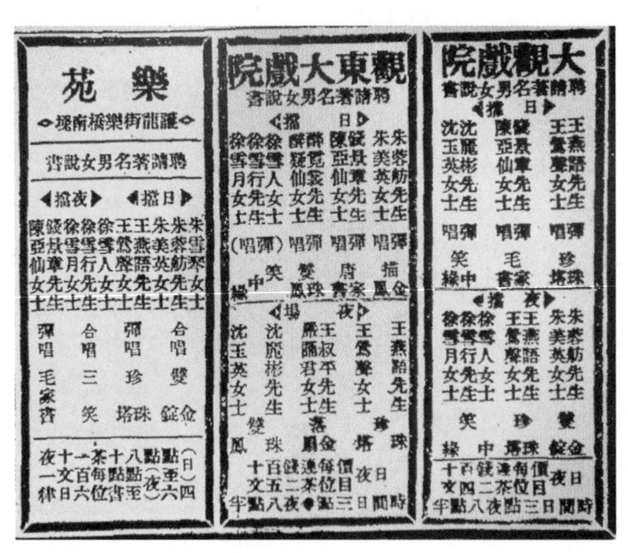

男女说书在三家书场同时演出

的布告，有据可查。因此县党部准函咨县政府，转饬各茶馆书场知悉。然而戏院不是书场，不受上述规定的限制，况且只是临时性演出，警局也无法强制拆除其戏台。

更让光裕社始料未及的是观东大戏院事件不断发酵，引发了连锁反应，请求公共娱乐审查委员会备案设立男女书场的越来越多，而且不限于戏院。九、十月间，护龙街乐桥南堍的乐苑书场、临顿路中悬桥巷口的九如书场，相继聘请男女说书，甚至连西区五段救火会都申请开设男女书场，阵容方面又增加沈丽斌、沈玉英，汪佳月、汪美云，周润泉、周雪艳，林筱芳、赵梅芳和王叔平、严诵君等数档，男女拼档的号召力和受欢迎程度可见一斑。

在这股男女说书热潮中，朱雪琴随父母日夜登台，演出于观东、大观和乐苑等处，还不时有堂会。在钱景章的提议下，他们和其他几档艺人一样，将全部堂会收入和长篇收入的一半拿出，作为走门路的经费。经过数月时间的登台历练，朱雪琴的书艺明显进步，又因年龄幼小而获得格外关注。《苏州明报》从11月8日开始，连续刊发阿碧的《女说书在苏州》八篇，介绍点评正在苏州演出的女说书。被推介者依次为严诵君、沈玉英、徐雪月、王莺声、周雪艳、徐雪人、朱雪琴、汪美云（即汪梅韵），八人中仅朱雪琴和汪美云两人尚未成年，但她们的书艺已经为听众所关注。

> 朱雪琴乃朱蓉舫之女，年仅十二三，稚气未脱，学书已甚多，若双金锭描金凤珍珠塔等，俱能对答。惟来自虞山，于苏白中辄杂乡音，稍假时日，或可更入佳境耳。

蘇州明報

女說書在蘇州

（七）朱雪琴

朱雪琴乃朱蓉舫之女。年僅十二三。稚氣未脫。學書已甚多。若雙金錠描金鳳珍珠塔等。俱能對答。惟來自虞山。於蘇白中輒雜鄉音。稍假時日。或可更入佳境耳。（阿碧）

1934年11月苏州明报《女说书在苏州》之七介绍朱雪琴

阿碧的描述和评价，大致反映了朱雪琴留给苏州听众的印象。因为年龄关系，她和沈玉英、徐雪月等人还有明显距离，但年仅十二学会三部长篇，在同龄人中已属难能可贵，所以听众对她寄予“稍假时日，更入佳境”的厚望。在养父的教育下，朱雪琴从小养成了谦虚诚恳的态度，对听众热情尊重，这也是她获得听众厚爱的原因之一。1949年的《苏州书坛》刊载半老记者的文章《我和朱雪琴》，回忆自己和少年朱雪琴的交往：

> 我和朱雪琴的相识，远在十余年之前，其时雪琴尚一髫龄，跟随她义父朱蓉舫在中街路的新新书场弹唱，我借了听书的因缘得识乃父蓉舫，当时蓉舫即命雪琴唤我“老伯”。原来那时的雪琴，年纪只有十二三岁，所以听了乃父之嘱，便天天尊称于我，我在受宠若惊之下，便将她的倩影制版，付刊于当时的《大光明》报以资揄扬，一面并时时勉励伊务须在艺术上求进取，切不可存着这爱慕虚荣的观念以致荒废艺事。

天气转凉之后，观东大戏院、大观戏院陆续开箱演戏，男女说书的演出阵地随之面临缩减。虽有不少书场聘请男女说书，但毕竟不能与历史悠久的光裕社相颉颃，大中规模的书场仍在光裕社掌握之中。男女说书虽然取得了阶段性胜利，但形势依然十分严峻，萦绕在艺人心头的忧虑丝毫没有减轻。

普余社明星

为长远计，男女说书委曲求全，由陈亚仙等女艺人联名具呈，要求加入光裕社。此举虽然获得县党部准许，无奈光裕社虚与委蛇，在答复“容许合格之女说书加入”的同时，又以《苏民新闻》载有军事委员会严令取缔男女说书为理由，提出“该女说书等在未奉正式取消该取缔令前，拟暂缓准其入社”。

既然加入光裕社无望，有人提出另谋出路，与润余社联手。朱蓉舫之师夏莲君是润余社艺人，通过夏的关系，向该社负责人转达入社意愿，谈判一切顺利，润余社给他们发放了社员证，谁知道最后关头又生变故，有人从中挑拨，致使双方产生误会不欢而散，证件全被收回。

普余社创始人之一朱云天

万般无奈之下，大家决定继续呈文申诉，争取合法的演出权利。于是派朱云天为代表，到吴江托沈子予律师帮忙，沈在当地颇负盛名，人称“草鞋律师沈大头”。朱云天不负所托，带回沈子予拟就的四份呈文，经众人审阅通过后向地方相关部门呈送，同时公推钱景章、朱云天两人向国民党中央党部和省政府呈文请愿，结果呈文上达之后杳无音信，俩人只能回到苏州，边演出边等待回音。

每年的农历十二月，书场的长篇陆续结束，迎来为期十天左右的岁底会书。会书一叙原本是光裕社的旧例，通常有三四档艺人同场竞艺，各展其能，十分精彩热闹，书场的生意自然也比平日好得多，因此岁底会书逐渐成为整个说书业的惯例。1935年1月，一年一度的会书季如期而至，无锡、昆山等地场方纷纷来到苏州，力邀男女说书前去会书。考虑到男女说书在苏州已热演半年，为了营业计，大家决定赴外埠唱会书，年档回苏州做长篇。

1936年普余社男艺人（之一）

大部队先到无锡新万兴、控江楼等书场演出，随后分为三批同时出发，朱蓉舫、朱美英等到浒关吴苑书场，王燕语、王莺声等到同里怡情书社，朱雪琴随钱景章、陈亚仙等人赴昆山雪苑书场。这几处都是男女说书风靡之地，听众对阔别多时的艺人给予极大的热情和支持，会书数天场场爆满。会书为朱雪琴、汪美云、徐琴芳等新人提供了珍贵的学习交流机会，同时也使她们逐渐为各地听众和场方所熟识，为她们今后的演艺生涯搭桥铺路。

1936年普余社男艺人（之二）

男女档风波历时半年多，演出不断，纠缠不断。从社会舆论观察，对男女说书持支持态度的较多，有的发文称“光裕社得毋不智”，有的感叹“润余社渔翁得利”，还有的直言，“光裕社一再以社规高压傍人，结果为社会所不满。而党政机关，亦均未发同情。今男女说书已登台营业矣，于是知封建制度实已不容于今日矣”。在幕后，双方仍使出浑身解数，尽力争取官方支持。

1935年2月20日的《苏州明报》报道，最终国民党省党部奉中央执行委员会8890号公函，提出了解决纠纷的办法：一、社员不分性别，男女不得拼档弹唱；二、光裕社不得限制非社员，社规中非社员概用平台以示区别字样应予取消；三、钱景章等能依光裕社之社章入社合作更佳，不然如有合乎文化团体规定之发起人数，另行组织团体亦可；四、以后所有弹词，应事先一律送呈吴县公共娱乐审查委员会审查合格后，才准弹唱。

这个“裁决”既否定了光裕社一家独大的垄断行为，又规定男女不得拼档弹唱，似有“各打五十大板”之意。光裕社随即呈请县府令饬公安局执行上述决议，命男女说书分档弹唱。钱景章、陈亚仙等五十余人立即联名上书要求暂缓分档，让下手艺人加紧练习上手，以免只会下手之辈无以为生。囿于“男女不得拼档”的指令，男女档只能暂时分开，如年仅十四岁的汪美云不堪欺压，毅然独放单档五场，拼命用功练习上手书篇，又兼做堂会，五天后竟至咯血。相比之下，朱雪琴还算轻松，有养母朱美英襄助，拼起了母女双档。

同时，他们积极奔走筹备成立自己的团体。不知是什么样的机缘，传说此事竟还得到宋美龄的亲自过问。当时正值新生活运动蓬勃开展之际，宋美龄担任新生活运动妇女指导委员会指导长，正大力宣扬妇女为改造家庭生活的原动力，男女档之诉求因而得以顺利解决。1935年3月16日，五十多位男女艺人在苏州洙泗巷举行普余社成立大会，朱雪琴全家四人成为创社的首批艺人。成立会上，孙丹忱以县党部特派员身份代表县政府出席会议，大会推举王燕语、钱景章、沈丽斌、林筱舫、徐玉泉等人为执监委，钱景章任社长，办事处设在钱景章和朱蓉舫两家居住的小王家巷29号。

1936年普余社女弹词（一）（中为《娱乐大观》编辑沈陛云）

据称普余社之名是“破裕”的谐音，有打破光裕社垄断之意。可是光裕社存在一百多年，名家响档众多，且与茶馆书场业渊源深厚，暗中订有互惠协议，其地位一时之间依然难以撼动。所以普余社建社之初，虽然群雌粥粥，色艺双全者不在少数，但还是无法在苏州打开局面，大多数社员仍只能到邻县或外埠谋生。挨至八月，钱景章、王燕语、朱蓉舫等几档艺人也无奈离开苏州，到上海谋求生路，开辟阵地。

前文已经提到，虽然上海早已有女说书，但演出只限于游艺场。所以他们初到之时，上海人对于普余社一无所知，没有书场接纳男女说书，失业长达一个多月。幸亏钱景章头脑活络，花言巧语说动了一家苏北书场，终于有了登台说唱的地方。也是普余社时来运转，开书后竟连日客满。几天后，又通过夏莲君的介绍，接洽到太平一层楼、大春阁两家小书场，营业也告客满。如此一来，周边书场闻风而动，纷纷前来洽谈，普余社的书场四面开花，逐渐风行起来。爱多亚路中南饭店的老板见有利可图，迅速将大厅辟作书场，延聘男女说书进场演出，由于饭店设备豪华，周边洋行集中，商号林立，为女说书捧场者大有人在，因此中南书场经营成功，成为普余社在上海的第一个大本营。其后，大中饭店、南京饭店、中央饭

1936年普余社女弹词（二）

店等纷纷跟进，普余社地盘得以迅速扩张，使沪上男女说书络绎不绝。

初到上海的朱雪琴由于年幼艺弱，此时尚未脱颖而出，留给听众的印象并不十分深刻。1935年12月16日出版的《春色》图画杂志上，刊出文章《女说书——上海新兴的消闲》，作者钱沄是一位听书资历很深的文人。从他的文章中可以了解到，当时大中书场日夜各四档，中南书场日四夜五，生意颇为不错，星期日经常客满。朱蓉舫、朱雪琴父女档是中南夜场头档，经常听书的人都知道，花色书场中头档艺人通常较弱。关于朱雪琴他是这样评说的：“头档朱蓉舫雪琴《珍珠塔》，雪琴似属初学，经常指手抬头，但诚如雪琴所言，说头档的总得原谅三分！”两家书场的九档艺人中，受到作者好评的女弹词虽只汪梅韵、醉疑仙和徐雪月三人，但作者对女说书的前途做了大胆的预见：说书本是男的行当，现在女说书风起云涌，颇占一部分势力，那些专使花枪不求艺长的男说书，恐怕长此以往总有吃瘪之日了；别以为她们有的尽是黄毛丫头呀！

1936年春，由于上海生活不易维持，朱雪琴随父母离开上海，去外埠献艺。其间或拼三个档，或与父母轮流拼双档，后来还和叔叔朱云天合作了一段时间。那时候，朱云天因下手生病去世，已辍演多时，经济拮据，见朱雪琴与父母拼档说唱，各项技能都已熟练，提出把侄女借去拼档，以解燃眉之急。朱蓉舫夫妻俩一合计，带着女儿拼三个档也只有一份收入，倒不如让她和叔叔拼档试试，既能让她出去闯一闯，也多少可为家里增加点收入。

朱云天是朱蓉舫的胞弟，兄弟俩相差十多岁。受家庭的影响，朱云天少年时就喜欢听书，稍长后投拜谢筱泉为师，紧随兄嫂的步伐，也走上了说书的道路。谢筱泉是“翡翠玉蜻蜓”王子和的开山门弟子，擅说长篇弹词《玉蜻蜓》《白蛇传》，在浙江一带颇有名望，因师徒不睦斗气而违反光裕社社规，收鲍闻天、谢鸿天、谢云天（后又拜林筱舫为师，改名赵梅芳）等女徒。女儿谢乐天继承父业，是20世纪20年代首批进入上海小世界、神仙世界等游艺场演出的女弹词家。谢筱泉弟子以“天”字辈排行，朱云天拜师后沿袭兄长朱蓉舫的艺名，隐去本姓“熊”，取名朱蓉天。常熟方言中“蓉”“云”两字与“熊”读音都相同，后来又改为朱云天。

叔侄拼档说的是《玉蜻蜓》和《白蛇传》，这两部长篇的风格与《描金凤》《双金锭》截然不同。朱云天有一定的文化，他的书“底子”很好，朱雪琴跟着叔叔边学边说，既拓宽了书路，也使说唱技艺得到巩固提高。赴外埠演出时，朱美英担心女儿被人欺负，让她打扮成男孩模样，剪了短发，上台时穿长衫。朱雪琴性格爽朗，长得浓眉大眼，声音又响亮，举手投足之间倒不露痕迹，没人看破她“花木兰”的身份。

叔侄俩只相差十岁左右，既有青春靓丽的容貌，又有说唱俱佳的实力，因此大受听众的欢迎，在苏州胥门外演出时竟然天天客满。可惜好景不长，叔侄档就结束了合作。业务那么好，为什么不继续拼档？原因之一

普余社明星
前排：林娟芳、汪梅韵，后排：何琴芳、王再香、朱雪琴

是朱雪琴太调皮啦！她生性活泼好动，一有空闲就四处撒野玩耍，尤其上下书场时总是不走平常路，蹦蹦跳跳，爬高落低。在胥门外演出时，每天要路过万年桥，她总沿着桥的边缘走，把朱云天吓得够呛。万年桥横跨胥江，桥长近百米，最高处十米有余，万一侄女失足落水，自己怎么向兄嫂交代。另一个主要原因是时局越来越动荡，带着个女孩子跑码头，风险也越来越大，所以朱云天经过再三考虑，让朱雪琴回到父母身边，自己另觅搭档。

回到父母身边之后，刚开始仍然拼三个档。那时演出为图方便，只带一副乐器，朱蓉舫声音低，唱老派的书调，母女俩则以小阳调、俞调为主。朱雪琴性格爽朗，不太喜欢慢节奏的俞调，所以说书时她热情很高，一抱起琵琶就感到没劲，不喜欢唱。排书时总央求父亲多分一点书给她，免得在台上无聊。后来，三个档改成双档，她和父母轮流拼档，朱蓉舫带徒期间，母女双档演出。为了强化训练，她拎着父亲买给她的一把香红木三弦，单枪匹马走上书台，毅然放起了单档。虽然非常辛苦非常疲惫，但是对于她的成长来说，这是必经之路，是十分有益的经历。

那时候普余社的勃兴，除了艺人自身的拼搏努力以外，也在很大程度上得益于文人雅士的推崇和赞赏。他们惯于吟诗作画，喜欢风花雪月，秀色可餐的女艺人无疑更符合他们的审美。所以，他们不仅是座中常客，还时常为女艺人撰写开篇，在报端发表揄扬文章，甚至组织社团为之策划、宣传。在小报文人不遗余力地热捧之下，一颗颗女弹词明星冉冉升起，在书坛上大放异彩。1936年8月，曾主编《歌场百美图》和《娱乐大观》的沈陛云也将目光瞄向说书人，一下子推出两本《娱乐大观》弹词号专辑，其中第四辑为光裕社、润余社弹词名家合辑，第五辑则专门介绍普余社男女弹词家。编者精心搜罗编辑，刊登了朱雪琴全家、钱景章夫妇、王燕语夫妇、徐三档等30位普余社早期艺人的照片，选载了朱蓉舫、朱雪琴的《珍珠塔·婆媳相会》等各自拿手唱段30篇。

豆蔻年华的朱雪琴虽然不像醉疑仙、徐雪月、沈玉英、谢小天那样红遍沪滨，但也没有辜负养父母的栽培。普余社成立前后，上海听众对朱雪琴印象不深，不管是《娓娓集》中的《说书女明星》开篇，还是《申报》上的《普余社小明星》开篇，都没有看到她的名字。唯有著名报人许月旦向《金刚钻》投稿的《普余社女子弹词开篇》，朱雪琴得以名列其中。

普余社明星醉疑仙

自由解放女儿身，艺术岂容性别分；职业专门求自立，何妨花样试翻新。近年来，女子银行多发达，妇孺医院最高明。女选手，运动场中雄赳赳；女职员，公司柜里玉亭亭，就是那，游艺界中开先例。剧场久已号乾坤，文明新戏王美玉，申曲名家王雅琴，电影明星推胡蝶，苏滩前辈蒋婉贞，一般都是裙钗女，不让须眉各逞能。说道那，弹词一曲调弦索，宛转尤宜莺燕声。男女分担生旦角，天然合拍动人听。开通新结普余社，光裕润余鼎足成。徐雪月，月圆年纪如花貌，冰雪聪明弹唱精。徐雪澄，澄如秋水音清澈。陈亚仙，仙丹九炼炉火青。何琴芳，芳容似玉珠喉润。醉疑仙，仙露明珠秀且清。林娟芳，芳华正值瓜初破。朱雪琴，琴韵能调山水音。夏秀珍，珍珠一串精圆熟。沈玉英，英名广播满春申。王莺声，声声唱彻笙簧协。汪梅韵，韵味悠扬颇动人。还有那，严诵君，君房言语妙天下。谢乐天，天性聪明最老成。并皆佳妙非凡品，听客欢迎尽赞成，遗珠留待下回评。

数年之后，她的受关注程度明显有提高，成为受人赞赏的"书坛佳丽"之一。沪上文人庄蝶庵，精于篆刻书画，闲暇时经常听书消遣，对女弹词极为欣赏。他在1939年出版的《百美图》月刊上发表文章，将自己听过的十数位女弹词艺人加以介绍评判，名为《书坛佳丽录》。文中回忆朱雪琴"尝一度随彼父母隶唱于青浦同乐书场，堂会特多，不少捧之者耳"。他对朱雪琴的评价是"貌端秀与艳琴埒，亦普余之佳才也"。

1941年出版的《香雪留痕集》是捧角社团为汪梅韵策划推出的专集，该书收录了大量由沈芝生、许月旦、杭品春等文人编赠的弹词开篇，

普余社明星徐雪月、徐雪人

其中有好几首专以女弹词艺人为主题。通过阅读这些开篇，我们可以窥一斑而知全豹，了解到当时在上海受人关注的女弹词明星。如杭品春为汪梅韵撰写了两首《弹词女明星开篇》，朱雪琴作为豆蔻年华的女明星也出现在他的第二首开篇中。

弹词不少女明星，昨日匆忙半未云。醉疑仙，仿佛天仙离碧落，疑真疑假莫分明。徐雪月、徐雪人，人静月明歌一曲，果然白雪与阳春。赵梅芳，群芳独冠非凡品，尚在标梅年纪轻。杨慧英，后起不凡心本慧，何难他日负英名。陈亚仙，明珠仙露清癯貌，不亚乃尊陈瑞卿。陶帼英，说大书颇有英雄气，巾帼之中要算拿摩温。花丽君，笑中缘清辞丽句工弹唱，形容那华太师两位无知踱少君。朱美英，土白能无方尽美，大英牌时常要喷喷。徐琴芳、朱雪琴，豆蔻年华冰雪心，琵琶慢拨若调琴。惟有梅韵是勉强登场真献丑，自知弹唱皆勿灵，只好拿连篇鬼话骗诸君。

孤岛时期的上海处于日军包围之下，外地豪门富户和难民纷纷涌入租界，商业空前发展，娱乐业也随之兴盛。在这种畸形繁荣的背景下，女弹词得到迅速发展，她们的从艺经历、说书技艺、业余生活乃至情感秘闻，成为通俗文艺杂志和消闲娱乐小报争相报道的热门内容，雪声月影录、朱唇软语录、书坛艳异录、玉筝芳痕录、鬓丝弦韵录、琴心鬓影录等专栏频频见诸报端。

许多小报文人充分发挥游戏文章的特长，给年轻的女弹词艺人冠以“书坛皇后”“书坛小鸟”“书场西施”“琵琶西施”各种等“雅号”，使她们成为“大众明星”。当时名望最著者为普余社“四大金刚”醉疑仙、沈玉英、徐雪月、唐月仙。还有人参照红楼梦中金陵十二钗，将朱雪琴、醉疑仙、醉亦仙、沈玉英、赵蕴玉、谢鸿天、汪梅韵、汪兰韵、汪竹韵、顾艳琴、陈美仙、夏秀珍等较为出众的女弹词艺人列为“书坛十二金钗”。

前文提到的庄蝶庵对朱雪琴的书艺颇为欣赏，认为朱雪琴是普余诸妹中色艺俱优者之一，在其为《弹词画报》撰写的“弦边绮语”专栏中曾两次予以褒扬。他根据女艺人的性情，以平剧旦角作比拟，认为醉疑仙悠闲端正似闺门旦，沈玉英、赵蕴玉属花旦，而朱雪琴与顾艳琴、汪兰韵、钱醉仙、陈美仙（即钱美仙，时与陈亚仙拼档）则如旦角中之青衫，其品次于闺门旦而驾于花旦。

普余社明星钱美仙（钱红志先生提供）

这些文章或点评虽然大多数是游戏之作，而且不乏肆意夸大追捧之辞。但是上海小报在市民阶层中的影响力是不可小觑的，文人对女弹词的评价在很大程度上引领了普通的听众，使他们成为说书女明星的追捧者。这种影响不只限于上海，还通过报纸迅速传递开来，使明星效应辐射到外埠书坛。

例如，1942年11月严雪亭经好友书厅和花园书厅巨金礼聘，携二弟严祥伯、三弟严雪舫同到常熟演出。为了吸引听众，两家书场在《常熟日报》刊登广告，以“弹词泰斗严雪亭”“评话名家严祥伯”“声名煊赫词坛权威严雪舫”等溢美之词大作宣传。严氏三兄弟在城内外日夜演出，对邻近书场形成极大压力。中央书厅和好友书厅近在咫尺，为了与之抗衡，“中央书厅重金礼聘润余社老牌滑稽朱蓉舫先生、普余社弹词明星朱雪琴女士，日夜弹唱珍珠塔、双金锭”。你看，竟然连广告词都做起了“敌档”！中央书厅邀请朱雪琴是成功的策略，色艺双全的女弹词毕竟有着不弱的吸引力，在那种强敌

普余社明星吴月仙

档的重压下尚能勉强立足，设若换作普通男艺人，则必然是惨败的结局。

又如，朱雪琴到云间（松江的别称）奏艺时，报人沈瘦翁等人“邀友捧场，报端揄扬，不遗余力”。他们甚至组织了“琴社”，到处追随捧场，凡是朱雪琴所到之书场都能看见他们的身影。

短短几年时间，朱雪琴从一个默默无闻的书坛小卒到跻身普余社群星之列，成为女弹词艺人中冉冉升起的一颗新星。不过，当时女艺人的名头多半是拜文人捧角之赐，客观地说，大部分都显得名不副实。朱雪琴亦是如此，她依然是朱蓉舫、朱美英羽翼之下的小鸟，想要振翅高飞还需假以时日。

挣扎在乱世

中国有句古话，乱世出英雄。大凡世人皆有成为英雄的梦想，却未必都能经受乱世之生活。所以，对常人而言，欣逢盛世是何等的幸福，遭遇乱世则何其不幸。正值青春年华的朱雪琴，一个浪荡江湖的妙龄女子，在乱世中的苦难经历更甚于常人。

说书、唱戏这种职业，生意好坏受到天时、地利、人和的诸多影响，甲地客满乙地漂走的现象是十分常见的。所以这个行当被人看作是“空心饭”，意即不稳定，不牢靠。艺人常说“一日不做，一日不活”，只有不停演出才能生活下去。一般来说，一档艺人最多学会两到三部长篇，中小型书场通常是一档独做，日夜场各说一部，大约一个月说完。这是导致说书人流动性大的根本原因，每个月必须调换一个码头，而且短时间内不可重复，“近复必漂”。

如果能进入上海并且立足，就可以免受奔波之苦。上海不仅书场多、听众多，而且盛行多档“越做”的花色书场。即每场演出有几档艺人合作，每档说唱半小时左右。这样既丰富了内容，也促进了竞争，听众角度觉得热闹精彩，艺人档期得以大大地延长，不必频繁地调换码头。普余社成立之后，朱雪琴就跟随养父母进上海开拓阵地，虽然博得了一定的声誉，但始终未能长期立足上海。原因之一，普余社在上海的地盘很小，无法长期演出。当时光裕社、润余社仍不与普余社合作，演出的书场也是泾渭分明，而普余社人才寥寥，无力扩张。再者，上海的生活压力比较大。外埠书场一向遵循为艺人免费提供食宿的惯例，而上海的书场大多不具备住宿、开伙的条件，艺人需另外找个旅馆包个房间，一日三餐也得去饭店解决。所以，一个档期下来，食宿方面的额外开支也不是个小数，一旦生意不好的话，就有入不敷出之虞。这种情形在抗战期间愈加严重，以致“烽烟一起，燕飞莺迁。间有逗留沪上者，无非藉昔日之余荫，延一时之残喘。至向在内地鬻艺之女弹词，以孤岛生活不易维持，大都裹足不前。即有冒险而来，终不免难于立足而去”。

1937年8月13日，突然爆发的“八一三”淞沪会战使上海陷入战火之中。第二天，坠落在大世界门口的重磅炸弹导致数千无辜平民死伤，艺人们唯恐受池鱼之殃，纷纷逃离硝烟弥漫的上海。普余社好不容易开创的局面，一下子变得惨淡不堪。然而，内地的形势也日益紧张。淞沪会战之际，战略地位特殊的沪宁线和沪杭线城市，也不断遭受日军空袭，江浙两地的许多书场或毁于炸弹，或因百姓无心听书而关门。因为无处说书，朱雪琴和养父母只能回到常熟。

11月12日，鏖战三个月的淞沪会战以中国军队的全面撤退告终，日军开进上海市区，上海宣告沦陷。法租界和苏州河以南的公共租界处于日军势力包围之中，成为“孤岛”。与此同时，日本侵略军兵分几路，乘势长驱直入，短短半月之内，浙北的嘉善、平湖、嘉兴、海盐、桐乡、吴兴等地，苏南的太仓、昆山、吴江、常熟、苏州、无锡、常州等地相继失守。朱家居住的福山镇是国军“吴福线”（吴江—福山）国防重地，七天的“常熟保卫战”最终失利，日军占领常熟并继续向“锡澄线”（无锡—江阴）猛扑。那段日子，对朱雪琴及其家庭来说只有一个字——逃，从福山逃往常熟，又从常熟逃往乡下。逃难之路惊险异常，所幸的是没有正面遭遇日军，全家人总算保全了性命。等到时局略为稳定之后，一家人才从乡下回到城里，家中满目疮痍，只能勉强安身，艰难度日。

原本全家三人在外演出，虽然算不上响档，收入也不够多，但已能够维持一家人的生活。沦陷之初，常熟城内外的许多书场都关闭了，由于战

朱雪琴（朱一鹤先生提供）

事紧张，又不敢去外地码头演出。一家人无处说书，只能坐吃山空，时间一长，生活难以为继。无奈之下，朱蓉舫摆起了地摊，靠售卖旧货过日子。试想那种兵荒马乱、人人自危的时候，旧货生意能有多大的作为。所以，短短几个月间，家里仅剩的一些东西卖的卖，当的当，真可谓家徒四壁，身无长物。到最后，连朱雪琴演出穿的旧旗袍都送进了当铺，唯一留下的是“吃饭傢生”——琵琶三弦。

江南各地相继沦陷之后，日本人组织地方上的头面人物成立维持会、自治会维持社会秩序，通过地方傀儡政权实施“以华制华”的统治。伪政权组织藏污纳垢，不少汉奸、地痞在其中担任伪职，他们依仗日本人的势力敲诈勒索，鱼肉乡里。说书人一直赖以生存的地区，顷刻间变作群魔乱舞、魑魅横行的所在。然而，为生活所迫的艺人，仍不得不冒着危险坚持演出，在日军的刀枪子弹之下，在汉奸宪佐的欺凌之下挣扎苟活。朱雪琴就是在这样的背景下，再次离开常熟，踏上背包囊、跑江湖之路。像她这样色艺双绝的青年女艺人，更时刻面临着贪婪觊觎的目光和被人攫夺凌辱的危险。

在黄土塘演出时，朱雪琴就遭遇了一次惊心动魄的生死逃亡。黄土塘地处江阴、无锡、常熟交界地带，是无锡北部较为繁荣的一个市镇，当地居民和商贩中听书者甚众，茶馆书场就有四五家之多。朱蓉舫、朱雪琴到此开书之后，生意非常不错，不料在吸引听客的同时，朱雪琴也遭到了当地恶势力的垂涎。有一天日场刚说完，当地国民党游击队的队长派人来“请”朱雪琴去唱堂会。虽然比较疲惫，但是“人在屋檐下，不得不低头”，朱雪琴只能前去应付一下。谁知道连唱了几个开篇，那队长兀自躺在烟榻上吞云吐雾，既不给她休息，也不让她离开，看情形是要没完没了地唱下去。朱雪琴年少气盛，发起了犟脾气，停弦罢唱。队长没料到十五六岁的小姑娘敢和他公然对抗，恼羞成怒，下令把她囚禁在厕所间。朱雪琴并不畏惧，还是不肯唱。眼看夜场就要开书，朱蓉舫和书场老板连忙给队长端茶敬烟，代朱雪琴赔不是，并且承诺说完夜场再去唱给他听。好说歹说，总算把人放了出来。

朱雪琴（朱一鹤先生提供）

回到书场，父女俩顾不上吃晚饭，马上登台说书，夜场结束后才匆匆地扒了几口泡饭。想着还得去游击队唱堂会，大家都是忧心忡忡。朱蓉舫和老板外出打探情况，不一会儿带回来一个好消息，那个游击队长被人约去喝酒了，唱堂会之事就此作罢。正在全家人额手庆幸之时，书场老板说起的一件事又让他们提心吊胆起来。原来，在他们到此演出前不久，一个滩簧班被当地忠义救国军的大队长逼得班散人亡。事情的起因是大队长看中了班里的头牌花旦周彩珍，周已嫁做人妇，不愿被其蹂躏，在半夜里偷偷吞食生土（生鸦片）自尽。周彩珍的丈夫是同班的头牌小生，因痛失爱妻而悲愤不已，竟亦吞金而亡。

周彩珍是20世纪30年代无锡文戏（锡剧的前身）著名女旦，关于她的悲惨遭遇，孙福宝在其纪实作品《二十世纪三十年代无锡滩簧艺人周彩珍、陈媛媛冤死之谜》（中国文联出版社2005年12月第1版）一书中作了详细记述。根据孙福宝搜集到的资料以及与周彩珍同时代老艺人的回忆，周彩珍冤死之事发生在张泾桥，逼死她的是当地国民党忠义救国军大队长王品珊，1938年5月2日的《新锡日报》以“张泾桥一幕惨剧，文戏旦角香消玉殒”为题，最早报道此事。周彩珍丈夫张士宏在事发时已逃往八士桥避祸，后改艺名张雅乐。（吞金而亡的传言或许是戏班出于安全考虑，故意放出来的假消息。）当时有乡人将此新闻事件编成顺口溜，在张泾桥一带四处传唱。

黄土塘与张泾桥是相邻的两个市镇，同为澄、锡、虞边界的“三不管”地带，当时属于国民党忠义救国军王品珊部所的势力范围。这支部队打着“忠义救国”的旗号，却和地方上的黑恶势力勾结起来，干着祸国殃民的勾当，逼死周彩珍是其中最为极端的一次事件。书场老板担心朱雪琴成为第二个周彩珍，所以旧事重提，让他们有所警觉和防备，万不得已时走为上策。第二天早上，一位常熟同乡向他们透露了一个更加令人不安的消息：黄土塘和东湖塘有两个流氓也看上了朱雪琴，隔天晚上他们俩和游击队长在一起商谈，三个人各不相让，争得不欢而散，为了免伤哥们之间的和气，最终决定用枪“摆平”朱雪琴，这样谁也得不到她，在他们看来这是最“公平”的结局。

真是一波未平一波又起！面对这突如其来的状况，朱蓉舫慌得一筹莫展，朱美英急得眼泪汪汪，朱雪琴吓得浑身发抖。大白天引人注目，想逃无路可逃，想躲无处可躲。怎么办?！一时无计可施，众人只能呆坐书场，听天由命。午后，听客陆续进场，父女俩照常登台。正在说唱之时，突然从远处传来枪声，嘈杂的人声也由远及近，原来是日本鬼子下乡扫荡。书场内顿时乱作一团，听客纷纷逃往偏僻乡间。目睹这种情形，老板急中生智，对朱蓉舫说：“现在外面乱纷纷的，是你女儿逃跑的好机会，与其束手就擒，还不如冒一下险，让她乘此机会逃走，剩下的事我们来应付。”他的这番话，真是一语惊醒梦中人，此时不逃，更待何时！在书场老板和养父的指点下，朱雪琴迅速加入慌乱的人群之中，逃往几十里外的西塘市，投奔在那里演出的叔叔朱云天。

逃到西塘市已是黄昏时分，到了书场才得知朱云天已经剪书他往，接下脚的是一位姓王的说书先生。朱雪琴和朱云天拼档时到过西塘市，熟门熟路地找到先生借住的房东家。房东老太是个热心肠，对她这个像男孩一样的小姑娘印象深刻，听说她身陷险境，毫不犹豫地收留了她。王先生和朱云天熟识，也热情地伸出援手。他们把朱雪琴藏到隐蔽的阁楼上，一边留心外面的风声，帮她想对策。第二天，一支土匪武装押着朱蓉舫一路追到西塘市，王先生能说会道，轻而易举地把他们打发了。这支土匪武装找不到朱雪琴，就拿朱蓉舫出气，把他打得不断哀叫。阁楼上的朱雪琴听得十分真切，担心养父的安危，几乎忍不住要下楼。千钧一发之际，王先生又施妙计，把当地的自卫团请出来解围。自卫团的团长姓林，为了给祖父做阴寿，要唱三天堂会，正为找不到说书人犯愁呢。王先生灵机一动，劝姓林的把朱蓉舫夫妇留下来，如果再找到她女儿，那堂会就更热闹了。自卫团和这支土匪武装是势力相当的地方武装，算是“自己人”，姓林的开了口，这支土匪武装的队长不好驳他的面子，答应暂时放过朱蓉舫夫妇。就这样，朱雪琴继续躲藏在阁楼上，王先生和朱蓉舫、朱美英为林家唱了两天堂会。王先生知道不宜久留，暗中雇好了一条船，第二天堂会结束之后，四人偷偷翻越后院围墙，穿过一片竹林，一起坐船逃走。

受此惊吓，朱蓉舫不敢再去乡下说书。听说上海租界的娱乐业十分繁荣，于是一家人再次到上海闯荡。当时的上海“孤岛”，在时人张梦飞的《二十九年国庆开篇》中是这样描写的：“海上一隅真怪异，人山人海乐无穷。虽然南北都开放，(说什么) 租界房廊总不空。戏馆家家常客满，舞场处处有娇容。”经济、文化的畸形繁荣，使得大批艺人蜂拥而至，演绎着各不相同的海上“淘金梦”。在名家云集的上海，朱蓉舫只是个不为人知的普通艺人，既无后台撑腰，也无权势倚仗，好不容易托人介绍到一家茶馆说书。为了迎合上海听客的审美需求，朱雪琴特地到旧衣店添置了一件当时最时髦的阴丹士林旗袍。想不到，开书当天就有流氓“打秋风”，说他们没去拜客，不懂规矩，必须“孝敬”一笔钱用于赔罪。因为拿不出钱，小流氓就到书场捣乱，往朱蓉舫头上扔大粪，不许他们演出。后来中南饭店经理出面打圆场，总算把流氓打发了。谁知道这家伙也是居心不良之辈，以此居功要挟，让朱雪琴陪他去小都会舞厅跳舞。朱雪琴知道他不怀好意，推说不会跳舞，一口回绝。这样一来，他们在上海也待不下去了。因为担心中南饭店经理和流氓暗中算计，一家人再次连夜出逃。

东山老虎吃人，西山老虎也吃人。在常熟演出时，县长的兄弟对朱雪琴存觊觎之心，他自己不出面，唆使一个日本人到书场找“花姑娘”，其实就是想抢人。在听客指点下，朱雪琴逃入一家点心店躲藏起来，然后在一位同道的帮助下逃离常熟。经人介绍，父女俩又来到无锡说书。日军在无锡城里驻有警备队和宪兵队，演出过程中时常有日本兵闯入书场，寻找“花姑娘”。为了免受骚扰，书场老板都要想方设法和翻译搞好关系，请他喝酒听书，给他送钱送物。一天晚上，有个翻译乘着酒兴进场听书，散场之后仍不肯走，要求朱雪琴加唱开篇，唱一支给一元。他吩咐老板弄些酒

朱雪琴、陈亚仙、刘美仙合影（朱一鹤先生提供）

菜，一边喝酒，一边听曲。唱到十点多钟，朱雪琴实在唱不动了，老板代为求情，希望翻译高抬贵手。翻译借着酒劲，竟要朱雪琴跟他回家继续唱。遭到拒绝之后，他恼羞成怒，拔出手枪进行威胁，临走时把赏钱全部拿了回去，并扬言第二天要喊日本兵来把他们父女抓走。等这“瘟神”一走，父女俩匆忙收拾行李，在夜色中逃离无锡城。

一个个危机四伏的险地，一次次惊心动魄的逃亡。在日伪军官、翻译、流氓等觊觎者布设的罗网中，朱雪琴如同惊弓之鸟一般苦苦挣扎。多少个月黑风高的夜晚，父女俩身背三弦、琵琶，肩挂包袱，手提藤箱，急匆匆奔走在荒郊野外，一走就是几十里。最为走投无路的时候，他们辗转来到丹阳。丹阳位于吴方言区和北方方言区的交界处，东南部与武进相邻的地区也有听苏州评弹的习惯，那里的小茶馆成为朱雪琴暂时栖身的避难之所。当时丹阳地区是苏南抗日根据地，有新四军的保护，日伪军不敢前去侵扰，朱雪琴和养父母得以安安心心地说书。他们的足迹踏遍了各乡各村的小茶馆，耳闻目睹当地抗日军民的事迹，深受鼓舞和感动，一股同仇敌忾的精神在他们心中油然而生。在书台上，朱雪琴把弦索和歌喉化作抗日的武器，将《大刀进行曲》《卢沟桥》等抗日歌曲作为开篇弹唱，深受当地听众的欢迎。可惜好景不长，由于战争形势的变化，新四军主力部队移师北上，日伪军经常乘隙下乡“扫荡”，朱雪琴在丹阳的演出也因此结束。

虽然码头上危机四伏，可是朱雪琴别无选择，只能重新回到沦陷区去演出。真是明知山有虎，偏向虎山行。当她再次来到无锡时，不幸最终还是降临到她身上。

历劫未沉沦

无锡也是闻名江南的书码头，20世纪三四十年代城内外共有近三十家书场，仅北门外自控江门至三里桥就有七八家之多。抗战期间，无锡娱乐业中要数书场最为繁荣，尤以女弹词独盛。城内的迎园、中南、新万兴、长乐书场和北门外的义兴园、福新都争相聘请女弹词，许多书场甚至以“每逢周日唱流行歌曲”吸引听客，顾艳琴、钱琴仙、范雪君、唐月仙、朱雪琴、钱美仙、金玉人、王莺声、徐雪月等女弹词相继在锡城走红一时。

1939年7月底，朱蓉舫、朱雪琴父女档接顾稼村、顾文艳父女档的下脚，在新万兴书场弹唱《双金锭》，获得无锡听客的好评。1940年1月下旬，新万兴和中南书场联合举办年底会书，朱雪琴也在受邀之列，和钱景章合说《果报录》，在两家书场轮流登台。同台会书的还有沈丽斌、沈萃英父女，林筱舫、林娟芳父女，王如泉、王再香、王兰香父女，金耀曾、金玉人父女以及醉霓裳、醉亦仙、陈亚仙、陈美仙、徐雪月、黄燕霞、朱天韵、朱彩琴等男女弹词。盛况空前的会书在无锡城引起轰动，朱雪琴等色艺双全的女弹词顿时成为当地炙手可热的红人。不过，这次走红也给她带来了麻烦，翻译、宪佐接二连三的骚扰使她不胜惊惶，只能选择逃离。

两年后，无处可去的朱蓉舫、朱雪琴父女档又一次来到无锡谋生。心有余悸的朱蓉舫没敢接城内的大书场，接了南门外的一副小书场，谁知道，一场更糟糕的厄运在等着他们。

古运河沿着无锡城自北向南逶迤而行，流经南门外形成一条“水弄堂”，船埠鳞次栉比，两岸商铺林立，素有“上塘十里尽开店，下塘十里尽烧窑”之说，是一处交通贸易十分繁荣的所在。南门外开设有吴一园、新雅、南园等三四家书场，听客以附近的居民、店员、商贩为主。朱蓉舫、朱雪琴应聘的是集贤书场，地处清名桥堍花园弄旁，书场规模不大，但市口极好，容易出听客。后来，场东为了呼吁和平而更名为和平书场，20世纪80年代后期书场易主，搬至大公桥堍的轮船码头候船室，仍沿用和平书

无锡花园弄口和平书场旧址，40年代为集贤书场

场之名，经营至90年代才关闭。

集贤书场规模小，经济实力弱，老板没有强大的靠山，偶尔会有地痞到书场滋事。评话名家张国良少年时代就在此受过欺侮，时隔几十年后提起此事仍然难以抑制悲愤。当时张国良年仅13岁，正跟随父亲张玉书学艺，张玉书在集贤书场开讲《三国》深受听众欢迎，某天因病无法登台，为避免书场损失，由张国良代书。张国良初次登台比较紧张，没有向听客说明原委就径自说书，座中恰巧有几个地痞，他们以张国良不懂规矩，未打招呼为理由，喝令他停止说书，还动手打他耳光。张玉书闻讯后带病出来赔罪，并表示如果他们觉得晦气可以"烧路头"（无锡风俗，指买了猪头三牲祭路头菩萨，以便消除给人家带去的晦气）。地痞的无理取闹激起了在场听客的公愤，纷纷指责他们，小孩子代书不懂规矩，可以提出批评意见，但不该动手打人。面对听客的集体声援，地痞自知理亏，溜之大吉，张国良这才得以继续说书。

无锡南门外的清名桥

清名桥位于古运河和伯渎港交汇处，古运河南流经新安、硕放、望亭等镇至苏州，伯渎河东流经坊前、梅村、后宅、鸿声等镇，北通常熟，南达苏州。清名桥水域是进入无锡南门的咽喉要道，日军进犯无锡时，就有一路取道古运河，乘汽艇到达南门。另外，清名桥至伯渎港一带是南门外的商业集中区，各种班船、商船往来频繁，河道船埠总是“船”满为患，为了维持治安秩序，这里早在清末就开始设置巡警，后来还配备了水上警察。沦陷时期，日军扶持成立了伪无锡县警察局，汉奸、流氓等黑恶势力分子充斥警队，干着鱼肉乡里、残害百姓的勾当。集贤书场离伯渎港很近，不时有水上警察“光顾”，老板开门做生意，自然不敢得罪这帮凶神，总是好茶好烟招呼他们。

朱雪琴的到来让集贤书场满场生辉，在无锡南门外引起不小的轰动，但是麻烦也接踵而至。一天下午刚刚散场，有个翻译要请朱雪琴去唱堂会，朱蓉舫不放心，要求场东陪着一起去。来到一家鸦片烟馆，翻译和另一个宪佐横陈烟榻，吞云吐雾，朱雪琴就在旁边给他们唱曲解闷。两人一边抽烟一边闭目养神，大约听了三四个开篇之后，让场东和朱雪琴先行离开。虽然赚了一沓储备票，但是朱雪琴非但高兴不起来，心头还莫名地掠过一丝不安。过了几天，那个翻译又来到书场，请朱雪琴晚上散了夜场再去唱堂会。因为担心深夜出堂会横生枝节，朱雪琴果断地谢绝了他的邀请，翻译只好悻悻而去。

第二天发生的事情，是任何人都始料未及的。那天下着雨，街道上比较冷清，夜场的听客也比往常少了许多，散场后大家略作收拾，各自早早地休息了。深更半夜，那个翻译带着一批荷枪实弹的"黑乌鸦"（老百姓对身穿黑色制服的伪警察的蔑称）突然来到书场，声称朱蓉舫和朱雪琴私通新四军，将他们父女分别带走。朱美英哭喊着想护住女儿，可哪里是伪警察的对手，在无情的枪口之下只能松手，眼睁睁看着女儿落入虎口。朱雪琴被蒙上双眼押进汽车，车子七拐八弯行驶了一段时间，下车后又步行了一段路，她被绕得晕晕乎乎，根本不知道身处何地。当她停下脚步，蒙着眼睛的黑布被解开时，发现自己已然置身于一个陌生的房间，房内摆着一桌酒，酒桌旁坐着前几天听堂会的那个宪佐。

到了这个时候，翻译也不再惺惺作态，开门见山地对朱雪琴说："咱们队长很喜欢你，拣日不如撞日，今晚就是你们的洞房之夜。"朱雪琴不甘就范，抄起酒壶要和他们拼命。翻译扬起戴着戒指的右手扇了她一巴掌，狠狠地说："私通新四军是大罪名，可以马上把你们送进大牢。队长是看在你的分上才没有难为你们，你不要敬酒不吃吃罚酒。"在两人的威逼恫吓之下，孤立无援的朱雪琴被迫屈服，和着眼泪喝下宪佐灌她的酒，一杯又一杯，直至醉倒。那一刻，似乎只有酒精才能稍稍缓解她的绝望和无助，似乎只有酒精才能让她短暂地忘却屈辱和创伤。她原以为熬过几天就能脱离魔掌，谁知道等来的是无尽的折磨和屈辱。

抢夺朱雪琴的宪佐是伪无锡县警察局水上巡警队的队长，名叫曹英，他仗着日本人撑腰，在伯渎港一带欺行霸市。当时的无锡日伪横行，普通民众唯恐自身难保，谁也不敢挺身而出和他们公然作对。因此，朱蓉舫被放出来之后，始终打听不到女儿的下落，是死是活也不知道，真是欲诉无门，欲哭无泪。经此沉重的打击，朱蓉舫夫妻身心俱疲，在失望中离开无锡，继续行走江湖。“魔窟”中的朱雪琴，也是无时无刻不思念着父母，终日以泪洗面。不明真相的人以为她做起了姨太太，其实她只是一只失去自由的“金丝鸟”，整日被禁锢在一座三面环水的小楼中，屋内有人监视，门外有人把守。忍受屈辱，失去自由，这样的生活让朱雪琴彻底绝望了，她想到了周彩珍，想到了像她一样走绝路。她吞过金，吃过生土，投过河，跳过楼，可是每次都被及时发现，面对命运之神的摆布，她只好认命，慢慢地打消了自尽的念头。

生活在那座小楼中，虽然不用为吃穿犯愁，但是终日无所事事，致使朱雪琴心情郁结，精神萎靡。为了排遣寂寞痛苦，她在曹英的唆使下开始吸食鸦片。时间一长，她的烟瘾越来越深，人也越来越消瘦，原本青春靓丽、容光焕发的朱雪琴，竟变成了神情麻木、容颜憔悴的“鸦片鬼”。渐渐地，曹英开始对她厌倦了，不再经常到小楼来，虽然还是限制她外出，但是对她看管放松了很多。这时候，朱雪琴对自由的向往不再强烈，因为对鸦片的依赖，因为意志已经消沉，她觉得自己人不像人，鬼不像鬼，没有勇气出去面对家人和听客。

半年后，曹英竟然破天荒地将朱雪琴带出了小楼，一起去上海。不过此行并非游玩，而是曹英的又一个奸谋，他以为朱雪琴已经被驯服，想把她训练成女赌徒，利用她到上海赌博赚钱。曹英知道她记忆力特别强，计划先用一段时间训练她记牌，等她熟记竹牌纹路特点之后，两人串通赌博，骗取人家的钱财。朱雪琴不愿意做他的帮凶，在训练时故意经常出错，使他的如意算盘落空。曹英恼羞成怒，将她劈头盖脸地毒打了一顿，然后送回到那幢小楼中。朱

朱雪琴和吴君玉在表演节目（朱一鹤先生提供）

朱雪琴在演唱（朱一鹤先生提供）

雪琴的老朋友都知道，她右眼下方的面颊骨上有条疤痕，这条寸把长的疤痕就是那次毒打后遗留下来的。

1945年8月10日，《新华日报》《中央日报》等媒体刊发号外，公布了日本接受《波茨坦宣言》、无条件投降的好消息。这一消息通过报纸和无线电在无锡迅速传播开来，老百姓欣喜若狂，日伪军人心惶惶，欢庆的鞭炮声响彻全城。朱雪琴虽然无法外出，但小楼外的这一切都让她看到了胜利的曙光。8月15日正午，日本天皇裕仁通过广播发表《终战诏书》，宣布无条件投降。眼看自己的靠山大势已去，曹英丢下朱雪琴，带着亲信溜之大吉。

历经三年劫难，终于重见天日，朱雪琴呼吸着自由的空气，不禁喜极而泣。抗战胜利了，她的冤屈却无处申诉，因为无锡城内一片混乱，打着各种旗号进城“接收”的国民党部队竟超过五十支。他们忙着“劫收”掠夺，中饱私囊，哪有空闲来为她主持公道。为了生存，她只有振作精神，再次走上书台。为此她曾求助于“钱家班”，以钱若仙之名登台，经过一个阶段之后才恢复本名。1948年钱景章、陈亚仙收的最后一个学生艺名仍用钱若仙（解放后恢复本姓，艺名程若仙），她跟师到上海时朱雪琴对她说：“若仙啊，你这个名字是我的”。事后若仙向先生询问才知道朱雪琴在最困难的时期曾在“钱家班”演出一段时间。

三年没有说书，书情都已遗忘，技艺也已荒疏，刚开始听客很少，还有人质疑她是自甘堕落，甚至有人在小报上骂她。为了生存，她忍气吞声，只管说书。了解实情的听客，也常对她表示同情和给以支持，这些举动让她感到温暖，使她逐渐恢复了自信和坚强。有一次在望亭演出，几个国民党警察故意刁难，点了十个开篇让她连着唱，她赌气一个都不唱，那些人当场发作，辱骂她是“汉奸小老婆”，把茶壶扔到她书台上。想起自己吃了三年苦，非但大仇未报，还被误解为“堕落”，这样的当面羞辱激发了她的倔脾气，她把手里的乐器扔过去予以还击。此举激怒了那伙人，有的竟拔出了手枪，书场中一片混乱，几个颇具正义感的听客挺身而出，一边为朱雪琴打圆场，一边劝说她赶紧从后门逃走。

世道艰难，江湖险恶。重回书坛的路虽然充满着磕磕绊绊，但对于历经磨难的朱雪琴来说，骚扰刁难不足为惧，流言蜚语不以为意。她一心扑在说书上面，一边跑码头，一边设法寻找养父母。一个人走的都是小码头，生意虽然清淡，但她始终没有气馁，再苦再累都坚持着，因为她知道“响档是漂出来的”，放单档对说书人而言是最佳的历练。在小码头上“滚”了将近半年，“沉”掉的书回忆出来了，说唱基本功逐渐恢复，心灵的创伤也在慢慢愈合，身体健康趋于好转。坚强的朱雪琴没有被恶势力压垮，劫后重生的她将开创出一片广阔的新天地！

抗日之传说

1949年4月10日出版的《书坛周刊》第41期刊有一篇《书坛五美吟》，系以七绝赞誉朱雪琴、范雪君、徐雪月、贾彩云、朱雪吟等女弹词家。这类游戏文章在当时的书坛小报经常出现，本不足为奇，这篇文章与众不同之处是提到“女弹词家在敌伪时期，负地下工作使命者，唯朱雪琴、贾彩云（就所知而言，或更有其他），故贾诗中及之”。作者为朱

書壇五美吟

《书坛五美吟》提及朱雪琴曾经参与地下工作

雪琴所赋诗句为：窈窕身材绚淡妆，不施脂粉貌清扬（诗云：有美一人，清扬婉兮）；传奇谁谱桃花梦，自作新词句亦香（雪琴上年来，学作开篇试唱）。为贾彩云作诗曰：女儿也上济公台，信口诙谐没遮拦（彩云评话，能道人所不道，颇受讥评，然为人爽直）；自是英雌真面目，阿侬曾作特工来。

该文作者署名双人，真实姓名不详，所述朱雪琴、贾彩云参加地下工作之事语焉不详，无从查考，有点遗憾。无独有偶，同年3月21日《苏州书坛》刊有冰翁的诗句：蓉湖君是旧游地，今日重临感若何？历劫河山真面目，当年檀板假讴歌：凭他鹰犬如狼虎，逞尔言辞玩敌魔；全节全忠还全孝，女儿妙计锦囊多。作者在按语中说“雪琴实传奇人物也，诗中影事，它日拟作短篇小说以传之”，可惜因为该报停刊使小说没有了下文。1949年1月23日《上海书坛》第16期，公达以寥寥数语归纳朱雪琴的“甜酸苦辣”，对“苦”的描述是“一度参加抗战，出死入生，巾帼英雄，饱尝劳苦，为人敬佩”。关于此事叙述最为详尽，最具传奇色彩的是苏州市档案馆留存的《弹词家朱雪琴抗日被捕受刑不屈纪实》，这是一份未刊登的文史资料原稿（档案号：B02-2-83）。

日寇侵华，全国共愤。蒋介石从不抵抗主义被迫抗日，依然藕断丝连，阴遣密使，搞投降活动。国人知蒋政府的不足恃，以及日本军阀怀抱侵吞中国大陆野心，激起了敌忾同仇，宁为玉碎、不甘瓦全的决心，群起抗日。首先是东北的马占山，一马当先与日军作殊死战，屡挫敌锋，继起的有丁、李、唐、邓、苏诸人。吾友黄任之（名炎培，一字楚南，韧之。笔名抱一，川沙人）曾寄示所作《义军行》五首，惜皆遗失，仅为我写刻竹扇骨的五首之二。照录如下：

《义军行》

男儿身许国，国破焉用家；
入塞复出塞，履险勇有加；
不抗彼何心，万邦腾笑嗟；

势将血和肉，遍涂沙场沙。

其二

龙沙一马先，鸡林丁李竞；

拔帜辽东唐，守律凤城邓；

无名尤足豪，秉气两间正；

桓桓苏将军，虽败犹堪敬。

自从东北抗日之后，全国奋起，各地沦陷区，爱国志士和热血人民，纷纷组织义勇军、游击队，到处抗日，指不胜屈。我于抗日分子颇多熟识，拟就其中突出者，逐一叙述，今先记载弹词女艺人朱雪琴。

朱父吴姓，镇江人。她八岁时，过养于常熟朱蓉舫（蓉舫本姓熊，祖籍隶湖南，其祖系曾国藩手下部将，迨曾任两江制军，委任熊为福山镇总兵，入籍常熟，家居福山。蓉舫父亦武弁。既而蓉舫从师学弹词，族中人斥为玷辱门楣，不许姓熊，遂改朱姓。），题名雪琴。养母名朱美英，夫妇双档说《珍珠塔》《双金锭》。雪琴幼年极顽皮，攀升树巅，奔走屋顶，终日在外游玩，未尝在家安坐五分钟。然能背诵开篇及弹词中篇子，其母所遗忘者，她却一字不漏，唱来婉转动听。真不知怎样听得记着？蓉舫大为惊异，谓为天才，即正式授以弹唱，旋即携之登台唱开篇。十一岁，与其叔朱云天（蓉舫胞弟）拼双档说《玉蜻蜓》，崭然露头角，书场营业的号召力，反在下手朱雪琴。

朱雪琴（朱一鹤先生提供）

她与叔父拆档后，即随朱蓉舫往内地各码头和苏沪杭嘉等处奏艺。目睹日本鬼子到处横行，政府懦弱无能，装聋作哑。气愤填膺，恨不能手刃日人，生啖其肉。所以她后来献身抗日，宁死不屈，都是平日积忿所致。

卢沟桥一声炮响，半壁河山，相继沦陷。这时朱蓉舫父女档在常锡澄各地演出，朱雪琴这年是十五岁，她听说北国地方有一股游击队的本部，队长姓薛，调度有方屡创敌人，心为之动，跃跃欲试。明知与父商量必然不允，决计背父一走，所以不动声色，静伺出走机会。某日在王庄镇奏艺，镇上居民既怕敌飞机空袭，又虑日寇来镇骚扰肆虐，惶惶不可终日，因此书场听众寥寥。朱雪琴以为此时不走更待何时，便收拾应用衣服物件，打一小包裹，到夜深人静悄然出走。是夜，月黑风高，不辨路径，寒侵肌骨。她鼓足勇气，热血沸腾，全不畏缩。因此早已探明往北国的路程，她认清方向，一路问讯而去。

到达北国后，经过许多周折手续（加进游击队，不是容易，队方防有汉奸混入充敌人内线，必须查明底细，才能入队。况是妙龄女子，更滋疑虑），然后正式入队，编入侦察班，专事刺探敌情，侦察敌踪和汉奸活动，亦上火线抗战，任务重要。薛队长因为朱雪琴是女子，实行任务，比较男子容易，尤其她豪爽有丈夫气，敢做敢当，不怕牺牲誓死抗日，所以派入侦察班。

她入队后，事事领先，探到许多敌军情报。她也上过战场，不过

贈朱雪琴詞 ○林○

冉冉花容月貌，輕顰淺笑天眞；眉飛色舞好傳神，霧裏西施倩影。○聲調鏗鏗新氣，嗓音甜潤清芬；望穿秋水盼伊人，何時重返吳門？

朱雪琴自虞返蘇，於百花誕前一日去錫。貽詩代柬。冰翁●

蓉湖君是舊遊地，今日重臨感若何？歷劫河山眞面目，當年檀板假謳歌：憑他鷹犬如狼虎，逞爾言辭玩敵魔：全節全忠還全孝，女兒妙計錦囊多。

冰按雪琴實傳奇人物也，詩中影事，它日擬作短篇小說以傳之。

冰翁赠诗暗指朱雪琴参加抗日

限于少数敌军的遭遇战，或是三三两两沿途乱闯的离队日本兵。如果与她同行的有几个游击队员，便一哄上前厮杀。有一次出队游击遇到大批敌军，开火之下敌众我寡，势必全数壮烈牺牲，只得败退。朱雪琴背部中两弹，幸为肋骨轧住。至今残留创疤，永为抗日的纪念。

不仅此也。某次，薛队长提议混进常熟城，击毙日军佐滨野，组织敢死队，愿意参加者报名。朱雪琴自告奋勇，率队入城。当时得七人，各带手枪一支，但各城门具有日兵守卫，也有投降日本的汉奸站岗协助。一经搜检，立刻被捕。朱即建议：将七支手枪，由她一人携带。她是弹词家，出身常熟，当地人多数认识，且是女子，或者与站岗的汉奸一打招呼，可免搜检，大家拍掌赞成。接下来的第二问题，就是七支手枪，一个人怎样藏在身上？实在没有稳妥办法，结果还是朱雪琴想出一个比较妥当的冒险计划，带了三弦和琵琶，把手枪分藏在三弦布袋与琵琶布袋里面。（因为这两种布袋很宽很长，可以藏了不致看出。）朱提一袋，同行一个男子算是双档的上手，也提一袋，或许能够混过。如果败露，也就罢了，就此这样做。

进城日，朱雪琴和假的弹词上手在前。另外五人，装作与朱素不相识，跟随左右，直到常熟南门。可巧守城的站岗和女检查员，经常听朱雪琴书，是捧场的“琴迷”。看见了朱，殷勤招呼。朱就说：“此来是应聘登台，希望多多捧场。”他们都答应，说：“得空准来捧场。”日兵问：“是何等样人？”答：“是说书的男女双档。”并指着朱，介绍她说书怎样怎样得了不起。日兵见是漂亮的少女，笑嘻嘻，点点头，说一句日本话：“大层，绮丽……”（按这话的意义，是非常美丽。）一面拍拍朱雪琴的肩膀，就此不再检查，让她俩进城了。危险品已过难关，其他五人，尽他们搜查满身搜索，不会留难，也就进了城关。

薛队长是七人之一，他要临时指挥，随机应变，所以紧随朱雪琴身后。约定朱向滨野开枪后，无论中与不中，立把手枪交给薛。薛再授与其他队员，递交于距离最远的一人，火速潜逃。每日散伏于日本宪兵司令部的出入各要道侦察司令部动静，守待滨野经过，开枪击

朱雪琴（朱一鹤先生提供）

毙。一日探得滨野有要事外出，候至黄昏，果然望见滨野骑了高头大马一路过来，后面还有几个骑马的军官和十多个马队。薛队长轻轻地对朱雪琴说："敌人太多，即使得手，难免全部被捕，还是再等下次机会。你以为如何？"朱答："时机不可失，敢死队不容怕死。"说时，滨野等距离渐近，朱薛一行人俱隐身横街口，非立刻开枪，必须迅速后退，否则准被敌人发现。在此千钧一发的俄顷时间，朱雪琴即对准滨野一枪，谁知误中了后面的军官，跌下马来。朱雪琴把手枪交给薛队长，反身疾驰。薛队长亦急急避匿大树后，丢弃手枪，假充路人蹲身大便。无奈敌人骑马，转入横巷，霎时间即追上朱雪琴，就此被捕。薛队长亦被搜到捕去，余人不知下落，料想不易幸免。本文专记朱雪琴，至于薛队长被捕后情形不再记。

朱雪琴被敌人紧闭在司令部后，就押进审讯室，盘问她："谁开的枪？"朱说："是我。"（按审讯时，有翻译转述问答的话。）那审问的日本人，就是滨野。他摇摇头，不相信。就说："你是年龄很轻的女子，怎有这般大胆？料想你也不会开枪呢。究竟开枪的是何姓何名？那里人？快快实说！念你是一个年轻女子，不来难为你。你说出真名实姓和一共多少人？是不是游击队？队部驻在什么地方？首领叫什么名字？以前和我国的皇军接触过吗？曾经打死过我国人吗？你们这次开枪，要打死哪个呢？你若一一实说，便释放你出去。"朱答："我只一个人，为了你们日本欺负我们中华民国，侵略我们中华民国，虐待同胞所以决心报仇，开枪打你们。我没有开枪的对象，只是打死一个是一个，这是本人的志愿，独行其是。其他一概不知。现既被捕，落在你们手掌之中，惟拚一死。你们也不会释放我，我更是不希望释放我呀。"滨野说："你全是胡说！你说这次只是单独行动，何以不约而同的来了许多？如果没有组织，你怎敢单独冒险？料想你并没有手枪，担负侦探、情报、望风等任务罢了。一定另有开枪的人，你以为身既被捕，免不了一死，不如把一切行动全拉到自己身上，保全了许多人性命。你倒是一个不平凡的小女子，你可知道抓到的不止你一个人，你不从实招供，怎有人实说出来的，还是说了吧。”朱说：“那你去问别人吧！我实在没有什么可说。”滨野问道：“你的姓名叫什么？哪里人？家住哪里？”朱摇摇头说：“你们把我枪毙了就是了，不必多问！问也不会说出来的。”这时，那翻译揽言向滨野说：“我认识她，叫朱雪琴，本地人，是一个女说书。谅来受了人的骗，加进了抵抗皇军的组织，总是年纪太轻，不知天有多高、地有多厚，胡作胡为。”滨野点头晃脑，打一哈哈，说道：“哦！原来是说书的。现在警告你一声，你愿意一死，我们偏偏不要你死，把你关起来。等你从实供招之后，一准释放你。不过你须明白，如果你不招，受不了种种刑罚的痛苦。你细细考虑一下，明天再问你，不说便要用刑了。”说罢，就命左右送去监禁。

现在先要交代一句：那翻译姓王，常熟人，很喜欢听朱雪琴的书。朱虽不认识他，他却自命是朱的捧场者。后来朱雪琴的释放，还是运动了王翻译，从中帮忙的。（笔者按以上审讯问答的话，本不详细。可巧朱这一阵日子来苏演出，是当面问明的。只是事隔多年，她自己一时也回忆不全的了。）

从首次审讯的下一天起，几乎每隔三数日，必提审一次。有时在深更半夜突然提审，所以朱雪琴备尝非刑，遍体受伤。所受刑罚是“抛皮球”、“灌煤油”、“拔指甲”、“拉臂肉”、“上老虎凳”、“打板子”……朱九死一生，咬紧牙关，坚不吐实。被禁的时期历半年以上，她十六岁的生辰（农历四月十五日），就在黑暗的牢狱中度过的。

再说朱蓉舫在王庄不见了女儿，惶急万分。最怕被日兵掳去，不堪设想，到处托人帮他寻找打听。后来暗杀滨野被捕的事，经北国游击队派人通知朱蓉舫。于是蓉舫的亲友，书场的一部分老板听众，不约而同地自动想办法营救她出来。日本宪兵司令部的王翻译，早有存心要替朱雪琴在日军方面设法开脱她，自知能力不够，无法进言。

后来有人运动他，送致财物。王翻译估量日军方面为了朱雪琴时逾半年，受刑不屈，矢口守秘，无法可施，就对她懈怠起来，不再注意。王翻译便乘机说项，尽力营救，于是朱雪琴恢复了自由。

朱虽脱离了非人生活，但是满身刑伤，不能行动，精神身体极度衰弱。朱蓉舫送她进南京路齐鲁医院疗治，因创伤剧烈，住院半年多才愈合，生出新的肌肉。回家后仍不能步行，又经很多日子练习始能行走。朱蓉舫失去了说书的下手，达一年多之久，至此重拼父女双档再上书台。

朱雪琴投身游击队实行抗日，在监禁期间，绝对没人知道。只有评话女艺人贾彩云也在同队做事，她专司文件信札的事情，所以知道朱的一段抗日始末。朱雪琴的一段抗日血腥的光荣史已成陈迹，而且知者不多，她也绝口不谈。但是她的牺牲自己、保全集体，忍受非刑不吐一句真话，足与电影片《永不消逝的电波》里的李侠媲美。

笔者既然详悉其事，不能任其湮没不彰，爰述所知，亦史料之一也。更须声明一点，凡所记载，字字真实，绝不丝毫夸大渲染。如有不信，可就她本身检视种种光荣的创痕，足资佐证。笔者借用一句诗曰：一代红装照汗青，朱雪琴可以当之无愧，赛金花奚足望其项背哉。

这份档案的记述者名叫吴和士，苏州人，曾赴留学日本并加入中国同盟会，是清末和民国时期颇为活跃的进步文人。1902年随朱梁任组织“吴中公学社”，1904年与王薇伯、包天笑等人创办《吴郡白话报》，宣扬反清思想，鼓吹民主革命。报社被查封后赴上海，与李登辉、钱新之、朱少屏等联合成立寰球中国学生会，任该会书记董事、会计董事、总干事，1911年参加辛亥革命。曾任上海商务印书馆编辑，省视学、博物学会长，南菁沪校校长等职。

文中提及的电影《永不消逝的电波》是1958年上映的，由此可以推断这份档案的记录时间为50年代末至60年代初，是吴和士晚年所记。文末虽然声明“凡所记载，字字真实”，但其细节描写过于详尽，犹如亲历一

般，反倒令人难以置信。以吴和士的身份和资历，似无捏造事实的必要，故事亦颇符合朱雪琴豪爽仗义而略带鲁莽的性格。如果说真有其事，朱雪琴本人又为何绝口不提，即使在最亲密的儿子面前也从未透露。这个抗日故事扑朔迷离，真假难辨，只能算作朱雪琴传奇人生中的一个传说。

朱雪琴（朱一鹤先生提供）

第三章
冠盖群芳

20世纪三四十年代是职业女弹词蓬勃发展的时期，普余社的破茧而出使男女拼档合法化，社会观念的进步使男女拼档逐渐流行，抗战时期畸形发展的娱乐业为女弹词提供了广阔的发展空间，近代上海小报的繁荣发达为女弹词走红提供了舆论支持。1945年抗日战争胜利之后，光裕社、润余社、普余社之间的鸿沟终于填平，三社合并后在苏者改称“苏州（光裕社）评话弹词研究会”，上海原有之上海市评话弹词研究会亦同时进行改组。从此之后，男女拼档、男女同场成为说书主流，女弹词艺人发展进入高峰期，刚刚复出的朱雪琴借此千载难逢的机遇一飞冲天，跻身一流女弹词家的行列。

“琴调”夺先声

阔别三年，劫后重逢，一家人欣喜若狂。朱雪琴和朱蓉舫恢复了父女双档，这样生活上能够相互照顾，艺术上可以相得益彰。两人各自放单档时，说和唱不够均衡，影响了长篇演出的整体效果，上座情况不甚理想。恢复双档之后，父女俩有个共同的目标——把三年来艺术上的损失补回来，力争用最短的时间重新立足书坛。因此两人铆足了劲，一门心思地排书、说书，在积极的演出实践中，艺术实力逐渐增强，业务逐渐好转，所演的码头也逐渐从乡村转向城市。

为了检验水平，朱蓉舫有意识地接了常熟的几个码头，常熟“老耳朵”听客特别多，善于提出意见和建议，对他们的演出有很大帮助。回到苏州，正值宫巷老义昌福开设南国新型书场，朱蓉舫、朱雪琴与徐雪行、

高雪芳、徐雪月、曹织云、徐丽仙、朱雪琴

徐雪兰、徐雪芳以及吴剑池、莫天鸿三档艺人越做日场。南国书场地处热闹的观前地区，周边书场多，敌档多，他们经受住考验，立稳了脚跟，增强了信心，准备到上海闯一闯。

20世纪三四十年代，上海在说书业中的地位已经超越苏州，成为说书人争夺的第一大市场。说书也好，唱戏也罢，唯有在上海立足走红，才能跻身一流名家的行列。"上海名家"书迷拥趸，场东争聘，名望高，收入高，是所有艺人追求的目标，朱雪琴就是怀揣着这样的梦想而闯进上海的。父女档正式进上海说长篇还是第一次，选的是富春楼、汇泉楼等茶楼书场。这类书场仅有两百多座位，在上海这个大都市中算是小书场，设备也比较陈旧，但是却很受说书先生的青睐。原因在于它们是上海最早的一批茶楼书场，拥有欣赏水平较高的听众群，艺人如果能在这类书场唱响，就可以立足上海。书目方面，考虑到上海弹唱《珍珠塔》的名家响档很多，父女俩扬长避短，开的是《双金锭》。当时女下手大多以唱为主，朱雪琴不仅能说能唱，还擅长以武小生的形象来表演十三太保龙梦锦，她与众不同的风格深得听众赞赏。

在1985年的一次电视书场活动中，朱雪琴曾为大家表演这个拿手角色，使电视观众有机会重睹她当年的风采。她一边念挂口，一边起脚色，"笔乃文房四宝珍，十年窗下伴书生，虽然不是龙泉剑，也与皇家定太平"，句子出口的同时配以手面、眼神，最后是"鸡毛生"（雉尾生）的标志性动作掏翎子，只见她双手捏、捋、翻、夹，头部随之转动，眼神随之变化，整个亮相干净利落，一气呵成，英姿勃发的龙梦锦生动地呈现在观众眼前。

在汇泉楼能立住脚，获得较好的口碑，朱雪琴内心十分激动，甚至有点兴奋，她在台上的说唱更加卖力。那一天说到龙梦锦因担心替兄告状的未婚妻王月金而追到苏州，但一直未能相见，那天听说王月金去探监，龙梦锦亦急忙前去探监。书中有一档"沈调"唱篇，描绘龙梦锦的内心独白和激动之情，按理下句唱腔的第三、四字开始应该下行，谁知朱雪琴"跳进"了人物，唱得兴起竟把行腔"拎"了起来，而且翻高了三个音。唱腔出口如离弦之箭，无法再收回，这可怎么办？朱雪琴虽然急，但并不慌乱，凭着潜在的艺术天赋，跟着感觉走，用且顿且降的唱法，圆满地把下

朱蓉舫、朱雪琴弹唱《双金锭》广告

句唱完。

朱雪琴做梦都没想到，这句即兴的唱腔竟然获得了听众的掌声。落回后，好多听客激动地围上来说：“朱雪琴，你那句新腔很别致，挺好听的，明天再唱。”朱雪琴连忙摆手“不行不行，我是即兴唱的，已经忘记了！”“你无论如何要回忆出来，我们都等着听呢！”听众的认可对演员来说是最珍贵的鼓励，为了不辜负听众的热情要求，朱雪琴努力回忆着那句唱腔。一连三天，她抱着琵琶边回想边试唱，摸索了几十遍，总算把那句“灵光一现”的新腔给“捉”住了。第四天，充满期待的听众们总算再次听到那句新腔，因为“饿”了四天，效果出奇地好，一句唱罢，掌声如雷。从那天起，这句新腔在书中经常运用，不仅唱龙梦锦，还唱韩通。在反复演唱的过程中，朱雪琴不仅唱得越来越熟练，而且不断地加以完善，在唱腔上行的过程中再加修饰，唱出一些棱角，听众反馈说比之前的更加动听，纷纷称赞这句新腔为“琴调”。

苏州弹词的基本唱调称为“书调”，其行腔自由流畅，与说表衔接紧密，为说书服务。“书调”没有固定板式，因艺人说书风格而异，各家各说，各家各唱。某些艺人在说唱长篇的过程中，逐渐将“书调”发展成为个人风格鲜明的唱调，听众冠以艺人之姓而称为“某调”，如《珍珠塔》脉系先后产生了马如飞的“马调”、魏钰卿的“魏调”、沈俭安的“沈调”、薛筱卿的“薛调”等唱调。因为此前已有蒋如庭、朱介生的“蒋朱调”和“薛调”，为免重名（薛和雪方言同音），听众以朱雪琴姓名中第三字冠名，誉为“琴调”。虽然当时的“琴调”仅只一句特色唱腔，远不及其他唱调丰富成熟，但是在喜欢追求新奇的上海听众眼中，朱雪琴的创造性是极其可贵的。经过听众的口口相传，“琴调”新腔很快成为书坛一大新闻，尽管大家对此褒贬不一，但是对朱雪琴的关注度迅速提升。当大多数下手因循旧例仍以“俞调”为主时，“琴调”新腔先声夺人，创弹词女声唱调变革之先河，短短两年时间，朱雪琴就成为第一个创造流派的女弹词家。

汇泉楼演出是朱雪琴走红的重要开端，从此，这位沉寂多年的书坛奇女子再次浮出水面。各地书场敏锐地从“琴调”新闻热点中嗅到了商机，纷纷邀请朱雪琴前去献艺。她在湖州西园书场、嘉兴珊凤书场、平湖平厅书场、硖石高乐书场等处的演出均盛极一时，嘉兴、湖州是浙江重要的书码头，得到当地老听众的认可，即意味着可以立足浙江。之后，父女俩转战常熟、昆山、松江、苏州、无锡，每到一地都有轰动效应，成为当地首屈一指的“红档”。

《真报》刊登的朱雪琴漫画像（周巍先生提供）

常熟城內外書場一覽表

中華民國念三年五月二十日（星期

湖園	琴園	儀鳳	南苑	長興
特聘 潤裕社 朱伯雄 文祥刺馬 海公奇案 晚擋 唐再良 講三國 四時半	特聘 光裕社 趙嘉祿先生 趙韶玉女士 彈唱 雙珠鳳	特聘 光裕社 何可人 俞製人 彈唱 遊龍西廂 金秀峯 晚擋 下江南	特聘 光裕社 何可人 晚擋 四時半 俞製人 遊龍西廂 金秀峯 下江南	特聘 光裕社 唐再良 三國 晚擋 朱伯雄 朱文祥 講刺馬 四時半

1934年5月常熟城内城外部分书场阵容

翻阅当时的报纸，可以发现听众对朱雪琴走红的评价不一。1946年岁末，朱雪琴在盛泽中央书场“扫脚”，父女档日夜弹唱《双金锭》《珍珠塔》，有当地听众投稿上海《戏报》云：“开书以来，日夜客满，红的发紫，全赖雪琴之流行歌曲及风骚号召之魔力。若仅以蓉舫之常熟调说唱，蓉舫决无如期之盛。”1947年夏，朱雪琴应邀赴常熟仪凤书场演出，家乡老听客竞相捧场，连续两个月日夜客满。常熟《夜报》在《朱雪琴临去秋波》这篇报道中，以“说书人的‘码头运’最要紧，任凭你书说得怎么好，往往因了‘码头运’不好，竟曾漂去！”开头，意指朱雪琴“码头运”很好，所以“仪凤自邀朱蓉舫父女档后，时逾匝月，始终场场客满，近两天晚上十分凉爽，且珍珠塔刚巧说到方卿见姑娘的紧要关头，所以听客更见拥挤！”关于两人书艺，文中两次提到“特别卖力”，“日场的描金凤，朱蓉舫在台上跳来跳去，小书大说。且边穿插噱头，所以他在下台后，一香云纱长衫，诚像河中汆过相仿”，认为“朱雪琴做下手，究竟比较省力”，称赞她“那只天赋的金嗓，堪与夏日枝头的蝉儿比拟”，文末极力形容朱雪琴秋波的魅力，“在台上美目四顾，把数百位听客都如遇到了吸铁石一般，雪琴拉客本领，真不愧是个中能手，而尤其在这两天，大概是临别的时光，所以作那‘临去秋波’罢了。”

正如《夜报》所言，那个阶段朱雪琴的“码头运”非常好，生意鼎盛，到处走红。因为走红，有时也会招来麻烦。在盛泽中央书场就因为拒绝点唱《女哭沉香》而致闹场，杯壶齐飞，秩序大乱，差点造成“日内剪书，离盛赴苏”的后果。在常熟仪凤书场演出的后期，更遭遇到一场“查税”风波，常熟《夜报》在翌日刊发独家新闻还原了事件经过：

> 仪凤书场自聘朱蓉舫、朱雪琴父女档在场弹唱描金凤、珍珠塔以来，生意鼎盛，日夜客满，昨日晚上，正当听客聚集，夜场开书时分，突有身穿香港衫及绸短衫裤者五人，到场查询朱蓉舫拆账细数。当时，该五人既未出示任何身份证件，亦不口头声明是何机关派来，任务为何，仅称调查拆账细数，蓉舫处世已深，以彼等既无身份，自不愿将拆账细数告知，一面周旋，一面询问彼等系何机关，该五人当答：“系奉县长手谕派来调查税的。”由此，蓉舫始知彼等为税务员，当告以“我们拆账，颇为复杂，我亦不去详记数字，如要调查，可向老板处查询”云云。该自称税务人员之五人，认为不满，即行离场而去，数

分钟后，该五人率同警察二人长警一名，再至仪凤书厅。斯时，业已开书，朱蓉舫近因身体不适，未曾登台，由雪琴单档弹唱，听客正在兴浓之时，该五人中之一人，即指挥警察，走近台前，促雪琴迅即下台，与彼等谈话，雪琴当以现正营业时间，如果即时下台，影响业务，听客退票，将如何处理，故答俟散书后再与渠等商谈，或径与书场老板洽商亦可，斯时听客亦大表不满，以如有税务上之洽商，仅可在散书以后或径向老板交涉，何用在此营业时间，吵闹场子，一时均表不平，纷纷起立，欲仗义出而干涉，空气骤告紧张，旋事为城防部所悉，派连长到场查询时，该自称奉县长派来调查之五人，已告不知去向矣。今日上午，记者分访有关税捐之县税捐稽征处（负责娱乐捐）、直接税局（印花税），负责人均发表声明，并未派五人前往收税，税捐方面并谓，仪凤之娱乐捐，本处派有房税各员负责，昨晚未有调查拆账细数情事，而直接税长仅承认昨派员至虞山电影院调查，并未往仪凤书场查税，旋据记者探悉，该五人内有一人为县政府财政科长王德渊，一人为县府会计主任黄镇岳，系奉命调税捐处征收娱乐捐有无舞

20世纪80年代的春来书场，前身为仪凤书场（沈祖扬先生提供）

弊情事，因系密查性质，故初不露身份，向朱蓉舫等调查，乃引起误会，几成风波云。（《夜报》1947年8月24日第1版《夜报独讯 仪凤朱雪琴正当弹唱 突来警察促令下台应询　科长主任调查税捐 引起误会几兴风波》）

虽然闹剧最终以“误会”收场，但查税人的“司马昭之心”早已暴露无遗，《夜报》在披露此事的同时还刊发《闹书场》一文，对骚扰行为予以谴责：

从“大闹仪凤书场”之新闻上看来，不禁使吾人与无限之悲感，在我们做老百姓的看来，这五个成事不足，败事有余的家伙，以查税为名，扰乱公共秩序，以致引起当时在座数百位听众的公愤，我们从侧面的透视，觉得他们既是去查税，那末应当向该书场的老板说话，何必要把说书人唤到台下，而况那说书是一个女子，从这一点上，便可以推测到那批家伙的存心是什么？希望其主管当局迅速加以彻查，我们做老百姓的，根本看不惯那种“吃豆腐”的败类。

旧式书场中各色人等混杂，有人捧场，也有人砸场，所以“码头运”并不会一帆风顺，它会受到天时地利人和诸多因素的影响。朱雪琴重返书坛，正值抗战胜利后书场全面复兴，男女拼档大行其道，外部环境极为有利。除了天时地利，父女俩的优化组合也是不可忽视的重要原因。上手说噱老到，下手唱做皆长，这样的组合虽称不上顶尖上乘，但说噱弹唱颇为平衡，整体实力不容小觑。再者，既然是男女双档，女下手的品貌自然是影响上座的关键因素之一。书台上，一个老成持重，一个青春靓丽，相映成趣。朱雪琴在活泼可爱之外，更有一种能征服听众的气场，她的举手投足，一颦一笑，美目四顾，无不显露出独特的台风魅力。

码头走红并没有让朱雪琴冲昏头脑，她十分清楚这里边有运气的成分。在她之前也有许多女艺人在码头上走红，因为没有真材实艺，等听众的新鲜感一过，很快就走向衰落。前车之鉴不远，朱雪琴以此为戒，分析

自己的弱项，明确了努力的方向。机缘巧合，她有幸得到了“塔王”沈俭安的赏识和提携，使其书艺的提高收到事半功倍的效果。

“塔王”亲提携

1947年10月，朱雪琴在昆山经历了一场挑战和机遇并存的演出。昆山城区有三家书场，大街的畅乐园、西街的老同春和西街东段的西园，它们鼎足而立，争聘响档，激发了市民的听书热情。这一次，朱蓉舫、朱雪琴是受西园书场之聘，约定开《双金锭》《珍珠塔》两部书。没想到的是，畅乐园请到了赫赫有名的“沈薛档”，也说《珍珠塔》。小小的昆山城，近在咫尺的两家书场，同时开说《珍珠塔》，一方是久享盛誉的前辈名家，一方是风靡一时的新晋红档，“敌档”消息令全城为之震动，听众们奔走相告，议论纷纷。朱雪琴刚到书场，一些热心听客就前来“劝降”。在他们看来，“塔王”沈俭安、薛筱卿的《珍珠塔》所向披靡，无人能敌，希望朱雪琴避其锋芒，不要以卵击石，以防刚刚赢得的声誉毁于一旦。

确实，听众的担心，并非杞人忧天。沈俭安、薛筱卿于1924年开始拼档，初次合作时间长达17年，其间他们分别创造了沈调、薛调两大弹词唱腔，薛筱卿还开创了具有划时代意义的支声复调琵琶伴奏。“沈薛档”是19世纪30年代“三大双档”之一，其说唱风格影响深远，至今仍是双档《珍珠塔》的经典范本。1941年，沈薛因故拆档，各自携徒拼档，听众对他们的拆档深感遗憾。抗战胜利后，听众常在报端呼吁沈薛恢复合作，在上海几大书场老板的极力斡旋下，他们终于在1946年再度拼档。这一次畅乐园的演出，是“沈薛档”恢复合作后首次到昆，听众对“破镜重圆”的两位“塔王”充满期待，急欲争睹风采，一听为快。

沈俭安

面对不期而遇的重“敌档”，是去是留？父女俩进行了慎重考虑。朱蓉舫觉得，自己的

《珍珠塔》得自沈、薛的同门王燕语，而且仅有半部，不论脚本还是书艺，均不足以与沈、薛抗衡。朱雪琴也知道风险很大，但她生就一副倔强脾气，不肯服输。她认为水牌已经挂出，怎可临阵退缩！与其“不战而降”，不如放手一搏，即便漂掉也属正常，输也输得光彩。如果侥幸不败，则可因祸得福，一举扬名。在朱雪琴的极力主张下，朱蓉舫同意做“敌档”。

父女俩振奋精神，积极应对，在昆山全城民众的瞩目下，揭开了这场关乎前途的“战役”。开书后，西园的听众虽然比畅乐园少了很多，但也不算特别差。第一回合未曾落败，父女俩信心大增，接下来的演出全力铆上，朱雪琴充分发挥唱、做特长，竟使上座人数保持不跌。影响“敌档”结果的因素很多，排除运气的成分，书场的经营服务是一个重要原因。老同春、畅乐园都是始于同治的老式书场，不管书场格局还是房屋设施，都突出一个“老”字。西园由郭方清于1944年创办，是书场中的后起之秀，书场兼营茶室，坐北朝南六开间，书场设备新型，不仅硬件好，服务态度也特别好。郭家老夫妻和外甥韩俊荣待人和气，不管对艺人还是听客都热情周到。经艺人间相互介绍，名家响档络绎不绝，书场业务日益兴旺，坐庄听客得到巩固。西园开办不久就能站稳脚跟，和老同春、畅乐园鼎足而立。因为有一定数量的坐庄听客，西园的上座率能保持稳定。

另一个重要因素当然是艺人。论实力，“沈薛档”远在朱氏父女之上，为何上座率却没有与之成正比呢？因为沈、薛拆档已达五年，默契程度无法恢复到原来的样子，加上两人均年近五旬，尤其沈俭安的身体大不如前，精气神均有所衰退。“沈薛档”为正统典范，书艺超群，但沉稳有余而生气不足，未达听众之理想要求。朱氏父女虽只半部《珠塔》，却无所拘泥，朱雪琴正值青年，精气神俱佳，说唱别开生面，生气勃勃。说书各家各说，听众各人各听，爱旧者去畅乐园，喜新者到西园，双方因此平分秋色。这样的结果，于沈、

薛筱卿

薛而言已是下风，对朱雪琴来说是胜利。从中也反映出一个不得不承认的事实，听众的审美已发生极大改变，属于男双档的时代正慢慢远去，女艺人的参与度越来越高。

十分难得的是，双方虽称“敌档”，不仅毫无“敌意”，竟还因此而熟络起来，结了义亲。按照光裕社的道规，同埠艺人之间理应拜访和答拜，以尽同道之谊，好学者亦可借此机会请益学习。所以，朱雪琴在挑战“敌档”的同时，也把这次演出视为难得的学习机会。她在朱蓉舫的带领下，先往沈、薛的书场拜客，表达对他们的敬重和仰慕，希望能与两位“塔王”多多亲近，获得他们的教益。初次见面，朱雪琴的活泼开朗和聪敏好学给沈、薛留下深刻印象。朱蓉舫与沈俭安、薛筱卿年龄相仿，又是“同册”，演出期间经常互相拜访，成了好友。随着交往的深入，沈、薛发现朱雪琴的天赋和悟性极佳，沈俭安对她尤为赏识，经常在唱、做方面加以指导。有一次闲聊时，薛筱卿打趣说：“沈俭安，阿要拿俚收仔寄囡婚（要不要收她作干女儿）吧！”言者无心，听者有意，经薛筱卿这样一说，寄名之事可谓水到渠成。沈俭安、朱雪琴结为义父女，为昆山“敌档”画上一个圆满的句号，也为书坛平添一段佳话。

周云瑞、沈俭安、薛筱卿、陈希安、万仰祖

朱雪琴

剪书之后，朱氏父女赴朱家角、松江等地演出。11月下旬，朱雪琴利用演出空档赴上海看望寄父，恰逢苏沪银联社弹词票友在沧洲书场举行义唱，沈俭安夫妇携其共同参加活动。对于自己新收的寄女兼徒弟，沈俭安十分得意，为座中熟客一一介绍，频频夸赞，极尽提携之情。在“塔王”光环的照耀下，朱雪琴名声大噪，演出业务如虎傅翼。

12月下旬，朱雪琴自松江赴常熟，应长兴书场之聘做“扫脚”(春节前的最后一档演出)。长兴书场位于南门外，是常熟城区历史最悠久的茶馆书场，以往专做评话，此番是开办以来首次邀请男女档。场东潘老三非常精明，以风头正健的朱雪琴为号召，对阵近在咫尺的花园书场和孔雀厅书场。说来也巧，这两家书场说的都是《珍珠塔》，花园是周云瑞、陈希安，孔雀厅是王燕语、小莺、小燕父女，双方“敌档”各不相让。不仅如此，城内仪凤书场的魏含英也说《珍珠塔》，还有张少泉、丽君父女和潘伯英、祝逸亭等“响档”。朱蓉舫江湖经验丰富，了解到对方《珍珠塔》已近尾声，如果再开《珍珠

周云瑞、陈希安

塔》，书情总是落后于人，处于劣势。有鉴于此，他和潘老板紧急商议，改说《描金凤》《双金锭》。此举果然奏效，连续四十多天日夜客满，卖座之盛，无出其右者。两书完卷后，又应听众要求接说《珍珠塔》。朱雪琴自夏间载誉离去后，仅隔数月又做"复档"，非但没有"近复必漂"，反而愈加旺盛。原因何在？从听众的评判中可以找到答案。其一，听众对她充满期待，他们认为朱雪琴认沈俭安作寄父之后，"已将自己珠塔内所缺之篇子，悉数抄得脚本，事隔三月，悉心研究，其艺定卜胜于夏天！"其二，朱雪琴没有辜负听众所望，她"从沈俭安教授之马如飞旧本，学其腔，得其神，转侧之缓急，而能转其佳腔，一斟一酌，揣摩其派，足见真骨子，自有老听客识货也"。

她的进步非独常熟听众偏爱，在苏州也得到了肯定和好评。1948年春节"年档"，苏州各大书场阵容强大，徐云志和徐雪月、程红芳师徒同做中央、中南、梅苑等处，分说《玉蜻蜓》和《三笑》，朱雪琴在静园、得仙楼、龙园登台，弹唱《双金锭》《珍珠塔》两书。光裕与静园近在咫尺，竞争激烈，静园早场曹仁安，日场曹汉昌、凌文君、吴筱舫、徐云志，中场为贾彩云和朱蓉舫、朱雪琴父女，光裕为张云亭、唐骏骐、王御亭、沈笑梅，光裕的阵容和硬件设施均无法与静园抗衡，开书七天就告停闭。听众对艺事猛晋的朱雪琴颇多赞誉，"前岁在苏奏艺，等闲度过，这番重来，竿头日上"。"雪琴之篇子，刚中含柔，抑扬婉转，尤属耐人动听。"剪书之日，朱蓉舫喉间蛾肿旧症发作，朱雪琴一人登台，亦令合座听众激赏，事隔两个多月后，还有听众在

王小莺、王小燕姐妹（王小燕女士提供）

魏含英

《苏州明报》撰文追忆其“剪书风光”，称赞她“身段手势工架老练，说表弹唱丝丝入扣，的有真实功夫，确臻炉火纯青之境”。

年档之后，朱雪琴先后赴无锡、常州演出。6月间，朱雪琴挟码头走红之势，再度登临上海书坛，白天在三马路惠中书场登台，夜间在新沪、大同电台的《空中书场》播唱，不久后还应邀加入中国华明烟公司主办的《大百万金空中书场》，在上海建成、中国文化电台的晚6点档播唱《珍珠塔》。学生朱雪吟和义妹朱雪芳随行学艺，为了照顾生活起居，养母朱美英也一同赴沪，全家寄居在邑庙群玉楼书场的宿舍。沪上演出，书场多，名家多，越档多，观摩学习的机会也特别多。最让朱雪琴觉得幸运的是寄父沈俭安也在上海，她不仅可以随时向他问艺，还处处得到提携照拂。东方书场为了吸引听客，别出心裁创办了星期早场会书，邀请沪上名家响档组成特别拼档，会书以“噱”为主，效果奇佳。7月4日首期星期早场，沈俭安携朱雪琴登台，寄父女拼双档传为佳话。两周后的7月18日第3期星期早场，前有朱介生、朱介人之唱山歌，韩士良之铜网阵，曹啸君、祝逸亭之轧神仙，平雄飞、杨振新之黄河阵，最后由沈俭安携朱雪琴、陈希安合说《珍珠塔》送客。当日会书十位名家，唯朱雪琴一个女艺人，可谓万绿丛中一点红，独领风骚，成为书迷关注热议的焦点。

正当朱雪琴踌躇满志，意欲在上海书坛大展身手之际，她却意外卷入了沈、薛的拆档风波，她的艺术之路再次遭受挫折。

两父争一女

抗战胜利之后，男女说书团体合并为一，同场献艺早已不分界限，但是相互交往并不密切，原因在于男艺人对女说书的轻视和排斥由来已久，一时难以改观。

1947年12月，周云瑞、陈希安应常熟花园书场之聘说《珍珠塔》，恰与王燕语父女同埠，周云瑞比王燕语小一辈，非但未到孔雀厅拜客，还在台上对听客说：“要听《珍珠塔》须听男说书，女说书人仅会在台上向客连做媚眼，且有不及向导女者。”他的这番话不仅让王燕语大为忿怒，听众舆论也认为他“抑何不智乃尔！”与之相比，“塔王”将朱雪琴收为义女无疑是破例之举，因此格外吸引同道、书迷的关注，“其同道深致艳羡，谣传俭安将与雪琴拼档”。

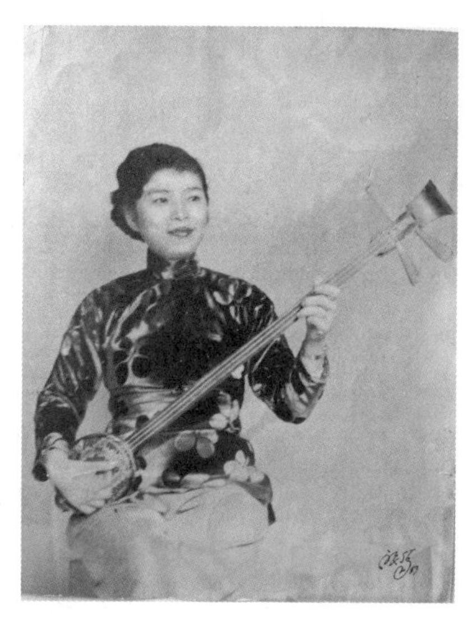

朱雪琴（朱一鹤先生提供）

自从朱雪琴抵沪之后，沈俭安对她爱护有加，提携备至，多次携其参加东方书场的星期会书。据《铁报》载：“雪琴上台唱开篇，及下台时，均博得满场掌声，其义父沈俭安，以人言可畏，故不好意思护送雪琴进场。也未明赠礼物。直至将散场时，始往探问稔客：雪琴登台，口碑如何？情况良好，为之笑逐颜开，欣然归寓。”凡此种种，似乎印证了两人拼档的“谣传”，同时沈、薛再度拆档之传闻也迅速蔓延开来。《书坛周刊》率先报道此事，其他小报立即跟进，虽然各报立场不同，莫衷一是，但圈内外一致表示惋惜，认为拆档必致两败俱伤。沈、薛知友闻讯后，纷纷表示愿作鲁仲连，从中调解。朱蓉舫出于自身利害关系的考虑，特地邀宴沈薛并当场声明，绝无沈薛拆档后让朱雪琴与沈拼档之想法，希望薛勿生误会。然而此举无异隔靴搔痒，不管是拼还是拆，都不是他所能够左右的。

综观整个事件，关键人物是沈俭安，他的态度主导着事情发展的方向。1948年1月12日的《铁报》有一篇《沈俭安羡煞范雪君》的短文，文中引用了沈俭安的原话：“上海滩上惟有风头上的女人最有办法，男人虽有通天本领，也只好在高跟鞋下翻筋斗！”细细品味这段话，可以看出沈俭安对“风头上的女人”充满羡慕，内心虽有不服，但上座事实已动摇他对男双档的信心，言语中透露出无奈。或许从那时候开始，沈俭安的头脑中已经产生了和寄女拼档的想法，一个月后这个“谣传”就在《铁报》出现了。传言出现之后，沈俭安虽然继续和薛筱卿合作长篇，但是遇到会书则舍薛携朱。种种迹象表明，他早已做好拆档的打算，暗中已在积极地调排下手。

1948年7月底，虹口昆山书场开幕，邀沈俭安加盟日场。当时沈、薛正在东方书场做夜场，电台也有演出，但是沈瞒着薛私自接了下来，召徒弟吕逸安拼档，薛对此深感不悦。与此同时，薛又得到一个更加令人气愤的消息。7月初有位姚姓听客和薛筱卿谈及，拟邀请沈薛做一档“长堂会”，薛马上将此好消息告知沈，沈却说时值盛夏，天气炎热，况且书场电台已有不少，需要适当调剂精神，免得过度疲劳，长堂会不接为好。薛为尊重上手起见，只得放弃。谁知道沈俭安口是心非，私下里竟带着朱雪琴应聘姚姓“长堂会”。薛筱卿闻讯后怒不可遏，认为沈俭安欺人太甚，因此于8月17日上午抵达光裕社茶会，当众向沈质问理论。沈虽属理亏，但不甘示弱，反唇相讥，双方一言不合，大打出手，幸亏在场的杨斌奎、杨振言、韩士良等道中极力相劝，一场干戈才得以平息。

事情发展至此，拆档几成定局。舆论纷纷表达惋惜，一些知情者对沈俭安的行为进行了披露和指责，也有许多“沈薛档”的铁杆书迷将责任归咎于朱雪琴。面对外界的质疑和责难，朱雪琴在《书坛周刊》发文声明：“按沈俭安氏虽为雪琴之义父，唯其动机端正悉心叨教，加紧学习，此次各场场东虽有请与拼档登台之邀，然以书艺悬殊，当无可能。”声明发表后立即遭到驳斥，“雪琴云渠与沈俭安拼档，系不可能之事，然事实上，目前雪琴已与沈拼档做长堂会，不知此可能称拼档乎？何况据闻沈朱两人，已同意于秋档拼档进维纳斯书场耶？”有人认为这份声明系他人捉刀，朱雪琴并未过目，因此觉得她尚有可宥之处。个中详情扑朔迷离，孰是孰非众说不一。

再度拆擋已成定案

光裕社茶會上沈薛發生衝突

一言不合大打出手

結果雙方略受微傷

韓士良勸架受意外之災

《书坛周刊》关于沈薛拆档的报道（章绍曾先生提供）

尽管已经闹得沸沸扬扬，沈俭安却丝毫不以为意，在民声、九九电台的播音节目中，正式和朱雪琴拼档演出。该节目原本是沈俭安、吕逸安双档，沈的做法首先引起吕的不满，加之吕对三七拆账素有意见，一怒之下借词牙疾提出分手，沈俭安只能退而求其次，将另一个学生汤乃安提为下手，接续昆山书场的演出。较之长堂会的非正式演出，电台节目是沈朱拼档的公开亮相，此举暴露出沈俭安正在一步步实施"蓄意"已久的计划。这时候有消息称朱雪琴向义父婉转劝谏，望他仍和薛合作，并且不再随他至长堂会和电台播唱，加之老听客分向双方劝和调解，沈薛误会冰释，表示有机会仍会合作。然而电台中依旧传来沈朱的声音，听众由此认为沈俭安故意放"烟幕弹"，因此对其行为越发不满。沈俭安这种不计后果的做法，颇为令人费解，引发了各种猜想和流言。因为此事，沈俭安家中时起龃龉，还有传闻说沈屈于姨太太雌威之下，额头都被打肿。

朱雪琴身处风口浪尖，饱受流言的非议，也受到家人的责备。沈薛各自携徒演出，秋档业务均已排定，所谓"仍有可能合作"只是说辞而已，拆档已成定案。沈朱拼档从幕后走到台前，沈俭安步步为营，拉拢朱雪琴的意图十分明显。这一切，都让朱蓉舫感到危机。如若听之任之，唯恐朱雪琴被"夺"去，自己的说书生涯和家庭生活都将发生困难。朱蓉舫心中十分不快，但不便指责沈俭安，只好向朱雪琴发作，为此父女间时有争执。9月16日晚间又生口角，朱雪琴两头受气，愤怨不已，一时冲动竟欲跳窗自杀。正在举足爬窗之时，恰巧被群玉楼老板娘看见，老板娘赶紧上前拽住她，朱雪琴正在气愤之际，把老板娘一把推开，兀自爬窗，老板娘被推倒在地，口中连连呼救，众人闻讯赶到，将朱雪琴架了下来，好言相劝，总算阻止了悲剧的发生。第二天是中秋佳节，心情已经平复的朱雪琴照常演出，当晚有唐、钱等数位老听客发起聚餐，假沈俭安寓所宴请沈和朱雪琴两人。正在饮酒之际，朱蓉舫不请自到，严词"勒令"朱雪琴归家，唐姓听客连忙解释并邀他同饮，朱蓉舫一口回绝，经沈俭安出面婉言相劝，他才怏怏不乐地离开。一小时后朱蓉舫返回沈寓，醉眼蒙眬误敲邻居大门，酒醉心头事和开门人的数落，使他被愤怒的情绪包围。他对沈俭安已无好感，代之而起的是怨恨，一边走一边频频詈骂，进门后双方言语冲突，几乎动起手来，经朱雪琴及设宴听客竭力相劝才暂告平息。翌日上午，朱蓉舫向光裕社茶会报告纠纷事实，要求协会负责人出面协调解决此事。

面对养父和义父的纷争，朱雪琴显得既无奈又无助。沈俭安书艺高超，有怜才提携之情，担任他的下手可以得窥堂奥，深入学习“沈调”唱腔，同时也能充实书情书路，这对于“奶水”不足的朱雪琴而言，真是求之不得的好机会，怎能失之交臂？朱蓉舫虽然书艺平平，但是对朱雪琴有养育之恩，也有栽培之恩，落魄时唯有养父母对她不离不弃，如今年迈的父亲需要她赡养，于情于理都不能辜负。提高书艺是立足之本，谨守孝义是做人之道，朱雪琴无法在养父和义父之间做选择，只能尽力维持现状，一边跟着沈俭安做长堂会和电台，一边随着朱蓉舫上书场。由于夏档卖座很好，各书场争相邀聘朱雪琴做秋档，日夜场子有四五面之多，在东方、大陆等显面场子还列为“送客档”。中秋冲突使朱雪琴的家庭矛盾暴露无遗，父女间误会有所加深，同台演出貌合神离，勉强维持数天后宣告拆档。秋档刚刚开始，如果没有合适的上手，演出势必停止，声誉将受巨大损害。考虑到和义父沈俭安的合作终究不是长远之计，朱雪琴毅然决定翻做上手，带学生朱雪吟拼双档，继续完成“秋档”演出。

善于捕捉新闻热点的报纸纷纷行动，抓住朱氏父女拆档这事大做文章。朱雪琴在电台仍与沈俭安拼档，在书场改和学生拼档，营业并未受到影响，而朱蓉舫离开朱雪琴后只能在徐家汇、曹家渡的小书场奏艺。两相对比，听众自然对老弱的朱蓉舫产生怜悯，对“忘恩负义”的朱雪琴进行批评。尽管朱雪琴以其半数收入津贴养父母，依然不能取得圈内圈外的理解。10月上旬，钱景章以苏州评话弹词研究会理事长的身份亲自到沪调解，朱雪琴从善如流，同意从15日起不再与沈俭安拼档，消息见报后获得听众赞许。然而她的承诺没有得到义父的支持，《书坛周刊》称：“雪琴除仅在本月十五日不与俭安拼档外，至后仍在俭安甘言蜜语下，拼档如初，出尔反尔，竟至如此。闻景章在苏闻及此讯后，准备再度由苏来沪，以便当面责问雪琴。”两人合作的节目直到10月下旬才告结束，“俭安报告，从此小休，有不胜依依惜别之感”。

经历两个多月的风波，朱雪琴心力交瘁，以致台上形象黯然失色。某日在大陆书场送客，背后电扇吹得她发如飞蓬，衬着黄瘦的脸庞和黑色的绸衫，恍若彩排活捉张三郎，使听众顿起怜悯之心，感叹："沈俭安固然挑了雪琴走响，却也害得雪琴做人弄得两面为难，只要看她个把月来，已然瘦脱一壳，真够可怜。"朱衣的《雨夕坐东方 听朱雪琴弹词有赠》一诗这样描写："梨涡杏靥绽朱樱，雪齿冰弦调糯饧，一剪灵波流宿慧，千种幽怨迸啼莺。略伤憔悴度芳年，别挟新腔惊四筵，谡谡眉痕英绝处，未应沦落久弦边。"然而，理解她的人毕竟少数，更多的是不明就里，妄加非议。更有甚者，湖园书场一听客竟点唱《忤逆爷娘》开篇。朱雪琴见此字条大受刺激，连月来所受的冤枉气一齐涌上心头，她再也无法忍受这种折磨，当众回应："今朝听众所点之开篇，鄙人无法贡献，自问对于养父母，虽未能称孝道，亦不致忤逆犯上。舍间除养父母外，约有三四人口，每月除供给食米一石外，一切日用品都由余料理，家父年老，未能专事弹唱，自问无亏职。及余与沈俭安寄父拼档，不过因精求艺术，揣摩深造起见，并无他意，乃人言可畏，使余十分难堪，兹为避免无谓之麻烦计，不日与艺徒离沪，另谋出路。要知艺技虽系小道，不进则退，余自知出道以来，毫无寸进，有此绝妙之机会，竟会余未遂所愿，殊引为耿耿者也。"说至三皇诞辰前一天（农历十月初七），朱雪琴毅然剪书，携徒和养父母等人一起离沪赴苏。

朱雪琴赴苏后，沈俭安亦决定离沪去湖州开书。不过沈在赴湖州前先到了苏州，下榻于中央饭店，遣学生汤乃安去朱家约朱雪琴会面。由于朱雪琴外出未归，再于当晚亲自去静园书场，等她送客下台后约至饭店见面。朱蓉舫获悉此事暴跳如雷，立即赶往饭店兴师问罪，掌掴沈俭安并欲将他拖去警察局理论，幸亏钱景章闻讯到场调解。至于他转道苏州的原因，是要约朱雪琴同去湖州演出。沈俭安翌日即离苏赴湖州开书，嗣后有人问及"吃耳光"一事，沈表示否认。不过此事多次见报，而沈从未公开声明否认，所以听众对其受辱之事深信不疑，且引发了各种猜疑和负面评价。"俭安向昔对男女说书人之拼档，反对最烈，然而此次却与雪琴拼档唱堂会与播音，甚至不顾一切，培栽这位义女，其重视雪琴之精神有如此者。""俭安何故如此特别的注意雪琴？甚至即此次受辱于蓉芳，亦所不计，此则，实令我人费解？”“以俭安的书艺而论，自有其崇高的地位，塔王两字，确可当之无愧，然而其坛下的作风，却使我人失望极矣！”“望俭安受到了此次不名誉之教训后，能够从此洁身自好，不要专门做此种吃力不讨好的事情，而赶快努力于本身书艺上的研究，则塔王的声誉，还是可保持下去的。”

客观地讲，所谓“令人费解”其实不难理解。沈俭安是绝顶聪明之人，具有极强的创造力和洞察力，他敏锐地觉察到社会风尚变化带给听众的影响，因而改变观念，从男女说书的反对者变为支持者。当时的书坛，女性地位提高，青年人才辈出，沈俭安对形势看得十分清楚，自己已经年届五旬，要想保持实力，非得年轻女艺人辅助不可。放眼整个书坛，无论潜质、实力、名声、形象，朱雪琴都是最佳人选，这才是沈俭安对她“紧追不舍”的根本原因。由于义父女之间的特殊身份和说书人固有的利益观念，他这个“伯乐”反而被认为居心不良，不得不说这是个极大的遗憾。

“两父争女”的闹剧终于尘埃落定，沈俭安觅徒拼档，朱蓉舫携幼女雪芳奏艺。从此，朱雪琴的艺术道路少了一些羁绊，多了一些自由。

“双朱”耀书坛

朱雪琴和朱蓉舫的拆档，虽然被某些听众指责为“忘恩负义”，但从艺术发展角度看，拆档是合乎情理的，是必然的结果。拼档之初，父女俩艺术水平匹配，给人总体感觉是协调的，而随着朱雪琴艺事增进，朱蓉舫逐渐不能胜任。听众觉得“所坏的是朱蓉舫的唱腔太老，与雪琴的新腔适为一个反面，因此不能受听众的欢迎”。“初几日雪琴偕蓉芳登台各处，因义父对说噱弹唱一无专擅，故听众对其不感兴趣，送客成绩遂不如理想之美满。雪琴则因屈居义父庸才之下，而苦无用武之地。”甚至有人认为“若雪琴不力争上游，再随朱姓义父共沉浮，则我可必其此生休矣”。翻做上手之后，朱雪琴的说唱、做派极力效仿沈俭安，朱雪吟虽然学艺尚浅，但天性聪颖，应付从容，学唱“琴调”惟妙惟肖。这对女双档台风漂亮，说唱风格鲜明，博得许多听众的欣赏，日夜送客上座率大幅回升。

朱雪琴、雪吟师徒一炮打响，获得上海听众肯定，引起各地场东的关注，当他们得知朱雪琴在湖园书场受窘并宣布离沪的消息后，纷纷向她发出邀请。农历十月初九日，走红十里洋场的朱雪琴重返苏州，受聘于东吴、龙园、静园、中央四家书场，开书后三吴书迷蜂拥捧场，书场争相聘求，不久又增大观园日场，日夜兼做五面场子，临时堂会不断。出现如此盛况，首先归功于舆论的作用，自从卷入沈薛拆档风波后，朱雪琴就成了首屈一指的新闻人物。各种书坛刊物对她紧追不舍，从艺术和生活中深挖新闻素材，连篇累牍的报道尽管褒贬不一，却实实在在地提高了朱雪琴的知名度。

当然，异军突起的朱雪琴并非浪得虚名，她的书艺进步是有目共睹的，这也是她立于不败之地的根本原因。论说噱，“说起来头头是道，不紊不乱，噱头也颇可取，不卑不俗”；论弹唱，“学俭安能得其神髓，三弦弹拨，已至化境，其所唱腔调独树一帜，由徒雪吟奏唱，清晰动听，琵琶亦很婉转”；论角色，“雪琴雪吟尤擅小动作（指起脚色时的手面动作），相辅而行，故书中之角色，如采苹之玲珑，陈翠娥之温文忠厚，方太太之贤惠，陈夫人之势利，方卿之忍耐书腐，亦惟妙惟肖，历历如绘”；论台风，“雪琴之貌，虽无桃李之艳，服饰亦无范雪君辈之华丽，而在弦边弹唱颇有烟视媚行之态”，“有时侧身抱琵琶，鬓丝披肩，随风飘荡，其面目神情，依稀似一代艺人葛莱泰嘉宝”，“姿态天然，仪容万方，一颦一笑，一举一动，均引人入胜”。做下手时，朱雪琴给人印象“到底有点缚手缚脚，于个性有些不大适合”，如今独当一面放上手，“不论说白、眼风、手势、火候均到”，苏州书迷“颇以此为后辈女弹词中之隽才”，对她寄予厚望，“加上她虚怀若谷的在艺术上再加研究，将来定可执女弹词家之牛耳”。

转眼已至岁底，各埠场东为了“年档”开门红，纷纷赴苏州物色响档先生。红极一时的朱雪琴被常熟仪凤书场“夺”得，于大除夕赴琴川，岁朝开书。常熟城内外计有八家书场，除孔雀厅因陈幼卿、王天香变卦临时改为音乐茶室之外，其余七家均力邀名家响档，竞争之激烈，听众之兴旺，远胜周边诸县，无愧第一书码头之誉。《秋海棠书坛专刊》特约记者东峰

朱雪琴力鬥魏含英
曹織雲如出谷乳鶯

民國三十八年二月廿三日

朱雪琴力斗魏含英的报道（章绍曾先生提供）

通过半个月的探访，向书迷详细报道售座情况和书艺概评。从中可以获悉，年档每天日夜听书人数近四千，朱雪琴占其四分之一。

仪凤朱雪琴，携女徒雪吟，日场《珍珠塔》，夜场《双金锭》，元日日场，二进花园启卷，风靡一时，轰动虞城，售座方面，可较去岁严雪亭之数，不相上下，雪琴之艺，炉火纯青，沈派唱腔，入木三分，手面效来逼真，可谓得义父熏陶之功，已得神髓，如此弹唱，难能可贵，雪琴迩日大发胃病，不进米食，牛奶充饥，尚卖力不改往日，无怪一般真赏艺客，挤得座无插足，口无茶饮，日夜签子，足有千零，虞城书场，首屈一指。

再看其他书场的阵容，湖园秦纪文，鹤苑曹啸君、曹织云，西园张玉书、周伯庵，花园何芸芳、何剑芳，长兴朱伯雄，丽都魏含英，个个都是好手。丽都书场新开张，设施新颖，魏含英嫡派马调，书坛无双，亦有“塔王”之誉。一山不容二虎，两部《珍珠塔》敌档，鹿死谁手令人关注。双方都不敢懈怠，各自施展身手，使喜爱珍珠塔的听众大饱耳福，最终，魏含英以日夜七百之数屈居第二。值此“强敌”环伺的年档之际，朱雪琴在仪凤的上座人数，竟与严雪亭演出时旗鼓相当，堪称女中魁首。

巧合的是，当她从常熟转往无锡时又和“塔王”敌档，这次遇到的是沈俭安。抵锡之日，朱雪琴即携徒往雅叙书场拜望义父，以大批常熟土产作为孝敬，感谢其提携栽培之恩，父女俩睽违日久，互诉离情，交流书艺，十分欢洽。虽然台下父女情重，登台演出却是不论交情的，次日蓬莱书场开书，朱雪琴、雪吟风头无两，近在咫尺的沈俭安大受影响，日场仅一百余客，夜场略有增加。数日后沈俭安主动让贤，携汤乃安赴武进献艺，此乃一举两得，既避其锋芒，也有成全之意。尽管雅叙力邀徐翰舫续演，以大套琵琶绝技为号召，迎园请来杜剑鸣、剑华兄妹以作抗衡，但都不能撼动蓬莱的卖座盛况，朱雪琴二度走红梁溪，成为当地第一红档。无锡剪书后回苏略事休息，等到解放大军南下，时局较为稳定之后，师徒俩开赴浙江码头，在嘉兴珊凤书场、湖州西园书场献艺近三月，“琴”声风靡两地，听众为之倾倒。湖州返苏后本拟休息一月，然后去常州大观园，谁知苏州各场东络绎登门抢邀，其中沧洲场东在她赴嘉兴之前已再三敦请，龙园已做冬档，因为生意兴隆，年档过后即邀她复档，情面难却，朱雪琴只能放弃休息，在沧洲、龙园、四海楼、云苑四家书场登台。

朱雪琴小姐略歷　沙雁識於上海

朱雪琴，原姓吳，籍隸琴川，自幼從其義父朱蓉舫習珍珠塔與雙金錠，因從義父姓；初隨義父拼檔充下手，說唱均佳，到處有聲，旋為珠塔名家沈儉安所賞識，亦願錄為義女，悉心指點其書藝，雪琴肯力爭上遊，於事益晉，而其彈唱，已得儉安神髓。近自攜其徒朱雪吟拼檔，自充上手，究能應付裕如，滋可喜也。

《联合弹词开篇》关于朱雪琴的介绍

说书人吃的是“开口饭”，不仅要用书艺征服听众，还得和场方、报人、记者等社会各界打好交道，他们的评论和宣传是影响演出业务的重要因素，任何人想立足书坛都离不开这些力量的支持。朱雪琴性格爽朗，待客和气，笑容可掬，每次登台以微笑问候示意，听众因之倍感亲切，把“巧笑”和“琴调”相提并论，看成她说书的两大特点。在金钱方面，朱雪琴也十分大度，有些熟悉的上海听众赴苏州参加寿宴，临时

《最新弹词开篇集》上的朱雪琴、朱雪吟等女艺人（章绍曾先生提供）

邀请她唱堂会上寿，她非但热情出演，而且拒收报酬，让他们极为感动。苏州静园书场的股东经理韩文忠，曾在上海天蟾舞台做过十几年“案目”，是游艺界非常资深的内行人物，他人头熟，手段好，把静园经营成苏州第一的热场子。韩文忠眼光独到，调度有方，他在“七煞档”剪书离苏后，大胆聘请朱雪琴等后起之秀接下脚。为了让更多的听众认识他们，还以“海派”作风开设星期早场会书，朱雪琴与胡寅秋合说的《玉蜻蜓·问卜》，张国良、胡天如、金声伯合说的《包公·破窑告状》等选回，深受听众欢迎，赢得大批书迷。为了答谢韩文忠的提携，朱雪琴等十一位青年同拜他为义父，《苏州书坛》以《朱雪琴娇声唤寄爹　韩文忠丧父得子》为题做了报道，调侃朱雪琴喊“寄爹”最嗲，使韩笑得合不拢嘴。这种形式固然是旧社会的陋习，但从一个侧面反映了场东对朱雪琴艺术潜力和艺术前途的认可。

欣赏朱雪琴书艺的不仅有大批普通书迷，还有很多游艺界同行。歌星荆逢通过义父蔡兰言结识朱雪琴，成为东方书场的座中常客，两个沦落天涯的女艺人惺惺相惜，结为闺中密友。京剧名票、电影名伶华香琳在苏州拍摄《双枪女侠》外景之余，随韩兰根到静园书场听书，韩对胡天如推崇备至，华对朱雪琴大加赞叹，认为她的弹唱有胜过范雪君的海派作风。民国时期上海的消闲小报异常繁荣，许多小报文人生活无忧，喜欢填词赋诗、听书赏曲，是追捧女弹词的主力。他们利用各种小报，对女艺人的演出、生活不厌其烦地追踪报道，对她们的色艺细加品评，或撰文，或赠诗，或代制开篇，或编辑特刊，甚至引导她们读书习字、吟诗作画，以此提高文化修养，提升公众形象。徐雪月、徐雪人、汪梅韵、钱琴仙等辈的走红，均与沈芝生、许月旦、张健帆、蒋聊庵等文人的力捧有关。相比之下，朱雪琴没有这样幸运。朱蓉舫性格耿介，不喜欢结交记者，故而鲜有小报文人给他们父女捧场。对于“琴调”和“拆档风波”，报端的批评、质疑声音很多，以至于很多人觉得朱雪琴是被“骂红”的。直至携徒雪吟拼档后，她以飞速的进步和真正的实力，成功扭转了人们的看法。各地“琴迷”中不乏报人，如《苏州书坛》的社长宫晴初、主编黄启之，原《新闻报》副刊《新园林》的副编辑吴双人，以及雅云、王孙、马达、过家懋等一批报坛作家，他们对朱雪琴的艺事给予持续关注和竭力揄扬。在《苏州书坛》主办“书坛皇后”选举时，他们充分利用手中妙笔，发表助选文章，为朱雪琴塑造良好的舆论形象和凝聚旺盛的人气立下汗马功劳。

各埠码头的成功演出，使朱雪琴重获勇气和力量，师徒俩蓄势待发，准备再次“杀”进上海。信息一经披露，上海场东争相延请，“琴迷”翘首以盼，“秋档”日夜六面皆为显面场子，各与徐云志、潘伯英、张双档、姚荫梅等名家同场，朱氏双雪地位今非昔比，可见一斑。这次重返上海，双朱完全以实力取胜，书场爆满，报端热捧，开唱后两个多月，仅《上海书坛》刊登专稿就达十多篇，赋诗填词和点评书艺的“豆腐干”文章更是数不胜数。听众刘子万对朱雪琴原无好感，在好友的一再怂恿下才去听书，此君听后不厌其烦地从六个方面进行详细点评。

写了多少书稿，抱歉得很，对发明琴调的朱雪琴，没有替她专门写过一篇，实在写者已众，用不着我再来轧闹猛锦上添花，说一句坦白老实话，朱雪琴的书艺好虽好，她去年同朱蓉舫在上海，我对她的印象，并不表示好感，关于这一层原由，那天汇泉楼上的情形，恰巧驼三兄看得很明白，现在时过境迁，不谈也罢。

自从和梅溪兄认识以后，知道他是一位朱氏知音，获有“珍珠迷”的尊衔，他晓得我对朱雪琴不满，便极力替她申辩，劝我不要固执己见，加以谅解，此次秋档，朱氏双琴应聘到申，事前梅溪便怂恿我去听琴，我唯唯否否，报以微笑。

昨晚约往湖园听朱，果然声势浩大，拉上铁门，挂起客满牌，湖园今年打从元旦到秋节，未曾赚钱，这次五档坚强阵容，照牌头可以多钞票，闲话少说，还是谈谈朱雪琴。

先谈她的说，她现在能说三部书，珍珠塔，描金凤和双金锭，以珍珠塔说得最好，双金锭次之，描金凤更次之，而我喜欢听她的双金锭，因为书中脚色多，比珍珠塔生动有趣，朱的说派，同张鉴庭、刘天韵一样，以干脆爽快见长，这样的说法，完全要用精气神来才能应付，三者缺一，不能竞功，而朱对此三端，都达标准，很配合现代潮流听客的胃口，因此容易响而红。

二谈她的噱，难得放噱头，放起噱头来，做得足，能引人笑。

三谈她的弹，三弦琵琶弹得都好，定弦很高，弹三弦如能舍用拨指，则更能动听。

四谈她的唱，自成一家，别创琴调，即是她的聪敏过人之处，琴调的音韵，极悠扬好听，其腔学之颇易，惟唱颇觉吃力，非要衷气充沛，丹田劲足，不克胜任，正与流行之蒋调相反，一则以高，一则以低，都须相当功力，惟近来一曲之中，难得一试琴调，颇使听客失望，不能压欲，我的见解，既然以琴调二字鸣称于世，何不多洒几个琴调花腔，让我们过足琴瘾，岂不大佳。

五谈她的做，兼有朱蓉舫沈俭安二人之长而去其短，因之手势眼神，面部表演，更觉玲珑可爱。

六谈她的貌，身瘦胸平，面布雀斑，中等之姿，有高傲气。

凡此所谈，皆我阿私之见，是非毁誉，请君自断，更望朱雪琴努力书艺，稍稍留意处世之道，他日女弹词座上，定能坐首把交椅也。

（《上海书坛》1949年10月12日、15日《也来谈谈朱雪琴》）

从《上海书坛》发表的众多书稿中不难发现，朱雪琴通过自己的努力，已成功扭转上海听众对她的成见和误解。听众眼中的朱雪琴，不再是一年前那个新闻事件女主角，而是书艺犹如“沈俭安拷贝”的难得人才。彼时沪上四对双档《珍珠塔》，薛筱卿、郭彬卿位列第一，双朱档居第二，朱雪琴虽为女艺人，但说书脱尽脂粉气，书路快而不乱，紧而不勒，听众称道“珍珠塔，女中王，技术超群。创琴调，谱新声，须眉震惊”。朱雪吟的进步也获得肯定，“去岁来沪偕乃师拼档，略可应付，说表究属年幼而似嫌口嫩，此次随乃师重来沪江，进步之速，竟出意外，居然说白流利，不慌不忙，唱时声容并茂，悦耳可听”，昆曲家徐凌云也对她大加赞赏。自1949年“秋档”至1951年“秋档”，朱雪琴、雪吟立足上海整整三年，在女艺人中绝无仅有，书艺不断进步，名望日益巩固。

一年前，朱雪琴出于无奈“弃父携徒”，又因遭受舆论“围攻”而被迫

离沪。想不到，她非但没有被极端不利的形势所打倒，反而在逆境中腾踔而上，以名震苏申、轰动锡虞、誉满湖嘉的业绩，奠定“双朱档”坚不可摧的“响档”地位。书坛上有个约定俗成的规矩，双档并不一概冠以姓氏而称其“某某档”，只有书艺超群、名闻遐迩的双档才能得到公认，如沈薛档、蒋朱档、张双档等。历史上被称为朱双档或双朱档的，仅有弹词大家朱耀庭、朱耀笙和朱兰庵、朱菊庵这两对长期合作的兄弟档，朱雪琴、雪吟师徒能在短短两三年内成为拥趸无数的新一代“双朱档”，实属不易。这种戏剧性的转变，让听众大为惊叹，朱雪琴因此获得“书坛怪杰”的雅号，荣封“女五虎将”之一。

双朱档在沧洲书场送客

山重水复疑无路，柳暗花明又一村。朱雪琴得雪吟的辅佐如虎添翼，相得益彰，从旧社会的旧艺人到新中国的新评弹工作者，双朱始终勤于治艺，力争上游，成为四十年代末五十年代初首屈一指的女双档，如同明亮的双星闪耀书坛，名垂后世。

无意争“皇后”

民国时期，社会风气日渐开化，大众娱乐极度兴盛，越来越多的女性进入到演艺行业。除了新兴的电影业和歌舞业，一度被男性垄断的说书、演戏等行业也出现了大批女艺员，精明的娱乐业商人利用她们的性别优势大做文章，使女明星的制造和消费进入空前繁荣的时期。1926年8月14日至9月14日，上海新世界游乐场联合上海35家电影公司举办电影博览会，其间发起声势浩大的电影女明星选举活动，张织云以初选2 146票力压群芳，成为中国历史上第一位享有“皇后”美誉的演艺明星。1933年1月，陈蝶衣在其创办的《明星日报》上发起“电影皇后选举大会”，胡蝶以21 334票遥居榜首，成为家喻户晓的“电影皇后”。由于电影的巨大

早年有弹词皇后之誉的醉疑仙（右）

影响力，报社、电影公司和女明星都在“皇后”选举中大为获益，故而此风在游艺界盛行一时，越剧皇后、申曲皇后、平剧皇后、弹词皇后、歌唱皇后、舞国皇后等各路“皇后”应运而生。

提起“弹词皇后”，谁都知道是鼎鼎大名的范雪君，一曲“恨不相逢未嫁时”至今仍为书迷们津津乐道。与之相比，还有两位“皇后”已逐渐湮没在历史长河中，一位是醉疑仙，另一位就是本书主角朱雪琴。醉疑仙，现在的听众对她已很陌生，她是普余社赫赫有名的“四大金刚”之一，20世纪30年代与胞兄醉霓裳率先开始男女拼档，以美貌著称于书坛，一些文人因为钟情于她而举办竞选活动，让她登上皇后宝座，以此来和捧谢小天者对抗。嫁作人妇后，醉疑仙辍演十余年，逐渐被人淡忘，50年代曾再度出山，不过其时已无人敢提“书坛皇后”这种封建名词。朱雪琴当选“书坛皇后”一事同样鲜为人知，重提这段尘封的往事，不是为了给朱雪琴正名，而是让大家了解她当时的境遇和她对选举的真实态度。

1949年是具有特殊意义的一年，解放战争取得决定性胜利，全国大部分地区陆续解放。解放战争如火如荼之际，苏沪书坛也是热火朝天，新旧政权的交替暂时没有对艺人的演出和生活产生影响，游艺界仍在继续着他们的娱乐方式。1949年堪称书坛选举年，由《书坛周刊》主办的“三十七年度十大说书名家选举”还未落幕，《苏州书坛》《上海书坛》又相继发起“公选书坛皇后”和“三十八年度弹词皇后选举”，《大众书坛》发起“书坛皇帝”选举。作为报道评话弹词信息的专门刊物，《苏州书坛》《上海书坛》《书坛周刊》为何如此热衷于选举？是否真如刊物所言“向以大众的意志为意志”，“纯粹是为了书迷兴趣和选拔真才，发扬书坛艺术”呢？恐怕不完全是这样。从报社的立场来看，更重要的是宣传自己的刊物，以此来吸引读者关注，扩大报纸销路。这些报纸当中，创刊于1948年

6月的《书坛周刊》资格最老，拥有读者非常多，每逢周日出版，实销可达6 000份左右。同年10月《上海书坛》发行，而且抢先在每周六出刊，到12月又出现了《苏州书坛》《书坛专刊》等刊物。由于书坛范围仅限于江浙沪，听书之读者数量毕竟有限，刊物之间的竞争日益激烈，除了在信息披露、出版日期等方面抢占先机之外，各报纸还开设了许多独家专栏。除了这些常规举措，发起竞选也是一种特别而有效的营销招数。以《上海书坛》为例，它在竞选之前先刊登广告，拟将符合条件者搜罗备至后公布名单，同时鼓动听众投函预测可能当选者。为了制造舆论，吸引读者，《上海书坛》迟迟不公布选举名单和选票，吊足听众胃口，报纸销路大为增加。没想到"半路杀出程咬金"，《苏州书坛》在1月1日宣布举办"皇后"选举，同时公布选举办法并刊登选举票。苏州先发制人，上海不再迟疑，两地的"皇后"选举迅速趋于白热化，有关选举发起先后及公正性还引发了持续的"笔战"。除了主办方以外，热衷于此的还有听众群体中的捧客，他们和艺人、报社有着千丝万缕的关系，他们为选举活动推波助澜的同时，也对选举结果起到了决定性作用。

当时范雪君已有"弹词皇后"之称，《上海书坛》发起选举是多此一举还是别有用意？个中原因颇为耐人寻味。1946年7月26日，苏北难民救济协会上海市筹募委员会在上海各大报刊刊登启事，隆重发起选举"上海小姐"助赈灾民活动。选举共分七组，由于电影、越剧、话剧界主动放弃竞选，最终选出"上海小姐"冠军王韵梅、"平剧皇后"言慧珠、"舞国皇后"管敏莉和"歌唱皇后"韩菁清。由于弹词界无缘参加评选，喜爱听书的捧客们引以为憾，遂一致将范雪君封为"弹词皇后"，经他们频繁地宣传，逐渐成为公认的事实。当《上海书坛》发起"三十八年度弹词皇

40年代有弹词皇后之誉的范雪君

后”选举时，尽管范雪君认为此举并无必要，但为了名正言顺地拥有“弹词皇后”这项桂冠，她非但要积极参选，而且只能成功，不能失败。开选后，读者纷纷致函预测，《上海书坛》的几位编辑也专门撰稿，阐述对“皇后”人选的预测。

开选之前，编辑过家懋撰文分析预测“皇后”人选：“弹词皇后之宝座，前本属诸范雪君。但并非出乎正式之投选，于今公开竞选之下，能否连得？尚成疑问。况投选之读者，普及各地，见仁见智，各有不同。且因雪君最近所隶场子不多，意兴颇觉阑珊，外地听众之印象渐淡，故当选希望，预测仅占十分之六七。张丽君书艺虽佳，品貌艳丽，亦为后起之秀，但时日尚浅，仅苏锡等地听众略得印象，其他码头未曾献艺，故入选希望，当较范雪君逊色。黄静芬体弱多病，品性又傲，予人印象平常，希望仅得十分之四五以上。徐雪月因夫丧忧郁，有碍书艺，早期佳誉已过，预测入选希望亦觉不大。朱雪琴近已走红，前在申弹唱，颇得好评，最近到苏，书艺猛造，又博当地人士之热烈欢迎，声誉日盛，风头之健，不减范雪君当年走红之时。兼因书艺品貌，二者均佳，又能努力进取，预测当选希望，殊为浓厚，似较范雪君为胜，可占十分之七八以上。”文末，他就投选标准发表看法，认为“投选之最重要者，即为不可偏重一端，舍艺取色，以及心存私见，滥投滥选，或眩于过去声誉，人云亦云。须有正确之认识，加以考察及比较。书艺如何？品貌如何？过去如何？最近如何？一一思考后，然后投以公正之一票。”

时隔两周，《上海书坛》正式刊发选票，同时首次公布得票数，前三名为范雪君87票、徐雪月73票、张丽君65票，朱雪琴以24票排名第12位。编辑张衡若就选举作了专门论述，“我也感到皇后一席，除了她（范雪君）似乎没有再合适的人……据我个人的观察，范雪君的年华确实是老了，即使选出来是个老皇后，或者可以称她为‘太后’，论到艺术，雪君则当之无愧，待人之际，恰合皇后身份。徐雪月的艺有人说比雪君好，然而雪月目前是孤孀，假使当选，是一个孤孀皇后。论到张丽君，色固然超过范、徐，年纪亦轻，可惜其艺平常，作风大胆，大胆皇后是也。苏州红遍的杜剑华选的人很多，她的人及艺都还未曾领教过，究竟若何，不得而知，然据人言及照片上看，书艺很不错，面貌亦端庄秀丽，待人亦和善有礼，朴实无华，大有希望……”作者针对得票前四名的评论抑徐、张而扬范，在“皇后”人选上有着明显的倾向。2月19日《上海书坛》第20期发布郑重启事，称总共收到有效选票7 943张，前三名未变，范雪君2 405票当选“皇后”，徐雪月1 942票当选“亚后”，张丽君1 638票当选“公主”。这一结果非但遭到部分报人的公开质疑，有关选举内幕也逐渐被披露出来。

《书坛周刊》发行人兼社长俞执中在其执笔的“萍踪执词”专栏中，连续两次揭露《上海书坛》的高某、杨某“大变戏法”，通过舞弊使范雪君登上“皇后”宝座，高杨诸人还被范雪君数度召宴，且发了一笔小财。俞执中在文中直言“得票最多，虽是朱雪琴，奈因伊现远在无锡，无暇来沪活动，终于由支持有人之范雪君当选‘皇后’矣。”对此传闻，选举主办方和范雪君都未作公开回应，仅有署名茶博士者在《铁报》发文辩称“票数最多者为朱雪琴”此说是若干女同道因妒造谣，“唯据主持此事者宣称，票数最多者确是雪君，有选举票可查。某书坛刊物同人为筹备举行弹词皇后加冕典礼，商讨进行办法，则曾聚餐一次。造谣者或即根据此点，曲为渲染欤？”这套说辞仍然无法消除大众对票数的疑虑。1月23日《上海书坛》首次（也是唯一的一次）刊登21位女艺人的得票数，至2月19日宣布选举结果，所谓“郑重启事”只公布前三名票数，对于收到选票总数、被推选艺人总数及得票数只字不提，但对于未刊登仇良佐、侯明勋关于竞选皇后的稿件却郑重其事地进行说明和致谢。再看票数，从1月23日至2月19日不到一个月的时间，范雪君得票从87激增至2 405，净增2 318票，该报系周刊，选举跨度以1个月4期计算，平均每期给范投票的读者约580人次，若再计入投给其他艺人的票数，这个数字一定十分惊人。与之相比，《书坛周刊》举行的十大名说书选举就显得公开透明。这场选举从1948年10月3日至1949年1月13日，为期三个半月跨越14期，连续14次刊登全部得票名单，这份深受读者欢迎的刊物每周实销可达6 000份，最终得票第一的严雪亭也仅603票。“弹词皇后”主办方虽然强调有据可查，但是始终没有公布全部数据，可见外界的怀疑并非没有道理。闻名书坛的撰稿人张健帆在《女性群像》丛刊发表长文，披露以华园书场场

選票統計：

選后談

蘇州書壇社舉辦

書壇皇后選舉票

我選舉　　小姐為書壇皇后

選舉人姓名：

通訊處：

簽名蓋章

中華民國三十八年　月　日

书坛皇后选票统计

东仇良佐为首的部分书场老板，为了今后聘请范雪君演出而讨好她，以包600份《上海书坛》报为条件进行“贿选”，其实收到总票数不足5 000张，“照投票人原数，以朱雪琴票数最多”。《无锡导报》《罗宾汉》等报也相继刊文批评，指出票数最多实为朱雪琴。

范雪君在上海声望很高，是唯一当选“十大说书名家”的女艺人，她当选皇后应属理所当然。没想到捧场者弄巧成拙，使得票数高得令人生疑，导致种种传闻流出，反而使“弹词皇后”桂冠大为失色，这大概是各方始料未及的。至于“朱雪琴才是真正的‘弹词皇后’”一说，由于真实票数未公之于世，以致无从查证。朱雪琴本人对此毫不介意，但是热爱她的听众极为愤愤不平。他们组织“琴社”助选团，为选举摇旗呐喊，与“丽社”“仙社”相颉颃。更有忠实拥护者在《苏州书坛》倡议为朱雪琴征集雅号，以纪念得而复失的弹词皇后，为“书坛皇后”选举助威。该选举由《苏州书坛》报于1949年1月1日发起，从1月13日和1月20日刊登的票数可以发现，选举初期朱雪琴没有明显优势，落后于杜剑华、范雪君、张丽君三人。其间该报因亏蚀严重致停刊整顿，一个多月后恢复出刊。此时，上海的“弹词皇后”业已产生，舞弊传闻甚嚣尘上，听众在报端为朱雪琴叫屈的同时，盛赞她“处之泰然，毫无芥蒂，其光明磊落超轶不群，洵具政治家风度，抱负远大，宜乎声誉益高，为常人所不能企及也”，呼吁读者在“书坛皇后”选举中投她一票，“庶几正义可伸，名孚众望”。从3月开始，朱雪琴的票数始终一马当先，杜剑华、张丽君稳居二三，范雪君票数逐渐下滑，一度跌至第八名。4月15日下午，《苏州书坛》社在观前街储汇大楼晴楼召集选票整理座谈会，由光裕社负责人、律师、该刊全体同人、各同文会同整理选票，共计收到函件1 263封，选举票4 522张，计票结果，朱雪琴共得775票，当选

左二起高雪芳、朱雪琴、汪梅韵、林娟芳

为“书坛皇后”，杜剑华共得396票，当选为“书坛亚后”，张丽君共得368票，当选为“书坛公主”，范雪君以304票名列第四。这场选举历时三月有余，参选女评话家、女弹词家共54人，主办方连续9次公开选票统计，详细列举各阶段收到选票总数及参选者的得票数，其透明度和公正性自不待言，选举结果较为客观，并无异议。由于当时已临近解放，为消除封建意识和防止靡费过巨，各方一致认为不宜举行“加冕典礼”，仅代之以简单的“授证仪式”。

两场选举，两个皇后，一个海派，一个苏式，反映出听众对艺人形象认同的地域差别。上海听众不仅要求“色艺双全”，尤其看重气派。范雪君服饰海派时新，出入汽车代步，家居康绥公寓，论气派在女说书中独一无二，海上交际场所均以范之出席为荣。论书艺，重在新颖二字，最受听众欢迎的是一口流利国语，京剧、昆腔、歌曲、大鼓均能穿插书中，许多“范迷”醉翁之意不在酒，对其所唱歌曲《王昭君》痴迷至极，在义务劝募弹词节目中此曲常能募得一两千万元。苏州听众较为正统，认为“‘书坛皇后’的唯一先决条件，必须艺术足以冠盖群芳，能够在书艺方面独创一格，自立门户；

蘇州書壇盛舉

朱雪琴當選書后

這是對於民間藝人的一種鼓勵，彈詞評話從此將向新的道路上躍進！

·金玉·

1949年4月18日《苏报》公布朱雪琴当选书坛皇后

雪樓書譚

·朱雪琴·

評話與彈詞

朱雪琴在《苏州书坛》开设的随笔专栏

其次仪态必须雍容大方，稳重而不骄傲，在待人接物方面，更须和蔼谦虚，无市侩习气；再次当然应该是生活严肃，肯虚心学习，力求艺事上的进步”。在听众的印象中，“雪琴之貌，虽无桃李之艳，服饰亦无范雪君辈之华丽”，论她的艺，独创“琴调”，自成一派；论她的品，“专志书艺，不事装饰，不尚虚荣。桃李其面，冰雪其心。吾行我素，不问毁誉；待人和蔼，气度宽宏”；论她的才，《上海书坛》《苏州书坛》分别辟有“雪庐书话”“雪楼书谭”专栏，她努力习文撰稿，学写开篇。当选皇后，既是艺术实力的象征，也是人气旺盛的体现，对朱雪琴来说，听众的认可与支持是她最大的收获。至于“书坛皇后”这个头衔，外人眼中是得来不易的莫大荣誉，她却看得十分淡泊，甚至有些反感地说“一共要几个皇后？”终其一生，朱雪琴从未主动提起这个虚名。

正如《苏州书坛》主持人所说，选举“一方面是适合大多数读者的兴趣，另一方面，则是对说书艺人的一种鼓励，希望她们能在书艺上力求改进，俾完成当前所急迫需要的改革运动”。当这场娱乐盛举落下帷幕时，一场巨大的变革已悄然拉开序幕，朱雪琴即将迎来艺术生命中最为辉煌的时代！

第四章
焕然新生

艺术的发展总是与时代息息相关，艺术家的成长总会受到时代的深刻影响。从抗战时期的疲于奔命、受尽屈辱，到抗战胜利之后初创“琴调”、崛起书坛，朱雪琴是时代激流中的泳者，更是搏浪前行的胜者。当苏沪书坛“皇后”选举尘埃落定之时，“百万雄师”已集结于长江北岸，娱乐至上的书坛历史很快被时代抛弃。旧艺人翻身得解放，成为新文艺工作者，通过政治学习和时事宣传的洗礼，朱雪琴的思想觉悟大为提高，她彻底戒绝嗜好，告别过去，迎接新生，为艺术生命和创造力注入新的活力。

匆促说新书

1949年4月20日午夜，人民解放军发起渡江作战，国民党江防被迅速突破，南京、镇江、常州、无锡等城市于4月23日得到解放。受战事影响，在沪宁线城市献艺的说书人纷纷暂避沪滨，沿途混乱拥挤，狼狈不堪。俞筱云、俞筱霞由常州返沪，蜷缩车顶一日一夜，吴子安从武进返沪，刚将夫人抱至车顶，未及转身接儿子，车已开动，儿子及奶妈竟被遗落当地。大量说书艺人聚集上海，顿时形成僧多粥少之势，上海评话弹词研究会不得不开设“大锅饭”，救助避难失业艺人。与他们相比，朱雪琴还算幸运，战事发生前她已从无锡剪书，回到苏州寓所休养，没有受到慌乱奔波之苦。4月底至5月中旬，浙西北、浙西南和杭州相继解放，解放大军迅速控制了浙江战局，等到交通恢复之后，朱雪琴携朱雪吟前往嘉兴、湖州演出。时值新旧政权更替，尽管经济萧条，生活维艰，依然不乏听书遣兴者。据

朱雪琴、唐耿良、吴子安、姚荫梅、杨振言（朱一鹤先生提供）

报载，朱雪琴从嘉兴珊凤下卸湖州西园后，日夜场听众达五百人以上，虽然不及她前年到湖售座至七八百人之多，然而正值伏暑，本是生意清淡之时，有此上座人数，已属各处书场之冠军了。此时，远在上海的说书同道，已置身于革新的浪潮之中。

5月27日，上海解放，上海市军事管制委员会随即开展对旧政权的接收以及城市管理和社会改造工作。说书人作为久经考验的“老江湖”，对新政权最初的态度是谨慎观望。评话艺人张鸿声在解放军入城时，一天未敢出门，第二天忐忑不安地前往得意楼开书，目睹书场营业未受影响，内心才感到安定。大多数艺人和张鸿声一样，很快就恢复了长篇演出，纪律严明的解放军让他们对新社会充满了希望，对新政府的态度也随之改变。解放第二天，在受中国共产党地下组织影响的游艺协会发动下，杨斌奎、赵稼秋等艺人参加大中华大陆电台的迎接解放特别节目，吴宗锡奉命代表组织前去联系艺人，同时带去了歌颂解放的新开篇，擅唱白话开篇的赵稼秋欣然接受，略作练习后就正式播唱。此后，吴宗锡以军管会文艺处干部的身份联系评弹界，通过参加道中茶会接触艺人，物色积极分子，利用他们作为骨干，组织学习，推动说新书。善于察言观色的说书人很快做出反应，象征“官方”的上海市评话弹词研究会于6月4日上午假座三和楼开会，座谈如何接受新思想、修改脚本及会员自肃等问题，大家感到没有新意识不足生存。与此同时，休刊将近三周的《上海书坛》向军管会呈请登记，复刊后转变风格，成为鼓吹评弹革新的舆论阵地。该报以张衡若为代表的一些作者，半年前还热衷于风花雪月、追捧女弹词，此刻已改弦易辙，成为新文艺的排头兵，对传统书大加指责，张衡若更因“苟日新，日日新，又日新，革新文章最前进”，被同文评为“解放八股”。诸如《珍珠塔和方卿》《评弹革命三个阶段》等观点激进的文章，屡屡刊载于头版，为评弹革新摇旗呐喊。

值得一提的是，“评弹”也是在这个阶段被广泛使用并形成的新名词。以往人们对评话、弹词有明确区分，如“弹词皇后”选举只限弹词女艺员，女评话不在其内，“十大说书名家”“书坛皇后”则不限评话弹词。后来有作者为图省事，将评话弹词缩写为“评弹”两字，此现象解放前极少，解放初才大行其道，评话弹词研究会常被简称“评弹会”。就这样，“评弹”成了说书的职业名称，说书人不管评话弹词，一概被当作“评弹艺人”，新评弹、评弹公会、评弹改进协会、评弹团等名词也随之产生。这些称谓大概可以算作革新运动的附属产品，虽然不甚规范，却沿用至今。

常熟评弹艺人欢庆解放游行（常熟评弹艺术馆提供）

为了迎合新时代的使命，评弹会经常和影剧工作者协会联络，并在该会协助下进行脚本修改工作。张鸿声、潘伯英、唐耿良、刘天韵、杨斌奎、杨德麟等前进艺人组成临时筹备会，在极短的时间内创作出《茅家岭之变》《小二黑结婚》《大渡河》《白毛女》《阿Q正传》等5回新书，于6月29日假座维纳司书场举行“革新大会书”，革新大幕由此正式拉开！身处外埠的朱雪琴无缘参与这次会书，但从报纸报道和同道交流中感受到了形势的变化。“秋档”开始，朱雪琴、雪吟重回上海书坛，日夜做六面书场，日场维纳司、汇泉楼、丽都，夜场安乐、湖园、群玉楼，寄寓安乐书场宿舍。阔别上海听众一年，朱雪琴书艺突飞猛进，令人刮目相看，“双朱档”所到之处客满牌高挂，常因人满为患而不得不拉上铁门。1949年11月《评弹人物志》第二期《秋档特辑》，编辑曙天撰写特稿《别创琴调的朱雪琴》，为书迷详细介绍朱雪琴的身世及从艺经历，称赞她勤于读书自修，勇于革新，“她是沉着头去干，不是哗啦哗啦高叫的革命家，她要为书坛革命，而不出一声”。由于各书场争相聘请，自1949年中秋至1952年春，朱雪琴在上海连续演出长达三年之久，奠定了坚不可摧的书坛地位。与此同时，朱雪琴也像大多数同道艺人一样，顺应新形势，融入新社会，无可选择地跟上评弹革新的步伐。

评弹改进协会徽章

1949年10月18日，上海文艺界在大光明戏院发起集会，欢迎出访归来的中国青年文工团到上海汇报演出，范雪君、范雪萍、徐雪月、朱雪琴、朱雪吟、陈红霞、张丽君7人代表评弹界与会，和影剧界、越剧界、沪剧界以及江淮戏艺人交流联谊。这是朱雪琴首次参加新文艺界的社会活动，为了向先进的剧艺界同仁学习，她和范氏姐妹、徐雪月、张丽君5人当即组织学习小组。“一向被人视为散漫而无组织的评弹女艺员，她们已深切地了解不互助不足生存，不团结没有力量。”10月27日，上海市评话弹词研究会妇女协会筹备会成立，朱雪琴当选筹备委员，在会上热烈地发表感言，诉说以前受外界侮辱的种种情形，表达团结反抗的意识和妇女翻身的幸福。妇女协会成立后每周组织一次学习会议，主要学习《工人政治课本》，对劳动与资本的关系、评弹从业员是剥削者还是被剥削者等问题开展讨论。通过学习提高思想觉悟，为说唱新评弹做准备。

妇女组由社交能力最强的范雪君担任主任委员，徐雪月、顾竹君为副主任委员，朱雪琴、徐雪兰、朱慧珍、范雪萍、程红叶为筹备委员。女艺人中思想最积极的是朱慧珍，她参加过革新大会书和劳军义演，与人合说《阿Q正传》《陈圆圆》等新书，在电台播唱《白毛女》新开篇，小组学习也是每次必到。其他成员也各有“新”表现，如范雪萍在解放军进城翌日就在电台播唱前进歌曲《你是灯塔》，范雪君抱病参加劳军义演书戏《小二黑结婚》，徐雪月一到上海就请陆澹庵代编新书。对于编演新书，朱雪琴很有见地，她在接受采访时断言“如果不说新的，旧书必致淘汰！”但是具体行动上，朱雪琴略微有些落后。客观原因是演出繁忙，有时因为学习小组会议很晚，耽误了下午一点档的电台播音，经常让学生代书又担心听众指责，为此对于学习产生顾虑。

朱雪琴在演唱（朱一鹤先生提供）

1949年12月14日，上海市评弹会筹备委员会发布启事，要求农历元旦起在上海书场献艺者一律说唱新书七天，此时已有部分艺人在东方书场或电台进行新书实验。朱雪琴虽然早有编制新书的打算，但囿于自身的文化水平和繁忙的演出业务，新书迟迟没有出笼。启事颁布半个月后，朱雪琴、朱雪吟将以《双复仇》一书飨客的消息才在《新民报》晚刊披露。时隔不久，《上海书坛》刊出各书场阵容，朱雪琴、朱雪吟的参赛新书是《林冲》（受京昆名剧影响，书名也作《林冲夜奔》《野猪林》）。至于是另换新书，还是由《双复仇》更名而来，如今已无从查考，但从中可以看出朱雪琴应付新书竞赛的匆促之态。林冲故事家喻户晓，有强烈的矛盾冲突，容易吸引听众，林冲的武生角色也是她所喜欢和擅长的，选这部书既可体现革命的精神，也能发挥传统书艺。不久前，李少春、袁世海的京剧《野猪林》在天蟾舞台连演66场，红遍了上海滩，朱雪琴曾多次前往观摩，剧中情节、人物也可借鉴。由于大部分新书都是仓促上马，“撞车”现象十分普遍，根据《水浒》改编的新书就有8档，其中以林冲故事为最，除朱雪琴外，还有蒋月泉、王柏荫的《林冲》（因赴香港演出未参加春节新书竞赛），杨仁麟的《野猪林》和曹汉昌的《野猪林》。评弹新书“逼上梁山”的现象看似尴尬，其实不足为奇，个中道理连听众都明白，因为“‘宋官家’的腐败正相同于‘蒋官家’，说《水浒》可揭发过去黑暗，衬托现在的光明。”

1950年2月17日至23日，上海市戏曲改造运动春节演唱竞赛评弹初赛在沧洲、米高美等10多家书场同时进行，10位评委分成甲乙两组赴各书场听书评分。朱雪琴忙于年终会书和家中事务，直至2月14日才返回上海准备春节的演出，学生雪吟又迟迟不返，“年档”日夜6面书场都说新书《林冲》，她只能带着疲劳和焦虑，硬着头皮登台。夷然的《朱雪琴的苦闷》一文，道尽了听客对朱雪琴的怜惜之情：

> 农历新春中评弹艺人们都以新书新姿态与听客们相见于书坛，听客们也热忱的欣赏评弹的新面目，朱雪琴师徒在去岁秋节来沪后，尚得佳誉，因雪琴赋性很聪颖，大家料想她在春节的竞赛时，必将努力一番，而且这样对于她的前途，也是更甦的好机会，她在去冬剪书后直至二十八日方返申，所以始终没有参加过大会书，人们都在惦念她，岂知她正在过极苦闷的日子，因为她的义母朱美英（蓉舫之妇）在苏病重，她返苏后，忙于服侍，而与她拼档的雪吟又卧病嘉兴，她心中的苦闷与忧郁，真是有怀莫宣，元旦日她又不得不强自支持赴各书场开书，雪吟未返沪，把雪霞拼凑，我在东方扶梯间遇见她，憔悴的面庞，颓伤的精神，使我对于她为衣食而奔走天涯的同情心，不禁油然而生，后来在尚德兄房中，见她万分疲倦，坐在椅中，竟似摇摇欲坠，又听她满腔幽怨的几句话，真使我无语以慰。（1950年2月20日《上海书坛》）

雪霞是朱雪琴的第三个艺徒，“年档”原本和师姐朱雪玲拼档，在群玉楼、南园、龙泉弹唱《珍珠塔》。朱雪玲毕竟也是初出茅庐，放了几天单档非常吃力，向先生提出恢复双档。因此从21日起，朱雪琴只能独放单档，东方日场和西园日场送客“借”陈红霞临时拼档，以解燃眉之急。虽然如此窘迫，朱雪琴仍然坚持说唱新书，而且十分卖力，唯一不足是书中篇子来不及背熟，只能“摊铺盖”，边唱边看，听众知道她的处境，并不见怪。著名书评作者横云对几档《野猪林》新书是这样评价的：“将水浒传林冲故事改编为弹词的，我在收音机畔，听到杨仁麟弹唱野猪林，是跑马表书（言其太快也），在东方听朱雪琴说此新书，虽唱篇子时，要看铺在桌上的底稿，居然也能应付裕如，又在汇泉楼听曹汉昌说野猪林，更显生疏。”比赛结束后三天，评委组宣布结果，杨震新的《李闯王》、刘天韵谢毓菁的《小二黑结婚》、徐雪月师徒的《九件衣》和顾韵笙顾竹君的《传家宝》4档荣获优胜奖并入围总决赛。最终，杨震新的评话《李闯王》获最高奖项“荣誉奖”，刘天韵获“个人荣誉奖”。

1950年春节新书竞赛是解放后首次由官方组织的评比，不管是评判标准还是评比模式，都与一年前的三场社会选举迥然不同，评比结果当然也不能完全符合民意。从《上海书坛》刊载的相关文章中，我们可以了解一二。身为春节竞赛宣传委员的张鸿声，公开发表了他对评奖员资格的看法：“文艺处诸位当然及格，就是沪剧筱文滨同志，他是不喜欢听书的，恐怕敷衍而已。最理想沪剧界还是施春轩，听客兼写稿者凤兮和刘子万。”听众朱望认为由评奖员分赴书场听书评分的方式过于草率，单凭一回书的表现来评价说书人的艺术、思想，含有“碰额角头”的侥幸色彩。获优胜奖的新书中，评奖员李隆基的作品占了一半，听众苇窗直言不讳地说：“若当初之《新桃花扇》亦参赛，不知将如何结果？”（该书亦为李隆基编写，曾由薛筱卿、郭彬卿在电台试唱过，薛郭另以《木兰从军》参加新书竞赛。）听众凤兮认为杨振雄的《武松》、姚荫梅的《金素娟》、朱雪琴的《野猪林》从艺术角度也可名列前茅，但“评判员与听客的目光当然不同，评判员是具有伟大的目标，他们是根据

朱雪琴、陈红霞演出照（上海评弹团提供）

老解放区的已得到光明为前提，我们听客呢，是专注重于书艺的”。从评分标准来看，评委确实是着重考虑政治的，三项评分因素中，政治立场与思想水平50分，艺术和演出两项合计50分。评奖委员之一著名学者赵景深在写给张健帆（即横云阁主、横云）的信中，就有关舆论作了解释，他坦言“正如刘子万所说，杨震新一半是为了思想前进而得奖的”，杨振雄、姚荫梅、朱雪琴、严雪亭、杨斌奎杨振言等5档“在艺术上几乎无可批评，朱雪琴似乎比较缺少些沉着、沉痛以及严肃，总之，大约都还缺少力量以及与当前政治的密切配合”。尽管赵景深强调以个人通信的方式和张健帆谈谈，以个人的立场解释一下，但是这封信很快以《新评弹评奖的私见》为题在《上海书坛》全文刊登，这也可以看作是代表评奖委员会做出的回应。

七天新评弹，时间虽短，影响深远。正如听客周所说的那样，“这次的七天新评弹，实在是评弹界在文艺处领导下的‘集体创作’，它开始‘蜕变’，从旧的躯壳中‘蜕变’出一个新生来”。伴随着新书竞赛的成功，评弹界“改书改人改制”运动的大幕也徐徐拉开。

迎接新人生

朱雪琴的人生初期是在苦难和动荡中度过的，从男女拼档的抗争到日伪汉奸的滋扰，屈辱与不安常伴随她的演艺生活。解放后生活环境变得安定，艺人地位日益提高，在旧社会遭受排挤和欺辱的女艺人彻底翻身，在评弹组织和社会活动中发挥的作用也越来越突出。这一切，让朱雪琴感受到了从未有过的尊严，新社会带来的光明与希望，为她开启了新的人生。

解放初期，上海拥有大量的书场和私营电台，集中了数以百计的名家响档，理所当然成为评弹革新的核心地区。解放才一个多月，就有思想前进的听众指出说书人“不懂得真正的团结，以至于评弹艺术不会进步，永远截留在旧阶段上”。呼吁“重新建立一个新评弹研究会，每星期至少一次的讨论会，检讨书艺及思想行为等”。时隔不久，评弹会在文艺处指导下成立筹备改选委员会，作为知名度较高的女艺人，朱雪琴和范雪君、徐雪月也被推选为筹备委员，参与改组筹备工作。1949年12月8日，评弹研究会先改名为上海市评话弹词联合会，1950年1月23日改组成立上海市评话弹词公会（同年8月15日改称上海市评弹改进协会），成为文艺处剧艺室指导下的新组织。成立大会在文艺处举行，这一天全市书场全部暂停，165名会员除少数因病因事缺席外，到会者150余人，当场投票开票，选出执行委员、监察委员及候补委员24人，杨斌奎担任主任委员，韩士良、严雪亭为副主任委员。文艺处剧艺室刘厚生、英郁、洪荒、吴宗锡到场致辞，鼓励会员团结，希望赶快编说新书、为工农兵服务和宣传推销胜利折实公债。如此盛大的集会，在朱雪琴生命中是第一次，让她感受到集体和组织的重要，明确了艺人的责任和努力的方向。

上海市评弹公会成立大会，前排右一朱雪琴（彭本乐先生提供）

为了庆祝评弹会的团结和新生，盛大的群众游行早已紧锣密鼓地开始筹划。会前的十多天，评弹会组建起了一支大乐队，朱雪琴是响应倡议，首批报名的队员。乐队利用每天上午的空闲，集中在沧洲书场进行排练，听众纷纷前去参观，据云第一天鼓声、笛声比较杂乱，其中唯有朱雪琴最聪明，没几分钟就能很有规律地敲打军鼓。成立大会结束后，全体会员在文艺处礼堂门口合影留念，然后排队出发游行。走在队伍前列的会员高举国旗、评弹公会大冲锋旗、成立大会横幅以及各团体赠送的“团结一致”“文化之光”“为善最乐”等锦旗，在评弹会乐队旗的引导下，身穿列宁装的乐队成员紧随其后，杨德麟指挥打军鼓，周云瑞指挥吹军笛，杨振言、周孝秋轮流打大铜鼓，朱雪琴、黄静芬、陈红霞、徐雪芳、祝逸伯、苏毓荫、钟士英、朱君康打小鼓，刘天韵、张鉴国、徐天翔、范雪萍、朱慧珍、徐雪兰、顾竹君等手执军笛，吹奏《东方红》。全体会员浩浩荡荡，经同孚路、静安寺路、西藏路、霞飞路，直达会所而散，沿途观者极多，甚至有书迷包了三轮车尾随而行，途经各书场不约而同燃放爆竹以示庆祝。轰轰烈烈的大游行，不仅向社会宣告评弹会的新生，也让大家看到说书艺人的新面貌。

评弹公会虽然仍由艺人组成领导机构，但是其工作直接受文艺处剧艺室的指导，性质和原来的评弹研究会有着本质不同，它的成立意味着政府对评弹组织的改造取得初步成功。紧接着，为期七天的春节新书竞赛热闹开场，活动旨在奖掖思想前进的艺人，提倡配合当前政治的新书。这次竞赛中，徐雪月、顾竹君荣获一等奖，朱慧珍获得二等奖，书艺得到普遍好评的朱雪琴却名落孙山。为了紧跟时代的步伐，为了追赶先进的姐妹，朱雪琴首先在加强思想和文化学习上做出努力。七天新书竞赛后，各书场恢复老书，朱雪琴一边说着《珍珠塔》，一边继续“说新”的尝试。1950年3月8日是新中国第一个妇女节，朱雪琴在安乐书场加唱自编的《三八妇女节》开篇，博得听众称赞。5月28日，各剧种艺人举行庆祝上海解放周年联合播音大会串，她自编自唱的《劳动生产开篇》通过电波送入千家万户。

6月5日至24日，由上海市军管会文艺处和上海总工会影剧业工会联合主办的第一届上海市戏曲界职工干部学习班在沧洲书场举行，主要任务是学习改革戏院剧团制度问题，并作思想上之准备。学习班规模很大，来自各界的学员有400余人，评弹组由严雪亭任组长，谢毓菁为副组长，学员有姚荫梅、沈笑梅、杨斌奎、杨振言、顾月和、钱雪鸿、汪诚康、徐绿霞、薛筱卿、葛佩芳、王振飞以及书场职工刘士敏、龚鼎盛等10余人。按照文艺处的要求，学习干部在结业后要继续加强学习，并担负起推动一般道中共同参加学习的责任，评弹组决定在沧洲书场继续开展小组学习。朱雪琴、朱雪吟、徐雪月、程红叶、陈红霞、严祥伯、杨振雄等积极响应，加入沧洲书场学习小组，自7月1日开始每周三、六上午学习。除学习《社会发展史提纲》《中国通史》等课本以及新颁布的土地改革法令外，他们也积极投身时事宣传。7月5日出席戏曲改进协会组织的保卫和平签名活动，6日晚假座亚美麟记电台进行播音宣传，朱雪琴、朱雪吟等20多位艺人接受各界点播，高唱保卫和平开篇，以实际行动推动保卫和平签名运动的深入开展。

1951年苏州市第一届评弹艺人讲习班纪念章

此时，一场全国性的戏曲改革运动已如火如荼地展开，各地政府文化部门组织的民间艺人学习班相继举行。上海市文化局于7月筹划举办第二届戏曲研究班，评弹界由潘伯英、刘天韵、谢毓菁、张鸿声、姚荫梅等带头推动，朱雪琴、朱雪吟等四五十人自愿报名。8月1日，各路明星艺人参加入学考试，引得记者蜂拥而至，评弹艺人着装的变化成为关注焦点之一。朱雪琴师徒着花绸衬衫和短裙应考，显得大方利落，和身穿香港衫或人民装的男艺人一样引人注目，记者称赞“值得其他评弹艺人仿效”。8月8日开始，研究班在中国大戏院开课，录取的1 200余名学员分成编导系和表演系，共14个中队。评弹界潘伯英、姚荫梅、陈灵犀、平襟亚、谢毓菁等参加编导系学习，其余皆为表演系学员，和新乐府昆剧及苏剧卷词研究会同为第9中队，杨斌奎任中队长，严雪亭任副中队长。评弹为第9中队第2分队，曹汉昌任分队长，下设6个小组，朱雪琴、黄兆熊、曹啸君、周逸鸣、尤啸伯、尤惠秋分别担任小组长。研究班为期6周，每周一至周六上午上课，通过报告、讨论、观看革命电影等形式进行新民主主义和新人生观教育，传达文代会精神，了解戏改方针和任务。研究班时间长，课务多，其间常有学员因事因病缺课，甚至因旷课较多而退学，评弹小组也从6个调整为4个，朱雪琴继续担任小组长。

朱雪琴佩戴上海评弹改进协会徽章的照片（朱一鹤先生提供）

参加研究班的女艺人除朱雪琴、朱雪吟、朱雪霞师徒以外，仅有朱慧珍、黄静芬、马宛琴、陈红霞等，许多著名的女弹词均告缺席，引起同道和听众的关注。范雪君、顾竹君已因嫁人而萌生退意，似无可厚非，而徐雪月仍在上海演出，且是评弹界出席上海市妇代会的代表，却未参加研究班，令同道诧异，“据她说没有空闲，徒弟陈红霞却已加入”。对于同样忙碌的朱雪琴来说，要兼顾演出和学习，确是一件相当不容易的事。根据有关资料，我们整理出她当时的作息情况：上午9时至12时研究班上课，下午1时至5时赶4场演出，依次是龙泉书场头档，大沪书场第二档，得意楼中场头档，沧洲书场第四档送客，晚8点开始夜场，先至汇泉楼说头档，再到玉茗楼送客，然后赴大沪电台空中书场播音。日复一日，除了吃饭、睡觉，几乎没有喘息的机会，走红背后是不堪重负的辛劳。即便星期天不上课，朱雪琴也没能闲着，先后三次参加星期早场会书，为援助失业同道尽一份心。9月21日，第二届戏曲研究班结业典礼在共舞台举行，大会表彰的280名模范中，评弹界女艺人“全军覆没”，18名男艺人获评模范分队长、模范组长、模范学员。由于缺课较多，朱雪琴没能评上模范组长，但这并不妨碍她在思想上取得的进步。对戏曲改革政策的深入学习和了解，促使她重新审视自我，从而告别旧我，走向新我。

此时，仍有一只凶猛的“拦路虎”阻挡着朱雪琴前进的道路。这只“拦路虎”乃是她未曾戒绝的嗜好。所谓“嗜好”，是过去艺人对吸食毒品

朱雪琴与钱家班姐妹蒋云仙、侯莉君在一起（朱一鹤先生提供）

的隐晦说法。民国政府虽然屡次禁毒，但始终收效甚微，染有毒瘾的艺人如过江之鲫，深陷烟毒潦倒堕落者不胜枚举。日伪时期朱雪琴惨遭囚禁，为麻痹自己而吸食鸦片，毒瘾很深，以致复出时潦倒不堪。有听众忆及“虞城沦陷期内，雪琴亦曾来常鬻艺，彼时嗜好正深，入不敷出，故每有堂会，异常迁就，如与听客谈得投机，一说就是通宵，故当时有‘通宵堂会’之称”。“后为彼时之普余社长钱景章所援，代为将嗜好戒除，脱离苦难，重登彼岸，再理冰弦，居然风头不弱当年，景章之功，实不可忘。”根据老艺人程若仙的回忆，先生钱景章曾告诉她“你的艺名原来是朱雪琴的”。据此推测，朱雪琴或者因此为“钱家班”演出过一段时间。当她走红书坛之时，有好事者给她取了个“棒冰美人”的绰号，以此影射她有过毒瘾。可惜朱雪琴并未以此为戒，一旦业务繁忙精神不济时，她又偷偷地吸上了。

世上没有不透风的墙，1949年春节“双朱档”在常熟演出，朱雪琴旧病复作的传闻就被《常熟晚报》披露。不久后，《上海书坛》亦有批评之声，“近传伊人又与白面书生结不解缘，如已戒而再犯，第二次再用棒冰，势将身败名裂不堪收拾”。对于复吸导致的严重后果，朱雪琴十分清楚，但是面对应接不暇的演出和巨大的经济诱惑，她不惜饮鸩止渴。时隔60

多年，朱雪玲对此往事仍记忆犹新：

朱雪玲（朱一鹤先生提供）

> 跟先生到无锡，才知道先生吃白粉。一直关着门，不让我们进去，我们就疑惑，在门缝里张望，到底是什么事要瞒着？后来时间一长，索性就不避我们了，还让我们帮忙剪纸条、点火。不吃衷气不够，唱不动。先生说她本来不抽鸦片，因为养父母朱蓉舫、朱美英都抽，慢慢地自己也抽上了。后来翻了上手，体力不支，不吃不行，抽鸦片不管用，开始吃白粉。我们也很同情她，唱不动又不行，没办法。

1950年10月7日，一代评话大家杨莲青跳楼身亡，他的惨死引发大家对“嗜好”的热议。杨莲青以《狸猫换太子》一书扬名，红遍江浙沪数十年，但生活不加节制，长期沉溺烟霞，最终一蹶不振，身后之事全赖同道捐助。大家在缅怀这位大响档的同时，都认为是毒嗜害了他，连张鸿声都疾呼“现在仍在以粉代饭的道中们，亦可借镜一下”。作为旁观者，我们无法想象朱雪琴当时的心态，但杨莲青之死一定对她有所触动。其后的半年时间，土地改革运动、抗美援朝运动和镇压反革命运动在全国范围不断深入推进，在参与时事学习、宣传的同时，朱雪琴的内心受到不断的冲击和洗礼。当时的政治形势终于迫使她痛下决心，从1951年4月开始逐渐戒除嗜好，长篇演出暂由养父朱蓉舫代书。为了调剂精神，朱雪琴常去联社票房向吕振原学习大套琵琶，偶尔参加新评弹会书。5月下旬开始，批判《武训传》的浪潮席卷全国，文艺界整风的前奏吹响，在上级组织的部署下，评弹界也迅速开展批评与自我批评。7月25日，朱雪琴在评弹妇女组大会上作公开检讨，坦白自己的一切错误，表明改过从新的态度。为了表明决心，同时警示他人，她坦率地将检讨全文寄给《上海书坛》发表。

昨天（25日）我们评弹女艺人在沧洲书场举行妇女组大会，讨论关于评弹女艺人的一切问题，大家展开了批评与自我批评，我在会议上也作了一次自我检讨，坦白了我自己过去一切错误，现在我把昨天所讲的话寄给贵报，希望能予以披露，一方面是教育了我自己，而同时也帮助了与我犯同样错误的艺人同志。

我是一个深中了旧社会毒素，犯过恶嗜的女艺人，在解放前，我根本没有认识到艺人对社会教育是负着绝对重要的任务，我只知道说书是为了要混饭吃，尤其是我们女档，到处要比男档占便宜，接起场子来也比男档容易，因此我从未为自己的前途着想过，从来不以为我犯的嗜好是错误的，我只认为每天把做下来的钱来满足我个人的要求是合理的。什么是社会教育？什么是政治认识？什么是艺人修养？一切我都不了解，解放之后，由于不断地参加了学习，把我认识已逐渐地提高起来，我知道吾们艺人是负着社会教育的重大使命的，必须要以身作则的来做人民的导师，翻了身的妇女，尤其是我们负着社会教育的女艺人，应该珍重自己的地位，应该不断地学习，去提高政治认识，搞好自己的业务，钻研自己的艺术，才能接近广大的人民群众。我决心要把过去的污渍洗清，我决心要建立我新的人生观，我决心要做一个为人民服务的艺人，因此第一步我就下了决心，戒除嗜好，在今年的四月份开始，我就逐渐的断绝，把所接的书场暂时停唱，进行着有计划，有步骤的去戒除，当我在休养治疗中，得到一个屈姓的朋友，他帮助我解决了不少的困难问题，这是我无上感激的，经过了两个多月的治疗，总算给我把嗜好割绝，业务方面，自夏档起，我接了五六家场子和电台，因为由于我身体太弱，所以场子一多，就会觉得精神不支，而我的朋友屈君时常是诚恳地劝我少接场子，以保养身体为原则，但是我为了生活问题，又不能不这样做，同时场东方面的情面难却，当时间我也明白，我的身体以及戒除后的精神，一定不会太好的，我为了不使重蹈覆辙，我就请我的朋友来督促我，来监视我，是的！我承认我这样做，或许还是我不信任我自己，但是经验告诉人们，有过嗜好的人都会有这种想象的，这是我自己的苦衷，因此这样一来，外边便有很多无谓的流言，说我私生活怎样腐化等种种歪曲的事实了。

所以我今天一定要向妇女组坦白的声明，我自己绝对承认过去的错误，但是我决不会再使我已由鬼变了人，再由人变为鬼，我现在只有以虚心学习，努力搞好自己的业务，提高自己的政治水平，来洗清我过去的缺点，希望妇女组各位同志，能时常的指导我，给我思想上的帮助，这是我一个热诚的要求。(1951年7月28日《上海书坛》250期：朱雪琴《在评弹妇女组大会上检讨了我以往的错误》)

戒绝嗜好，朱雪琴彻底告别过去，走向新生。

义务唱会书

会书是光裕社的旧例，通常只在岁末举行，以此筹集公用经费。会书唯一宗旨是热闹精彩，艺人务须穷思极想，选择拿手噱书，尽展所长，若稍有不逮，听众就会高呼“倒面汤”“绞手巾”，轰其下台。会书的意义还在于它是一个重要的交流平台，对于同道之间的观摩学习、切磋竞争，对于青年艺人的脱颖而出，对于场东选聘艺人洽谈业务，都有积极的作用。除了年终会书，有时为了赈灾募款，也会举办特别会书。

解放后，评弹艺人的政治待遇和社会地位显著提高，社会责任感明显增强，满怀热情地参加社会公益活动。据不完全统计，1949年末至1951年末，上海评弹界举行义演义播42次，捐献会书、书戏100多场。这个时期朱雪琴一直居留上海，除正常的长篇演出之外，各类公益演出中总能看见她的身影。

1949年12月29日，评弹会筹备委员在三和楼开会，商讨大会成立事宜及其他紧要会务，为发扬团结互助精神，救济同道孤儿寡妇，决定于1月8日下午在米高美书场举办特别大会书。会书排定大小书七档，男女名艺人36位，阵容空前强大，打破书坛纪录，体现了评弹会的力量。第一档，顾韵笙、徐雪兰、徐雪芳、徐天翔、程红叶的对白开篇《出猎回猎》；

朱雪琴、薛惠君演出照(上海评弹团提供)

第二档，杨斌奎、杨振雄、杨振言、杨仁麟、杨德麟合说《新渔家乐·连报三喜》；第三档，朱雪琴和薛筱卿、郭彬卿、周云瑞、陈希安合作《珍珠塔·四美调笑》；第四档，沈笑梅、潘伯英、张鸿声、唐耿良、顾宏伯联合开讲《鲁智深拳打镇关西》；第五档，姚荫梅、刘天韵、谢毓菁、顾竹君、徐雪月合说《小二黑结婚》中的“开香堂”；第六档，朱慧珍、张鉴庭、张鉴国、蒋月泉、王柏荫弹唱《野猪林》中“东岳庙进香”一段；送客档，李伯康、严雪亭、范雪君、范雪萍、徐云志、徐绿霞合作《杨乃武·开棺相验》。会书之日恰逢星期天，米高美700多座位早已抢售一空，无数书迷望场兴叹，只能收听大中国大同电台的转播。著名书坛作者横云亲聆盛况，在《上海书坛》发表会书花絮，对七档书各有简评，第三档评语为“朱雪琴俨如新嫁娘”，是日“朱雪琴

朱雪琴和陈希安演出照(上海评弹团提供)

穿着红丝绒旗袍登台，坐在中间，配着薛郭周陈，一律都穿蓝袍，可称万绿丛中一点红，她去珍珠塔中的慧婢采苹，跟随方太太到毕府，要看新嫁娘毕小姐，其实她被拼档的男同道说笑话，她那种打扮，倒好像新嫁娘了”。

由于米高美会书收入尚嫌不足，评弹会于1月22日再次发起济助孤寡义务播音，在东方华美电台举行全天空中书会。朱雪琴仍与薛郭周陈拼五个档，头档登场说《内堂报喜》一回，“雪琴因参加乐队打鼓，穿新制的列宁装上电台，去书中婢女秋珠，筱卿和云瑞先后分起陈夫人，各唱马调篇子，都有韵味，彬卿和希安去二讨赏的书童，滑稽突梯，语妙天下，彬卿大谈上下手问题，向雪琴调侃，令人失笑”。义播自中午12时起至午夜12时止，共有十三四档节目，精彩异常，所有广告费收入均移充救助经费。

1950年春，外埠书场营业欠佳，尤其偏僻之处更差，许多年老艺弱

刘天韵、徐雪月等和流动诊疗所医疗人员在沧洲书场门前设摊服务

的艺人铩羽而归。上海四郊乡镇的小书场，亦因房屋年久失修和缺乏消防卫生设备而暂停营业，最苦的会员失业半年之久，每天仅赚一两千元或三四千元（1955年发行的第二套人民币，1元相当于旧币10 000元）的，也不在少数。当时上海普通书场的票价为1 000—3 000元，像仙乐、米高美等高档书场则在四千以上，清寒道中生活之困难可想而知。为了解决他们的燃眉之急，经评弹公会多次开会商讨，采纳严雪亭的提议，决定开辟周日早场会书，为失业会员增加演出机会。7月30日早晨，首期早场会书分别在东方、安乐、西园书场举行，每场排定五档书，二响档和三稳档联合演出，响档参加纯属义务，目的是吸引听众。初次会书成绩十分理想，安乐书场因有再度合作的沈薛档首次亮相而爆满，其他书场卖座也相当不错，每档艺人可得25 800元。11月初，因太湖流域农村丰收，乡镇书场营业好转，失业艺人陆续应聘离沪，救济告一段落。星期早场会书历时三个月，共举办十几期，朱雪琴在政治学习和长篇演出之余，积极参加4期演出，携雪吟、雪玲、雪霞诸徒，一起为救济失业同道作义务奉献。

评弹会改组后学习、会议频繁，会务支出增加，虽有会员按月缴纳会费，经费方面仍然非常紧张。为此，协会时常组织义务会书以筹募福利基金，推进会务开展。朱雪琴师徒是会书常客，备受听众欢迎。5月21日，义务大会书在丽都书场举行，共六档节目，周玉泉、徐云志、沈笑梅、韩士良、蒋月泉、张鉴庭等20余位名家响档登台，票价对号10 000元、普通8 000元。朱雪琴、朱雪吟和薛筱卿、郭彬卿排在末二档，合说《痛责》，这是一回唱功书，薛筱卿的“薛调”韵味深长，博得满场掌声，朱雪琴师徒的“琴调”和急管繁弦的伴奏，也各有掌

朱雪琴和石文磊演出照（上海评弹团提供）

声。整场会书除去场方开支和捐税，净得福利基金330万元。9月25日，沧洲书场日场举行筹募福利基金大会书，朱雪琴、雪吟与凌文君、徐翰舫合作，说《双金锭》中“戚子卿索银”，是日以凌、徐为主，双朱仅难得搭上几句。10月15日早场，大会书在沧洲再次举行，朱雪琴和沈薛合说《小夫妻相会》，“雪琴坐在居中，当去陈翠娥唱叠句马调，翻花腔琴调时，坐在上首的俭安操三弦点头播脑，笑容可掬，大为得意，被坐在下手的筱卿调侃，这一档书，自始至终，常常博得座上听客，笑声掌声”。

每当同胞受灾或兄弟剧艺界遭遇困难时，朱雪琴和评弹界同仁都会及时伸出援手，通过义务会书筹募善款，帮助他们渡过难关。1949年10月，宁波旅沪同乡会家乡惨遭轰炸善后救济委员会发起募捐，朱雪琴、朱雪吟等50多位评弹艺人在亚美麟记电台举行义播。1950年初，影剧工会筹备会书场组工作委员会筹备成立，评弹公会在维纳司书场举办特别大会书，为他们筹募福利基金，朱雪琴、杨仁麟、姚荫梅和张鸿声、潘伯英合作，合说姚的《啼笑因缘》，评话弹词男女花色档，热闹异常，笑料百出。这年夏天，皖北、苏北、河南、河北遭受严重洪灾，入冬后迫切需要御寒衣物，中国人民救济总会在全国发起劝募寒衣运动，评弹界于11月2日在大沪电台举行全天劝募义播，并由人民电台进行转播，朱雪琴等64位艺人轮流播音14小时，募得现款3 150万元及寒衣鞋袜等物10 000余件。12日，在维也纳书场再次举行劝募寒衣早场特别会书，朱雪琴与沈薛周陈合说《珍珠塔》一回，会书阵容坚强，竟有黄牛将票价炒至5万元，经艺人、书场和职工三方努力，共得善款1 000余万元。听众

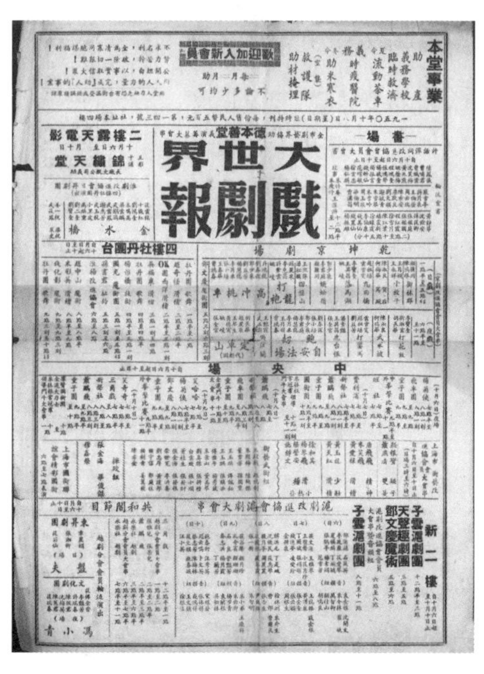
大世界戲劇報

本堂事業

歡迎加入新會員

書場

二樓天露電影

四樓牡丹園台

乾坤京劇場

中央場

共和閣節目

滬劇改進協會大會串

新二樓

朱雪琴、朱雪吟参加全市剧艺界协助德本善堂义演筹募大会串节目单

在欣赏艺术的同时，对评弹界的互助精神大加赞赏和鼓励，“我们认为，劝募寒衣工作是一个光荣任务，我们应该胜利完成它，使皖北灾胞一个个能有寒衣穿，不挨冻，这就显出了我们的力量，显出了我们的团结！评弹艺人们在这件工作上已经下了很大的力，有了显著的成绩，我们这里热烈地期待着各位再加一把劲，这个任务完成得更快，更好！”1951年4月8日，评弹妇女组为剧影托儿所筹募经费，在米高美举行义务会书，特邀莅沪的小黑姑娘剧团联合演出，朱雪琴两次登台，先参加十人大合唱《抗美援朝保家邦》，最后一回送客书，由朱雪琴和黄静芬、何剑芳、朱雪吟、杜剑华合说《祥林嫂》中“逼嫁”一回，朱雪琴去祥林嫂，黄静芬去恶婆婆，还在唱篇中效学“琴调”，使听众在笑声中获得反封建的教育。

翻阅当年的报刊资料，可以发现评弹界的慈善义播义演十分频繁，朱雪琴总是义不容辞地参加，先后多次为德本善堂、普善山庄、中国红十字会常州分会武进巡回防疫医疗队、上海市流动诊疗车等慈善机构筹集经费。因为经常在电台参加义务播音，朱雪琴成为广播界知名的弹词艺人，1951年4月出版的《广播群像》刊有朱雪琴、朱雪吟的播音照片。该书刊印宣传的评弹工作者中，女艺人只有她们师徒和黄静芬、徐雪月、钱美仙、钱丽仙等人。

为了错开下午和晚上的长篇演出，义播义演都是见缝插针进行，或早场会书，或夜场结束后深夜播音，这无疑大大牵制了她的精力，但是作为一个响档艺人，她对这份责任和义务始终尽心尽力。同时，义务会书也提供了更多的合作机会和学习机会，有助于取长补短，丰富提高书艺，扩大知名度和影响力。

爱国大宣传

文章合为时而著，歌诗合为事而作。义务会书是发扬团结精神、承担社会责任，时事宣传则是政治觉悟和爱国情绪的体现。朱雪琴和绝大多数艺人那样，对解放自己的新政府充满感激，对新中国充满热爱，这种情感极大地激发了她参与爱国宣传的热情。

为庆祝上海解放一周年，广播界和各剧种艺人在亚美麟记电台举行联合播音大会串，在一个半小时的评弹播音中，朱雪琴参加三个节目的演出。除了集体轮唱《庆祝开篇》，朱雪琴又单独弹唱自编的《劳动生产开篇》，由雪吟琵琶伴奏。最后集体合演姚荫梅编导的书戏《金素娟》，朱雪琴去一泼妇，严雪亭反串具有正义感的二姨太，两人的对手戏噱头奇多，相当精彩。为了表达对解放上海的三野部队的敬意，评弹协会特别敬献"向你们致敬"锦旗。

1950年10月1日，细雨迷蒙中的上海迎来了中华人民共和国首个国庆。凌晨2点多，彻夜未眠的朱雪琴早早来到会所，与络绎而来的道中会合，几小时之后，他们将参加盛大的国庆游行，每个人的脸上都洋溢着激动和喜悦的神情。3点半，70多位评弹艺人列队前往逸园，这里是剧艺界集合地点，闻讯而来的书迷纷纷挤到西面看台，争睹评弹名家的风采。你看，严雪亭、张鸿声、蒋月泉、张鉴庭高举大红旗，周云瑞、黄静芬手执指挥棒，石阶最高处朱雪琴、钱醉仙席地而歇，"米老鼠"啃着苹果，东看西看，真是名副其实……10点整进入跑马厅接受首长检阅，队伍步伐整齐，乐队鼓笛齐鸣，展示了经过改造后的评弹工作者形象。随着廿门礼炮齐放，数百只和平鸽飞向蓝天，驻沪人民解放军陆海空部队及各界人民70万人大游行开始。评弹协会属于南区游行的文联剧影工会第二大队，刘天韵担任分队长，副分队长为米高美职工林在功，游行队伍自龙门路出发至延安中路，再由大世界向南至西藏南路，到复兴中路向西直达贝当路，至下午2时左右散队。这一天，到处是红旗的海洋、欢腾的群众和雄壮的口号，朱雪琴无数次被人民的力量所震撼，游行归来仍激动不已，虽然肩膀酸了，腿脚痛了，但整个人沉浸在光荣与自豪之中。这股振奋人心的力量，在一系列爱国宣传运动中迅速转化为积极的行动。

10月8日，中国应朝鲜政府的请求，同时出于国家安全的考虑，毅然作出"抗美援朝、保家卫国"的战略决策，迅速组成中国人民志愿军入朝参战。10月26日，即志愿军打响抗美援朝第一仗的次日，中共中央发出《关于在全国进行时事宣传的指示》，中国人民保卫世界和平反对美国侵略委员会（简称抗美援朝总会）同日在北京成立，一场声势浩大的全国人

抗美援朝新书新戏评弹界公演纪念章

民抗美援朝运动由此展开。11月2日，上海市委宣传部发出《关于开展时事宣传的指示》，随后，戏曲改进协会召开座谈会，号召戏曲工作者加紧时事学习和宣传。评弹改进协会于15日召开全体会员大会，商讨时事学习和宣传事宜，随即成立的戏曲界时事宣传委员会评弹组分会，迅速推动时事学习，激发爱国热情，在书坛掀起了编唱抗美援朝时事节目的热潮。

侵略频频可恨他，兴风作浪总由他，举世咸知他罪大，穷凶极恶莫如他。(你要) 认清他，看透他，他的宣传不信他；(你要) 鄙视他，仇视他，视为死敌斗争他。花旗东西不买他，好莱坞电影不看他，美国之音他放屁，大家立誓不听他。(总之是) 全心全力反抗他，反帝援朝遏住他，保国卫家打倒他；我们有理不怕他，不怕他来不怕他！

这是《新民晚报》刊登的一首弹词开篇，因为“旧弹词流行最广之唱篇中，有《七十二个他》一阕，以马调唱之，最受职众欢迎”。作者仿照其体例，编成《反美帝廿个他》，供弹词艺人宣传播音之用。开篇见报后，朱雪琴率先以“琴调”谱唱，一天后即在东方华美电台播出，经《新民晚报》预告，引起读者听众争听。略带口号式的唱词，经朱雪琴巧妙的弹唱，顿时成为铿锵激越的呐喊，在听众中引起强烈共鸣，获得普遍赞誉。

朱雪琴、高美玲演出书戏《众星拱月》(姚勇先生提供)

听众的勉励使朱雪琴信心倍增，她结合时事学习内容，自己动手编写《抗美援朝卫国保家》及《援朝志愿军七勇士》两个新开篇，在东方华美电台播唱受到欢迎。可惜的是这些开篇并未发表，没能流传下来。

随着运动的深入，各地评弹艺人在文联组织下踊跃举办会书和捐献活动。12月3日和10日上午，无锡、常州两地的抗美援朝大会书相继举行，上海评弹界抗美援朝大公演也于6日开始积极筹划。为了突出时事性，增强宣传效果，他们积极联系陈灵犀、平襟亚、周行等新评弹作者，编导六个全新节目组成大公演，于12月23日开始献演于卡尔登大戏院。

节目一，根据周行方言诗《啥人，啥人是伲格敌人！》编导的朗诵。15位男女艺人身穿人民装，整齐地站立台上，曹汉昌、沈笑梅、汪雄飞、葛佩芳分别担任主诵，汪诚康、唐骏骐、王振飞、严祥伯、平雄飞、徐雪梅、华帼英、朱雪吟、花蝶敏、朱雪玲、朱雪霞等齐声答诵，用苏白朗诵虽是初试，但很雄壮，斩钉截铁的声音令人动容。

节目二，平襟亚编写的活报式弹词《翟万里》。讲述大学生受美国西部片毒素影响抢劫入狱的故事，已由蒋月泉、王柏荫在大沪电台连续播音，会书时将情节浓缩至一回，杨斌奎、杨振雄、谢毓菁、唐耿良合说。

节目三，周行编写的短篇弹词《玻璃丝袜》。以反映美方经济侵略为主题，朱耀祥、徐雪月、杨仁麟、秦纪文、严雪亭合说。

节目四，弹词交响大合唱《抗美援朝保家邦》。开篇由陈灵犀编写，周云瑞和杨德麟以马调为主要旋律创作新腔，由薛筱卿、冯筱庆、杨德麟、华伯明、王柏荫、席云霞、何云芳、陈希安和朱雪琴、汪菊韵、陈红霞、钱醉仙、徐雪花、钱丽仙、何剑芳、王琴珠等八男八女合唱，字句清晰，慷慨激昂。这个节目开创了弹词大合唱的先河。

节目五，化妆书戏《群魔末日》。源于轰动苏锡反侵略会书的短篇弹词《群魔会》，由姚声江等改编为书戏，莫凯导演，表现帝国主义日暮途穷的窘态。凌文君、朱介人、张鸿声、姚声江、杨震新、唐耿良分饰蒋介石、宋美龄、麦克阿瑟、吉田、李承晚、仆欧等角，最后由杨德麟带领众艺人代表民主阵营，合唱《团结就是力量》，将群魔包围，拉开龙门旗“人民团结，世界和平”，高呼口号落幕。

节目六，化妆书戏《三雄惩美记》。讲述三轮车工友痛殴美国水手的故事。这是周行创作的短篇弹词，曾发表于《文汇报》，由蒋月泉等人参加剧艺界时事宣传播音，收到良好的效果。书戏分三幕，由刘亚伟导演，张鉴国、黄静芬饰男女阿飞，蒋月泉、杨振言饰美国水手，张鉴庭、姚荫梅、刘天韵饰三轮车工友。

整台公演节目新颖，既显艺术性，又有教育意义，在上海剧艺界起到了示范作用。23日举行的首场公演，专门邀请文联、戏改处及各剧种观摩，引起其他剧种重视，中艺沪剧团团长邵滨孙及全体团员喊出"向评弹界看齐"的口号。精彩的大公演唤起爱国听众的观赏热潮，原定24日公演一场，因书票几乎被抢售一空，决定25日加演一场。东方华美电台将23日全场钢丝录音于当晚播出之后，购票者更为踊跃，导致部分未购到票的听众，对票务负责人严雪亭、杨斌奎加以指摘。两场对外公演除必要开支外，所得收入1 671.575万元全部捐献子弹，连同会员捐献子弹代金715.35万元，由艺人们集体游行送达总工会，同时转交了评弹协会慰问中朝战士的锦旗和信件。由于公演获得各界一致赞美，日有听众致函要求续演，经协会开会商讨，1月14日上午在北京大戏院再度举行"评弹界筹募基金抗美援朝宣传公演"。在1950年抗美援朝戏曲演出总结大会上，评弹创作成绩得到文化局戏改处表扬，公演书戏获华东文汇部戏改处奖励。为表彰会员及纪念演出起见，评弹会特地托华兴工业社赶制"评弹界公演纪念章"，分发全体会员。纪念章由东方书场职工顾竹萍设计，右部为中朝两国国旗，旗下为一书本，上书新书新戏，左边齿轮稻禾造型代表工农，中书"抗美援朝"四字，下方为飞机和志愿军作冲锋状。

带着成功的喜悦和激情，张鸿声等发起抗美援朝旅行宣传队，于1月18日开始赴苏州、无锡、北京巡回公演。随着他们的离沪和春节戏曲竞赛的到来，上海评弹界的抗美援朝活动暂告段落，春节过后陆续恢复。为慰劳中朝战士，救济朝鲜难民，评弹改进协会发起新评弹早场义务大会书，排定六档，每档三人，都是响档合作，朱雪琴和徐雪月、黄静芬合说《九件衣》，其余诸档为沈俭安、薛筱卿、周云瑞《花木兰》，唐耿良、汪雄飞、张鸿声《太平天国》，刘天韵、杨斌奎、杨振雄《三上轿》，姚荫梅、蒋月泉、李伯康《金素娟》,张鉴庭、严雪亭、张鉴国《红娘子》。会书原定4月1日在维也纳书场举行,经各空中书场预告,听众订票踊跃,两天已超过1 000张,而维也纳仅可容750人,经协商于隔壁米高美同时举行,阵容完全相同,艺人用“蛇脱壳”方法赶场。《九件衣》是徐雪月的新书代表作,选取“拷打春英”一段,揭露恶霸地主家庭虐待佃户女儿,黄静芬、朱雪琴和徐配合紧密,分去悍妇婢女,有说有唱,且多噱头,使一向歧视新评弹和难得或初次听新书的座上客,也知道新书和旧书一样好听,对推动新评弹前进收效很大。这次会书共募款1 500万元,评弹改进协会特致函戏曲改进协会主委周信芳,表达加强时事学习,宣传爱国主义精神的决心,希望戏改协向全市戏曲界发出号召,响应评弹协会的行动,共同举行义演,募款支援前线。

1951年6月1日,中国抗美援朝总会发出《关于推行爱国公约,捐献飞机大炮和优待烈军属的号召》,使抗美援朝运动掀起新的高潮。在爱国公约推动下,社会各界广泛开展捐献飞机大炮活动。评弹改进协会响应六一号召,经过一个多星期的筹备,于6月17日上午在米高美书场举行捐献支前义演,会书结合现实,演出《刘巧团圆》《太平天国》《武松》《兄妹除奸记》《李闯王》《金素娟》等六档新评弹。刚刚戒除嗜好的朱雪琴不顾身体虚弱,毅然接受邀请,五人合说《李闯王》,黄异庵起红娘子,朱慧珍反起李信,杨震新起闯王,异常卖力火爆,俞筱云起宋军师,朱雪琴发挥弹唱特长,唱凤阳花鼓调,唱句通俗易懂,十分动听。与此同时,以推进新评弹和捐献飞机大炮为主题的星期早场会书,陆续在全市主要书场开展。陈士林、王如松、杨月槎、杨星槎、唐再良、吴玉荪、吴小松、吴小石、姜凤笙、冯子美、唐凤春等年逾花甲甚至七十开外的老艺人,亦应邀再度出山,在大沪舞厅书场义演两场老艺人捐献会书,售票所得计1 200万元。

朱雪琴、黄静芬等评弹妇女组成员通过小组学习,进一步提高了捐献支前的积极性,为了更好地响应六一号召,更快地完成捐献任务,她们决定向京剧、越剧女艺人学习,组织一场评弹女艺人捐献支前会书及新书戏大公演。倡议得到评弹改进协会和新评弹作者联谊会等各方的支持配合，演出脚本由陈灵犀、平襟亚、周行负责，场地、剧务、票务、宣传、音乐等均由男艺人承担。9月10日，评弹妇女组捐献飞机大炮大公演在金都大戏院隆重献演，苏沪评弹改进协会主任委员严雪亭致开幕词，在沪女艺人几乎全部参加演出，堪称空前绝后。首先登场的是40余人大合唱《抗美援朝保家邦》，其次是平襟亚编写，徐雪花、汪逸韵、花蝶敏、华帼英合说的短篇评话《卖鱼郎》；陈灵犀编写，金凤娟、周燕雯、裘凤天弹唱的短篇弹词《快乐王子》。整台节目最大亮点是新书戏《众星拱月》，由息影多时的范雪君担任剧情介绍。朱雪琴在剧中反串失业的洋行高级职员朱更生，为此理了男式发型，穿西装，打领带，戴着金丝边眼镜，手中还拿着烟斗，派头十足。其他角色有顾竹君饰光荣妈妈，黄静芬饰富家少奶奶黄丽芬，贾彩云反串肉店老板贾大块头，汪菊韵饰中学生汪小云，朱慧珍饰居委会主席、艺人妻子吴家嫂嫂，蒋云仙饰青年职工蒋先均，高美玲饰女店员高永敏，杜剑华饰光荣妹妹、女工杜阿凤，王再香反串居委会干部、老积极王先生，严诵君、曹醉仙、徐丽仙、葛佩芳、司徒芳子等其他艺人分饰工会政协妇女儿童代表。从中可以发现周行先生在创作时的精心设计，

朱雪琴、黄静芬、朱慧珍演出书戏《众星拱月》（俞约瑟先生提供）

主要角色都是“量身定制”的，无论年龄还是形象、性格，甚至姓氏都与扮演者高度契合。著名导演应云卫的加盟，使舞台呈现新颖别致，生动热闹。

书戏《众星拱月》是由23位女同志担任演出，这次由应云卫负责导演，把舞台面处理得很美，尤其是最后一段“穿花”场面，有舞剧意味，在书戏演出上创了一个新的形式，唱调方面，除各人唱自己擅长的唱腔外，插有山歌调、费家调、苏武牧羊调等，配合得十分恰当，在各代表向光荣妈妈献花时，每人先唱一句上呼，然后大家合唱下呼，听来相当激动，这是编者的成功。总之，这次虽然有前后台不联系，换幕太迟，台词生疏，演技呆板等缺点，但是她们爱国的精神是值得钦敬的。(《评弹妇女组义演》，1951年9月12日《上海书坛》263期)

评弹妇女组捐献义演日夜两场，票价分15 000、10 000、6 000元三种，售票所得共计2 500万元左右。在11日举行的总结会上，朱慧珍激动地说：“我们评弹妇女能单独演出，不论在演出方面，在卖座方面，能有如此美满的成绩，是出于意料之外的，这是充分说明了只有在共产党领导之下，我们评弹妇女方可抬头。”

不久，正在苏州演出的徐雪月创设苏州评弹妇女组，向上海评弹妇女学习，发起女艺人捐献会书。义演在静园、雅乐书场同时举行，朱雪琴、朱雪霞、黄静芬、朱慧珍代表上海评弹妇女组赴苏，日夜四场均说《铁树开花》送客。当时艺人“斩尾巴”、听众不听旧书运动已风起云涌，朱雪琴对于放弃旧书已有所准备，《铁树开花》是她正在研习的新书。朱雪琴病体未痊即参加会书，先进精神获得同道听众嘉许，起书中韩松亭一角，大段“琴调”唱篇，令全场屏息静听，欢迎者甚众。黄静芬头上负伤，包了纱布上台，使听众钦佩异常，会书后开欢送大会，全场鼓掌三分钟表示感谢和表扬。苏州捐献会书的盛况和评弹会的厚待，使朱雪琴倍感光荣倍受鼓舞，更增强了责任感。回到上海，她难以抑制兴奋之情，提笔撰写《我

参加了苏州捐献会书　光荣是属于大家的！》一文，表达抗美援朝的责任和信心。

朱雪琴、朱慧珍、黄静芬、朱雪霞合说《铁树开花》（朱一鹤先生提供）

本月十三日苏州评弹会妇女组徐雪月同志发起全体女同志举行响应“六一”捐款义演，邀请上海评弹妇女组，黄静芬、朱慧珍、朱雪琴、朱雪霞等参加。为了抗美援朝，我们高兴非凡，当天上午乘六点四十分头班快车，八点到达苏州，车站上有老艺人代表姜凤笙同志及潘伯英、曹汉昌、金国良、郭稼霖、妇女组组长王小燕等欢迎，及其他几位女同志，情绪非常热烈，九时左右，才到评弹会。我与苏州阔别三年，借此重返故乡与久违的同志们相见，握手也来勿及，别后重逢的话，一时无从说起，只有连连的说“好好好”而已。

当日假座静园、雅乐二家书场演出，日夜四场，票价二千三千。我们四人合拼一档，说的是《铁树开花》，是杨逸云同志所编，二处都是送客，久违的老听众，也相当欢迎我们，城内城外四场全部客满，因此使我们格外高兴。

这并不是我们的书艺好，主要是听众的政治觉悟程度提高了，新书的吸引力，在今天的情形中看来，前途是必然灿烂的，二处日夜四场，听客二千多位。十四日上午，我们准备返申，评弹会特地举行了一个欢送大会，在潘伯英同志的演词中，给我们很多很多的宝贵指示。他说："困难的事都可以从用功中去克服！"并且还说：这次苏州评弹会五百万的捐款运动，由于上海女同志的帮助，得到超额完成，全部捐献计有六百余万，这是值得表扬的。此后有徐雪月、曹汉昌、郭稼霖等同志，一一的讲话，表扬我们，我们是不敢接受的。总之，我们是一家人，"抗美援朝"是人民都有的责任！

1951年苏州市评弹改进协会妇女组捐献义演合影，二排右四为朱雪琴（周巍先生提供）

最后由黄静芬、朱慧珍二位致谢词，在一阵热烈的鼓掌中散会，末了全体同志拍了一个照片，作为纪念，相信不久在上海书坛上也会印上的。

午后一时半的火车返申，他们都送我们上火车，在汽笛声中，彼此挥手道别。他们的厚待，我将永远记着！

评弹工作者　朱雪琴

（1951年10月17日《上海书坛》273期）

上海市评弹改进协会为响应六一号召，确定了一亿元的捐献目标。经过几次特别大会书及书戏《众星拱月》演出，加上每周日早场捐献会书，至10月只完成目标半数。为了提早完成缴款任务及争取超额捐献起见，评弹捐献委员会决议公演古装书戏，剧本采用陈灵犀编写的《野猪林》，特聘应云卫、郑传鉴分别担任导演和技导。整出书戏分菜园、白虎堂、长亭、野猪林四幕九场，朱雪琴参加第三幕《长亭送别》的演出。前半场夫妻分别，朱慧珍饰张贞娘，蒋月泉饰林冲，大段蒋、俞调对唱，后半场众乡邻、禁军送别，徐云志、秦纪文、魏含英、朱雪琴、徐琴芳、徐丽仙、祁莲芳、杜剑鸣饰乡邻，薛筱卿、俞筱霞、周玉泉、杨仁麟饰禁军，每人几句唱篇，各派各调，如集锦开篇，煞是精彩，每句都是掌声不绝。朱雪琴饰乡邻之一，以琴调唱“都为高俅心狠毒，害君发配走他乡，撇下娇妻恩爱长，如此冤仇不可忘，(你要) 留得青山意志刚，不报此仇不是好儿郎”。11月9日至11日，古装书戏《野猪林》在大众剧院上演，票价分为25 000、20 000、15 000、10 000、5 000五种，三场全告客满，观众总数

书戏《野猪林》特刊（章绍曾先生提供）

书戏《野猪林》演员表之一（章绍曾先生提供）

达4 851人次，售得8 367万元，除去必要开支外，捐献额达6 000余万，超额完成预计目标。《野猪林》全剧同时由亚美电台钢丝录音，于15日晚播放。为了满足观众要求，筹募评弹工会及协会经费，11月17日、18日《野猪林》在大众剧院再次献演两场，购票观众依然排成长龙，其盛况创造了书戏演出的纪录。

1952年初，当文艺界抗美援朝捐献工作接近尾声时，“三反”“五反”运动在全国大张旗鼓地进行。此时，朱雪琴与学生朱雪霞正在常熟，她们和当地艺人组成宣传队伍，两次参加“五反”宣传大会书，通过《钱梦梵劝夫坦白》《亲兄弟明算账》等短篇弹词，揭露不法资本家的“五毒”行为，教育广大群众，动员他们与资产阶级展开斗争。

解放初期，土地改革、抗美援朝、镇压反革命、“三反”“五反”等政治运动渐次开展，身负宣传、教育责任的评弹工作者，面临的巨大挑战和压力是如何配合形势，做好宣传工作。这个时期，评弹界在思想领域的改变甚于艺术上的发展，朱雪琴亦然如此。原因之一，人的精力是有限的，接二连三的政治学习和宣传演出，势必导致精力分散，制约艺术发展；其二，“双朱档”合作获得成功的同时，也遇到发展瓶颈，无法取得更大突破。

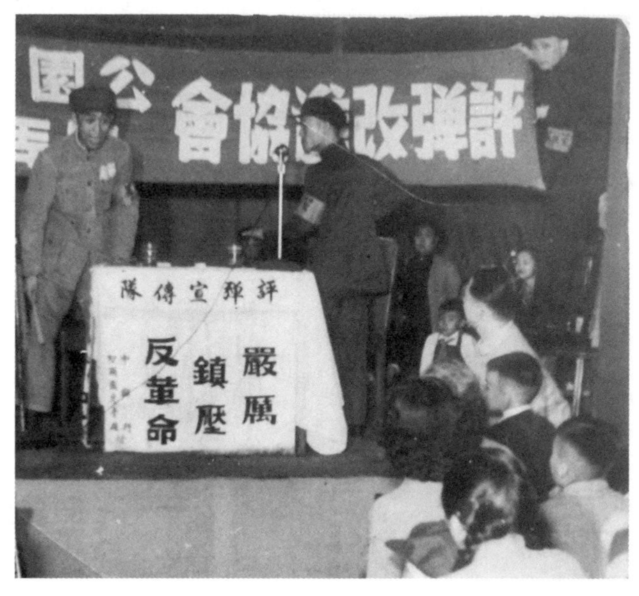

评弹改进协会举行镇压反革命宣传演出

旧书“斩尾巴”

1950年7月11日，文化部戏曲改进委员会成立。作为全国戏曲改革最高顾问机构，剧目审定是该委员会的工作任务之一，当天举行的第一次会议指出，凡有宣扬麻醉与恐吓人民的封建奴隶道德与迷信者、宣扬淫毒奸杀者、丑化和侮辱劳动人民的语言和动作等三种情况的节目，应加以修改，少数最严重者予以停演。经过大会讨论，文化部对《杀子报》《探阴山》等12出戏做出停演决定。在随后召开的华东戏曲改革工作干部会议和全国戏曲工作会议上，相关方针与精神被不断重申，层层传达，对各地的戏曲改革运动产生深远影响。

在评弹界，首先受到影响的是传统书目。许多深受听众喜爱、艺术性很强的旧书，由于带有封建迷信色彩和庸俗色情成分而遭受声讨。尽管上海的戏改工作比较温和，平襟亚、陈灵犀等有识之士也主张评弹改革宜取渐进步骤，但舆论朝着另一个方向发展。横云在谈及旧书消毒问题时指出，“封神榜，西游记，济公传，三笑，落金扇，玉蜻蜓等，涉及神怪、迷信、黄色部分太多，竟使无从下手消毒，干脆还是放弃”，更有激进者说“《三笑》是烂肉连烂骨头，不能脱骨换胎改造”。朱雪琴赖以成名的《珍珠塔》尽管因结构精巧，布局细密而堪称经典，但书中宣扬封建时代的忠孝仁爱、礼义廉耻，主人公方卿醉心于功名富贵，这些意识和内容均遭到严厉批评。作家周行认为“它的艺术越完美，成熟，它的词句越优美，动听，它传播毒素的效果也就越大。所以，我们说《珍珠塔》是一部一无可取的旧弹词”。听众原水公然发问“珍珠塔、塔王的存在，对人民是有益的，还是有害的？这座玲珑奇巧的珍珠宝塔，是属于人民的，还是属于贵族、地主的？”在他看来，“《珍珠塔》本身就在摇摇欲坠，在这一二年内，就要给人民推倒

朱雪琴（朱一鹤先生提供）

了”。诸如此类的言论充斥报端，对传统书目的演出形成舆论压力。为了保住这部“骨子书”，艺人们绞尽脑汁进行改造，有的将方卿与毕家小姐联姻以及纳采苹为妾的内容删去，让其实行一夫一妻制，有的将陈廉说成不满朝廷腐败而退职，暗中济粮助闯王起义，方卿中状元一节改为投入闯王义军为官。这些急就章式的修改，或流于形式，或牵强附会，既不能符合新文艺标准，也没有获得听众的支持，最终均以徒劳告终。朱雪琴也一度打算改编《新珠塔》，终因无从下手而浅尝辄止，仍以旧书飨客。窥一斑而知全豹，大多数艺人虽然思想意识有了提高，但对于改造旧书和编说新书均有心无力，所以书坛上出现一幕滑稽的情景：“前进听众”口诛笔伐，疾呼革新，“落后艺人”苟安守旧，得唱且唱。

旧书岌岌可危之际，一批目光敏锐的艺人加快了说新书的步伐。解放后，说新书从未间断，但大多以短篇、分回的形式参加会书，长篇新书只在电台试说，极少进入书场，即便春节新书竞赛，也仅维持一周左右。1950年“秋档”，上海书坛出现前所未有的创举，六档名艺人集体以新书亮相大陆夜场：蒋月泉、王柏荫《林冲》，周云瑞、陈希安《陈圆圆》，唐耿良《太平天国》，徐雪月、程红叶、陈红霞《九件衣》，张鉴庭、张鉴国《红娘子》，黄异庵《李闯王》。首个新书书场和集体说新书的行为，被赋予“说新书庆祝首届国庆，展示评弹改革实绩”的特殊意义，引发新文艺工作者和社会大众的广泛关注，因为有名家名作的号召，上座率并不逊色于旧书。

为了扩大示范引领作用，《上海书坛》特地刊印“新评弹特辑”，遍邀陈允豪、平襟亚、周行、陆澹盦、陈灵犀、顾佛影、赵景深、陈汝衡、平斋、徐卓呆、郑逸梅、范烟桥、杨荫深、周瘦鹃、严独鹤等文艺界名人撰稿致贺，为“前进艺人大会师”欢呼，为“新评弹的大进军”呐喊。12月3日，《上海书坛》在戏改处支持下发起新评弹编者座谈会，与会者有戏改处干部、编者和艺人共31人，重点讨论新评弹创作的具体问题，并就推动书场开说新书提出建议，会议另一重要议题是筹备新评弹作者联谊会，其宗旨为在文联领导下，有计划进行新评弹创作工作，以达到全面说新书为目标。该联谊会的大多数成员，同时也是上海市戏曲评介工作者联谊会（成立于1950年11月5日）评弹组成员，是批评旧评弹，编写新评弹的骨干。

为朱雪琴编写《红楼梦》《琵琶记》的姚苏凤

新评弹作者联谊会为艺人和编者搭建了交流平台，促进双方紧密团结合作，是新评弹大踏步前进的开始。

鉴于旧书前途未卜，新书渐为书场接受，许多艺人边弹唱旧书，边准备新书，以适应形势的变化。为前途计，朱雪琴也四处寻觅新书，通过横云阁主张健帆之介绍，获赠姚苏凤先生编写的《红楼梦》新弹词，经一个多月时间的精心准备，于1951年1月3日在大中华大陆电台午夜档登场，前五晚试播红楼梦人物开篇，8日开始正式播唱新书。姚苏凤是著名的老报人，出身诗书之家，国学根基深厚，多才多艺，曾任上海《晨报》副刊《每日电影》主编，除撰写影评外客串电影编剧和编导，曾创作《盐潮》《路柳墙花》等十多个电影剧本和话剧剧本《子之于归》《火中莲》。因为是苏州人的缘故，姚苏凤操一口吴侬软语，对说书也是情有独钟，解放后供职于《新民报晚刊》，热衷弹词创作，是新评弹作者联谊会会员，撰写过《朝鲜大捷》《反美帝廿个他》《抗美援朝》《新评弹》等时事开篇，朱雪琴在电台播唱的第一首抗美援朝开篇，即姚仿照《七十二个他》编写的《反美帝廿个他》，唱词朗朗上口，颇受好评。在编写《红楼梦》时，姚苏凤没有沿袭引子、定场诗、韵白等旧弹词手法，改用电影导演技巧，人物一出场就用对白，并加表唱，用新观点表明和批判书中人物故事。新书新形式，给人耳目一新的感觉，《红楼梦》试播获得成功。

姚苏凤先生编赠给朱雪琴雪吟师徒的《红楼梦》新弹词，已自周一起，在大中华大陆电台，每晚十一时十分至十二时最后一档节目内，开始播唱。我写此稿时，已接连听了三夜，虽是新声初试，很觉满意。第一晚先唱红楼梦前奏曲开篇，因在前周，已连唱数遍，故熟极而流，大翻“琴调”，佳腔迭出。继唱她自编的贾宝玉开篇，将此荒唐男主角，用新观点批判得体无完肤，语颇恰当。因为雪琴师徒每晨和编者联系，将编者的理论，运用传达，说得很认真。此书开场，编者用导演电影手法，先来一段表唱，渐渐引到扬州林家。从林黛玉的老母亡故，她老父遵从遗嘱，将女儿寄养在南京岳家，贾母遣仆妇丫鬟来迎黛玉说起。去林如海黛玉父女出场，并无引子定场诗及韵白。只说黛玉年才十五，在家中原很天真活泼，正在种花，到了贾家以后，才渐渐地变成了病美人，也很觉生动。加唱的红楼梦人物开篇，还听到林黛玉薛宝钗二曲，都由雪琴自编，也很得体。(《上海书坛》1951年1月13日，横云《朱雪琴播唱红楼梦　钱丽仙新书方珍珠》)

由于姚苏凤先生事务繁忙，数回以后竟无暇赶编，遂由朱雪琴自己续编下去。她主动编说新书的举动，得到普遍关注和表扬，《上海书坛》专事宣扬新评弹的“水浒点将漫画”，即以此题材创作“点将”，把朱雪琴比作“病关索杨雄”。漫画中朱雪琴一身武生打扮，身背三弦，面露笑容，左手高举，右手所执书本作翻开状，左页书“红楼梦”，右为“苏凤著”。整幅漫画逼真传神，展现出说新书的积极姿态，所配文字更充满了作者对朱雪琴的赞赏和期许。

水滸點將

病關索楊雄——朱雪琴

朱雪琴為朱蓉舫之女，自幼從父習彈詞，淵源家學，於基本藝術，造詣頗深。又曾向沈儉安請益，於馬調唱腔及絃索工夫，更覺進步。並善翻花腔，有「琴調」之稱。近獲姚蘇鳳先生編贈「紅樓夢」新彈詞，在所隸大中華大陸電台播唱，雖新聲初試，已有好評。望其與女弟子雪吟認真研習，為新評彈放一異彩。

水浒点将漫画之朱雪琴(罗浩先生提供)

朱雪琴为朱蓉舫之女，自幼从父习弹词，渊源家学，于基本艺术，造诣颇深。又曾向沈俭安请益，于马调唱腔及弦索工夫，更觉进步。并善翻花腔，有“琴调”之称。近获姚苏凤先生编赠《红楼梦》新弹词，在所隶大中华大陆电台播唱，虽新声初试，已有好评。望其与女弟子雪吟认真研习，为新评弹放一异彩。

转眼新春临近，1951年上海市戏曲界春节演唱竞赛又轰轰烈烈地开

展起来。大年初一开始，除少数旧式小书场之外，沪上几十家书场全部开说新书，参加为期十天的评弹初赛。朱雪琴、雪吟师徒日夜共做东方、汇泉楼、沧洲、米高美、西园、富春楼、小广寒等7家书场，《红楼梦》已经电台试播，说来十分娴熟，颇受听众欢迎。然而看似热烈的新书竞赛，却遭遇了不少尴尬。有的艺人临时抱佛脚，将《落金扇》中“周元招亲”改头换面，冠以“前进”书名《农民翻身》，令人啼笑皆非。有的艺人敷衍塞责，待评奖员一离开书场，马上改弦易辙，弹唱旧书。有的书场竞赛期未满，全部改说旧书。面对新书听众的质疑，艺人推托场东吩咐，场东则说听众要求，听众却指艺人贪懒。归根到底，新书脚本未经锤炼，无曲折回环之妙，且严肃而缺乏趣味，难以吸引“老耳朵”，场东出于营业考虑，徇情迁就在所难免，同时也说明艺人对新书缺乏自信。

1951年评弹界春节竞赛漫画，右五为弹唱《红楼梦》的朱雪琴

年初四夜场，听众凤兮赴西园书场听书，看到水牌上共有七档书，除魏含英的《杏元和番》和朱雪琴的《红楼梦》外，其余全部是老书。由于迟到，当时已说至第四档汪雄飞的《三国》，等第五档朱雪琴师徒上台时，一部分听众高声叫嚷“说《珍珠塔》”。场内的喧哗吵闹让朱雪琴十分为难，最终只得改说《珍珠塔》。年初六，同样的情况再次发生，排在米高美第四档的朱雪琴，像前三档一样改说旧书。而在汇泉楼等处，仍坚持说新书《红楼梦》。按照竞赛条例，竞赛期内改说旧书者会被扣分，朱雪琴因

此仅获得三等艺术奖。不过于她而言，倒并不在乎比赛结果，她所全力以赴的是钻研艺术，不管新书旧书，只有说好才能成功。新书竞赛结束后，她并未停止对新书的研习，继续在新声电台播唱《红楼梦》。

4月中旬，朱雪琴暂别书场电台，开始有计划地戒绝毒嗜。为了调节情绪，转移注意力，休养期间她时常去联社票房，向该社名票吕振原学习大套琵琶。联社票房藏龙卧虎，说噱弹唱编演各色人才俱全，一向以积极姿态推动新评弹，配合抗美援朝和镇压反革命运动，编演《原来如此》《光荣的爸妈》《拿捉唐老大》等新书戏，深入各工会、工厂和各区演出。这些节目均出自社员杨逸云之手，他思想进步，能说会唱，长于创作，是上海市戏曲评介工作者联谊会评弹组和新评弹作者联谊会的双重会员。当时他正着手编写新书《铁树开花》，朱雪琴初步了解书情后即发生浓厚兴趣，觉得这部书更适合自己个性，遂决定放弃《红楼梦》，改说《铁树开花》。

朱雪琴演出照（上海评弹团提供）

当时太平天国题材的戏曲十分热门，上海人民大舞台1951年4月开始上演5本连台本戏《太平天国》，同时摄制成戏曲连环画出版。杨逸云在观看京剧《太平天国》之后，萌发了创作新书的想法，他根据弹词艺术特点，撷取天国奇女子韩宝英的传说，编撰成新弹词《铁树开花》。书中韩宝英受恶霸迫害而成孤女，路经该地的石达开将她收留，助她除恶霸报家仇，韩宝英感恩戴德，认石达开为义父，随侍左右。韩虽为女子，智勇胆识皆有过人之处，颇具侠义之风，为报恩下嫁容貌酷似翼王的马某，后于重兵围困之际，命丈夫扮作翼王“出降”，以李代桃僵之计救出石达开，最后自刎殉夫。这个故事在民间流传较广，早在1921年就有陕西易俗学社搬上秦腔舞台，剧名《韩宝英》，欧阳予倩将之改编为新戏《是恩是爱》，于1925年在上海丹桂戏院上演。1951年上海戏曲界春节演唱竞赛期间，女弹词家黄静芬的《翼王传》也有述及韩宝英之事，可惜并未说完。杨逸云本是弹词票友，对《珍珠塔》唱篇非常稔熟，所以他为朱雪琴量身定制的《铁树开花》，在唱篇方面尤其能发挥双朱档的弹唱特长。如《韩宝英哭诉》完全模仿《方卿哭诉》，使听众在聆听新书的过程中，仍能欣赏到经典的唱腔，收到极好的现场效果。

(表) 韩宝英被骗入蔡家，幸得长工王小毛将她私行放走，逃入森林，适逢石达开到此打猎，追射白兔，遇宝英询其来历并愿收留宝英，宝英将所受遭遇哭诉石达开。

(唱) 未曾开言泪两行，正思开言断回肠。(想我是) 大黎村中乡间女，父兄耕种度时光。(端只为) 家贫如洗无地产，租得农田作牛羊。(那地主是) 压迫欺凌盘重利，重重剥削不体谅。(我家是) 连年租谷难偿还，(他们是) 几度催收逼租粮。(爹爹是) 辛苦终朝 (把) 工作做，积劳成疾病在床。(恨只恨) 蔡家小主心狠毒，(惨只惨) 踢死椿庭老年苍。(毒只毒) 设下牢笼 (把) 账房害，(恼只恼) 移尸诬害到门墙。(苦只苦) 胞兄被捕衙门去，(悲只悲) 将奴哄骗入火坑。(怪只怪) 小奸无耻如禽兽，(险只险) 强遭摧残性命丧。(巧只巧) 无意之中 (把) 仇人杀，(感只感) 长工搭救走他乡。(难只难) 女流从未离乡井，(愁只愁) 海角天涯路途长。(奇只奇) 迷途深林遇白兔，(怕只怕) 豪奴施计把心丧。(切只切) 一片诚心将我救，(敬只敬) 先生关切问端详；恩重如山永不忘。

经过短暂的休养，朱雪琴于6月初重返书坛，“夏档”日夜做六家书场和两档电台节目。高强度的演出让她常感精神不支，但她钻研新书的脚步并未因此停滞，自端午日开始就在新声电台播唱《铁树开花》。《上海书坛》刊登明公的听后感作如是评价：“虽尚是开始数回，已有很多高潮，只消在开始之前，多费准备工夫，将稿本看得纯熟一些，说来当更动听。”在当时的环境下，许多新书急于求成，往往为了突出思想性而忽视对艺术表现力的追求，导致平铺直叙、粗枝大叶、生硬说教、缺乏趣味等种种缺点，无法真正打动听众。杨逸云深谙弹词规律，编书时能撷取传统书目精华，巧妙地设计书情，布置关子。因此《铁树开花》既有反映农民阶级反抗封建地主阶级的积极意义，在艺术表现上又继承传统书的优点，具有较强的可听性。例如，恶霸调戏韩宝英的情节，就充分运用传统手法，对小恶霸蔡梦虎、恶奴蔡兴进行浓墨重彩的刻画，强化矛盾冲突，突出地主阶级的可恨，容易打动听众，引起共鸣。这回书在苏州评弹会妇女组捐献会书及沧洲书场星期早场多次演出，获得两地听众的一致好评，《铁树开花》的知名度也由此提高。作者杨逸云对新书成功上演颇为自豪，他将此与其他较有影响的新书汇编成《新道中开篇》，以作赞赏和宣传。

> 五星红旗放光明，百花齐放万象新。弹词评话勤改革，(再不是)散布毒素害人民。教育群众为第一，出新推陈不留停，(故而) 艺人学习 (把) 新书说，(要做一个) 灵魂工程 (的) 好先生。张鉴庭与那张鉴国，(弹唱)《红娘子》革命大翻身。小辈英雄周云瑞，陈希安搭配有精神。《陈圆圆》新书多熟练，(再有那)《白毛女》斗争黄世仁。蒋月泉，王柏荫，(弹唱那)《林冲》发配到长亭；《翟万里》为盗入牢门。唐耿良评话精神足，(说的是)《太平天国》反清；洪杨起义 (在) 金田村。刘天韵说表多有趣，谢毓菁琵琶答仑仑。(唱的是)《三上轿》农民起反抗，(再有那)《小二黑》自由结婚姻。吴剑秋，朱慧珍，(他们是) 夫唱妇随作营生。《井儿记》不唱 (把)《情探》学，(弹唱那) 王魁无情负桂英。徐雪月师徒三个档，《九件衣》到处受欢迎；(唱出那) 花自芳逼害申大成。(更有那) 黄异庵，严雪亭，(他们) 纷纷表示下决心，斩去尾巴一身轻；澄清思想为人民。姚声江说的《文天祥》，《李闯王》让还杨震新。沈俭安弹唱《花木兰》，珠联璧合薛筱卿。姚荫梅自编《金素娟》，《铁树开花》朱雪琴。《吕梁英雄》唐骏骐，《李家庄变迁》张鸿声。徐丽仙擅说《方珍珠》，杨振雄《武松》尽知闻。杨斌奎父子《渔家乐》，《刘胡兰》当推俞筱云。沧海遗珠难尽拾，艺人个个觉悟深；好随时代向前进。(《上海书坛》1951年11月3日，杨逸云《新道中开篇》)

1951年，镇压反革命运动如狂风暴雨般地席卷全国，群众被广泛发动起来检举揭发反革命分子，给予反动势力毁灭性的打击，新生的人民政权得到巩固。

与此同时，传统书目亦遭受重创。通过抗美援朝和镇反运动发动起来的群众，爱国情绪高涨，政治觉悟提升，这些听众迅速掀起一股反传统书的浪潮。他们频频检举艺人加唱"黄色开篇"，穿插"黄色噱头"，《×××思想落后》《×××应自我检讨》等文章屡见报端，艺人稍有不慎即面临公开指责，并被迫做出违心的检讨。面对不断升级的舆论压力，艺人们惶惶不安，正在苏州学习的刘天韵、唐耿良、周云瑞、谢毓菁、蒋月泉、王柏荫、张鉴庭、张鉴国、陈希安等九人经过商讨，决定"自行了断"，他们于1951年6月25日向苏州文联递交决心书，宣布斩断尾巴，"坚决不再说唱充满封建毒素的《落金扇》《三笑》《三国志》《顾鼎臣》《十美图》《玉蜻蜓》《珍珠塔》等老书，克服一切困难，坚决为搞好新评弹而斗争"。这种积极的"革命"行为得到苏州、上海文化部门的鼓励和支持，在评弹界引发连锁反应。短短半年左右时间，苏沪两地有100多名艺人宣布"斩尾巴"，听众发起"不听旧书运动"，书场亦纷纷加入"斩尾巴"行列。至1952年3月，"斩尾巴"运动达到高潮，十多部传统长篇相继被苏沪评弹改进协会禁演。

对于旧书的命运，朱雪琴早有预感，因而对《铁树开花》悉心研究，付出了相当精力，为"斩尾巴"做好充分准备。该书甫在新声电台试播之时，她就对外透露，"俟纯熟后，将在各书场全面弹唱，不再说旧书《珍珠塔》"。由于朱雪吟突然离沪，"秋档"临阵换将，改与朱雪霞拼档。雪霞得恩师提携拼档，积极性很高，演出之余每天抄写脚本，研习新书，在妇女捐献会书上初次说唱《铁树开花》即获好评。为了能在春节顺利开说新书，朱雪琴、雪霞自12月8日起在西园书场日场改说《铁树开花》。因为该书从未在书场里连续说过，需要先实习一遍，以便达到纯熟，另一个目的是看看听众的反映。由于朱雪琴做的是送客档，开新书之前十分担心，怕听众不接受。不过这种担忧很快就消失了，几天下来听众非但没有抽签，台下的呼应比听旧书更加热烈。听众的认可和欢迎给予朱雪琴很大的鼓励，增加了她说好新书的信心。《上海书坛》的相关报道，也充分反映了听众对朱雪琴说新书的期待，有人对她没有表态“斩尾巴”提出问询，当她在西园开说新书之后，报上即予肯定并寄予厚望，“希望朱雪琴同志赶快把新书从点发展到面，迅速地抛弃旧书包袱，全心全意的努力于新评弹，那才是真正迎合了听众的要求”。1952年3月“年二档”，朱雪琴自常熟转往无锡蓬莱书场，彼时《珍珠塔》《双金锭》已被协会禁演，遂开始全面说唱新长篇《铁树开花》。除了朱雪琴、雪霞双档之外，朱蓉舫也从雪琴处拿到脚本，与朱雪芳、雪虹三个档在码头上弹唱这部新书。

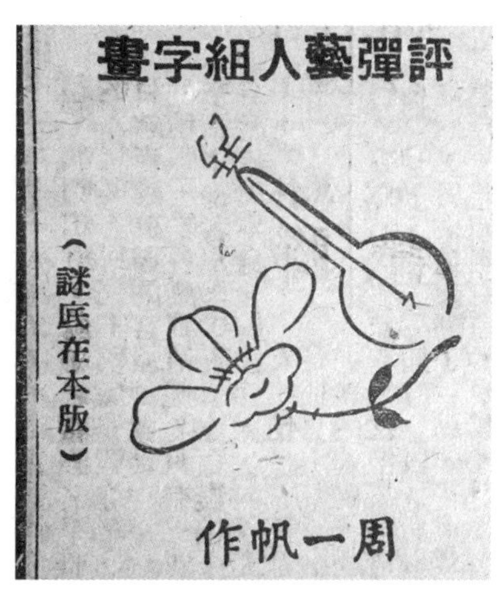

朱雪琴姓名组字画（罗浩先生提供）

《铁树开花》是“斩尾巴”后朱雪琴弹唱的第一部新书，虽然之前就和朱雪吟在电台试唱过，但真正进入书场演出的时间较短，且主要在无锡、杭州、硖石、嘉兴等外埠，并未产生很大的影响。半年之后，朱雪琴找到了生命中的最佳搭档，带着另一部新书《梁祝》重回上海，开始步入“朱郭档”的巅峰时代。

第五章 艺术巅峰

塞翁失马，焉知非福。在朱雪琴的艺术道路上，每一次突如其来的转折，都成为她实现艺术突破的契机。1948年脱离养父独立演出，屈居下手多年的朱雪琴大展身手，迅速成长为不可多得的女上手人才，“双朱档”之名响彻书坛。三年后，雪吟突然离师，双朱顿时折翼。朱雪琴别出心裁地选择男下手，“朱郭档”奇峰突起，巍然屹立于五六十年代的书坛。高手之间的合作与竞争，使朱雪琴进入艺术创造的巅峰时期。

缘定朱郭档

朱雪琴、郭彬卿的合作看似偶然，其实冥冥之中自有天意。

1949年2月12日的《上海书坛》有一篇弟弟的《书坛谈荟》，文中写道："说书只有男居上，女居下，从来没有女人做上手，男人做下手，似乎阴阳倒颠，其实应该开天辟地来一档女男档。"作者的突发奇想只有寥寥数语，在当时并未引起人们的注意。无独有偶，6月25日，杨公达在该报《令公杂谈》谈及，"书场的阵容，听来听去有数是这几档，虽属名家响档，日久亦必生厌"。有鉴于此，他将书坛名家进行优化组合，以长篇书目为例，试举出十档理想阵容，且预言"如能成为事实，定卜轰动书坛"。令人叹服的是，他所设想的朱雪琴、郭彬卿《珍珠塔》和蒋月泉、朱慧珍《玉蜻蜓》，在数年之后竟然真的实现了，而且都是轰动书坛的黄金搭档。不过，彼时朱、郭各自拼着师徒档，在上海正是走红之际，谁也不曾料到三年后两人的艺术道路竟会重合。

人生无常，分合无定。说书人拼档，亦如天下大势一般，分久必合，合久必分。分分合合之间，有的黯然褪色，有的大放异彩。1951年9月，朱雪吟离沪赴苏，合作三年红遍书坛的"双朱档"戛然而止。关于拆档的原因，朱雪霞的说法是"秋节后因师姐雪吟有病，我就得到了与先生初次合作的机会"，《上海书坛》则称"据悉因与乃师雪琴意见不合，改与在苏之雪玲拼档，准备在他埠献艺"。另据报道，朱雪吟离沪之前曾被卷入一场听客投江事件，相信她的离开必然与此事有着一定的联系。

8月2日下午3时左右有中国实业染织厂四同志持该厂基层小组函件访评弹会严主委，当由蒋开华秘书及朱慧珍二人接见，四人说明缘有该厂落后职工林寿平在解放前生活放浪，亦偶涉书场，解放后仍不改前非。最近突神经错乱，在八月一日雇舢板至江心，跃入投河，幸经水上公安局救起，带局询问，林语无伦次，据说为了受到家庭刺激及曾数度致函评弹女艺人朱雪吟而未获答复，故出于自杀。公安局同志聆其口述后，即电该厂嘱派同志将其带回，一方面嘱去局同志向其家庭及朱雪吟了解情况。四同志向评弹会蒋秘书说明以上经过情形后，即声明林寿平的语无伦次，恐有碍贵会女会员之声誉，故特来询问，当朱慧珍详加询问后，四同志中之一位胥姓者即答，林寿平寄朱雪吟函中之具名，必有林寿平三字中择一字嵌入化名中，故调查比较有线索。四人临去时嘱朱慧珍能作一书面联系，朱慧珍为要了解实情起见，即数度访问朱雪吟及东方华美电台，拟以多方面更深入的了解，他们又召开了妇女组会议，将此事研究。据朱雪吟报告，此人根本不相识，第一次来信即要我共游，如答应者只须在说书时伸出四指，不允许者，则在开书前加唱绝交裂券开篇，我在书场中也始终未有表示给他，以后他的来信我就不看了。又据朱慧珍曾向东方华美电台了解，据电台报告同志说，数度来信，雪吟曾拒绝拆看，现此信在我处，决交评弹会保存备查。此事经全体妇女一致要求致函该厂登报道歉，由贾彩云等拟稿送交执常会处理，执常各委员当于7日下午5时召开紧急会议，将妇女组之意见，反映到中国实业染织厂去，此函已在本月8日上午发出。（1951年8月8日、11日《上海书坛》）

上述报道客观反映了整个事件的来龙去脉，林某对朱雪吟心存幻想，化名方滨林屡次写信骚扰，因得不到答复而产生偏激行为。据报道，林某获救后并未入院医治，而是寄居乃姐家中休养，其行为是否确系精神错乱所致，还得打个问号。或系挟恨报复，故意制造事端。此事攸关艺人名誉，妇女组数次召开会议，为朱雪吟主持公道，函请评弹会出面交涉，要求林某登报道歉，澄清事实。林某家属虽然接受意见，但以医嘱须静养为由进行推

朱雪霞（朱一鹤先生提供）

托，最终不了了之。朱雪吟受此无妄之灾，又得不到公开道歉，气愤、委屈，却又无可奈何。在这样的情绪下离开上海是完全可以理解的。

“双朱”秋档已接六面书场，由于事发突然，许多场方浑然不知，水牌上仍写着朱雪吟的名字。演出迫在眉睫，朱雪琴急得团团转，只能采取权宜之计，快函召朱雪霞到沪拼档。雪霞正式登台不到两年，虽然颇得听众鼓励，但不论形象还是艺术，均不可与雪吟同日而语。年档开始，朱雪琴离开上海，先后赴常熟、无锡及浙江各埠，历时将近半年。新的师徒档虽然仍为“双朱”，但整体实力弱于“双朱档”，卖座难以达到昔日之盛况。为此，朱雪琴一边演出，一边物色合适的下手。虽然不乏同行或场方介绍人选，但始终没找到称心如意的搭档。

此时此刻，郭彬卿也正在遭遇同样的困扰。

郭彬卿

郭彬卿本姓娄，小名小牛，生于1921年1月9日（农历1920年十二月初一日），自幼失怙恃，旁无兄弟，随祖母生活在北桥农村（苏州、无锡、常熟三地交界处）。1936年底师从同村亲戚茅雨庵学说《白蛇传》，1939年秋随丁韵泉拼档，弹唱《三笑》，艺名娄彬臣。1940年秋，他跟了跑单帮的人冒险钻过竹篱笆（日伪清乡所围），到上海投拜薛筱卿为师，从此改艺名为郭彬卿，专攻《珍珠塔》和薛派琵琶。出师后，郭彬卿先后与汤乃安、沈敏卿、周云瑞、朱再卿、李念安等人合作，间或放单档，亦曾与徐天翔、冯筱庆、华伯明、吕逸安等结伴，在电台唱开篇。“沈薛档”第一次拆档时，郭彬卿获得薛筱卿提携，但拼档仅数月。在长达六七年的时间里，他始终没有找到长期合作的上手，常在乡镇码头游走，艺术上一直郁郁不得志。有一次和魏钰卿合作做“年档”，那时魏已是迟暮之年，郭是初出茅庐，两人很快就“漂”了。生意落空，只能以两个大饼充饥，走了七十二里路才回到家中，这种辛酸窘迫的情形让郭彬卿永生难忘。在码头上，郭彬卿有幸结识弹词名家周玉泉，两人话得投机，结为寄父子，周一度带他越档，帮他介绍业务，极尽提携照顾之情。在艰辛的从艺过程中，郭彬卿以勤补拙，博采众长，练就了一手高超的“薛派”琵琶。

薛筱卿、郭彬卿演出照（姚勇先生提供）

1948年秋，沈薛二次拆档，郭彬卿再次获得辅佐薛筱卿的机会。经过几年勤修苦练，郭彬卿的书艺有了显著提高，尤其琵琶伴奏玲珑活泛，博得听众一致赞誉，“活陈翠娥”“小辈英雄”“后起之秀”等头衔纷至沓来，捧场文章接二连三，令人目不暇接。这一切使初尝走红滋味的郭彬卿渐渐骄傲起来，对薛筱卿的严格教导也暗生不满。这种负面情绪日积月累，终至爆发。1950年6月的一天，师徒俩在赴维也纳书场途中又发生言语冲突，薛筱卿愤而动手教训郭彬卿，郭毫不让步，当场予以还击，师徒感情趋于恶化。经评弹会出面调解，他们在学习会上分别作自我批评，承诺继续合作。尽管如此，师徒间已然心存芥蒂，除台上说书外，形同冰炭，有时候甚至从台上吵到台下。挨至中秋，薛郭宣告拆档，沈薛三度合作。

这场师徒纷争中，郭彬卿不听规劝，骄狂过火的态度受到舆论指责。一些正直的听客也对“捧客”提出批评，认为郭彬卿是误于他们不负责任的滥捧。拆档后郭彬卿心怀怨念，无心说书，决意弃弦从商，进了常州某布厂。没过多久，又因工厂生涯难以适应而再作冯妇，经人介绍与侯九霞合作。侯九霞先从沈丽斌、朱介生学《双珠凤》，后过堂拜沈俭安为师习《珍珠塔》，说噱弹唱俱佳，尤其擅长手面，与沈慧人合称“霞人档”，有“小沈薛”之誉。侯、郭艺术上相得益彰，常做“疯”生意，但是由于性格不合，时常产生分歧，合作时间只有半年多。1951年6月，郭彬卿在苏州参加学习时开始和朱霞飞拼档。半年之后，“斩尾巴”运动汹涌来袭，《珍珠塔》被迫停说，朱霞飞回苏编演《梁祝》，郭彬卿又陷入僵局。恰在此时，周玉泉也因下手徐翰舫参加集体而拆档，两人刚好拼一对双档，于7月初赴杭州三元书场，开说新书《信陵君》和《将相和》。谁也没想到，这个偶然的决定为“朱郭档”应运而生创造了机缘。

周郭赴杭之际，朱雪琴、朱雪霞正在三元书场演出。朱雪霞十分珍惜和老师拼档学习的机会，尽心尽力当好下手，但也深知自己的艺术不尽如人意。与此同时，她的婚期越来越临近，对师徒合作也产生一定的影响。当她得知接下脚的是郭彬卿时，脑海中闪过一个念头，倒不如把他介绍给先生做下手！

原来，一年前他们曾经两次同埠，结下了深厚的友谊。1951年的“年档”，朱雪玲、朱雪霞受聘于常熟花园书场，恰与鹤苑书场的郭彬卿和侯九霞“敌档”，“侯郭档”人气极旺，连说四排书（一排为十天），初出茅庐的“玲霞档”生意亦不弱。虽然是“敌档”，而且说同一部书，但郭彬卿和她们话得投机，十分热络，还把“婆媳相会”一段书抄给朱雪玲。侯九霞是老江湖，对郭彬卿的做法很反感，质问他：“你让她们把书抄全了来‘漂’掉我们?！”过去说书上手地位高于下手，下手一般都会尊重和服从上手，但是郭彬卿却率性而为，对侯的意见置若罔闻，两人为此经常争吵。说来也巧，“年二档”侯郭卸昆山老同春，玲霞接的是昆山畅乐园，再次同埠，双方的友情更深了一步。当时西园书场请的是王燕语父女，昆山城同时开说三档《珍珠塔》，侯郭的生意没有预想中的火爆，侯九霞因此归咎于郭彬卿，上下手关系日益冷淡，为拆档埋下了伏笔。

由于当事人均已去世，介绍过程的细节已无法还原。但是从相关报道中我们不难发现，朱、郭双方合作意愿很强烈，很快就商定了有关事宜。郭彬卿曾和周云瑞合作一年，两人私交甚笃，决定拼档后郭彬卿特地和周云瑞通了电话，告诉他朱雪琴声音宽厚，特别亮，两人已经试演过，声音很和谐，很好听。周云瑞对“女男档”形式并不赞同，只表示可以尝试一下，同时提醒他注意脚色的分配，男脚色不要总让女上手起，郭作为男下手也不可以只起女脚色，否则会让听众感到不协调、不舒服。

1952年7月中旬，朱雪琴刚由杭州转至硖石演出，《上海书坛》即已透露她“闻将来沪隶做”的消息，当日刊登的六月初一起新阵容显示，朱雪琴、朱雪霞排在维也纳书场。鉴于拼档计划有变，朱雪琴并未赴沪，就近转道嘉兴珊凤书场。消息灵通的上海场方闻讯后纷纷赶往嘉兴，争相邀聘八月初一的业务。此时朱郭拼档大局已定，朱雪琴决定趁热打铁，立即亮相上海书坛，珊凤书场改由周玉泉单档接做。场方为了及早谈妥业务，占得先机，毅然打破两月更换阵容的规矩，当场商定七月初一开书。8月16日，“朱雪琴已由嘉兴来沪，农历七月初一起已接隶书场多处，决与郭彬卿拼档”的消息经《上海书坛》披露后，迅速传遍江浙沪书坛。

8月20日，农历七月初一，备受瞩目的“朱郭档”正式亮相，日夜分做富春楼、大沪、沧洲、维也纳、华园、大美等六面书场，全部开说新书《梁祝》。朱雪琴、郭彬卿都是在上海走红，深受听众欢迎的名艺人，这番强强联合，而且以女上手男下手的方式登台，在说书史上是破天荒的，轰动效应自不必说。赵开生先生有幸目睹他们初次登台的盛况，六十多年

朱雪琴、赵开生等人合影（朱一鹤先生提供）

后回忆此事，他对朱雪琴的风采和观众的热情仍然记忆犹新。

当时雪琴老师真漂亮！我记得是热天，一身玄色印度绸的短袄，长裤子，大脚管（当时香港还未流行，她已经领先一步），黑色镂空高跟皮鞋，踏到台上风度翩翩。拿起弦子一唱，下面掌声不绝。他们沧洲送客，第一回书是《梁祝》中的"十八相送"，上手唱一段，下手再唱一段，上手唱完，下手还没开口，在弹琵琶的时候，掌声已经"哗"地响起，唱一句一个彩头，唱一句一个彩头！

后来再去丽都书场听《哭灵》，不是一人到底，先郭彬卿唱，篇子都是《珍珠塔》中"搬"过去的（《婆媳相会》里"眼睁睁看定老夫人"那段），改成"眼睁睁看定孝幔门，战战兢兢如履薄冰，不觉浑身冷汗淋，娇躯跪倒地埃尘，哭出哀哀肠断声，断肠声里把梁兄称"。唱完一段后，到孝幔里看梁的遗容时，再由朱雪琴唱，"一眼闭来一眼睁"。《哭灵》就是"哭"一回书，唱一回书（那时上海书场都是几档合作，一回书只有半个多小时），这种形式听着很新鲜，很吸引听众。

因为生意过于火爆，他们别出心裁的"女男档"难免引起热议。读者听闻认为这是吸引听众的"花招"，直言不讳地指出"希望朱郭两位，应严肃弹唱态度，努力搞好新书，切勿存着丝毫'卖噱头'和'抢风头'思想"。听众朱培元、林稼人联名以公开信的形式质疑"为什么偏要双反串"？所谓"双反串"是指书中人物出场时朱雪琴反串男角，郭彬卿反串女角。在他们看来，既然男女拼档，尽可男的起男角，女的起女角，"双反串"不伦不类，有"卖噱头"之嫌。他们认为"双反串"违背戏曲改进的指示，希望"朱郭档"及时纠正。

很显然，朱、林两人对唱戏和说书的本质区别不甚了了。说书人起脚色与戏曲中的人物扮演截然不同，不存在反串之说。设若起脚色受到性别限制，那就无从体现说唱艺术一人多角的魅力，说书也不成其为说书了。他们的观点见报后，很快就遭到其他听众的反驳。

这次朱雪琴与郭彬卿拼档说《梁祝》，朱充上手，郭充下手，打破了向来男上女下的惯例，是一种革新行动。使具有上手条件的女同志，不为旧习惯旧制度所束缚。这一次朱郭合作，因为朱是宽嗓，郭是尖嗓，至于朱去梁山伯，郭去祝英台，还是求艺术上的支配合理。可以运用本嗓。其次我以为上手多说白表唱，全书中祝英台篇子，比梁山伯为多。如果上手起祝英台，下手篇子更少，亦不太宜，既然如此则何必宽嗓的一定要去祝，而尖嗓的却要去梁呢？（1952年9月3日《上海书坛》）

这是读者王越针对朱、林两人的观点所发表的不同看法，其观点客观鲜明，颇有代表性，无形之中为“朱郭档”减轻了舆论压力。至于朱雪琴和郭彬卿本人，都没有对此做出任何回应。事实上，他们长期合作的事实和卓越的艺术成就，就是对“卖噱头”和“抢风头”等无端猜测最强有力的否定和回应。他们的成功还引起部分同道的效仿，其中较受欢迎的陈绿波、汤乃秋双档被听众称为“赛朱郭”，可惜两人合作时间不长，影响不大。

打造新长篇

在很长的历史时期里，长篇演出几乎占据说书人演艺活动的全部，长篇演出收入是演员唯一或最主要的生活来源。艺人的知名度，演出的上座率，乃至艺人和书场的收入，在很大程度上都决定于长篇的质量。影响长篇质量的两个因素，是长篇书目的脚本和艺人水平的高下，所谓“人一半，书一半”“人说书，书说人”即是如此。任何一位名家的成长和成名，或继承发展，或另辟蹊径，都必然拥有一到两部代表性的长篇书目。

朱雪琴自出道以来，主要弹唱《珍珠塔》和《双金锭》两部长篇。解放后虽然说过《林冲夜奔》《红楼梦》等新书，但都是响应春节戏曲竞赛的急就之作，不仅篇幅过短，质量也不够完善，没有正式进入书场作长篇演出。“斩尾巴”之后，另一部新书《铁树开花》被“逼”上书台。该书在

郭彬卿君略歷　過家璺

彬卿爲薛筱卿之門生，擅唱開篇，尤以乞丐歌一曲，更爲著名，自薛筱卿於今秋與沈儉安拆擋後，即攜彬卿爲下手，琵琶靈活，如珠走玉盤，收牡丹綠葉之功，書藝更見猛進，爲小輩中之雋才。

郭彬卿先生近影

《联合弹词开篇全集》对郭彬卿的介绍

上海、常熟、无锡、浙江等地陆续演出半年，可惜均未产生很大的影响，朱雪琴为此担忧新书难以为继。为了稳固自己的书坛地位，必须迅速推出一部较有影响的新长篇。借着调整下手之际，她果断放弃《铁树开花》，更换新书《梁祝》，以全新的双档和全新的书目重返上海书坛。

梁山伯与祝英台的故事流传千载，是家喻户晓的爱情悲剧，以此为题材的民间戏曲、说唱不胜枚举。就弹词而言，早在乾隆年间已有《新编金蝴蝶全传》《新编东调大双蝴蝶》等弹词小说问世，但是并没有弹词演出的记载。大概因为过去听书纯为娱乐，梁祝故事过于悲凄，不能为听众所喜。解放初，张鉴庭、张鉴国昆仲为了紧跟蒋月泉、唐耿良等人的前进步伐，首次请人将《梁祝哀史》改编为弹词，1949年10月下旬在大中华、大同电台播唱。但是限于编者水平和书性风格，“张双档”的《梁祝》只是昙花一现，没有成为保留书目。

1951年，华东戏曲研究院整理改编的越剧《梁山伯与祝英台》成功上演，意味着这一题材获得官方的认可。著名弹词艺人钱雁秋以越剧演出本为参考，编成第一部长篇弹词《梁山伯与祝英台》，并将脚本公开发表在《大报》上。随后，根据越剧本、钱雁秋本并结合其他资料改编《梁祝》的越来越多，从1952年春节开始陆续弹唱此书的艺人超过40档，在二类书（解放后编演的历史题材长篇书目）中位居首位。

“朱郭档”《梁祝》的作者是吴双人，曾经在《新闻报》副刊《新园林》担任过副编辑，有一定的文字功底。吴双人不单是老听客，还是一位“琴迷”，他根据朱雪琴的艺术特长编写了大量唱篇，有的唱词直接套用《珍珠塔》中的经典唱篇，如《楼台会》中的“痛责”。这部《梁祝》虽然是新书，却沿袭了《珍珠塔》的说唱风格，让朱雪琴和郭彬卿有了充分发挥的空间，所以初次献演就收获良好的反响。

“他们是现吃现吐，写一回说一回，说得非常精彩。那时的唱有‘俞调’夹进去，红的不得了。”弹词名家薛惠君老师回忆听“朱郭档”的场景，依然十分激动。

从1952年8月20日至1953年2月初，他们在上海各大书场弹唱《梁祝》长达半年。其中沧洲书场的演出尤为火爆，从最初的日场送客到三个月后日夜两场送客，创造了一部新书连说五月、日夜送客的书坛纪录。沧洲书场是上海最著名的新型书场，它地处南京路成都北路口，装修考究，座椅舒适，配备了先进的灯光、扩音设备，所聘演员均为说唱俱佳、新颖时尚的名家。这里的听众大多是具有一定经济实力的知识分子，其中不乏社会名流，例如著名篆刻家、书画家陈巨来就是该书场的资深老听客，他也是朱雪琴的书迷，常为座上客，并以印章相赠。著名书法家、篆刻家高式熊时常跟随陈巨来听书，亦为朱雪琴洒脱豪放的弹唱风格所折服，他赠送的印章刻成古琴模样，篆“雪琴”二字，可谓别具匠心，颇有纪念意义。

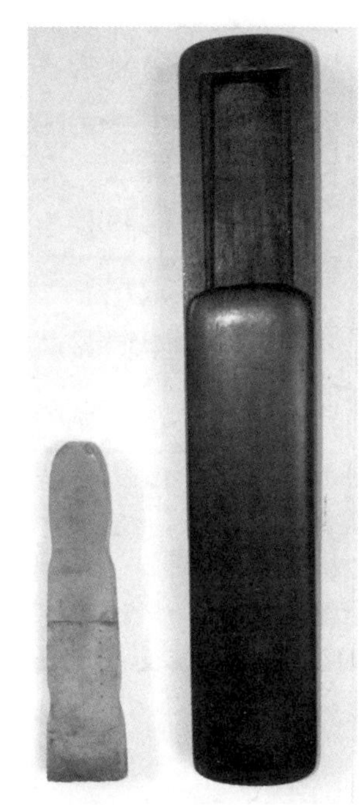

高式熊为朱雪琴刻制的印章（朱一鹤先生提供）

新书的初演不可能一帆风顺，听众的批评建议并不鲜见。例如《楼台会》是书情的重要转折，书中以大量对唱渲染梁祝痛苦悲愤的感情，其创造性和表现力得到听众肯定。同时，有的听众提醒朱雪琴应注意表、唱过快而咬字不清的弊病；有的提出朱雪琴起梁山伯脚色时不应该再用老书中“揩鼻头”的动作；也有人认为部分唱词生搬硬套，脱离书情，书中穿插庸俗，离题拖沓，缺乏教育意义。虽然有些问题吹毛求疵，不值一哂，但是朱雪琴和作者吴双人都一一回应，及时在演出中予以修改。当时《上海书坛》为了迎合形势，已全然改变风格，报上充斥着各种检举、批评信息，许多思想激进但不懂艺术的听众“热情”高涨，对新书内容和表演形式横加指责，妄加评议，艺人说书如履薄冰，这是导致“斩尾巴运动”中新书量多质次的主要原因。

1952年11月朱郭档在沧洲书场日夜送客

这次演出档期长，书场覆盖面很广，既包括沧洲、丽都、维也纳、维纳司、大沪等新型高级书场，也进入了华园、富春楼、汇泉楼、群玉楼等老牌茶楼书场，广泛接受新式听众和老听客的“检阅”。1953年春，“朱郭档”奔赴江浙各埠书码头，经过近半年的锤炼打磨，《梁祝》更趋巩固成熟。初夏时节，上海场方开始筹划下一期阵容，“朱郭档”《梁祝》被各大书场当作最重要的节目，“朱郭档”因此在接受邀请时提出了“多拿一根签子”的要求。所谓“签子”是说书人和场方拆账分成的代称，按照上海书场以往的惯例，多档越做的书场，一档书拆一根签子。但是因为几档艺人书艺有参差，号召力不同，对于售座的贡献有差别，当时黄异庵、杨振雄拼档风靡一时，他们首先提出了“多拆一根签子”的要求，即一档书拿两档书的分成。自“黄杨档”后，许多一流响档都这样拆账，书场为了营业考虑，也无法拒绝。“朱郭档”的要求受到同场其他艺人的抗议，《新民报晚刊》发表月子的文章，对这种“特殊待遇”提出批评。尽管在旁人眼中“朱郭档”有些骄傲，但从票房角度看，他们的号召力确实“高人一等”。

因为未获文化部门支持且遭到多数艺人的反对，此时“斩尾巴运动”已经偃旗息鼓，许多传统书恢复弹唱，书坛上出现新旧书共存的局面。自八月初一开始，“朱郭档”在沧洲、米高美、大沪、维纳司、华园等书场再次“复档”，一直演出至春节。在此期间，上海演出场子最多的是《白蛇传》，其次为《梁祝》，共有4档艺人9个书场。其中，徐琴芳、侯莉君兼说《落金扇》，陈绿波、汤乃秋兼说《珍珠塔》，陈文雪、杨雪虹兼说《情探》，唯有朱雪琴、郭彬卿在所有书场都说《梁祝》。虽然“朱郭档”的场子大多是“复档”，上座率却仍然首屈一指。著名报人姚苏凤对《梁祝》极为关注，专程去听了这四档书，并综合了解了其他听众的不同意见，从情节、技艺以及主题思想等角度作了评价，提出建设性的意见，对“朱郭档”寄予更高的希望。

朱雪琴和薛惠君演出照（上海评弹团提供）

> 朱郭档的艺术水平是高的，他们说得熟练，唱得动人，表现得细腻生动，又善于利用评弹的固有特色来加强演出的效果。但是，如果要求得再高一些的话，我就觉得他们对于梁祝之爱的描写还不免是肤浅的、复述性的，至多也只能使人觉得“有趣”（前段）、“可怜”（后段），而不能使人真正感动，更不能使人从而正确地体会《梁祝》故事的主要的精神所在。在这里，我愿意给他们在说唱这部书时，必须强调梁祝两人的完整的、崇高的友谊与爱情（即使在楼台会时，也不应该为了一意追求“刺激性”而故意制造两人间的误会与冲突），也必须强调梁祝两人最后对于共同敌人（封建势力）的一致的认识与憎恨（例如：“痛责”等唱词，不应该用以表现梁山伯对祝英台之误解，而应该搬在结尾，用以表现梁山伯对祝公远的愤慨）。也只有这样，朱郭档的说唱才能得到更高的成就。（苏凤：《戏曲评介：我对〈梁祝〉弹词的一点意见》，《新民报晚刊》1953年9月18日）

通过自身的努力和听众的支持帮助，“朱郭档”的《梁祝》不断演出、不断修改，日臻完善为优秀的新长篇。特别是《楼台会》这回书，经过重点加工整理，摒弃了“痛责”等可有可无的唱篇，在梁祝相会时语言交流、感情变化上做文章，边说边唱，说唱交融，是一回堪与《珍珠塔》选回媲美的“唱功书”，其中梁山伯误责“言而无信祝英台，反复无常不应该”这个唱段成为“琴调”的经典选曲。据《评弹文化词典》介绍，“朱郭档”还

朱雪琴和余红仙演出照（上海评弹团提供）

别出心裁地创造了"关篇"。"关篇"这种形式与"开篇"相对，是长篇弹词结束时弹唱的唱篇，内容为总结全书情节，交代后续结局。一般而言，长篇演出的尾声以"表书"为主，由于要交代清楚全书及主要人物的结局，容易导致表述冗长松散，使听众觉得兴味索然。"朱郭档"在弹唱《梁山伯与祝英台》时，以《梁祝关篇》代替"表书"，夹唱夹议，为全书留下不绝的余韵，这种独一无二的创举深受听众赞赏。

继《梁祝》之后，"朱郭档"和吴双人合作了第二部新书《西厢记》，于1952年农历十月初一起试演。当时，"朱郭档"在上海的演出仍以《梁祝》为主，只在新乐书场日场弹唱《西厢记》，目的是通过试说将书理顺，同时听取反馈意见。然而事与愿违，该书试唱两月之后即绝迹书坛。失败的原因主要有两个。第一，《西厢记》文学性强，自清代朱寄庵改编为弹词后，弹唱者屈指可数，享誉者仅朱兰庵、朱菊庵和黄异庵两档，他们都有深厚的文学功底，根据弹词特点对原著加以改编丰富，说唱雅俗共赏，趣味盎然。吴双人改编本受戏曲改革要求的限制，比较忠于原著，为了突出反封建礼教的主题思想，说唱过程不能随意穿插，少有趣味。第二，当时尽管仍处于"斩尾巴"阶段，但是已有"接尾巴"现象。黄异庵以重新改编为由重开《西厢记》，分别与杨振雄、冯筱庆、钱雁秋弹唱于五家书场。他的《西厢记》早就享有盛誉，听众先入为主，视为正宗，"朱郭档"非其敌手。其时开说《西厢记》的还有李伯康、徐绿霞师徒档，同样以失败告终。

《西厢记》的失败并没有动摇"朱郭档"的信心，他们一边打磨《梁祝》，一边继续寻找合适的新书。1953年9月，上海合作越剧团戚雅仙、毕春芳主演的《琵琶记》引发朱雪琴的关注。该剧被誉为“传奇之祖”，全剧结构分为两条主线，一条是蔡伯喈进京赶考入赘牛府，另一条为赵五娘奉养公婆祝发买葬，情节布置巧妙，两条主线交错发展，形成对比冲突。这种双线结构与弹词传统书极为相似，非常适合改编演出，朱雪琴立即约请姚苏凤执笔编写。1954年春节，“朱郭档”的《琵琶记》正式与上海听众见面。“年档”的五家书场中，大沪、群玉楼刚刚说完《琵琶记》(魏含英、张丽君弹唱)，“朱郭档”虽以相同书目接下脚，但书路各异，风格独特，对听众仍有十分强的吸引力。该书自大年初一上演后反响极佳，各大书场争相聘请，竟持续说至年底，特别是大沪、丽都两家书场，仅隔半年就再次“复档”，受欢迎程度可见一斑。

短短两年时间，“朱郭档”成功打造两部新长篇，艺术风格逐渐形成。即使传统书“解禁”后，他们仍然坚持说新书，十年磨一剑，《梁祝》和《琵琶记》在长期演出实践中日益完善成熟，成为和《珍珠塔》一样蕴含“朱郭档”独特说唱风格的长篇代表作。

琴调臻圆熟

“琴调”是朱雪琴弹词艺术的重要组成部分，它的诞生和发展是朱雪琴书艺发展的重要标志。

朱雪琴的学艺期很长，贯穿了她的童年、少年和青少年时代，这个阶段重在模仿习练基本功。由于时局动荡，生活飘零，学艺和实践条件都比较差，除了掌握基本的说唱技艺外，艺术上的追求极为有限。能够成为听众欢迎的普余社女明星，书艺仅在其次，年龄和容颜是主要因素。

抗战胜利后社会环境有了改善，朱雪琴的艺术道路开始步入良性发展。再度和养父拼档时，她已经不再是从前那个亦步亦趋的下手，坎坷的生活使她变得成熟而理性，开始在艺术上有所突破和追求。这一点，在余雪莉整理的《朱雪琴谈艺琐记》中也有反映：

我从小喜欢听书，自己学说书后就更加喜欢看别人演出，特别喜爱听沈俭安、薛筱卿的书，总觉得他们说书好听，唱好听，乐器也好听。我听得入了迷，不论他们在哪里演出，我总想方设法去听书。脑子里一直在想，他们这种唱法倒很配自己的胃口。但是怎么唱呢？我嗓子不好，低八度傢生唱他们的调门仍旧不好听。再说我和父亲只有一副傢生，父亲又是老派，不肯改动。

求新求变的萌芽一旦产生便迅速生长。一个偶然的机会，当她弹唱《双金锭》中龙梦锦的一档篇子时，突然灵光乍现，唱出了第一句"琴调"新腔，由此进入艺术初创期。任何一个新生事物的出现都不会一帆风顺，"琴调"新腔虽然受到不少听众的极力赞誉，但也有很多听众和同行对之非议，称之为"怪调"，甚至把她翻高腔的声音讥讽为"拉警报"，谑称她是"警报老生""书坛怪杰"。对于这些嘈杂的反对声，朱雪琴处之泰然，不卑不亢地公开回应："至论雪琴之唱词，有谓怪腔，固然合理，唯雪琴诚愿别树一帜，独立一派，第以炉火未曾纯青，事实再需造诣，故未敢越称'琴调'也。"

朱雪琴（朱一鹤先生提供）

这个时期朱雪琴机遇不断，先是拜在沈俭安膝下为寄女，后又得他提携拼档。亲炙"塔王"，机会难得。为此，即使卷入舆论风波，遭受误会指责，她也无所顾忌。一个耳提面命，一个孜孜无倦，沈俭安自成一派的说表、弹唱、手势、面风、眼神等，为朱雪琴提供了全面而充足的"奶水"。这些元素又是艺术创造的源头活水，经过消化吸收，可以转化为她的艺术。

从"双朱档"开始，朱雪琴进入艺术成长期。从下手翻作上手，她在双档演出中的地位发生彻底改变，原来只要配合好上手，侧重于弹唱，做了上手则要掌控全局，需要在书的剪裁、分配以及说、噱、弹、唱等方面具备综合实力。拼档伊始，朱雪琴就一改往日风格，全力效学沈俭安的唱腔和做派，为此她煞费苦心，吃尽苦头。

以唱调高低而言，原来的沈调定音是C=1，而我的定音则要高它三度G=1，但是当音调一升高时，原来的韵味就再也不复存在，我就降低它二度定音E=1来练唱，这样还能保持一定的韵味。可是，定音一低，嗓音遭到压抑，开始唱时，真犹如老牛叹气一般，有劲也使不上来，还曾影响了我一个时期的业务。遇到这困难，我曾想过弃生就熟，可父亲那句"要有真本领，才能站得住脚"的话又在我耳边响起。为了要有真本领，我仍坚持练。

我练得很苦，平时进进出出，从睁开眼睛到晚上睡觉，我一直哼沈俭安调门，吃饭时我一面捧着饭碗，一面鼻子里还在哼，有人讲我像神经病。学生朱雪吟也跟得很苦，一直翻高八度傢生，弹得青筋暴出，眼睛弹出，她也没办法。我坚持唱，她必须跟着弹，到后来唱唱好像顺起来了，喉咙不痛了，傢生也和了。再唱，到C字音也唱得比较舒服了。后来我干脆不倒弦马，始终是这个音，并且养成了习惯，弹弦子不倒弦马。慢慢慢慢越唱越顺，就像一条槽那样被开出来了。

皇天不负苦心人，那一刻她终于得窥"沈调"堂奥，并开始探寻从"沈调"通往"琴调"的门径。"琴调"最初遭受批评的焦点是它在整体唱腔中显得突兀，使听者感觉不自然不协调。从"沈调"成熟的唱腔体系中，朱雪琴获得了许多借鉴和启发，将其化入"琴调"新腔之中，使这句特色甩腔变得和谐流畅、悦耳动听，逐渐为听众普遍接受和喜欢。"近日师徒俩在台上甚是卖力，雪琴唱腔已改观，完全效学沈薛调门，无复有汽笛式之怪腔闻矣。故听众对其印象甚佳，送客人数，平均在八成左右。"那些指责她狂妄自大、野狐参禅的听众，也被她不屈不挠、矢志创新的精神所折服，称赞"朱雪琴努力用功，力争上游，不失为可造之材"。

"双朱档"仍然延续沈、薛调为主的风格，把琴调新腔作为"卖调"融

朱雪琴、姚荫梅、唐耿良在一起谈艺（朱一鹤先生提供）

合其中，在唱腔、弹奏等细节上加以变化，使整段唱篇不失马调系统的韵味，又有与众不同的特色。因为听众欢迎，朱雪琴一度陷入误区，每逢唱篇必用新腔，有时候唱得高兴，一档篇子竟然连唱十多次。有一次，朱雪琴和姚荫梅在苏州龙园书场同场演出，该书场每场安排两档书，“双朱档”开场，姚荫梅送客。姚荫梅艺术经验丰富，很快发现了朱雪琴的弊病，并及时向她提出建议。“雪琴啊，你唱是唱得蛮好，我听听也蛮好听。不过我有点想法让你作参考，你唱得卖力得不得了，‘打打打’，一家一当侪拿出来卖光。听客今朝听，明朝听，第三天还是这个样子就觉得没有味道。你的唱要园一点，今朝唱一句，明朝唱一句，第三天再换一句，让听众每天有新鲜感。就像吃小菜一样，吃得少，搭点鲜头，更觉有滋味。”

这番话说得朱雪琴茅塞顿开。对呀！俗话说“好曲子不唱三遍”，长此以往，再好听的新腔也会令人生厌。在姚荫梅的启发下，她开始因时、因地、因情安排新腔，一场演出最多重复一两次。这样一来，听众每天都有期待，演出效果反而更强。不仅如此，她对经常演唱的其他唱调也进行大胆的变革，“琴调”唱腔逐渐丰富起来。她曾经这样说过：“姚荫梅先生对我的曲调改革帮助很大，没有他，我就只有几句调门，不会再动别的脑筋，而现在就逼着我动脑筋，而且还要根据书情内容来动，调门短的就拉长点；弯子少的就多弯点，有的唱法直通通的就加上点装饰音，但还是相当浅薄。直要到和郭彬卿拼双档后，我的琴调唱腔才有了一个飞跃。”

朱雪琴和薛惠君演出照

熟悉弹词曲调的朋友都知道，每一种弹词流派除了具有特色的唱腔，其伴奏过门也是与众不同的，老听众一听过门就知道是什么调。朱雪琴在创造“琴调”唱腔的同时，也独创了“琴调”的三弦伴奏：左手上下滑动，右手连续弹奏滚音。这个创意来自她曾经观看的一部电影，影片为了突出汽车滚下山坡的效果，连续用“得仑……”声配音。她觉得这个声音很有特色，可以表现“琴调”轻松跳跃的特性，于是尝试在三弦上摸索弹奏出来。当时弹词传统，三弦大多只弹上、中两个把位，朱雪琴基本功过硬，可以弹下把和超下把位。经过长期实践，她把电影配音中吸收的技巧逐渐融入超下把的过门，使之成为“琴调”三弦最具特色的弹奏手法。（据朱雪琴《两个“第一”忆当年》所述，这种过门后来又被李子红吸收运用到他的琵琶过门中。）

听众刘子万曾在《上海书坛》专门撰文，赞其三弦的妙处：

诸君听书之时，如若注意朱雪琴之三弦，则见其左手倏上倏下，忽而山口，忽而柄尾，忽按“子”，忽按“中”，忽按“老”，手到音到，忽高忽低，快慢转变，忽徐忽速，加以右手弹挑，滚撚有序，双手合律，不差毫厘，音繁则用指繁，音少则用指少，但见其指挥手送，疾徐扬抑，各得其宜，其左手手指按放，上下姿势之美妙，好看，令人惊绝，悠然神往，诚有不可思议之佳趣也。

成长中的“琴调”不仅受到听众的欢迎，也逐渐得到大部分同道的认可，开始在书坛上流行。例如，姚文荪携女徒美君、雯君说唱《珍珠塔》时，“美君去采苹，和去陈翠娥的雯君，分唱同下十八级楼梯叠句马调篇子，小小年纪，居然咬字清晰，口劲又足，佳腔迭出，间效朱雪琴唱腔，也很动听，连博满场掌声”。祝逸亭、蒋云仙名扬书坛的什锦开篇中，一曲“琴调”必不可少，连弹唱《玉蜻蜓》的曹啸君、曹织云也在书中学唱“琴调”，以此迎合听众，提高卖座力。某次沧洲书场举行早场会书，朱雪琴和沈俭安、薛筱卿合说《小夫妻相会》，当她翻花腔“琴调”时，“坐在上首的俭安操三弦点头播脑，笑容可掬，大为得意”。“琴调”虽然是弹词唱调中的“后起之秀”，但其票房号召力大有后来者居上之势。

朱雪琴演唱新开篇，薛惠君伴奏（上海评弹团提供）

当上海评弹界举行抗美援朝捐献义演书戏《野猪林》时，朱雪琴应邀参演并在“长亭送别”中演唱“琴调”，和她一同饰演众乡邻和禁军，演唱各派各调的还有徐云志、祁莲芳、周玉泉、薛筱卿、杨仁麟、魏含英、俞筱霞等人，都是弹词流派创始人或代表人物。超豪华的编、导、演阵容使这出书戏在上海文艺界引起巨大轰动，这次大型演出是“琴调”获得苏沪书坛集体认同的标志，同时对“琴调”的广泛传播产生一定的推动作用。

1952年8月，“朱郭档”开始长达14年的合作。不管是朱雪琴本人还是熟悉他们的同道，莫不认为郭彬卿对于“琴调”丰富发展厥功至伟。一般来说，女子的嗓音比男子高而尖，但朱、郭两人都与众不同。朱雪琴的嗓音比一般女子低，郭彬卿嗓音比普通男子高，两人的最佳音区非常接近，都可以唱到B调，这种现象在弹词艺人中是绝无仅有的。更重要的是郭彬卿的弹唱基本功，也是百里挑一的。在此之前，朱雪琴一直是师徒合作，尽管朱雪吟十分聪慧，琵琶功力不浅，但两人毕竟不在同一水平线上，艺术发展受到限制。朱、郭拼档，强强联合，他们特别钻研，特别刻苦，一有空就“合傢生”（三弦、琵琶的配合），研究弹唱，艺术上得到相互促进和共同发展。

郭彬卿自幼苦练琵琶弹奏，投师薛筱卿之后如鱼得水，不仅继承所有过门，对于如何“托琵琶”也有独到心得，深得“薛派”琵琶伴奏精髓。朱雪琴的唱腔、唱法大多脱胎于沈调和薛调，郭彬卿对她的艺术特色了如指掌，琵琶伴奏几乎能“粘”着唱腔，使唱者舒服，听者畅快。经过半年磨合，两人的合作已经十分默契。唱的高亢有力时，弹的铿锵激越；唱的平和婉转时，弹的柔和软糯；唱篇优美丰富时，伴奏朴素简单，以展唱功；唱篇单调乏味时，用大量花过门伴奏，以补演唱之不足。朱雪琴的唱自由度很高，往往随口而出，高低起伏，轻重缓急视现场情绪而定；郭彬卿伴奏灵活机变，且异常用心，琵琶音随声出，声断音绝，弹与唱的情绪、节奏浑然一体，即使逢到转调、换气或简短的说表时，也能用极短的小过门加以烘托配合，使整段唱腔的韵律天衣无缝，美妙绝伦。

> 我们拼了半年，因为托得她气顺，她唱时余气未尽，就突破平音调转入尖音，所谓假嗓子，这一句音调特别好听，就是在结束的第二句这一声高而亮的尖音，再后一句就是原来的“琴调”。结束第二句听上去最刺激，我们未拼档之前，这一句调子是没有的。因我的嗓音狭，所以阳面音也就唱得很高，起先她也懂得合作要发挥两个人的长处，她也很愿意唱得这样高，因音唱得最高处，就很可能碰到尖音，或假嗓子，唱这种好听的调子，一定要上来先唱一二档普通平调，唱到气最顺，傢生要和，她越唱越顺，最后就能唱出这一句调子。

从郭彬卿撰写的艺术总结中可以了解到，朱雪琴和他拼档半年后，由于琵琶的悉心衬托，演唱酣畅淋漓，艺术潜力和创造力发挥到极致，即兴创造出许多新的唱腔。郭彬卿以弹唱“薛调”为主，他的唱与薛筱卿相比虽然刚劲不足，但能结合自身条件在柔糯上下功夫，形成一些新腔。当和朱雪琴对唱时，一个大气磅礴，一个轻柔婉转，强烈的对比总能引发哄堂效果。朱雪琴天赋聪明，耳音好，悟性强，善于学习融化，郭彬卿的新腔给了她许多启发，加上从“沈调”“俞调”“薛调”等曲调中汲取的滋养，“琴调”唱腔日臻丰富成熟。特别是朱雪琴加入上海市人民评弹工作团之后，“琴调”唱腔以及朱雪琴的弹词艺术发展达到巅峰状态。

参加上海团

1951年5月5日政务院发布《关于戏曲改革工作的指示》，指明了新中国戏曲工作“改人、改戏、改制”的中心任务和根本方向。“改人”是解决思想问题，增强政治意识；“改戏”是去除糟粕，推陈出新，提升艺术质量；“改制”则是从制度层面为前两项工作的顺利推进提供保证。当时，全国戏曲界已相继成立中南京剧工作团、新中国实验京剧团和华东越剧实验剧团等为数不多的国营戏曲剧团，为“改制”发挥带头示范作用。受此影响，颇有远见的唐耿良和蒋月泉率先行动，迈出了评弹界“改制”的第一步。经过积极的联络动员，张双档、周陈档、刘谢档、吴朱档、张鸿声、姚荫梅、徐雪月等陆续加入，他们的进步行为正好合乎戏改之主旨，所以得到上海市文化局的重视和支持。1951年11月20日，上海市人民评弹工作团和人民京剧团、人民杂技团同时举行成立庆典，历史上第一个国营评弹团正式诞生。

上海团的成立是艺人和政府共同推动的结果，它的示范意义不言而喻。正如唐耿良所言：“评弹团前为什么要加‘工作’两个字呢？因为评弹演员都是单干的，将来我们要到评弹界去做示范工作，所以加了‘工作’两个字。”短短一年时间，苏州新评弹实验工作团、苏州新评弹实验工作第二团、无锡新评弹实验工作团、上海市新评弹实验第一组至第五组相继成立，大批个体艺人走上集体化道路。在评弹界异常高涨的集体化浪潮之中，朱雪琴又是如何做的呢？从当时的报道中我们可以发现，她经常参加协会组织的新书实验、爱国宣传、慈善捐献等各种类型的义播、义演，

女艺人联合演出，前排右一徐雪月，右三朱雪琴（姚勇先生提供）

是一位热情参与新书改革、积极参加集体活动的艺人。但对于走集体化道路，她的态度不冷不热，若即若离。

1951年6月，魏含英、朱耀祥、华伯明等鉴于新书戏成绩优异而发起筹组评弹实验剧团，朱雪琴有着多次成功参演书戏的经历，也被邀请参加筹备工作。因为各种原因，实验剧团最终没有组织起来。到了1952年10月下旬，再次传出朱雪琴亦有计划组织集体之说。由于缺乏相关资料，我们无法了解朱雪琴组织集体的详细情况，或许这只是个误传，也可能没有组织成功。

从上海成立的几个新评弹实验组来看，集体组织的建立有几个关键因素。第一，数位艺术声望高、组织能力和号召力强、志同道合的艺人形成核心，积极发起推动。如第一组的主要发起者顾宏伯书艺高超，急公好义，经常为人介绍上海业务，追随者甚众，以他为首的一班人被戏称为“顾家庄”，所以当他和严祥伯、薛筱卿发起成立组织时，很快就得到响应，率先建立起上海市评弹协会领导下的评弹实验组。第二，组织起来的目

朱雪琴（二排右三）与同事在一起（朱一鹤先生提供）

的是响应号召，更好地为工农兵服务，需要定期开展集中学习和实验演出，这样必然会牵制艺人的精力，影响经济收入。正像俞筱云在第三组成立大会上强调的那样，“同志们必须打破经济观点和个人英雄主义”，协会秘书蒋开华也要求组员们“首先必须集中思想……要绝对有纪律性，服从全体的决议”。第三，还需获得编者的支持，推出新评弹作品。如第一组曾邀请作者周行、杨逸云出席成立大会，在创作方面获得他们协助，成功上演了《朝鲜儿女》《白毛女》《小女婿》《赵一曼》等新书。有些组织成立后很少开展集体活动，也没有排练新书，很快就因为组员离沪他往而分崩离析。

朱雪琴虽然是创造“琴调”的名艺人，但没有足够的组织、协调能力，迫于经济压力，她的主要精力又必然放在长篇上。鉴于此，我们可以推测当时朱雪琴组织或参加集体的意愿并不强烈，她最关切的是长篇演出，这是影响经济收入和家庭生活的关键。尽管是单干的个体艺人，朱雪琴的思想和行为并不落后。1954年2月，上海文艺界开展推销国家经济建设公债的宣传活动，除了上海市人民评弹工作团、苏州市评弹实验工作团迅速响应以外，朱雪琴、郭彬卿、严雪亭、薛筱卿、杨振言、华佩亭等艺人也积极行动，在日常演出中加唱劝买公债的新开篇，鼓励听众踊跃认购公债，取得良好的社会反响，也在个体艺人群体中发挥了带头作用。

7月13日至15日，上海市戏曲改进协会召开评弹工作座谈会。据《新民报晚刊》报道，上海市人民评弹工作团和评弹改进协会共60余人出席会议。尽管协会艺人占了大多数，但会议以国营剧团为主的基调非常明显，首个议程就是由上海市人民评弹工作团负责人作有关评弹发展方向和评弹艺人当前任务的报告。报告认为新评弹必须首先为工农兵服务，演出形式将逐步走向以中、短篇为主，演出方式也将逐步由个体走向集体。经过一天的小组讨论，刘天韵、薛筱卿、朱雪琴、曹梅君等13位代表作大会发言，不管发自内心还是表面敷衍，大家一致表示拥护报告提出的方向和任务，并以批评和自我批评的方式指出评弹界存在的一些不良现象。戏曲改进处副处长、戏曲改进协会副主任委员刘厚生在总结发言时指出"明确了方向，规定了任务"是会议的主要收获，鼓励大家"团结在国营剧团的周围，加强学习，严肃生活，为说好新书而努力"。这次会议释放出明显的信号，评弹改进协会的话语权已经被评弹团取代，由个体走向集体是必然的。

时隔不久，上海评弹艺人开展宪法草案讨论。为了达到积极正面的宣传效果，《新民报晚刊》精选了13位艺人的发言，编辑成专题报道。其中上海团8位，分别是刘天韵、唐耿良、蒋月泉、周云瑞、张鸿声、朱慧珍、徐丽仙、吴子安，另外5位是顾宏伯、朱雪琴、杨斌奎、杨振雄、杨振言。与评弹工作座谈会相比，这些发言人选的政治考量更为明显，杨家父子其实已经通过评弹团的初步考核，属于"候补"团员，一个多月后就正式入团了。朱雪琴是典型的"翻身女艺人"，不论书艺还是政治思想，较之团内女演员有过之无不及。她联系梁山伯与祝英台、赵五娘与蔡伯喈等书中人物的不幸遭遇，结合自己在新旧社会的不同经历，坦陈自己原先并不

朱雪琴、姚荫梅、吴宗锡(朱一鹤先生提供)

关心宪法,通过学习讨论懂得了人民幸福源于人民政权。她说:"我既然也是国家主人的一分子,又是一个被尊重的文艺工作者,我就一定要更好地把我的力量贡献给国家,尽我应尽的责任。"这些真诚的话语反映出她思想认识的提高,她的脚步正在逐渐向集体迈进。

上述活动凸显了朱雪琴在个体艺人群体中突出的艺术地位和先进形象,使文化干部和国家剧团对她青眼有加,为她进入评弹团创造了机缘。

据时任上海评弹团团长的吴宗锡回忆,1955年9月中旬他带队到苏州,偶遇正在光裕书场演出的朱雪琴,这是他们初次接触,在交谈中聊起了入团这个话题。

> 上海团到苏州,他们在苏州演出,我们去听书,那时不说《珍珠塔》,说《梁祝》和《琵琶记》。因为一些响档都进了评弹团,他们在外面相当红。第一次接触,对他们的印象是有点"野",但书艺是相当好的,包括郭彬卿的琵琶。我们有意愿想吸收他们,但只是随意的交谈,"你到我们团里来吧",朱雪琴也是随口回答"好的呀",具体问题没有轻易提出。因为评弹团的工资收入和外面的拆账收入相比差距很大,入团在经济上有所损失,在其他方面会提些条件,这些具体事宜得个别商谈。(例如吸收杨振雄、杨振言时,他们提的条件就是和父亲杨斌奎一起入团。)

上海团是唯一的国营评弹团,进团不仅在政治无上光荣,也是书艺获得官方认可的象征,因此朱雪琴十分乐意接受邀请。至于何时进团,其实朱雪琴心里并不急。一是因为接好的业务得先演完,二是出于收入考虑,晚一点进团可以多赚些钱，以弥补今后的损失。另外，郭彬卿是否进团还要仔细权衡。所以，苏州的短暂交谈双方只是形成一个初步的共识，如何进团、何时进团等细节问题还有待单独商谈。在老团长吴宗锡的记忆中，当时吸收团外演员的具体事宜大多由张鸿声负责洽谈，他是评弹团秘书兼演出股长。张鸿声老于世故，对朱雪琴内心所想了然于胸，在书信中和面晤时侃侃而谈，从艺术出路等角度晓以利害，动员她放弃经济第一的观点，早日加入评弹团。

张鸿声（朱一鹤先生提供）

1956年7月，朱雪琴正式成为上海市人民评弹工作团的演员，同时进团的还有凌文君、凌文燕、王月仙、张效声等，曾因评薪评级于1953年2月退团的严雪亭也在此时重新进团。对于郭彬卿，团内有两种观点。有些人以他思路落后，脱离政治为由，认为不宜吸收。也有人认为他虽然没有进步的言语，从不参加学习，但思想上没有特别大的问题，他就是个纯粹的说书人，从艺术角度考虑，应该一起吸收。因为这个原因，郭彬卿正

朱雪琴与蒋云仙、史雪华、王月仙

式入团时间比朱雪琴晚了三个月。朱雪琴入团后先和王月仙临时合作，弹唱长篇弹词《琵琶记》，10月份开始恢复“朱郭档”。

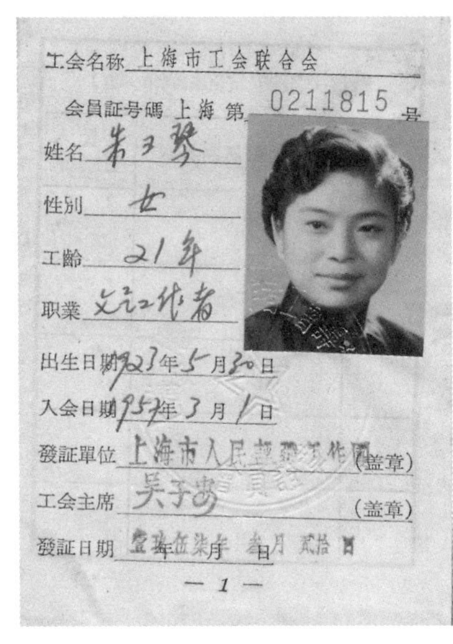

工会名称 上海市工会联合会
会員証号碼 上海 第 0211815 号
姓名 朱雪琴
性别 女
工齡 21年
職業 文艺工作者
出生日期 1923年5月30日
入会日期 1957年3月1日
發証單位 上海市人民評彈工作團（盖章）
工会主席 吴子安（盖章）
發証日期 壹玖伍柒年 叁月 贰拾 日
— 1 —

朱雪琴的工会证（朱一鹤先生提供）

“朱郭档”加入上海团还有一个重要的历史背景，当时文化部门对民间剧团、个体艺人的管理正在日益加强。1955年，根据文化部《民间职业剧团登记管理条例》，各地对民间剧团开展就地登记和管理。1956年6月，江浙沪三地文化局分别颁布条例，要求民间职业曲艺艺人在规定时间内到户籍所在地或经常演出地登记，否则将无法继续演出。相比三年后其他评弹艺人都被纳入区级评弹团，朱雪琴在这个时间节点主动加入上海团是进步的、明智的选择，对她今后的艺术发展至关重要。

艺术攀高峰

上海市人民评弹工作团的建立是评弹界从个体走向集体的象征，这种变化不仅反映在组织形式上，也深刻体现在艺术生活中。中篇评弹《一定要把淮河修好》的成功诞生，标志着新中国成立后评弹艺术的改革创造逐渐从个体自发行为演变为集体自觉行为。作为业内唯一的国营团体，上海评弹团有着无可比拟的政治优势和艺术实力，一个个优秀的个体在管理者的调动下各展所长，优化组合，使集体智慧的运用和发挥达到极致。个体努力的结果推动了集体发展，同时，集体也为个体之间的切磋交流营造了良好氛围，为个体进一步发展创造了机遇。

加入这样优秀的群体，朱雪琴是有压力的，因为不少人对她的风格持有偏见，认为她有点“野”。在评弹界，“野”有着几种含义。有的书目缺乏师承、异于传统，被称为“野书”，如程鸿飞的“野岳传”、沈绣章的“野珠塔”等。有的艺人未经正规训练，说唱不合规范，哗众取宠招揽听众，被视为“野路子”。若以公正的眼光评判，“野”书也好，“野”的表演也好，其实都包含着一些创新的成分，有的“野”书是深受听众欢迎的。可以这样说，“野”不一定代表艺术差，只是创新尚未成熟，没有得到主流认可。

朱雪琴和余红仙演出照（上海评弹团提供）

朱雪琴的“野”，缘于少数人对她弹唱风格的误解。“琴调”节奏明快，跳跃性强，为了配合唱腔，她充分发挥耳音好、按音准的优势，上下滑动左手，频繁变换把位，使弹奏和唱腔严丝合缝，妙到毫巅。不明就里的人却认为她有意“卖弄”，哗众取宠。唱到酣畅淋漓之时，朱雪琴常常物我两忘，情不自禁地摇晃身体。这是艺术感染力所致，本无可厚非，听众在听得入迷时也会这样做。遗憾的是，有些学唱者舍本逐末，一唱“琴调”就故意做出摇头耸肩、眉飞目扬之态，如此东施效颦无异于丑化“琴调”，使之遭受误解，被人诟病。加入上海评弹团之后，朱雪琴的艺术观念得到提升，通过观摩同团名家进行反观自照，努力革除艺病，塑造端庄稳重、活泼大气的台风，表演风格日益成熟，向着前所未有的艺术高峰攀登。

朱雪琴演出照（上海评弹团提供）

20世纪五六十年代，上海评弹团遵循“百花齐放、推陈出新”的文艺方针，以“实验示范”为宗旨，通过创新整旧对评弹书目和演出形式进行改革。一方面通过深入生活和学习其他文艺作品，

朱雪琴演出照（上海评弹团提供）

成功创作演出《一定要把淮河修好》《海上英雄》《罗汉钱》《刘胡兰》《王孝和》《特级英雄黄继光》等现代题材中、短篇新作。同时于1953年夏启动对历史题材长篇的整旧工作，推出“传统书目菁华”。整旧原则是政治标准第一，艺术标准第二，“一段书值得不值得整理，主要需看它的主题内容，是否是含有人民性的，是否能有积极意义及教育作用，当然其次也要看它的艺术表现”。由于大家对《珍珠塔》的看法存在较多分歧，该书的整理工作直至1956年夏才正式开始。

为了慎重起见，上海团两次召开座谈会，对《珍珠塔》的整旧主要从三个方面开展工作。第一，将全部《珍珠塔》脚本整理油印，分送相关领导及专业单位征求意见；第二，组织对《珍珠塔》编写技巧的研究和学习；第三，先行整理“方卿二次见姑娘”作为中篇试演，因为这段内容集中表现了对势利姑娘的挖苦和嘲讽，有其人民性。中篇评弹《珍珠塔》经过集体讨论整理，由周云瑞执笔写出《二次重逢》《勾心斗角》《翻复文章》《逼唱道情》4回书。8月份开始，中篇先由薛筱卿、周云瑞、陈希安、朱雪琴、王月仙排练，一月后郭彬卿进团事宜得到落实，由他取代王月仙，和薛筱卿合说第一回，朱雪琴则与

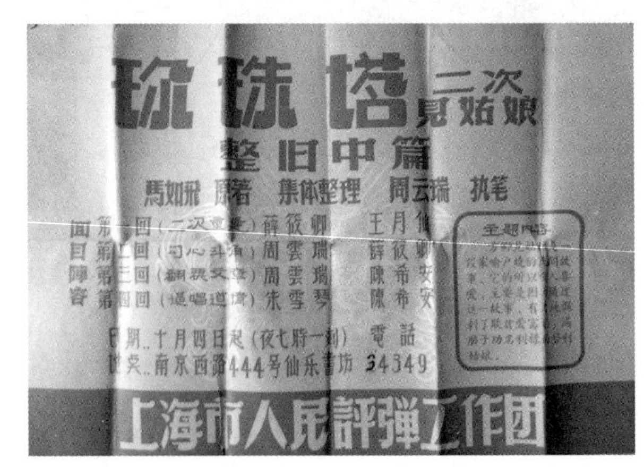

中篇评弹《珍珠塔》宣传海报（章绍曾先生提供）

陈希安合作第四回。

从10月4日起，中篇评弹《珍珠塔》在仙乐书场夜场连续演出超70天，直至12月15日才告结束。这是上海评弹团成立四年多以来首次演出《珍珠塔》，一部中篇汇集了"塔王""小沈薛"和"朱郭档"，五位名家轮流登台，薛调、沈调、琴调竞放异彩，让喜听珠塔的听众大为过瘾。从当年的录音中我们可以听到朱雪琴的精彩表现，势利姑娘、陈御史等脚色拿捏有度，弹唱服从整体风格，丝毫没有"怪""野"之弊，个人特色鲜明。中篇的成功演出为她恢复弹唱长篇《珍珠塔》奠定了基础，1957年春节"朱郭档"《珍珠塔》首次亮相书坛。根据此前薛筱卿、陈红霞和周云瑞、陈希安两档试演的经验，在不破坏人物性格和情节结构前提下，删去了书中宣扬封建礼教的内容和深奥难解的唱篇，这样一来，文学性和弹唱特点得以延续，保证了可听性，也兼顾到政治性。从效果来看，整理后的《珍珠塔》得到各方的认可，这部优秀的传统长篇再度风靡书坛。据不完全统计，20世纪50年代末60年代初，江浙沪书坛弹唱《珍珠塔》的艺人多达四五十档。

《珍珠塔》情节细腻，结构严谨，语言精巧，唱词雅驯，典故丰富，堪称传统弹词中的典范之作，也是孕育弹词流派最多的长篇书目。全书唱篇约占六成，共计3 300余档，15 000多句，唱词平仄协调，句式灵活多样，有利于演唱者发挥创造性，形成丰富的唱腔。正因为如此，重唱《珍珠塔》为"琴调"丰富和成熟提供了重要的契机。随着艺术观念的进步，朱雪琴逐渐加深对书情、人物的研究，注重说、唱的协调，注重唱腔细节的变化，以符合不同场景、不同人物。

1962年朱雪琴、薛惠君在香港演出《珍珠塔》（上海评弹团提供）

正如薛惠君老师所说，"刚开始人家批评她的唱'拉警报'，进了评弹团后，大家也提出这个问题，她就慢慢收掉了。'琴调'的演唱风格是一贯的，唱腔则越来越丰富。”例如，《妆台报喜》是主婢调侃打趣的书，书中唱段是人物对唱，所以曲调突出说唱性特点，唱即是说，轻快流畅的唱腔体现采苹的活泼、俏皮，烘托出热烈欢快的气氛；同样是主婢对唱，《下扶梯》中陈翠娥犹豫不决，欲行又止，整回书的气氛比较凝重，唱腔稳重平缓，其中脍炙人口的“十八因何”唱来干脆爽朗，一气呵成，让人感到采苹的伶牙俐齿和机智果断。再如《方卿见娘》里的“思儿”唱段，朱雪琴创造性地运用“琴派陈调”，将方太太孤寂无依、思念亲人的悲伤凄凉境况表达得淋漓尽致，使人听后顿生同情之感。

纵观《珍珠塔》从单档到双档的发展历史，“沈薛档”无疑是最具划时代意义的，而后能从“后沈薛时代”突围并开创新局面的，唯有“朱郭档”。他们从长篇中挖掘整理的《妆台报喜》《下扶梯》《姑侄相争》《方卿见娘》等选回，都是上海评弹团传统菁华和长篇分回系列的经典书目。还有《楼台会》《十八相送》《哭坟》等，虽然选自另两部长篇，艺术风格却与《珍珠塔》一脉相通，都是“琴调”艺术发展成熟的代表作品。值得一提的是，这些成就的取得离不开薛筱卿、周云瑞等名家的无私帮助。薛筱卿不仅将珍藏几十年的《珍珠塔》秘本献给评弹团，还答应将四十多年的说唱经验传授给朱雪琴。

20世纪五六十年代，上海评弹团创作、演出了大量中篇评弹，朱雪琴参加演出的有《珍珠塔》《唐知县审诰命》《白毛女》《“迷路记”》《冲山之围》《厅堂夺子》《三约牡丹亭》《芦苇青青》《红梅赞》《疾风迅雷》《急浪丹心》等。题材广泛的中篇演出让朱雪琴有机会和严雪亭、姚荫梅、蒋月泉、刘天韵、张鉴庭、唐耿良、吴子安等名家合作，得到他们的精心指导。例如，以“起脚色”著称

刘天韵、朱雪琴、朱慧珍、严雪亭排练《三约牡丹亭》

的刘天韵花了许多心血为朱雪琴分析人物性格和特征，经常现身说法为她做示范，使她在运用手面动作和表情方面深受教益。在和蒋月泉合作演出《厅堂夺子》时，蒋月泉放弃晚上的休息时间，把他二十多年说唱该回目的心得体会毫无保留地教给朱雪琴，从身段、眼神、手面、面风到咬字、吐字，边讲边示范，使朱雪琴掌握了书中的关键细节。通过向富有经验的前辈和同辈优秀演员学习，朱雪琴在人物塑造、表演技巧等方面都得到明显提高，对她说好传统书、现代书有很大帮助。中篇评弹《芦苇青青》中的“游水出冲山”，就充分展示了她的艺术成就。

朱雪琴与蒋月泉（朱一鹤先生提供）

《芦苇青青》初名《冲山之围》，由吴宗锡、唐耿良、苏似荫、江文兰根据新四军太湖游击队的事迹编写而成，于1959年春节在上海大华书场举行为期一月的首演，听众反映不错，“其中比较突出的如第二回中游击队员顾春林和府阿全游出冲山一直到顾春林发现石埂后回来营救薛司令终于被敌人发现而壮烈牺牲这一段，演员采用了易于表达悲壮、激昂的感情的‘琴调’，因而格外扣人心弦”。6月中旬，唐耿良、朱雪琴、郭彬卿合说的这回书参加上海市第二届曲艺会演，获得好评。受“大写十三年”的影响，五年后评弹界停止

朱雪琴、唐耿良、郭彬卿演出《冲山之围》

说唱所有传统书，在此背景下，上海评弹团决定复演《冲山之围》。当时正值全团学习全国京剧现代戏观摩演出文件，借鉴现代戏的评判标准来分析《冲山之围》，主要缺点是情节分散、正面人物不够丰满突出。通过编剧陈灵犀等人的精心修改，新版中篇删去枝蔓，梳理出两条贯穿全书的红线，一条是以顾春林为代表的游击队员，另一条是以钟老太为代表的革命群众，增加了体现军民生死与共的情节，唱词、唱腔都经过精心设计。1964年8月3日晚，《芦苇青青》在仙乐书场开始首演，因为情节紧凑，波澜迭起，说唱精彩，竟然连演连满达7个月。据《新民晚报》报道，仅前五个月就有八九百个单位集体订票，听众近十万人次，创造了评弹演出的最高上座记录。“这种盛况，证明了革命现代评弹的巨大感染力；更证明了评弹界只有演唱革命现代评弹才能争取到更多新听众。”1965年8月，为纪念抗日战争胜利二十周年，《芦苇青青》在静园书场露天花园再度献演，演出阵容保留了张鉴庭、朱雪琴、郭彬卿等主力，新增严雪亭、华士亭、张振华等著名演员，演出效果异常精彩，我们现在所听到的录音就是这个版本。

任何舞台艺术，从静态文本到动态演出，呈现的艺术效果主要取决于表演者的理解力和表现力。《芦苇青青》的成功离不开朱雪琴、张鉴庭等名家的精彩演绎，时至今日，他们塑造的顾春林、钟老太等人物形象以及“游水出冲山”“骂敌”“望芦苇”等唱段仍然具有强烈的感染力。鲜为人知的是，朱雪琴差点与这个中篇擦肩而过。据吴宗锡回忆，朱雪琴一开始不愿接受顾春林这个脚色，她担心自己的形象不符合游击队员的身份，经过鼓励动员后才答应下来。

朱雪琴在延安叶挺纪念碑前（朱一鹤先生提供）

作为一个优秀的女上手，朱雪琴的独特之处是气派大，说表、弹唱、脚色都有男子气概，这是她演好顾春林的重要条件。书中以大段对唱描写惊心动魄的脱险过程，表现同生共死的革命友谊和不屈不挠的斗争精神，这是中篇的点题之笔，只有朱雪琴豪迈激情的风格才能表达出来。“游水出冲山”这回书中，朱雪琴深刻理解人物感情，充分调动各种艺术手段，声情并茂的说表、弹唱，配合以生动传神的眼神和形象化的手面，给人身临其境的感觉，“朱郭档”激越昂扬的弹唱将全书推向一个高潮。

朱雪琴（右二）和同事在文化俱乐部（俞约瑟先生提供）

早在《芦苇青青》上演之时，“游水出冲山”就因其强烈的感染力和出色的现场效果而大受欢迎，这个唱段被作为经典作品保留和传

朱雪琴和郭彬卿在文化广场演出(上海评弹团提供)

唱。1959年7月11日晚,上海市人民评弹团首次在文化广场举行评弹流派演唱大会串,“游水出冲山”作为“琴调”代表作隆重推出,《文汇报》是这样介绍的:“再有朱雪琴的‘琴调’,它是以流利酣畅见胜。响弹响唱,衷气充沛,感情饱满,有绘声绘色之妙。这次唱的是《冲山游水》,她发挥了‘琴调’的特长而唱出了顾春林的革命热情、艰苦斗争,也是一个富有感染力的好节目。”事实也的确如此,文化广场的评弹大会串吸引了万名听众,当晚第一场节目以蒋月泉的《莺莺操琴》、薛筱卿的《哭诉》和朱雪琴的演唱最为精彩。此后每逢重要节庆或暑期,上海评弹团都要在文化广场举办评弹大会串,朱雪琴的节目是必不可少的。“游水”这个唱段最早于1959年由中国唱片厂灌制《冲山之围》唱片出版,之后经过修改演出又于1961年录音,书中张鉴庭的名段“骂敌”“冒死等亲人”也分别于1961年和1963年出版。1960年初,朱雪琴还带着这个节目进京,参加文化部和中国曲艺工作者协会举办的曲艺优秀节目汇报演出。

伴随着《芦苇青青》的上演,“游水出冲山”得以反复锤炼,日臻完善成熟,其中最具代表性的“一手托住战友身,一手划来两足蹬”,至今仍为大家津津乐道。中国唱片厂于1965年灌录《芦苇青青》唱片,其中一面是“朱郭档”的“游水出冲山”,另一面是张鉴庭、张鉴国、陈希安、陆雁华的“望芦苇”。唱片于1966年出版之后,极大地推动了两个精品唱段的流传,使它们成为特殊年代中书迷争听、争学的“弹词流行音乐”。

对评弹音乐深有研究的周云瑞在《评弹唱腔流派初探》中对朱雪琴的唱腔特点是这样评价的:

琴调基本上是根据沈俭安的调子演变而来的。朱雪琴是女同志，嗓子宽亮，加上女声原来就比男声高四度音，原来男声唱的马调，不能发挥她嗓子的特点，因此她就把音域较广的俞调融合到她的唱腔中，形成一种独特的风格。由于以上原因，琴调唱腔显得高亢、跳跃，"角音"特别多，轮廓清晰，气势磅礴，曲调明朗豪放，表现力强，特别适宜于表达活泼、愉快的情绪。在表现反映现代生活的作品时，她有着比沈薛调更宽广的天地，她演唱的代表作《思想插上大红旗》《游水出冲山》等，可作为例证。

朱雪琴穿着琴式旗袍演出（上海评弹团提供）

朱雪琴是个善于思考、勇于实践的人，除了说唱方面的造诣之外，她对旗袍的改良也颇为同行称道。旗袍是民国时期流行的女子服饰，弹词女艺人也把它作为传统的演出服装，大方得体的旗袍可以衬托优雅气质，提升舞台形象。由于弹词是坐着表演的，为使演员坐姿端正挺拔，常将坐凳特意加高，演员架腿而坐，一脚翘起，另一脚踩在搁脚凳上以作支撑。这种坐姿确实显得精神，但也让女演员的腿部暴露无遗，有的旗袍开衩很高，几乎露出整条大腿，殊为不雅，有损于文艺工作者的形象。为此，朱雪琴带头进行改革。首先想到的办法是在旗袍里面穿上百褶衬裙，后来再作改进，直接在开衩处缝上衬布，因其褶皱状如手风琴的风箱，又是朱雪琴发明的，所以被赞誉为"琴式"旗袍。这样的改良简洁大方，提高了演出服装的品位，赢得大家的赞美和效仿，一度成为上海评弹团的标志性服饰。这也是朱雪琴参加国家剧团之后艺术品位提升的一个标志。

走出江浙沪

1958年8月，第一届全国曲艺会演在北京隆重举行，来自全国各地6个民族、343位代表和88位观摩代表组成25个代表队，为首都广大劳动人民和文化艺术界带去二百多个优秀节目。作为上海代表队的一员，朱雪琴第一次走出江浙沪，在伟大首都北京唱响“琴调”。

朱雪琴在延安杨家岭（朱一鹤先生提供）

这场空前未有的全国曲艺界盛会原定1957年举行，因为整风运动和反右派斗争而延迟，1958年3月19日文化部就会演目的、规模和节目选拔等问题下发通知。为了检阅全市曲艺工作和选拔优秀节目，上海市第一届曲艺会演于6月中旬举行，上海团除姚荫梅、张鉴庭、张鸿声之外精英尽出，参演节目占总数的三分之一。从7月中旬公布的评判结果来看，优秀、较好等第的节目中现代题材均超过60%，一般、不好等第的节目则以传统题材居多，其中获得优秀的7个传统节目全部为上海团整旧作品。朱雪琴、郭彬卿的参赛节目为现代短篇《母与子》和传统选回《梁祝·楼台会》，分别被评为较好、一般。

评判结果充分体现了曲艺会演的目的：根据“为工农兵服务”“百花齐放，推陈出新”的方针，检查几年来曲艺节目的创作和传统节目的发掘、整理、改编情况，推广一批为工农群众所喜爱的优秀节目。由于选拔标准倾向于“反映当前生活、斗争”的节目，一些艺术性较强的传统节目只能屈居人下，如杨仁麟的《盗仙草》、杨斌奎、杨振言的《碰粮船》只获得一般，秦纪文的《母女会》因忽略主题和人物、追求低级噱头而被列

朱雪琴在延安（朱一鹤先生提供）

为“不好”。会演总结大会宣布赴京参加全国曲艺会演的节目是陈卫伯的《社会主义第一列飞快车》，唐耿良的《王崇伦》，钱雁秋、饶一尘的《曙光与五味斋》，刘天韵、蒋月泉的《王魁负桂英（义责）》。不久节目阵容扩充为5个，增加了朱雪琴演唱的新开篇《思想插上大红旗》，并于7月27日上午在仙乐书场举行公演。（最终赴京参加会演的节目还有蒋月泉、朱慧珍的《庵堂认母》和小组唱《东风绝对压西风》。）

《思想插上大红旗》是朱雪琴和徐雪月响应评弹团号召，根据新闻报道自己创作的开篇，通过上海某青年技师自学研制电火花钻孔机的事迹，号召人们破除迷信、解放思想，大胆开展自主研究，推动技术革新。开篇最初由两人对唱，并去唱片厂灌制了录音。一般来说，宣传开篇重在突出政治意义，唱词的句式、平仄都不考究，不容易唱好。朱雪琴的演唱却与众不同，她充分发挥声、情、手、眼的

朱雪琴、徐雪月（朱一鹤先生提供）

特点，使简单平直的唱词变得饱满生动，富有感染力。《思想插上大红旗》集思想性、艺术性于一体，在会演中大放异彩，作为上海曲艺界迅速反映现实生活的佳作，它同时被收入当年8月出版的《曲艺》杂志“第一届全国曲艺会演特辑”，后又选入1959年出版的《第一届全国曲艺会演作品选集》。

朱雪琴、朱慧珍、徐雪花（俞约瑟先生提供）

8月11日下午，周恩来、董必武、陈云等党和国家领导人在中南海怀仁堂亲切接见参加全国曲艺会演的代表，并观看演出。时任文化部部长、全国文联副主席茅盾在欣赏了蒋月泉、朱慧珍、朱雪琴等合唱的《东风绝对压西风》后，赋诗一首盛赞弹词的革新：“曲艺之花朵朵红，东风绝对压西风。吴歌子夜翻新调，净洗铅华气势雄。”朱雪琴领唱的这首开篇后来由中国唱片厂录音出版。

凭借会演的精彩表现，朱雪琴在全国曲艺界的知名度一下子提高了很多，“琴调”丰富的表现力得到领导的充分肯定。吴宗锡在《陈云同志，评弹知音》一文中写道，陈云同志和编演人员谈话时一般不流露他个人的好恶，只是为了指导艺术的提高，曾发表过如“刘天韵是个好角色”“朱雪琴唱的《思想插上大红旗》有气势”等观点。而在朱雪琴看来，正是因为陈云的欣赏才促使“琴调”开始得到重视。

“我的‘琴调’在以后的发展过程中也曾遭到很大阻力，即使是我加入了上海人民评弹团后，我那唱调还是被有些人所看不起而视之为异端，同时未被理解的还有后我而起的侯莉君的‘侯调’和王月香的唱调。从这一点上来说，徐丽仙的‘丽调’就属幸运儿，‘丽调’一出现就被重视而倍加扶植，因而得到很快的发展。我的唱调要到1958年，我上北京演唱了一曲新开篇，被领导同志肯定后，才得以在上海团内开始受到重视。”

朱雪琴、侯莉君在颐和园（朱一鹤先生提供）

1959年初，上海市人民评弹团制定“为工农兵服务、为无产阶级政治服务、为发展生产力服务”的工作方针，原则上以完成政治任务为主，兼顾经济任务，创作方面以长、中、短、小等各种形式相结合，以中篇及开篇小唱为重点。此后，开篇演唱逐渐成为独立的演出形式而迅速发展，朱雪琴的弹唱特长得到充分认识和发挥。特别是各种类型的宣传开篇，朱雪琴无需人家谱曲，凭着惊人的记忆力和音乐天赋，一边看字句一边想曲调，几支烟的功夫就能唱出来。所以在那个年代推出的新开篇中，“琴调”作品占了很大比例，如反映国际形势的《东风绝对压西风》《美帝寿命长不了》《玛丽莎》《越南军民打得好》，歌颂革命传统和英雄人物的《南泥湾》《南京路上好八连》《饮水不忘掘井人》《小四牛》《歌唱王杰》，宣传时事的《八中全会发公报》《宇宙行》，讴歌社会主义建设新风貌的《天安门上放礼花》《人民公社真正好》《爱国一片心》《军长打镰刀》《红纸伞》《移风易俗的带头人》《白纸上面画新图》《来唱革命歌》等。这些作品意气激昂，鼓舞人心，在当时起到极好的宣传效果，不少开篇尽管是宣传作品，但艺术质量很高，是传得开、留得下的精品。

弹词的唱素有“一曲百唱”之说，同一种唱调虽然有相对固定的旋

朱雪琴、徐雪月、江文兰、韩士良、张鉴国等参加宣传演出（上海评弹团提供）

律，但是具体的节奏、转腔、拖腔却非常灵活多变。朱雪琴善于根据内容、人物变换唱法，将一曲百唱技巧运用到极致，极大地丰富了"琴调"的表现力。她的现代题材作品以气势见长，重在描绘斗志昂扬、催人奋进的场面，而传统题材更多地体现出她唱人物、唱感情、唱意境的技巧。弹词开篇《潇湘夜雨》是"琴调"烘托意境的杰作，整首开篇由几十句叠字句构成，场景描绘十分生动，为了契合开篇的文学意象，朱雪琴不以唱腔塑造人物，而是用表唱的形式营造潇湘馆内孤凄悲凉的境况，以此衬托多愁多病的林黛玉。"琴调"也擅长刻画不同人物，表现各种情感，譬如《妆台报喜》中活泼伶俐的采苹，《拷红》中能言善辩的红娘，无不跃然眼前，再如岳母刺字的大义凛然、方太太的思儿之情、《楼台会》里梁山伯的悲愤、《哭坟》中蔡伯喈的悔恨，都能深深地打动听众。

随着艺术潜能的不断激发，朱雪琴很快成长为主要演员，她的许多作品成为上海评弹团整旧创新的重要成果。1959年10月1日开始，上海市人民评弹团在西藏、仙乐、静园三家书场隆重献演庆祝新中国成立十周年专场，演出特刊对演员情况作如是介绍："建团的时候，共有演员18人，现在团内已有演员32人，及青年见习演员10人。其中如刘天韵、蒋月泉、严雪亭、杨振雄、朱雪琴、徐丽仙、吴子安、唐耿良、朱慧珍及老艺人薛筱卿、朱介生等都是各具特长，自成流派的著名艺人"。为期一个月的庆祝会书精心挑选出现代中篇《江南春潮》、整旧中篇《三约牡丹亭》、传统菁华、现代短篇等节目，旨在全面展示评弹团在党的领导下取得的工作成

1959年1月朱雪琴、薛惠君、陈红霞在苏州书场宣传演出(上海评弹团提供)

就,朱雪琴、郭彬卿的《七十二个他》《下扶梯》《楼台会》入选传统菁华专场,他们同时演出长篇弹词《梁祝》和中篇评弹《三约牡丹亭》。当时中共八届八中全会闭幕不久,朱雪琴还演唱了最新创作的开篇《八中全会发公报》,以此展示上海评弹团学习全会公报的成果。

关于团内演员的发展和评价,吴宗锡先生在接受采访时坦言,那时的思想比较左,演员评级评薪的标准着重于能否创作新书。例如,唐耿良传统技艺不如张鸿声,但编演新书能力强,所以他的级别高于张鸿声。朱雪琴因为进团较晚,刚开始级别和薪金都不高,1958年实行新工资制后,她的工资是女艺人中最高的(徐丽仙、朱慧珍工资依次低10元),因为她不仅唱功好,还是实力很强的女上手,"朱郭档"能胜任"送客",号召力足以匹敌"张双档"。徐雪月虽是建团十八艺人之一,曾任评弹协会妇女组组长,也是一位颇负盛名的女上手,但是受限于身材矮小、说书保守等原因,她在上海评弹团没有获得好的发展。女演员中艺术得到认可,被列为主要演员的仅朱雪琴、徐丽仙和朱慧珍三人,三人中朱雪琴和徐丽仙艺术成就更为突出,于1961年11月被增补为上海评弹团艺委会委员。

1960年1月,文化部主办的曲艺优秀节目汇报演出在北京举行,朱雪琴带着最新力作《游水出冲山》再次进京,和她合作的是著名演员陈希安,虽然并非"原配",但同样以精彩的表演展示出评弹界取得的新成绩。

朱雪琴和陈希安演出照(上海评弹团提供)

上海市代表队的另两个参演节目是青年演员孙淑英、余红仙、沈伟辰、刘韵若表演的弹词合唱《向秀丽》和周云瑞、张振华合说的《茶访》,这些演员和节目都是从上海市1959年话剧、戏曲、杂技、评弹青年汇报演出和1959年曲艺会演中选拔出来的,张振华、刘韵若是上海团刚从红旗评弹队吸收的优秀青年演员,余红仙则在当年年底加入上海团。

从北京回来,朱雪琴马上投入到评弹大合唱《上海英雄颂》的排练。这首开篇由陈灵犀根据大型纪录片《上海英雄交响曲》的解说词改编,为

1960年1月在北京,左三朱雪琴(朱一鹤先生提供)

了突出英雄人物的豪言壮志，演出形式上有很大突破，唐耿良以苏白朗诵串联全篇，严雪亭、蒋月泉、杨振雄、朱雪琴、徐丽仙等分别以独唱反映英雄人物的先进事迹，每个段落均安排合唱，以表现冲天干劲和伟大胜利。转眼春节已至，为了丰富节日期间的文娱生活，上海评弹团在文化广场举行现代书目早场会书，《上海英雄颂》作为主打节目被安排在压轴。由于报纸的前期宣传，这个形式新颖的节目格外引人关注，“马不停蹄向前冲，千军万马齐跃进，千万颗红心向着毛泽东，英雄的凯歌……响彻云霄震九重，英雄的凯歌震九重”。当舞台上唱响气势恢宏的结尾时，全场观众为之沸腾，演出达到高潮。作为宣传总路线和歌颂英雄人物的成功之作，这个开篇不仅出版了唱片，也是各条战线慰问演出的主要节目。

60年代初，上海市支援西北经济建设的职工已有近20万人。为了表达家乡人民的关怀与问候，上海市总工会组织了一支庞大的慰问参加西北建设职工代表团，市总工会副主席沈涵领队，于1960年2月14日从上海出发，前往甘肃、青海、宁夏、陕西等地进行慰问。上海评弹团选派朱

1960年赴西北慰问演出，右三朱雪琴（朱一鹤先生提供）

雪琴、陈希安、华士亭、徐雪花参加慰问，他们和京剧、越剧、沪剧、滑稽、杂技演员组成文艺工作团一团，为援建职工带去精彩的戏曲晚会。他们表演的《上海英雄颂》和《思想插上大红旗》等开篇激情澎湃、催人奋进，在当时的环境下特别容易引起共鸣，给以援建职工极大的精神鼓舞。在兰州慰问时还演出了根据当地先进人物故事改编的《红色教师李景兰》，获得很好的反响。

为了满足各地援建职工的文艺需求，并和各地曲艺工作者交流经验，上海评弹团于1960年至1962年间多次组织巡回演出队，选派严雪亭、杨振雄、周云瑞、朱雪琴、徐丽仙、唐耿良等主要演员和部分优秀青年演员，赴京津和西北、西南、华中、华南、东北地区访问演出，将评弹艺术影响扩大到全国。

朱雪琴、徐丽仙游览长城（朱一鹤先生提供）

1961年4月7日，由杨振雄、周云瑞、朱雪琴、徐丽仙、杨振言、郭彬卿、张效声、赵开生、石文磊、孙淑英、沈伟辰等11人组成的演出队在团长吴宗锡带领下离开上海，奔赴北京。为期一个月的演出受到首都各界的热烈欢迎，公演12场观众达近万人次，老舍、叶圣陶、田汉、梅兰芳、曹禺、于是之、王朝闻、袁水拍、费彝民等众多文艺界名流光临剧场欣赏演出，中国文联、中国曲协、中国音协先后召开座谈会，就评弹的文学、表演、音乐进行研讨。自幼喜爱听书的陈云同志对这次公演关心备至，4月22日，回京仅一天的他就亲临北京剧场观看演出，会见全体演职人员。之后又数次到剧场听书会谈，并邀请演员到人民大会堂作专场演出，安排大家参观游览革命军事博物馆和部分北京名胜。

首次在京公演的弹词《珍珠塔》，因其典雅细腻而深得大家喜欢。《北京晚报》创刊元老林瑞颐以《好难下的扶梯》为题，对“朱郭档”的《下扶梯》作了详细介绍和点评：“……台下，忽而寂然无声，忽而哄堂大笑，听众被那曲折回转的唱词和演员传神的表演吸引住了。……当朱雪琴这十八个昂扬曲折、越唱越急的‘因何’刚唱完，场内掌声四起，赞声不绝。”著名剧作家、诗人田汉也被《下扶梯》深深吸引，专门赋诗赞之：待见方卿行又止，人情剖析到毫厘，唱完十八因何句，才下妆楼一半梯。最让音乐、曲艺工作者折服的是朱雪琴的演唱技巧，著名歌唱家朱崇懋在听了《七十二个他》后写道，“朱雪琴在《七十二个他》中有这样一句速度较快的唱腔：五遁俱全不见他，你从此万难寻觅他。当朱雪琴唱出当中那个‘他’字后，紧跟着用的那个拖腔，既非跳音，又非颤音，真是断中有连，连中带断，好似‘珠落玉盘’，给听众带来发自内心的快乐”。他认为这种利用喉头和气息的灵活性，完成近似小颤音与跳音之间的技巧，用来表现活泼流畅的唱腔和感情是很有特点的。

利用这次演出机会，上海评弹团和北方曲艺界进行了充分的交流和学习。大家利用演出间隙，认真观摩学习侯宝林、魏喜奎、良小楼等曲艺名家的精湛表演，同时也为中央广播说唱团的青年演员学习弹词提供教学指导。在相互交流过程中，几位大鼓演员表示她们听了《方卿见娘》之后，对“琴调”有了新的认识，原以为朱雪琴只擅唱欢快的曲调，想不到表现悲伤情绪也有独到之处。这种观点其实是许多人的共识，《北京晚报》一篇署名曲集的文章是这样评价的：“‘琴调’演唱时，感情充沛，不管是欢乐还是悲愤的内容，都使人觉得光彩四射，震撼心灵，感染力特别强。这种曲调对温文尔雅的评弹曲调是一种极大的突破和发展。”

演出期间，适逢世界上第一艘载人宇宙飞船于4月12日在苏联发射成功，弹词名家周云瑞连夜赶写出弹词开篇《宇宙行》。词有了，谁来演唱呢？大家一致认为这个开篇非朱雪琴莫属。第二天，当“琴调”开篇《宇宙行》在剧场响起时，全场为之轰动。这个开篇虽然是临时之作，唱腔安排并不细致，但朱雪琴擅长运用节奏和手势调动观众情绪，现场效果非常好。回到上海之后，《宇宙行》参加第二届上海之春音乐会和现代开篇选曲演唱会，“六十年代愿望成现实，第一座宇宙飞船载了人，苏联英雄

朱雪琴在研究曲调(上海评弹团提供)

名叫加加林”尤为脍炙人口。可惜后来中苏关系交恶,导致这个开篇没有广为流传。

怀着成功的喜悦,巡回演出队来到第二站天津。这个全国闻名的曲艺大码头,孕育了种类繁多的说唱艺术和大批曲艺名家,拥有懂行而热情的观众。艺术是相通的,来自江南的评弹在这里也遇到了知音,风格独特的“琴调”首次唱响津门,听众反响特别强烈。著名戏剧家李邦佐在报上发表《高歌琴韵入耳来》,盛赞朱雪琴的说唱艺术,天津曲艺界组织座谈会,邀请杨振雄、朱雪琴等流派演员交流经验。座谈会上,朱雪琴第一句话“我是个女人”引起一片笑声,她的快人快语给大家留下深刻印象,这句话成了日后同事们和她打趣的笑料。朱雪琴虽然是个女人,但作为上手经常要说唱男性脚色,所以她特别重视向戏曲界的男演员学习,经常观摩京剧的须生戏、花脸戏,从中学习唱工的变化和运用。通过这些长期的学习和积累,“琴调”才得以逐渐发展、丰富、成熟。

通过会演和巡演,朱雪琴走出江浙沪,走上了全国曲艺舞台,让各地的曲艺爱好者和曲艺工作者领略到“琴调”与众不同的神韵。由于陈云等中央首长的关心,借新闻界的宣传之力,评弹艺术形成全国影响。对朱雪琴而言,这些演出让她名声大振的同时,对她的艺术成长也产生重要帮助。来到不同的城市,面对陌生的听众,不同于书场的演出,如何控制现场,怎样调动情绪,这些临场经验在实践中逐渐积累,日益成熟。

盛誉满香江

香港与上海,两座相隔一千多公里的城市,在金融、文化方面却有着千丝万缕的关系。从20世纪30年代末至50年代初，受战争和政局的影响，上海的民间资本和精英人才不断涌入香港，为港岛的经济、文化注入“海派”血液。在著名文化研究学者李欧梵看来，“香港的商界与文化精英则经历了一个可被称为‘上海化’的过程”。

1939年的下半年，上海人日常生活中的重要娱乐活动——说书，首次出现在香港德辅道中的远来酒楼，最早赴港演出的是弹词名家王畹香携其弟王燕语、评话艺人王效荪等。由于旅居异乡的江南人久违乡音，刚开始书场上座情况相当不错，见此业有利可图，皇后大道的中华百货商场、德辅道中的先施公司游艺场和湾仔的冠海楼亦相继开设书场。至1940年初，陆续应邀前去献艺的有蔡筱舫、程鸿奎、陈晋伯，龚炳南、徐剑衡、吴筱舫和王耕香、范玉山、范雪君、徐继武等三批艺人。然而说书在香港毕竟是外来事物，市民阶层中的基础十分薄弱，两三家书场同时营业，最终落得生意平平，几败俱伤。1950年2月，又有蒋月泉、王柏荫、周云瑞、陈希安、唐耿良、张鉴庭、张鉴国等赴港“淘金”，尽管他们头顶着“四响档”的耀眼光环，最终还是铩羽而归。他们的失败为个人赴港商演画上了句号。

新中国成立之后，中共中央决定维持香港现状，充分利用其特殊地位进行对外经济联系和文化交流。在意识形态方面，香港当时是中西方特别是中美之间互相宣传和角力的阵地。为了加强在香港的对外宣传工作，在周恩来总理的精心部署下，中方首先成功开拓了国语电影院线，在加大国产电影输出的同时，陆续派出潮剧、越剧、京剧等文艺团体赴港公演。因为从上海迁往香港的工商界和文艺界名人众多，在香港社会的影响力巨大，所以中央特别重视对他们的统战工作，通过组织上海的文艺团体赴港演出联络“上海帮”，争取他们的支持。1960年底和1961年底，上海越剧团、上海青年京剧团赴港演出获得成功，1962年7月上海评弹团接踵而至，在香港掀起一股听书热潮。

赴港演出前，上海评弹界在上海市委宣传部、市文化局的指导下临时组成上海评弹团，《文汇报》副主编陈虞孙担任团长，副团长由上海市人民评弹团支部书记兼团长吴宗锡和艺委会主任、弹词名家刘天韵担任，有

赴港演出团在车站受到热烈欢迎，戴墨镜者为朱雪琴（朱一鹤先生提供）

刘天韵、蒋月泉、严雪亭、杨振雄、唐耿良、朱雪琴、徐丽仙、沈笑梅、杨振言等9位书坛名家和孙淑英、刘韵若、程丽秋、薛惠君4位优秀青年演员。他们之中杨振雄、杨振言是老双档，其他都为临时拼档，演出阵容确定后即停说长篇，投入到紧张的排练之中。由于郭彬卿政治上比较消极，生活中讲究"资产阶级"趣味，领导认为他有崇洋媚外思想，担心他赴港后滞留不归，因此决定改派薛惠君担任朱雪琴下手。据薛惠君回忆，名单宣布后她经常去朱雪琴家里排书，以便在短时间内尽快配合熟练。朱雪琴总是不厌其烦地和她合傢生，非但不给她压力，反而鼓励她说："你只管弹花过门，我会跟上来的，不用等我。"薛惠君虽然不如郭彬卿成熟老到，但不愧是名门之后，琵琶伴奏具有天赋灵气，加上她的勤奋努力，短短一个多月就达到默契程度，在赴港演出时获得极大好评。

在演员人选方面，如此光荣而艰巨的政治任务按理来说非人民评弹团莫属，但是在人民评弹团许多著名演员无缘赴港的情况下，名单中却出现了长征评弹团的演员，这是为什么呢？说来也是机缘巧合，赴港演出于4月下旬开始组团时，恰逢长征评弹团在北京的公演博得盛誉，其中评话名家沈笑梅的表演尤为精彩，得到周扬、夏衍、袁水拍等中宣部、文化部官员的赞赏，恰好出差北京的香港《大公报》主编费彝民对他的书艺也极为推崇。出于这样的原因，赴港演出团奉命增加两名长征评弹团团员，除了上面点名要求的沈笑梅之外，选定了青年演员程丽秋。程丽秋是人民评弹团的首批学员，师承徐丽仙，艺术水平在青年中比较突出，进团不久就能顶替乃师和刘天韵拼档弹唱《杜十娘》，这些因素无疑是促成她入选的主要原因。

赴港演出的书目除沈笑梅的《济公》《乾隆下江南》选回外，全部是上海市人民评弹团的整旧成果，包括从《三笑》《玉蜻蜓》《情探》《描金凤》《杨乃武》《西厢记》《三国》《珍珠塔》《白蛇传》《长生殿》《落金扇》等长篇中整理的传统菁华和中篇评弹《三约牡丹亭》。选取传统题材表面上回避了敏感的政治问题，以便顺利通过香港方面的审查，其实宣传统战的目的并未受到影响，这些书目正是新中国成立后评弹艺术在党的"百花齐放、百家争鸣"方针指引下取得的成果。

由于6月初出现蒋军企图窜犯东南沿海地区的紧张局势，原定6月上旬赴港的计划遭到推迟。已经准备就绪的演出团先后赴苏州、无锡举行短期公演，回沪后根据中央和市委指示加强政治思想工作和备战教育，下决心不管遭遇什么困难都要继续赴港完成演出，而且只许成功，不许失败。临行前他们特意在仙乐书场举行预演，让上海听众先听为快，安慰他们的依恋之情，就连电影界的刘琼、蒋天流、孙景路和越剧界的徐玉兰、范瑞娟、王文娟、傅全香等艺术家都听得如痴如醉。著名报人、诗人唐大郎以《送上海评弹团南行》为题，在香港《大公报》"唱江南"专栏用诗文推介："抽精滤髓向南方，弦子琵琶列队行。《认母》《哭更》夸一蒋，《别兄》《闹柬》听双杨；唐家说绝唯《三国》，薛氏真传赖女郎；琴调飞扬台上见，君闻丽调倘回肠。"

6月18日，上海评弹团一行抵达广州，为赴港演出作最后准备，演员排练演出之余以休养调整为主，间或游览广州名胜，领略南国风光。当时的新闻报道还未正式披露赴港消息，但是相关的宣传工作已开展，香港丽的呼声金色电台于17日晚间播放中篇评弹《三约牡丹亭》录音，《大公报》在刊登预告的同时对评弹的新发展和中篇阵容作了详细介绍，作者以

香港各界人士宴请上海评弹团，右三朱雪琴（朱一鹤先生提供）

期待的口吻写道：“上海市评弹团最近将到广州表演，使此地的许多书迷们引领以望，最好他们能顺道到香港来弹弹唱唱，说说噱噱，不亦乐乎！”

此时，有关赴港演出的具体事宜正在紧张地对接落实。赴港公演尽管是政府组织的演出行为，但是由于两地意识形态的不同，实际上只能以民间商演的形式进行。评弹和此前赴港的戏曲一样，都由香港丰年娱乐公司出面邀请，该公司董事长是爱国商人何贤（澳门特别行政区第一任行政长官何厚铧之父）。和演出相关的日程、场地、说明书、服装、宣传等事宜，均由香港方面派员到广州进行检查和协调。说明书仅对演出书目和演员作客观介绍，由上海方面撰稿，审查通过后由丰年娱乐公司出版。此外，仪容仪表等细节也力求符合香港审美，全体团员虽然已在上海定制全新服装，香港方面仍觉得不够理想，在他们的建议下请香港南方影片公司职员专程赴穗，为大家重新量身定制一套新装。直至6月底有关事宜得到全部落实，“应丰年娱乐公司邀请上海评弹团将到港”的消息正式登上7月1日的《大公报》。

7月3日，上海评弹团乘坐火车离开广州，广东省文化局、广州市文化局领导及广州市曲艺界同行前往车站欢送，途经深圳时受到宝安县领导的欢迎。当天下午抵港时，丰年娱乐公司董事及新闻界、电影界、工商界知名人士30余人前往车站迎接，许多书迷朋友也纷纷来到车站欢迎，争睹名家风采。《大公报》自7月1日起对上海评弹团进行追踪报道，每天以较多篇幅介绍评弹艺术、刊登演出场次和节目单、发布预售票信息，主编费彝民不仅亲自操刀撰写特稿，还邀约俞振飞、舒适、王丹凤、周瘦鹃、唐人、姚克等名人撰稿宣传，使演出的社会关注度得到极大提高。

朱雪琴、薛惠君香港演出照（上海评弹团提供）

7月6日下午，赴港公演在香港大会堂音乐厅拉开帷幕。刚于3月初落成启用的大会堂是香港最新的公共文娱中心，拥有1 400多个座位的音乐厅当天坐得满坑满谷，当地工商、电影、新闻、文化等各界知名人士均往欣赏，影星刘恋担任国语报幕。面对如此盛大的场面，全体团员既感到兴奋，又不免有些担心。座中观众除江浙人士以外，大多是看了报纸宣传慕名而来的，方言和文化背景的差异是否会成为他们欣赏评弹的障碍？如果第一炮不能打响，后面所有的演出都将受到影响！首场演出就在这样忐忑不安的气氛中开始。

第一个节目是青年演员程丽秋演唱的开篇《刀会》，她的演唱中规中矩，顺利完成开场任务。紧接着登场的是朱雪琴、薛惠君，弹唱《珍珠塔》选回《七十二个他》。整场演出总共三回书，剧场能否在这回书中炒热显得相当关键，后台演员都侧身于大幕旁，一个个屏气凝神，关注着台下的反应。这回书是朱雪琴的拿手之作，俏皮的采苹，矜持的小姐，玩笑式的报喜，使本来平淡无奇的书情充满乐趣，场内不时传来笑声。朱雪琴、薛惠君配合默契，边说边唱，“琴调”轻松活泼，“薛调”音韵铿锵，将

朱雪琴、薛惠君香港演出照（上海评弹团提供）

丫鬟的伶牙俐齿和小姐欲说还休的娇羞之态表露无遗，这段脍炙人口的“七十二个他”就像吴人在《大公报》介绍的那样，“精彩之极，保证听出耳油”。随着书情的层层递进，听众情绪被调动起来，台上弦歌高唱，台下掌声连绵，连过门弹奏都引来喝彩声。当小姐明白“他”竟然是表弟方卿，内心无比激动，随着下手缓缓唱出“一些些的声音也要他一他”，听众的心情也为之一畅，不约而同欣然鼓掌。“七十二个他到此结束，请听下档”话音未落，全场响起雷鸣般的掌声，演出气氛空前活跃，大家悬着的心总算放了下来。接着登台的两回书虽然风格各异，同样十分出彩。杨振言、杨振雄的《西厢记·闹柬》书情细腻雅致，表演富有昆曲韵味，获得热烈掌声。刘天韵、严雪亭的《三笑·面试文章》送客，“大踱”“二刁”一搭一档，窘态百出，听众莫不捧腹绝倒。

于听众而言，吴语妙韵不仅是艺术享受，更是思乡怀旧之物。老书迷惠斋阅历资深，对书坛轶事和书艺特长如数家珍，他在《大公报》发表《评弹团上场三杯酒》盛赞首场演出，并将朱雪琴的手风、杨振雄的俞调和刘天韵的做表，喻为评弹团向港九听众、书迷们奉敬的既醇厚又清新的三杯酒。朱雪琴和薛惠君的精彩表演在打动听众的同时，也引起他们对沈俭安、薛筱卿的想念。

不听朱雪琴，十三年于兹。她是朱蓉舫的女儿，除了《珍珠塔》之外，还能说《双金锭》。十三年前，她在上海丽都书场献艺，和她同台说下手的，是她的妹妹朱雪吟。其时，前辈弹词家沈俭安逢人苦誉，称赞她的义女冰雪聪明，不但说唱俱佳，而且三弦弹得好，他们内行称为能够“勒上勒下”。在沈俭安、蒋如庭之前，下手唱篇子时，上手的三弦向例只伴奏过门不伴奏唱词的，此风自沈、薛创始，衬托填字，使下手唱起来格外生色，朱雪琴已经全部得到，看了她弹三弦的姿势，就令人想念沈俭安不止。一段《七十二个他》，唱得回肠荡气。抓住了一个字不放，如天外飞来，运腔采取越剧化，向不起立，但身段上下自如，眼角、手风中都充满了书情。薛筱卿的琵琶，当年其师魏钰卿曾赞为青出于蓝而胜于蓝，因为魏自己就不擅弹琵琶的。现在一看薛惠君的琵琶，就是她父亲的家法，连坐上书台的姿势，都像她父亲。薛筱卿是弹词家中第一流的下手，他坐在书台上弹三弦，就不如弹琵琶登样得多，他的唱法得“珠圆玉润、神完气足”八个字，薛惠君庶几近之。影星韦伟赞美薛惠君的双手弹琵琶姿势之可爱，说“从来就没有看见过介漂亮的弹琵琶的手！”我亦云然！

许多香港观众虽然不是老书迷，但是有了灯片字幕的帮助，也领略到弹词艺术的妙处。自号“天堂一老”的老香港评价《七十二个他》“用字之妙，出口成‘他’，乃显得其为格外提神”。在他看来，欧阳修《醉翁亭记》之所以引人入胜，就是全凭二十一个“也”字“也”出来的，《七十二个他》可与之相媲美，“不仅一气呵成，听之有趣，而且其中至少蕴藏有卅六种变化，咁至难能可贵也”。所谓卅六种变化，是形容朱雪琴的表演灵活善变、丰富多彩。

朱雪琴在香港游轮上（朱一鹤先生提供）

《七十二个他》系由朱雪琴和薛惠君双档演出，两个人，特别系朱雪琴，对于呢个“他”之吐字，有其一套不同之腔调；而眉目传情之间，亦各有其妙。可以话，每两个“他”，便有一个“他”之吐字与表情系不同其"他"者，使到在场听众，十分好受。七十二个"他"，有咗一半唔同之唱法与表情，非三十六变化而何？我最喜欢者，就系演员口中之"歇后词"，譬如最后一个"他"字，常常系经过一顿之后始行吐字，呢种先抑后扬之唱法，博得听众阵阵掌声，连我呢个初哥，亦不禁为之手痒痒焉！

颇为有趣的是，天堂一老还用一首三脚凳"他他诗"来记述他听书的感受。"艺高嗓甜确有他，琵琶妙手要数他。咬文说白须让他，古灵精怪难学他。神采飞扬亦系他，烟瘾起兮另一他。如此多他有得比，教我如何不捧他。"诗中"烟瘾"一句专记邻座广东朋友烟瘾极大，由于大会堂不准吸烟，他为了听书强忍到最后，几乎流出口水和鼻涕，艰辛程度连旁人都能觉察出来。虽然作者写得有些夸张，但评弹瘾胜过烟瘾的事例，足可说明演出之精彩令人欲罢不能。

自7月6日开幕至7月20日闭幕，上海评弹团在香港共计演出20场。其中，香港大会堂演出两天日夜四场，九龙普庆大戏院演出五天夜场，中区百乐门餐厅和中华总商会礼堂演出五天日夜九场，位于"小上海"之称的沪籍人士聚集区的北角都城戏院，特意从已排定的影片映期内抽出两个夜场请评弹团演出。售票方面，大会堂、普庆大戏院、都城戏院拥有1 500—1 700个座位，票价分10元、6元、3.5元三种，另两处座位仅数百，百乐门售10元、6元，中总票价一律10元。由于节目精彩，各界知名人士大力揄扬，书票一直非常紧张，导致旅港的江浙知音到处"扑飞"（广东话中设法买票的意思），连广东人、外省人和外国人都纷纷购票，欣然加入听书行列。20场演出不管场地大小，不分日夜，场场爆满，听众总计达18 800人次，有线广播"丽的呼声"电台专程到书场录音，将部分演出盛况转播给数十万听户。10日至14日的中总夜场由于座位有限，被不愿错失良机的书迷预定连票，抢购一空，10元的座券竟然在黑市炒到一百甚至更高。因为爱屋及乌，艺人的日常活动都引起听众关注，某日上午众人游逛铜锣湾中国国货公司，顾客纷纷驻足争睹艺人风采，轻声辨认"那个是朱雪琴""这个是刘韵若"，连朱雪琴、徐丽仙等人购物的经过都被当成

赴港女演员与香港书迷合影，左一刘韵若，左二程丽秋，左三朱雪琴，右一薛惠君，右二孙淑英，右四徐丽仙（朱一鹤先生提供）

新闻刊登。

在全部20场演出中，大多是选回专场，由三个选回和一两首开篇组成，中篇评弹和弹词曲调演唱会各演出两场。从当时的新闻报道和部分实况录音来看，新的演出形式受到香港观众的热捧，演出效果盛极一时。《三笑》是家喻户晓的民间故事，《三约牡丹亭》则是苏州弹词别出心裁之作，以熟悉的人物敷衍出全新闹剧，众多名家的精彩演绎和流派纷呈的曲调使听众分外过瘾，在普庆戏院首演时，1 700余听众坐满全场，尽情欢笑两个多小时，谢幕四次后才陆续散场。长城电影制片有限公司从中受到启发，于当年开始筹拍电影《三笑》，剧中追舟、三笑留情、卖身进府、兄妹相会、小厨房、备弄相会、面试文章、罚画观音、三约牡丹亭、文祝参相、点秋香等大量情节都移植自苏州弹词。电影上映后在全国风靡一时，成为经典的喜剧影片，影片另一个特色是全剧40多段插曲均采用江南小调，其中弹词“山歌调”出现最多，《三约牡丹亭》中大踱演唱的“文书调”（先死爹来后死娘，连家里的老鼠都全死光）也被原封不动地运用到电影

程丽秋、薛惠君、朱雪琴在香港（朱一鹤先生提供）

中。弹词《三笑》在香港产生如此深远的影响，这是赴港演出始料未及的。

或许是广东人骨子里的音乐天性所致，他们对弹词曲调的兴趣较为浓厚，赴港演出的所有专场中，弹词曲调演唱会最为火爆，演出自始至终处于鼓掌和呐喊的浪潮之中，几乎每个演员都加唱两到三次。首场弹词曲调演唱会7月7日晚在音乐厅举行，朱雪琴倒数第二个出场弹唱《拷红》，报幕员还没来得及把“伴奏薛惠君”说完，台下已响起热烈掌声，从报幕到调弦短短半分钟内博得三次碰头彩，听众迫不及待的心情可见一斑。“时序轻寒已报秋，霜华满地倍清幽”两句连得满堂彩，整首开篇共有15次猛烈的鼓掌声，全场为之沸腾。一曲唱毕，听众欲罢不能，鼓掌呐喊长达半分钟，加唱《十八因何》之后仍无法满足要求，再次加唱《方卿哭诉陈翠娥》，由于唱篇较长，只唱了半阕，没想到听众还不过瘾，整齐而带有节奏的掌声和呼喊声持续半分钟以上，朱雪琴再次返场将《哭诉》唱完。时隔50多年，我们仍然可以从当年的实况录音中感受到群情鼎沸甚至于疯狂的场面。为了满足听众的欣赏需求，艺声唱片公司迅速推出了一批弹词唱片，其中包括朱雪琴的《潇湘夜雨》《楼台会》《下扶梯》等代表作品，《大公报》特地刊文推荐，详细介绍《下扶梯》妙趣。

“琴调”气势豪迈、节奏明快、表现力丰富，广东音乐音色清脆明亮，旋律流畅奔放，节奏活泼欢快，两者的音乐风格有着许多相似之处，也许这就是港九听众特别青睐“琴调”的主要原因。赴港期间，朱雪琴选取《七十二个他》《见娘》《见姑娘》《下扶梯》《小夫妻相会》《内堂报喜》等选回，全面展示《珍珠塔》说表细腻、弹唱见长的特征。中篇评弹《三约牡丹亭》中的“闹园”一节，朱雪琴一人分起夫人、秋香两个脚色，边说边唱，不论脚色转换还是说唱衔接均自然流畅，尽显弹词艺术跳进跳出、说唱相融的特点。凭借气度不凡的台风和精湛的书艺，朱雪琴“俘获”越来越多的书迷。

徐丽仙、刘韵若、朱雪琴在香港（朱一鹤先生提供）

“琴调”在香港的风靡也离不开听众的口碑相传和报纸的评论宣传。如报界名人刘郎（即唐大郎）在《大公报》发表的《朱雪琴赞歌》，字里行间表达出对朱雪琴的高度赞赏，精妙的文字与朱雪琴的大幅照片相映生辉，收到良好的宣传效果。

眼底清才涌若云，风化豪迈况天真。
卅年我向弦边坐，几见飞扬似此人。
绝调家家话雪琴，师门仰望识情深。
江南莫惜龟年老，不敢遗神直到今。

去年，上海评弹团到北京去，北京人对朱雪琴的书艺揄扬备至，报纸上谈朱雪琴的文章，也是盈篇累牍。谈到她的风格时，有的说，“在台上挥手谈笑，从容自若”；有的说，“琴调奔腾跳跃，如碧水明溪，铮琮流泻”；有的说：“琴调或纡曲萦回，或汹涌腾沸，或飞溅喷

笑容可掬的朱雪琴（朱一鹤先生提供）

射，乃至浩乎其沛然，成逼入之势！”这些话都说出了朱雪琴在台上的特点，绝非逾分。

朱雪琴本是师承“沈调”，后来别出机杼，自立门户，创为“琴调”。但她对沈俭安的家数，始终仰赖弥殷。记得几年前沈俭安还来上海登台，老了，中气不足，可他是个聪明人，能够适应这副已衰欲损的嗓音，从低沉中唱来亦有婉转之致，非常好听，正像余叔岩后期唱的《沙桥饯别》一样，别有一番醇厚之味。到了今年，听过几回朱雪琴的开篇，在她的大段行腔中，竟保留了沈俭安暮年的味道。“琴调”风行，“沈调”亦未成绝响，雪琴真有心人也！

7月20日晚，上海评弹团在普庆戏院作闭幕演出，再次推出精彩纷呈的弹词曲调演唱会。由于曲调演唱会只唱不说，而且配有灯片字幕，人人能懂，所以不仅受到老书迷的欢迎，连广东人、北方人都分外赏识，他们把它看作一场多彩而富有民族特色的音乐会。因为曲调演唱会曾在大会堂引起轰动，新旧书迷唯恐错过最后良机，不等节目公布，书票即被预订一空。为了酬谢热情的听众，上海评弹团对闭幕演出作了精心安排，演员出场顺序较第一次有所调整，人气飙升的朱雪琴排在最后一档，以《伯喈荣归》《螳螂做亲》《见娘》三种不同风格的唱调“送客”。被美妙的弹词音乐陶醉的听众，一次又一次用掌声和喝彩声要求“再来一个”，演员一再谢幕，一再加唱，几乎每个节目都加唱两三次甚至四次，原定十个节目的演唱会持续了四个

香港友人至车站送别，后排为蒋月泉、徐丽仙、朱雪琴（朱一鹤先生提供）

小时，仍有听众意犹未尽，高喊“唱到两点钟”。

据《大公报》报道，“终场闭幕时，评弹团长陈虞孙，副团长刘天韵、吴宗锡率领全体团员，接受了丰年娱乐公司致谢的巨大花篮和十余名国粤语影星的献花，在满堂热烈掌声和欢呼声中，谢幕达五次之多，全体艺人频频高举花束向听众致意道别，台下听众纷纷簇拥向前，再三鼓掌欢呼，江浙同乡们流露了深厚的亲切的乡情，依依不舍”。在告别酒会上，许多热情的书迷争相和艺人合影留念，同时希望他们明年再来，有的听众甚至盼望年底就来。《大公报》主编费彝民在他撰写的特稿《上海评弹团胜利归去 廿场演出 誉满港九 临别依依 盼望再来》中作了这样的评价：上海评弹团在港演出所取得的成功，超过了一切预期，也是评弹在本港从未有过的盛况。

乡音寄真情，赞声寄乡思。乡音、乡情、乡思是联系演员和听众的纽带，也是统战工作的桥梁。吴侬软语传递的浓浓乡情唤起许多江浙人士的乡思，被评弹吸引出场的不仅有外资背景的商人，还有香港警察机关的高级职员甚至台湾“阳明山会议”代表。演出之余，来自工商、新闻、文化界名流的宴请应接不暇，全体团员和香港各界人士在交流联谊中增进了解，建立深厚友谊。此外，赴港演出全面展示了评弹艺术在书目、表演和人才方面取得的成就，成功宣传了“百花齐放，推陈出新”的文艺方针。旅港多年的女弹词家严诵君感慨地说：“啊呀，想不到评弹进步得这么快，现在的书有这么好！”

60年代初期政治气候回暖，文艺政策比较宽松，评弹传统书目得到短暂的复苏。从某种意义上来说，1962年上海评弹团赴港演出的成功是新中国成立后评弹艺术繁荣发展的重要标志。对朱雪琴和全体演员来说，这次演出也是艺术生涯中最后的辉煌，因为好景不长，极左思潮开始泛滥，一场巨大的政治风波席卷而来。

朱雪琴与香港友人握手道别（朱一鹤先生提供）

第六章
岁月荒唐

1963年初，某领导发出“大写十三年”的号召，使上海乃至华东地区的文艺界偏离了正常的艺术道路。在文化部门的部署下，评弹界积极执行该项政策，斩断传统书的“尾巴”，大量编演现代书目，掀起“评弹革命化”浪潮。殊不知这场“革命”伴生的却是一场动乱，随后，评弹演员经受了种种磨难，评弹艺术遭受了灭顶之灾。

评弹革命化

1960年下半年，面对严重的经济困难，中共中央提出对国民经济实行"调整、巩固、充实、提高"的方针，中国的政治、经济和文化进入短暂的调整期。在文艺界来说，百花齐放、百家争鸣的方针得到贯彻，为文艺创作和演出营造了宽松、活跃的氛围。这一时期评弹界响应"翻箱底"号召，一批解放后久未上演的传统节目重现书台，在听众中引起强烈反响，评弹演出市场十分繁荣。在当时经济形势十分困难的情况下，这种现象折射出听众迫切的娱乐需求。

然而宽松的政治环境没有维持多久，1962年9月24日，中共八届十中全会上提出"千万不要忘记阶级斗争"的号召，国内形势发生急剧变化，文艺界短暂的"春天"也随之结束。1963年1月4日举行的上海文艺界元旦联合会上某领导抛出"大写十三年"的口号，提出文艺创作要提倡和坚持"厚今薄古"，"着重提倡写解放十三年，要写活人，不要写古人、死人。我们要大力提倡写十三年——大写十三年！"

这个片面的口号虽然在中宣部的文艺工作会议上受到质疑和抵制，却让江青如获至宝，《文汇报》于1963年5月6日、7日发表《"有鬼无害"论》，在文艺界掀起政治批判的风浪。这篇文章被认为是江青以上海为"基地"打响的第一枪。

1963年9月中旬，上海市文化局就《光明日报》的《进一步贯彻执行戏曲的百花齐放、推陈出新的方针》专栏中的编者按和有关文章组织讨论座谈，艺人们发言很激烈，表现出极大的困惑和担忧。例如，蒋云仙对于《啼笑因缘》暂停演唱想不通，她认为这部书是好的，北京曲剧还在演《啼笑因缘》，为什么上海就不能演唱？沈笑梅对《济公》很有感情，他虽然也感觉到书里问题不少，但哪些是迷信，哪些是神话，哪些可以说，哪些不能说，实在弄不清楚。朱雪琴在发言中提到杭州场方对《三笑》和《珍珠塔》有意见，而她自己对于《珍珠塔》宣传什么也不明确，所以演唱

《七十二个他》时觉得“口软”。彼时《珍珠塔》虽然仍可以弹唱，但朱雪琴已感觉到潜在的危机。有些比较敏感的艺人开始担心“这下子会不会再砍掉一批老书”，这种担忧很快就成为现实。

极左思潮使上海的文艺政策迅速“左”转，在市文化局、市曲协的积极部署下，评弹界开始大规模的下生活创作新书，《战地之花》《陌上春燕》《冰化雪消》《东风卷残云》《南京路上》《如此亲家》等现代题材中、短篇和开篇相继上演。在评弹最基础的长篇演出中，传统书的比例和地位逐渐下降，《战地之花》《红色的种子》《夺印》《李双双》《桥隆飙》《林海雪原》《野火春风斗古城》等新书日益成为书坛主流。这些举措在中宣部编印的《文艺情况汇报》第116号上得到报道：某某同志亲自抓曲艺工作，一个是抓评弹的长篇新书目建设，某某同志提到，“有没有更多的在思想和艺术上都不错的长篇现代书目，是关系到社会主义文艺能不能占领阵地的问题”；另一个是抓故事员，故事员配合社会主义教育运动，大讲革命故事，起到了红色宣传员的作用，很受群众的欢迎。

徐雪月、朱雪琴、张鉴国在街头宣传演出（朱一鹤先生提供）

1963年12月25日，华东区话剧观摩演出在上海举行。这次汇演中心内容是大力提倡现代剧，交流现代剧编导演经验。某领导在开幕式上发表题为《贯彻毛主席文艺方向 大力提倡现代剧》的讲话，严厉批评“有些人虽然口头上也赞成文艺为工农兵服务的方向，但是实际上他们不去贯彻执行党的文艺方针，他们对于反映社会主义的现实生活和斗争，十五年来成绩寥寥，不知干了些什么事”，他指出“文艺是阶级斗争的武器，是时代的风雨表。阶级斗争必须要在文艺上反映出来。我们的文艺要不要为工农兵服务，要不要为社会主义服务，这是文艺战线上一场严重的、长期的阶级斗争和思想斗争”。演出期间，新书成绩突出的评弹被隆重推出，为观摩活动举行招待演出，参加演出的分别有朱雪琴、余红仙对唱的“琴调”开篇《移风易俗的带头人》，石文磊的开篇《社员都是向阳花》，唐耿良的短篇评话《穷棒子办社》和蒋月泉、余红仙的弹词选回《夺印·夜访》，另外两个节目是故事和越剧。

朱雪琴、蒋月泉、严雪亭、杨振言、徐丽仙在农村劳动（上海评弹团提供）

话剧观摩演出刚刚落幕，由上海市曲艺工作者协会发起，上海市人民评弹团和长征、先锋、星火、凌霄、江南评弹团联合参演的评弹现代书目会书演出紧随其后，于1月25日至2月2日在仙乐书场和西园书场同时举行。会书共举行十八场，节目有中篇三个，短篇八个，长篇分回二十八回，以及《歌颂三千勇士战烈火》专场两场，“这些节目，突出地显示了本市评弹艺人以全力创作反映现代生活和现实斗争的新长篇以取代旧长篇的努力”。《歌颂三千勇士战烈火》是六个评弹团根据真实事件，只用九天时间联合创作排演的专场，朱雪琴和陈红霞在专场中演出短篇弹词《当仁不让》，歌颂中南橡胶厂女工韩兰珍夫妻。她们在排练和演出过程中，常常被勇士们舍己为公的牺牲精神所感动，朱雪琴在招待救火单位演出时激动地对韩兰珍说：“我一定要跟你交个朋友，经常地来向你学习。”韩兰珍夫妻听了朱雪琴和陈红霞表演的弹词后激动地说：“这是对我的鼓励，今后我要更加努力。”

朱雪琴演唱现代节目（上海评弹团提供）

《歌颂三千勇士战烈火》专场展现了评弹艺人的政治热情和大协作精神，作为闭幕演出将会书推向高潮，受到各方重视和赞扬。《文汇报》评论员将之比喻为上海评弹界一场会战的胜利，他说：“这次成功的演出，证明了评弹艺术在反映现实斗争生活中，是能够发挥文艺尖兵的战斗作用的，也证明了有志气的评弹艺人正在努力赶上时代，积极为社会主义革命和建设服务”。会书期间，不管是上海市曲艺工作者协会组织的听众座谈会和编演现代书目座谈会，还是《文汇报》《新民晚报》刊登的大量评论文章，都释放出同样的信号：社会主义的评弹必须表现新内容，刻画新人物，宣扬新思想，演员和听众都要认清形势，自觉地改造思想，抵制传播封建主义和资本主义思想的老书。在随后举行的现代书目会书演出总结大会上，上海市曲艺工作者协会向评弹界全体演员发出号召，要求大家深入生活，同工农兵结合，不断地改造思想，向封建主义、资本主义思想及一切旧的习惯势力展开斗争，进一步推动评弹书目革命化，促进评弹艺人

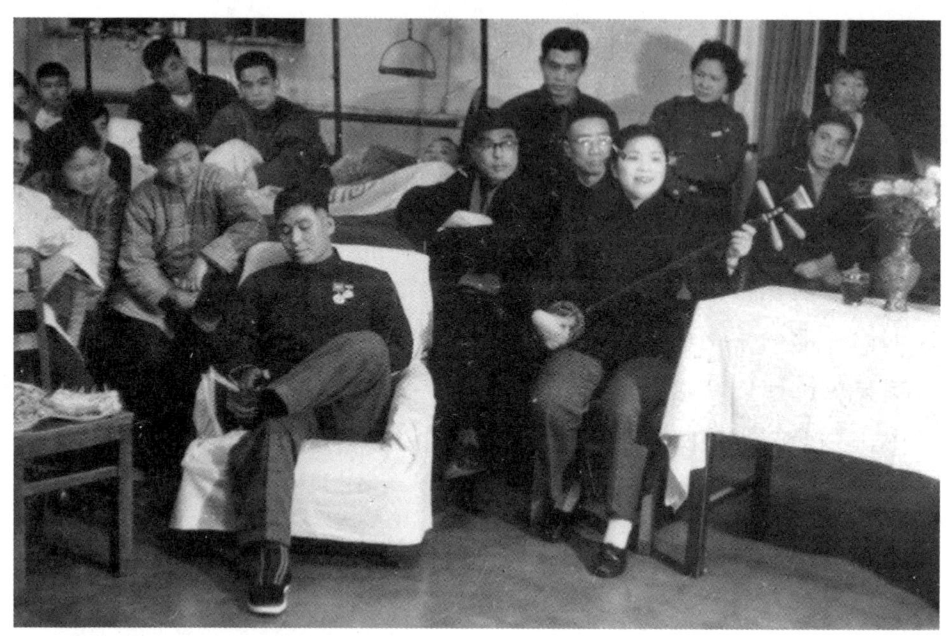

朱雪琴在慰问演出(上海评弹团提供)

革命化,做一个社会主义的评弹演员。

一时间,评弹界出现了争说争唱现代书目的新气象。上海的现代书目会书尚未落幕,苏州市的各个评弹团也联合发起现代书目汇报演出,与之相呼应的还有进京演出的常熟县人民评弹团。1964年1月22日至2月4日,中国文联、中国曲协在北京联合召开曲艺创作座谈会,并举办新曲艺观摩演出和公演,常熟县人民评弹团由于创新说新成绩突出,应邀献演《梅塘姑娘》《探女》等优秀新书目。不难看出,评弹界执行当时的文艺政策是颇为积极主动的,是文艺界编演现代节目的领头羊,结果导致传统长篇被彻底"斩尾巴",艺术传承因此停滞。对于传统艺术而言,这样的损失是永远无法弥补的。

1963年末开始,"朱郭档"的长篇《珍珠塔》绝迹书台,以演唱现代短篇、开篇为主。1964年上半年,著名评弹作家陈灵犀为他们创作了新长篇《会计姑娘》,该书改编自中国评剧院的同名现代戏,反映农村的两条道路斗争。为了发挥朱雪琴、郭彬卿的弹唱特长,陈灵犀特别加强了唱词的编写,"红木算盘十七档"和"枯木逢春雨露沾"等唱段都有很好的效果。可惜该书说唱时间较短，影响不大。第二次“斩尾巴”后评弹界涌现了许多新长篇，但是不论题材的广泛性还是艺术质量，均无法和传统书相提并论。在“评弹革命化”的要求之下，说书人不能随意放噱头，不能卖弄唱调，不能过度刻画小人物和反面人物，诸如此类的“紧箍咒”使书中趣味荡然无存，无法吸引听众，书场业务一落千丈。最终，这些缺乏艺术魅力的新长篇几乎没有一部流传下来。

朱雪琴、余红仙演出照（上海评弹团提供）

由于长篇的创作投入和演出效益不成正比，中篇和专场（包含若干开篇、短篇）遂成为各个评弹团的工作重点。以上海评弹团为例，1964年至1965年创作上演的中篇和专场约有12个，短篇、故事和开篇的数量更多，在40个左右。身处“革命化”浪潮中，朱雪琴的演出重心从长篇转向中短篇和开篇，包括反映革命斗争的中篇《芦苇青青》《红梅赞》和开篇《神枪姑娘》《小四牛》，有歌颂社会主义的中篇《急浪丹心》和开篇《红纸伞》《歌唱王杰》《来唱革命歌》《造志气灯》，还有声援越南抵抗美国侵略的中篇《疾风迅雷》和开篇《越南军民打得好》等，其中艺术成就最高的当数《芦苇青青》。

1964年7月，上海评弹团集中精兵强将对《冲山之围》进行修改丰富，特别是陈灵犀的参与

1964年10月29日朱雪琴、赵开生等在江南造船厂为工人演出（上海评弹团提供）

使作品得到升华。他从梁上泉的诗歌《芦苇颂》中获得启发，以芦苇比喻不畏强敌的冲山军民，在最后一回书中增写了著名唱段“望芦苇”，新版中篇因此定名为《芦苇青青》。原有的“骂敌”“游水出冲山”等唱词也经陈灵犀修改润饰，使张鉴庭、朱雪琴的唱功得到更好发挥。《芦苇青青》在仙乐书场上演后连续爆满7个月，近千个单位集体订票听书，创造了评弹史上的上座纪录，《新民晚报》以“革命现代评弹吸引大批新听众”为题作了专题报道。在这大半年的时间里，朱雪琴、郭彬卿的“游水出冲山”越唱越成熟，越唱越经典，唱成了特殊年代风靡上海滩的“流行音乐”。

殊不知，“革命现代评弹”的盛行预示着一场史无前例的政治动乱即将来临。

痛失好搭档

自20世纪二三十年代以来，双档是弹词演出最为常见的形式，许多弹词流派或艺术风格的形成，都是上下手长期协作、共同努力的结果。如“朱赵档”（朱耀祥、赵稼秋）在首演《啼笑因缘》的过程中突破传统，开创“朱耀祥调”和民国时代新书的表演风格；如“沈薛档”（沈俭安、薛筱卿）在长期合作中探索弹词音乐的变革，创造出风格相近、特色各异的“沈调”和“薛调”。朱雪琴和郭彬卿无疑也是这样一对珠联璧合、密不可分的绝佳搭档。

1959年7月朱雪琴、郭彬卿在文化广场演出《七十二个他》（上海评弹团提供）

一对好的搭档，不管艺术追求还是脾气秉性都得合拍，只有这样才能心往一处想，劲往一处使。朱雪琴与郭彬卿就是如此，他们是“沈调”和“薛调”的优秀继承者，不仅拥有扎实的基本功，还有勇于求新求变的精神，“琴调”的艺术高峰是他们齐心协力共同开创的。从郭彬卿的自述中可以了解到，他的伴奏之所以能够如影随形，达到出神入化之境，首先在于他对上手唱腔的悉心研究。“琴调”唱腔在演出过程中逐渐发展丰富，郭彬卿对这些唱腔同样了如指掌，不论快、慢、高、低还是临时突变，都能得心应手地进行伴奏。转调或接气时，郭彬卿也会补一两个接凑音，既要增强演唱的强弱音，又便于朱雪琴出口唱，这种效果只有研究到极致才能获得。

其次，郭彬卿是个纯粹的艺术追求者，尽管他在“朱郭档”中的地位远胜于一般的下手，但他没有自恃其才而骄纵争功，演出时始终全力以赴地配合上手，不夹杂半点私心。如唱篇内容丰富，曲调多变时，他就很少翻花过门，以免分散听众注意力，影响朱雪琴的演唱效果；当唱篇内容无关紧要，曲调比较单薄时，则运用大量的花过门增强唱腔吸引力，使听众保持热烈的情绪而不至于抽签。每当朱雪琴唱一档精彩的长篇子时，郭彬卿的精气神都集中在琵琶上，因为屏息凝神而导致喉咙发干，轮到他唱时几乎唱不出来。郭彬卿说：“倘然不想到我们是合作，你好就是我好，怎样肯这样弹，你要夹杂一点自私，或闹名利的人，就不能这样做，上手明白点还好，往往双档闹不团结，真是听众的损失，亦是艺人不顾大局，倘有了这种技术不用，也是艺术道德品质不高。”

郭彬卿与陈灵犀

“朱郭档”不仅艺术上珠联璧合，性格方面也十分互补，即使偶尔在艺术上有些争论，但不影响他们的融洽关系。弹词名家薛惠君和“朱郭档”既是同事，又属同门，对他们的性格特点相当熟悉。据她介绍，郭彬卿个性率真，没有心机，常常像小孩子一样率性而为。例如上下手对唱，朱雪琴唱腔高亢明亮，他就走低回软糯的路子，朱雪琴善于学习借鉴，也会吸收郭彬卿好的唱腔，而且她的天赋条件好，一听就会，往往郭彬卿一句调子刚弄好，第二天就被朱雪琴化到她的曲调中。这时郭彬卿就会当面“抗议”：“你怎么又把我的腔唱掉了呢?!”有时候朱雪琴伴奏不得力，郭彬卿就要责怪她：“你唱的时候我全力以赴，弹得喉咙发干，要清清嗓子才能唱。我唱的时候你没有托牢我，弹得我唱都唱不动。”“我的手有腱鞘炎，三弦弹不快”，朱雪琴一边解释一边塞给他零食，“彬卿，鸭肫干”。朱雪琴掌握他的个性，拿他喜欢的零食哄他，郭彬卿像小孩一样，嘴一撇，给她一个白眼，这事就算过去了。

朱雪琴和郭彬卿下工厂慰问演出（上海评弹团提供）

放眼评弹界，像“朱郭档”这样相处融洽，艺术相得益彰的合作者屈指可数，真是听众之福，评弹之幸！可惜在阶级斗争思潮泛滥的年代，他的精湛艺术并未得到应有尊重，他的兴趣爱好和生活方式却给他带来了厄运。

过去说书艺人的码头生活比较单调，在日夜两场演出之外，总会寻找一些消遣方式，如有的养鸟，有的养蟋蟀，有的书画养心，有的茶酒怡情。郭彬卿热爱艺术，对弹唱之道特别悉心钻研，生活上追求物质享受，即使参加学习或会议时，也常常随身携带零食偷偷享用，自得其乐。他的缺点是政治意识薄弱，觉悟低，对政治学习表现消极，在言行上也从不掩饰自己对小资生活的追求。夏奇谷曾在《书坛周刊》发表一篇短文《郭彬卿补足输赢》，反映了他对生活质量的追求：

小嗲郭彬卿，自于月前由其师家中，迁至沧洲书场之宿舍内后，一人独居小室一间，甚为自由自在，在经过了数十天的慢慢布置以后，居处今已粗具小家庭模样，所有应用物件，大致已备办齐全，据云先后化去约万金之谱，数日前晚上，笔者过渠寓所造访，见在床畔之小桌上，杯墨罗列，其中杂有不少药瓶，询之始悉为欲增补体力，而购备食用之各种药品，细视之下有五六种，如派拉脱、唯他命丸等，在笔者小坐一刻钟的短促时间内，即见渠服用了三种，真是补足输赢矣。

郭彬卿

据介绍，郭彬卿在苏州购买的私宅也极为精致，占地虽然不是特别大，花园、池塘、假山一应俱全，拾级登山经凉亭可达二楼居室，可谓匠心独运，别有情趣。他没有烟酒嗜好，唯独热衷命理研究，这可能缘于他自幼命运多舛，因此对自己的流年运势异常关切。或许正是这些原因，使得他在某些表现积极的领导和同事眼中，被贴上了小资产阶级思想的标签。所以1962年上海评弹团赴港时，团领导将“朱郭档”临时拆开，让郭彬卿留在上海单档演出，此事给他造成不小的打击。让他没想到的是，阶级斗争的形势越来越紧张，理想中的小资生活离他越来越远。

“文化大革命”开始不久，上海市人民评弹团就贴出第一批“大字报”，矛头指向蒋月泉、严雪亭、杨振雄、姚荫梅等“反动学术权威”。正在参加中篇评弹《急浪丹心》演出的姚荫梅被立即撤下，由青年演员周苏生顶替，和姚荫梅同台演出的朱雪琴也感受到“山雨欲来”的紧张气氛。工作组进驻后，吴宗锡、李庆福等“当权派”很快靠边，评弹团选举产生文革委员会，随后鲁迅精神战斗组、井冈山战斗组、红色扫荡组和从头越战斗组相继成立，评弹团的政治运动被这些造反组织所控制。随着运动不断深入，张鉴庭、唐耿良等主要演员纷纷被打倒，评弹团的演出基本处于停顿状态。

上海奉贤文艺五七干校留影，前排为朱雪琴、越剧演员魏凤娟、徐雪花（朱一鹤先生提供）

运动开始阶段，朱雪琴在杨振言的鼓动下加入他领导的“红色扫荡组”，和她一起参加的还有吴子安、蒋开华等人。据了解，杨振言带头造反的目的是给杨振雄翻案，朱雪琴等人并没有什么政治目的，完全是出于同情表示声援而已。1967年1月，评弹团的造反组织联合夺权，成立了五人接管组，杨振言为成员之一。在黄浦区“文体军部”支持下，杨振言提出杨振雄不是资产阶级反动学术权威，应予彻底平反，团内群众意见分歧形成两派，由此引发的斗殴事件波及社会，影响极大，被称为“二月事件”。由于被看作与“二月逆流”南北呼应，杨氏兄弟为首的抗争以失败告终，杨振言一派都是“老保”（“保皇派”的简称，与“革命派”相对），杨振言本人则是“文艺界二月黑风首恶分子”。朱雪琴由于身体原因并未参加造反，但作为杨振言的支持者，她和其他人一起被列为“文艺黑线”而遭受批判。从弄堂口到家门口甚至家中镜子上，到处都贴着资产阶级文艺黑线铁杆保皇派的大字报，为了躲避造反派的批斗，朱雪琴经常到深夜才敢回家看望下儿子。好在造反派针对的主要是“首恶分子”，朱雪琴只是靠

朱雪琴演唱　徐仲达伴奏（上海评弹团提供）

边不能演出，没有关进“牛棚”，也没有受到太大的冲击，工资陆续从265元减到135元，与只拿20元生活费的“牛鬼蛇神”相比，已经算是不幸中的大幸了。1969年，朱雪琴和许多文艺界同行被下放到位于奉贤海滨的文化系统五七干校，接受贫下中农再教育。他们和农民一样参加田间劳动，在艰苦的劳动和生活中接受锻炼，重新学习。从靠边到下放，生活上的困难还在其次，身心遭受的摧残最为巨大，这对于朱雪琴的身体健康和艺术生命都造成重创。

随着运动不断扩大，斗争对象不再局限于“走资派”和“反动学术权威”，斗争方向开始转向所有人。在清理阶级队伍中，郭彬卿也被打倒了。郭彬卿一向不问政治，对政治学习和政治运动表现冷漠，“文化大革命”开始后他既不写大字报，也未参加任何派系，是典型的“逍遥派”。虽然心直口快但心地善良，从不说三道四恶语伤人，同事关系相当融洽。这样一个和政治毫不沾边，与人为善的老实人，为何也会成为斗争对象？事情起因和周玉泉妻女被捕有关。周玉泉和徐云志是苏州市人民评弹团最负盛名的老艺术家，“文化大革命”开始后就受到冲击，周的妻女对造反派的极端行为十分反感。周的大女儿没有认识到政治斗争的残酷，竟然写信给中央为刘少奇鸣不平，信还未出上海她便被公安局逮捕。在接受审查期间，苏州造反派从她口中了解到其母高秀宝曾说过“江青就是蓝苹”，高因此成为“现行反革命”被捕入狱。郭彬卿早年得到周玉泉提携，尊他为寄父，平日和周家来往密切，无话不谈，他的一些“反动”言行也在调查中被掌握。造反派马上派人将这些线索移交给上海团，由此开始了针对郭彬卿的批判。

由于时隔半个世纪，郭彬卿遭受迫害的详细情形已无法还原，根据一些碎片化的口述资料反映，他的主要“罪行”有两个：一是伪造“血尿”骗取病假，逃避学习；二是私自给毛主席、蒋介石算命。坊间关于“血尿”的传闻众说纷纭，经过多方了解大致可确定，郭彬卿只是和周玉泉谈起滴血伪造血尿的方法，胆小的周老没有实施过。即使是郭彬卿以“血尿”骗取病假这件事，似乎也并没有实证。尽管如此，还是免不了遭到批斗和挨打。有个经常请病假的演员生怕大家怀疑他也是装病，为了表明自己立场，冲上前去抽了郭彬卿一巴掌。郭彬卿被关入牛棚之后，造反派仍揪着他不放，调查他私自为毛主席、蒋介石算命的反动行为，还查到他曾经私自买卖过“小黄鱼”（一两的金条）。“罪名”越来越多，批斗也逐渐升级，

张鸿声、潘伯英、薛筱卿、郭彬卿、吴剑秋1950年在常州公园（苏州评弹博物馆提供）

郭彬卿感到前所未有的恐惧。

当时除了按时学习、劳动和批判之外，人身自由还未受到限制，郭彬卿冒险逃离了上海。第二天造反派发现他没按时报到，先派人到常熟家中寻找，但是一无所获，其实郭彬卿已逃往杭州。此时他或许已有轻生的念头，所以并没有联系杭州的好友，而是在西湖边散心。因为没有介绍信无法住宿，到晚上仍逗留在湖边。他的反常举动早已引起巡逻队的注意，他们以为他要投湖自尽，上前盘问后得知是上海评弹团的靠边对象，于是将他带到派出所，立即打电话通知上海评弹团前去领人。郭彬卿竟敢畏罪潜逃，这个消息让造反派暴跳如雷，他们迅速派人将他押解回来，在底楼大厅连夜进行批斗。造反派无限上纲上线，说他逃往杭州是想去福建，然后再逃往台湾，他们对郭彬卿大打出手，使他身心俱受沉重打击。据评话名家唐耿良回忆录记载，郭彬卿第一次关进牛棚时心态尚好，还偷偷和他交谈，言语中表示同情："你一贯进步，为什么也要靠边？我想不通。"但是杭州回来的第二天，整个人的状态就完全变了。

> 郭早晨下楼来劳动，跟我一道到园里吊井水洗菜，我见他左眼赤红，眼眶下一个乌青块，显然是挨了拳打。他拉长了面孔，神色凝重，一言不发。我又不便去问他怎么挨的打，只能在眼神里表露对他的同情。

劳动结束，郭彬卿独自回到三楼关押室。两个小时后，一个女造反派气急败坏地来到靠边组，向他们厉声警告："你们听了，郭彬卿对抗'文化大革命'，在三层楼上吊畏罪自杀，自绝于人民，是现行反革命的罪行，如果你们胆敢学样，一律照

郭彬卿、朱慧珍、陈红霞（俞约瑟先生提供）

现行反革命处理！”1968年5月4日上午，郭彬卿在绝望中结束了自己的生命，年仅49岁（按出生年月计算，实际年龄还不到48周岁）。

从郭彬卿留下的两本批命书中可以看到，童年、少年时期的批语和他的坎坷身世比较吻合，青年时期开始的批语出现“春光融融日渐高”“满面春风人道好”等佳句，预示着好运到来。然而事实并非如此，批语旁记录的片言只语反映出郭彬卿的真实处境，“不多钱不称心”“烦恼忙碌恐惧、吃力不讨好”“荆棘渐割渐走”“经济确是受到威迫窘相”……从中不难发现，自加入评弹团之后，郭彬卿思想上有压力，工作、生活也不如意，心情十分压抑。从杭州被抓回的那个晚上，造反派将他往死里打，他抱住其中一位青年的双腿苦苦哀求，谁知这个平日经常受他照顾的青年翻脸无情，狠狠地打了他两记耳光。可以说，人性的凶残与冷漠是压垮他的最后一根稻草。

郭彬卿自杀后，造反派兵分两路，分别对他苏州、上海的住宅进行抄家。郭彬卿注重生活质量，家中衣物、家具都相当考究，造反派从他上海茂名路的住宅中抄出书画、瓷器和鸭绒被、羊毛毯、阴沉木麻将台等大量物资。据唐耿良先生回忆，他奉命拖着黄鱼车前去搬运家具卖给抄家物资收购站，那张阴沉木麻将台以70元价格被收购，鸭绒被、羊毛毯等被分配给“红五类”享用。抄家结束后，该处房屋被一个造反派占用。位于苏州西北街的住宅是郭彬卿以2 200元购买的私产，平日借给亲戚茅玉英全家居住，造反派对郭的房间进行查抄，此后房屋为隔壁丝织厂占用。

笔者与朱郭档后人在常熟相聚（左郭继彬，右朱一鹤）

据郭彬卿之子郭继彬回忆，父亲忙于演出，常年在上海，很少回到常熟家中，因为性格关系，也很少和家人交流工作或生活方面的事情。父亲在言行举止方面要求十分严厉，稍有不慎就会批评，以至于他在父亲面前总是十分拘束。往年的寒暑假，他总会去上海住上一段时间，1967年春节是父子俩最后一次相聚。此后政治形势越来越紧张，父亲不让他再去上海。出事前父子俩已经一年多没见面，家里对上海发生的一切也知之甚少，直到评弹团通知他们去上海见面时，也从未想到会发生那样的事。当他们赶到上海时已近傍晚，突如其来的变故使他们怔住了，既不敢询问事情经过，也不敢提出任何要求，只能默默接受冰冷的事实和强加的“罪名”。著名弹词演员徐雪花同情他们的遭遇，提出应该让他们带些郭彬卿的衣物回去，但是这个小小要求也遭到造反派的拒绝。当时的处境之下，她的善良之举使郭继彬在悲痛之余感到一丝温暖，至今难以忘怀。

1978年，含冤十载的郭彬卿获得平反，上海评弹团为他举行追悼会，许多老演员闻讯后都早早地来到团部，缅怀这位过早离世的艺术家。当年被抄没的物资中，50余件书画作品已被上海博物馆收藏，以折现的方式归还给家属。同时发还的还有几件瓷器和一条破旧的羊毛毯，苏州的私宅也在文化部门帮助下收回。被抄没的藏书中与艺术相关的已由评弹团转赠他人，如弹词名家江文兰就收藏着他留下的一套《再生缘》。幸运的是，《穷通宝鉴》《命谱》《增订命理探源》等书籍未被当作垃圾处理，因缘所致，这些书在几十年后被同样爱好命理研究的弹词名家周希明收藏，如今已全部奉还给郭继彬保存。

“朱郭档”正值盛年，处于艺术创造的旺盛期，如果没有文化大革命，他们还可以为苏州弹词的发展做出更多贡献。在极左思潮的裹挟之下，“朱郭档”的命运、评弹的命运都无法摆脱时代的洪流，朱雪琴靠边失去演出机会，郭彬卿付出生命代价，这些惨痛的事实给亲人留下无限伤痛，给喜爱“朱郭档”的听众留下永远的遗憾，给弹词艺术造成无法弥补的损失。

第七章
情深谊长

但凡说到朱雪琴的为人处世，熟悉的同道或听众都会跷起大拇指，他们的描述勾勒出这样的形象：大气、四海、和善、爽朗……不管生活中还是艺术上，她总是竭尽所能帮助别人，却很少考虑自己的困难。有人说她有时候行事鲁莽，甚至有点“糊涂”，其实这恰是她性格率真的表现，正是她可爱可敬之处。

不忘养育恩

世上最大的恩情莫过于养育之恩，对朱雪琴来说这份恩情尤为厚重，因为她有两对父母——亲生父母和养父母。亲生父母给予了她宝贵的生命，含辛茹苦将她抚养至八岁，虽然生活清贫，父母对她的爱却是无限的。为了生计，朱雪琴八岁就跟随养父母行走江湖，一家人在战乱中颠沛流离，始终未有重新团圆的机会，这是她一生的遗憾和伤痛。

1937年11月嘉兴、濮院沦陷，日军炮火侵袭之下，朱雪琴生父吴浩希的剃头店被迫关门。吴家的经济情况本就不好，店铺关门后更见窘迫，家中都快揭不开锅了，吴浩希只能冒险挑着担子去乡下剃头。谁知屋漏偏逢连夜雨，生意没做成，反被日本兵拉夫去抬炮弹。一个剃头师傅哪能承受这样的苦役，三天下来脚底起了水泡，手背受伤后长了疔疮。吴浩希知道日本兵不会轻易放过自己，继续干下去只有死路一条，与其等死不如逃跑，或许还有一线生机。等到半夜，他乘鬼子不备逃了出来，但是家里不敢回去，只能到常熟投奔女儿。好不容易拖着病体赶到常熟，又因为没有"良民证"拦在城门口，不管怎样哀求都没用，鬼子兵嫌他纠缠不清，动手将他殴打。等到朱雪琴闻讯赶到时，吴浩希已奄奄一息，父女俩相对无言，抱头痛哭。朱蓉舫懂些医道，知道他回天乏术，只能托人把他送回濮院，和家人见上最后一面，父女俩从此永诀。

回家当天，吴浩希就抛下一大家子撒手人寰。顶梁柱一倒，吴家的生活雪上加霜，朱雪琴的生母为此哭瞎了眼睛，儿子长命患肺结核夭亡，为了给年幼的子女谋条生路，只能将他们陆续送人。小女儿雅仙让东河头糕团店的"胡子爹爹"领去做了养女，长生送给了野荸荠南货店，最小的儿子被人带到千里之外的西安，从此杳无音信。彼时的朱雪琴尚未走红，对于家中困境也无能为力，在日伪横行的年代更是自顾不暇。抗战胜利后她恢复了演出，一旦生活趋于安定，就主动承担起家庭责任，她借钱把妹妹赎回家照顾失明的老母亲，并想方设法改善他们的生活。子欲养而

朱雪琴与寄母朱董娟娟、好友蔡致德（朱一鹤寄母）、妹妹吴雅仙（站立者）在一起（朱一鹤先生提供）

亲不待，1948年初生母去世后，她把对父母的感恩之心全部倾注在弟妹身上，为了方便照应，她把弟妹都接到了上海，工作、生活都由她一手安排。二弟长根到上海后先当了经济警察，后来又进了国棉四厂，支内到了西安后在当地安家落户。妹妹雅仙进了一家工厂，也在上海成家。弟妹成家立业，生活幸福，朱雪琴作为长姐尽到了责任，足以告慰父母。

在朱雪琴的生命历程中，养父母的培育同样不可或缺。从八岁开始跟随朱蓉舫、朱美英行走江湖，患难与共数十载，不是亲生胜似亲生。朱氏夫妇并非响档，物质生活也极为普通，他们却给了朱雪琴最宝贵的艺术生命。朱蓉舫夫妇没有生育过孩子，把朱雪琴视为掌上明珠，但是艺术上要求非常严厉。有一次，朱雪琴开小差没有接住“钩子”，台上出现冷场，朱蓉舫火冒三丈，拿起三弦就往她头上砸，一把红木三弦断成三截。事后，朱蓉舫再三告诫她：说书人靠本事吃饭，大字下面要有十字（即“本”字），没有三分三，场方不会来，一个艺人没有真本领，场方是不会来邀请你的。

为了激励女儿认真学艺、认真说书，朱蓉舫还时常给她讲述自己艰辛的经历。他拜夏莲君为师花了一大笔钱，但先生从不尽心教他，想学本领只能偷偷地学。夏莲君三弦弹得很好，朱蓉舫向他求教，夏只把工尺谱说一遍，再问时他只回答一句："你自己去化。"朱蓉舫学的是《双金锭》和《描金凤》，跟师时间虽然不算短，但先生不让他多听书，每次说到关子时就把他支开。为了多记些书，朱蓉舫背着先生在被窝里偷偷做笔记，有一次实在太困，不知不觉竟睡着了，蜡烛烤煳被子发出的焦臭味把师母惊醒，辛辛苦苦记录的脚本被付之一炬。从此之后所有的书只能靠强记，遗失错漏的地方只好听同道的书，东拼西凑补充一些。为了补学《描金凤》中"劫法场"这段关子书，他两次停下演出去听"描王"夏荷生，可是因为经济能力有限，每次都没能听完整，终其一生也未能实现这个愿望。这些辛酸的往事让朱雪琴牢牢记住了刻苦求艺和真才实学的重要。

朱蓉舫尽管书艺平平，但拥有正确的艺术观，这些观点对朱雪琴的艺术发展产生重要的影响。普余社兴起后，男女档和女双档风靡一时，眼光独到的朱蓉舫从中看到女艺人的弊病，及时告诫朱雪琴"女艺人到了台上绝不可脂粉气太重"。朱雪琴能够遵循这个宗旨，说唱和表演都脱尽脂粉气，堪与优秀的男上手媲美，这是她能够在众多女艺人中脱颖而出的根本原因。至于弹唱方面取得的突破，更离不开朱蓉舫的正确引导和坚定支持。父女拼档时朱雪琴任下手，书中生旦脚色大多唱"俞调""小阳调""徐调"，朱蓉舫则专门唱他自己的老派"书调"。他认为艺人想要立足书坛必须自成一派，有自己独特的东西，所以当第一句"琴调"引发争议时，他让朱雪琴不要理会人家的说法，自己拿定主意，喜欢的话就唱下去。他说："学唱别人的东西，学得再好，总唱不像他本人。你老是唱别人的东西，等于帮人家做广告，而且是义务广告。你要自成一派，有自己独特的东西，让人家一听就知道是你朱雪琴在唱，而不是别人在唱。"正是在养父的支持下，朱雪琴才鼓足勇气，坚持走自己的路，最终摘掉了"野"和"怪"的帽子，使"琴调"唱腔日益丰富完善，成为最受听众欢迎的弹词流派之一。

对于养父母的养育和栽培之恩，朱雪琴始终铭记在心，未敢稍忘。抗战胜利后，朱雪琴逐渐走红书坛，挑起了家庭重担，养母朱美英则退居幕后，照顾他们的生活起居，家中另有祖母、妹妹等人，日常开销和生活用品都由她包揽。在生活困难的阶段，叔父朱云天、堂妹朱雪明等亲戚的生活都靠她接济。当然，这种家事外界并不了解，当沈俭安、朱蓉舫因拼档之事发生冲突时，部分听众把责任归咎于朱雪琴，对她口诛笔伐大加责难，更有甚者，在湖园书场点唱《忤逆爷娘》开篇，有意使她难堪。朱雪琴受此欺辱气愤不已，含泪倾诉家事和艺事，驳斥该听众的无稽之谈，宣称自己无愧于职、无愧于心。父女拆档虽为事实，但从艺术发展角度考虑亦属正常，无可厚非，朱蓉舫的生活起居和演出业务也仍由朱雪琴一力承当。梅溪在其《忠孝节义话弦边》一文中对朱雪琴的孝道大加赞赏，"孝者应许朱雪琴，每日赶场，血汗赚来，扞银奉亲，前此因病，化费心力医诊，修到如此女儿，何必生男为重。"

朱雪琴（朱一鹤先生提供）

当时"双朱档"红遍上海，台上台下事无巨细都备受关注。1950年春节前夕，朱雪琴为服侍病重的养母返回苏州，缺席了上海的年终大会书，颇为听众惦念。元旦日起上海举行春节曲艺竞赛，朱雪琴不得不强打精神赴各书场开书，由于雪吟卧病嘉兴，先与雪霞临时合作，三天后独放单档。其间既为母病担忧，又为新书焦灼，虽然精神颓伤，面容憔悴，但说新书《林冲》依然卖力如常，使爱护她的听众深感同情和怜惜。3月中旬朱美英病危，朱雪琴接到急电后立即回苏，为养母送终并料理后事，返沪后仍以素服登台以表哀思。时隔不久就是清明，雪琴因业务缠身无法回苏，只能以《哭母开篇》寄托怀念之情，听众闻之无不动容。《上海书坛》发表的《朱雪琴哭母唱开篇》一文，详细记述了当日的情景：

5日，与黄君同赴西园作座上客。送客朱雪琴上台后，告听客谓：今日适值清明，家母于最近去世，想我为人子者，理该返家扫墓祭奠，惜乎操此生涯，心有余而力不足矣，故而自编一《哭母开篇》以作纪念，雪琴唱来，令人动容，真可使天下无母儿女同声一哭。雪琴自丧母后芳容憔悴，气色不佳，想系悲伤过度所致，因思世人难免一死，惟时日迟早耳，人死既不能复生，何必耿耿在怀，希善自珍惜，为艺术而奋斗。

在许多老听客看来，朱雪琴的《哭母开篇》情真意切，可与当年赵鹤荪唱哭父、徐天翔唱哭师相媲美，直到两年后还有听众在大沪书场点唱这首开篇。这不仅是弹唱的魅力，更是孝爱的感染力。

仗义助同道

子曰："君子喻于义，小人喻于利。"在传统观念中，说书是江湖"末技"，是"小道"，说书人奔波于江湖，无非是为了谋利。所以世人眼中的"江湖"是个名利场，充满了矫饰做作和圆滑世故。朱雪琴在江湖中跌打滚爬几十年，饱尝了江湖的滋味，却并未沾染江湖中的不良习气。她虽是女子，却有着豪爽侠义的性格，评弹界流传着许多她的义举。

在魑魅横行的日伪时期，朱雪琴经常遭受恶势力的欺压，好几次都是在场方和听客的帮助下逃离虎口。俗话说，滴水之恩当涌泉相报。她时刻铭记着危难时刻受的恩惠，走红之后尽管业务应接不暇，她主动联系救助她的场方，义务演出一档长篇以作回报。不仅如此，她和许多场方、听众保持密切来往，像亲戚一样经常走动。朱雪琴不仅具有知恩图报的美德，就是对那些曾经冷落自己的人，也能不计前嫌，以德报怨，最著名的是瞿老四"三请朱雪琴"的故事。

瞿老四本名瞿尧良，是常熟梅李龙园书场的场方，因为家中排行第四，小名老四。少年时学南货，失业后于1935年在梅李北街邓厅开设书场，因请到评话名家杨莲青开讲《包公》，经营大获成功。之后在东北街市后租赁陈家的马坊棚，倾尽财力起造茶馆书场，取名龙园。江浙沪三地叫龙园的书场不在少数，名声最大者无疑是梅李龙园书场，原因有二。其一，梅李位于梅塘和盐铁塘交汇处，水陆交通便利，是常熟城区来往浒浦、支塘等镇的必经之路，经济文化发达，素有“东乡十八镇，梅李第一镇”之称。龙园书场依梅塘而建，市口极好，数椽平房坐北朝南，窗明几净，前有天潭一汪，周围树木葱茏，环境幽雅，是休闲品茗、听书遣怀的绝佳之地。其二，瞿老四为人精明，经营有方，对待演员和听客如同亲人一般。短短数年，龙园书场和瞿老四的大名就传扬书坛，名家响档纷至沓来，杨莲青、严雪亭等人和老四成为莫逆之交，屡次到梅李复档。

抗战胜利之初，朱雪琴和养父恢复双档，由于艺术水平不高而四处碰壁。听说瞿老四为人仗义，待情优厚，父女俩想进龙园书场演出。当他们兴冲冲来到梅李时，却被瞿老四婉言拒绝，理由是“女的不进”。原来瞿老四有着陈旧的封建观念，不认可女子说书，龙园只请男艺人。朱雪琴深知“女的不进”只是借口，归根结底是因为艺术水平不高，不为人所青睐。好在天无绝人之路，他们经人介绍到了北街的消夏社茶馆演出，当时女下手流行加唱歌曲，朱雪琴歌喉婉转，演唱的《王昭君》《四季美人》《莫忘今宵》等酷似原唱，深受听众欢迎。自此之后，龙园被拒的遭遇一直激励着她奋力上进，数年之后终于成为红遍书坛的响档。

解放后，瞿老四的观念发生彻底改变，对女艺人不再抱有成见，看到朱雪琴今非昔比，已成炙手可热的一流响档，他的心中充满悔意。为了弥补自己的过失，老四亲自赴上海邀请朱雪琴演出。此时的朱雪琴与当年不可同日而语，日夜演出异常繁忙，登门相邀的场方络绎不绝，老四白跑了一趟，连朱雪琴的面都没见到。后来“朱郭档”在常熟浒浦演出，老四诚心诚意地前去拜访和赔

朱雪琴和余红仙演出照（上海评弹团提供）

朱雪琴（上海评弹团提供）

罪，邀请他们到龙园献艺，以使梅李听众一饱耳福。朱雪琴口头上虽然答应了，但是“剪书”之后特意绕过梅李，直奔支塘而去。老四吃了个空心汤团，心中不免怅然，亦体会到遭人拒绝的滋味，扪心自问，前倨后恭的态度实在不可取。1954年瞿老四专程赴沪，第三次向朱雪琴发出邀请，朱雪琴被他恳切的言辞所感动，善意地调侃道：“你们龙园不是女的不进吗？”老四知道她快人快语，已经原谅自己，忙说：“无女不进，无女不进！”双方摒弃前嫌，握手言和。在梅李听众热切的期盼中，“朱郭档”终于在1955年的“年二档”来到龙园献艺，演出盛况空前，轰动了周边乡镇。朱雪琴旧地重游，故友重逢，感慨不已。瞿老四“三请朱雪琴”的故事也广为流传，成为书坛佳话。

在浙江湖州，同样流传着朱雪琴慷慨救书场的故事。湖州城区有东方、东苑和西园三家专业书场，由于靠得很近，竞争十分激烈，阵容稍显软弱就会被“漂”。其中西园书场规模最大，可容纳400人，有时说书，有时演戏，场方简锡仁，小名四虎。由于规模大开销也大，常常因为请不到响档而入不敷出，虽然经济陷入困境，简四虎仍苦苦支撑着书场。后来有人给他出主意，说朱雪琴为人古道热肠，重义轻利，说不定愿意帮忙，如果请到当红的“朱郭档”，西园书场一定能翻身。简四虎走投无路，只能赴上海一试，让他没想到的是，朱雪琴听完他的来意后一口答应，当场确定档期。几个月

朱雪琴和薛惠君演出照（上海评弹团提供）

朱雪琴和袁雪芬、徐丽仙、范瑞娟谈艺（上海评弹团提供）

后“朱郭档”如期来到湖州，西园书场日夜爆满，朱雪琴将自己一份包银全部赠予场方，而且吩咐四虎待情从简，不要每顿大鱼大肉，省下钱来还债。债主知道简四虎请到了“财神爷”，不等演出散场，他们就早早地守候在书场，天天如此。一个月过后，简四虎不仅还清了债务，还有不少盈余，书场得以继续经营。朱雪琴义务演出救活西园书场的事迹在湖州传为美谈，至今仍有不少老听众津津乐道。有人曾经问她为什么这么做，她说：“没有书场说书人就没法生存，救活一个书场老板就救活了一家书场，也就等于救活了许多说书人！”

朱雪琴演出照（上海评弹团提供）

朱雪琴热情、善良，不以贵贱论交，不管身份高低，不管年龄大小，她都一视同仁，真诚相待。在采访中不止一位演员这样说道：“在我接触的评弹演员中，朱老师是最好的！”上海艺术研究所研究员彭本乐于50年

代末进入上海评弹团，他在回忆中提到，评弹团三位主要女演员中最亲切、最没有距离感的就是朱雪琴，不管团里上班还是路上偶遇，朱雪琴总会热情回应你的问候。“早早早！早饭吃过了吗？”“到团里还有不少路呢，来来来，上三轮车，我带你一段！”这种温暖人心的性格是她与生俱来的，几十年如一日，从未改变。著名弹词演员杜剑鸣曾经以生动的笔触记述这样一段往事：

> 抗战初期，12岁的我随家父杜再良（已故评话老艺人）逃难到无锡县张泾桥，在朋友帮助下开了一个小书场，维持全家生计。开青龙先生（新开书场首期进场的演员）是朱蓉舫和朱雪琴父女双档，那时雪琴还是年仅十七八岁的闺女，由于双方父亲是同行好友，故我以大姐相称，而她有时戏称我为“小老板”。
>
> 我从小家养宠物，有犬名唤“伶伶”，大姐也经常逗犬取乐。朱老先生有吸福寿膏（鸦片烟）的嗜好，每次抽烟都将伶伶抱上烟榻作伴。哪知多天之后，伶伶已被烟雾熏得成瘾，以后一见朱老抽烟就主动跳上烟榻，共同享受。一月后演期圆满结束，我们为朱老父女送行至船埠，岂知伶伶紧随朱老登舟，虽经我再三呼叫，它却总不回头。轮船已开始启航，我也只能忍痛割爱了！但见大姐站立船头，向我挥手告别，言道：“小老板放心，我会照顾伶伶的。”
>
> 从此天各一方，很少见面。1990年无锡市人民广播电台庆祝广播书场开播40周年，在江南饭店招待宴会上，我遇到了朱雪琴大姐，她第一句话就是：“小老板，久违了！”50多年前的熟悉称呼又在耳边响起，惜乎，这也是我听到她的最后一句俏皮话……而今是音容笑貌何处去？喜留琴调在人间！

生活中不管谁家遇上困难，她都会竭尽全力帮助，从不考虑自己的得失。50年代中期，一位擅说《白蛇》和《青蛇》的著名弹词演员因故入狱，家中断了经济来源，生活面临困境，临别之际他重托朱雪琴代为照顾。朱雪琴受人之托，忠人之事，帮助他们家庭渡过难关，全家人对她感恩戴德，

朱雪琴与评弹团同事在一起（上海评弹团提供）

两家的后辈至今仍是通家之好。“文化大革命”前上海市文化局分配给评弹团部分福利房，朱雪琴是团里的尖子演员，可以分到南昌路的一套大房子，当时团里一位评话名家和她商量，他家人口多住房紧张，能否将分房名额先让给他，朱雪琴二话没说就把房子让了出来。谁知这一让就是十多年，直到80年代才分到位于愚园路的小三室二厅，尽管如此她也毫无怨言，她说家中总共三四口人，完全够住了。她一生都是如此不争名利，只钻艺术，而上天是公平的，并未亏待于她。

1980年，赵开生和石文磊应邀去常熟支塘演出，没想到开书前几天石文磊突然病倒了，想让书场另请他人救场，但是时间太紧迫了，场方小方（弹词演员方晏磊的父亲）说什么也不答应。赵开生和副团长王传积急得束手无策，正在此时朱雪琴刚好进来，赵开生急中生智，在她问起此事时顺势开口。

“大姐能否帮个忙，去救场，我做你下手。”

“啥地方？”“常熟支塘。”

“常熟去格，小方认得格，蛮好！蛮好！”

粉碎“四人帮”以后朱雪琴虽然回到书坛，但是因为身体原因，从未到外地说过长篇，这次救场是唯一的一次。朱雪琴阔别家乡多年，听众甚为期待，海报一贴出去，整个支塘镇为之轰动，连周边乡镇的听众都纷纷涌来。书场楼下是茶馆和老虎灶，演出在二楼，扶梯上去靠墙就是书台，可坐三百多人，这在乡镇已经算大的了，但是还有好多人买不到票，后来实在没办法，书台背后的扶梯也卖了加座票。两位先生见此情景十分过意不去，听众倒并不在意，他们说：“先生，不要紧的，看不见面孔我们照样听，听书主要靠听呀！”

演出为期15天，从“见姑娘”开书，说到“打三不孝”结束。两人初次合作，排书特别辛苦，经常到凌晨一点才休息，有时候要排到两三点钟。每天的辛勤付出，换来听众热烈的反响，听众越热情，他们越不敢懈怠，伴随着紧张、疲惫、欣喜的复杂情绪，半个月匆匆而过。朱雪琴既要排书，又要背唱篇，十五天说短不短，她的身体状况能这样坚持下来，让赵开生

朱雪琴在辅导青年演员（姚勇先生提供）

十分感动。

直到最后两天，朱雪琴才如释重负地说："总算可以出罪了！开生啊，这段书我不说的呀，我说'二进花园'比较多，后面的书有点陌生。"

"你怎么不早点说，早知道不用'见姑娘'开书，就说'二进花园'好了。"

"我怕你不熟呀，你说见姑娘么就见姑娘开书。"

在回忆这段往事时，赵开生对朱雪琴做出了这样的评价：这样的名演员，一点没有架子，哪怕自己身体不是特别好，还愿意挺身而出，急人之所急。最令人感动的是，她总是为人家着想，为了帮助人家解决困难，宁愿给自己添麻烦。这种境界很少有人能够达到。

雪庐师生谊

朱雪琴没有读过书，从艺后靠着自学掌握了基本的读写能力，40年代末在一些报人的指导下尝试写作，曾在《上海书坛》《苏州书坛》开设"雪庐书话"和"雪楼书谭"专栏，发表自编的开篇和说书史话、女弹词简史等文章。这里借"雪庐"之名，将朱雪琴收授的众多弟子汇集介绍，其中"雪"字辈艺徒共6位。

朱雪琴的第一个女徒是朱雪吟（1934—2015.1），出生于艺人家庭，外祖父茅雨庵和母亲茅云霞都是弹词艺人，生父钱鹤亮是评话艺人。父母亲在她年幼时就分开了，她随母姓，学名学德。茅雨庵是苏州乡下北桥人，师从沈俭安之兄沈勤安，擅唱《白蛇传》和《双珠球》两书，茅雨庵和郭彬卿祖母娄氏有亲戚之谊，所以他还是郭彬卿的启蒙先生。茅云霞是茅雨庵的独生女，长相漂亮，说唱口齿清晰、圆润流利，是普余社中一位青年人材，抗战时期常在苏锡澄禾等地演出，颇获当地文人追捧。1943年茅氏父女在宜兴和桥东新书场

朱雪吟

献艺，适逢敌寇清乡而被拘，备受惊吓，幸有当地殷实商号担保才幸免于难。宜兴剪书后茅云霞即息影书坛，嫁与嘉兴红帮裁缝张志忠，从此落户嘉兴。雪吟从小跟着外祖父和母亲跑码头，耳濡目染，对说书表现出浓厚的兴趣。1947年3月，朱雪琴和养父在嘉兴演出，茅氏父女和他们是普余社故交，相互拜会，交谈甚欢。临别时，朱雪琴受茅云霞之托，将14岁的雪吟带在身边学艺，因为是同行姐妹之女，拜师金分文未收。半年后举行拜师仪式，沈俭安为徒孙取艺名朱雪吟，之所以也用“雪”字是因为听起来像姐妹，显得比较亲热。

拜师后，朱雪琴悉心传授《珍珠塔》和《双金锭》两书，以及她赖以成名的“琴调”唱腔。雪吟天资聪颖且用功勤学，不到半年即有小成，弹唱力效“琴调”，面风手势均酷似先生。为了丰富演出经验，朱雪琴带她“插边花”送开篇，刚到上海就获得听众的关注和喜爱。在上海演出期间，朱雪琴还专门聘请尤惠秋为辅导教师，提高朱雪吟的琵琶伴奏技巧。1949年9月朱雪琴与养父拆档，翻做上手和朱雪吟拼档，开始为期三年的师徒合作。这一时期，朱雪琴抓住幸运走红的机遇，艺术上兼收博采，迅速成长，独特的女上手风格基本形成，“琴调”唱腔趋于稳定并日渐丰富。作为下手，朱雪吟既是朱雪琴艺术创造的参与者，也是第一个追随者和传承者，对“琴调”艺术早期发展功不可没。“双朱档”是解放初期首屈一指的女双档，也是朱雪吟一生最为辉煌的阶段。短短数年，朱雪吟从天真烂漫的少

朱雪吟、朱雪琴（朱一鹤先生提供）

朱雪琴、朱雪吟师徒

女变得美艳动人，被听众赞誉为“活观音”“书坛美人”，与此同时艺术上也取得突飞猛进的成绩，博得一个“闷攻将”的雅号。

1951年“秋档”朱雪吟离师赴苏，改和师妹朱雪玲拼档弹唱《珍珠塔》，任下手。两个年轻人积极参加学习，响应“斩尾巴”号召，说唱《三打节妇碑》《梁祝》等新书。值得一提的是，雪吟在学琵琶时已被尤惠秋的弹唱所折服，从崇拜到仰慕进而萌生爱意，两个艺术上志同道合的青年很快就发展成为恋人。这时候，尤惠秋正给杨德麟抱琵琶做下手，两档演员经常一起演出，缘之所至，杨德麟和雪玲也成了一对恋人。1952年8月尤惠秋、朱雪吟拼夫妻档，双双加入了苏州市文联私营公助评弹实验工作团（简称苏州市评弹实验工作团，苏州市评弹团的前身）。1953年7月23日“尤朱档”和王如荪、刘小琴4人奉命调往北京，参加中央人民广播电台说唱团工作，由于受到方言的限制，他们无法到书场演出长篇，只能在电台播唱《送兄》《楼台会》等唱段。因为担心书艺荒疏，他们于1954年底回到苏州团，恢复长篇演出。1959年调往筹建中的江苏省曲艺团，1965年9月再次服从组织调动，加入无锡市评弹团。

“尤朱档”说唱的长篇有《珍珠塔》《钗头凤》《王十朋》等，在长期合作过程中经历了“学、熟、化、独”四个阶段，逐渐形成特有的弹唱风格。

高雪芳、徐琴芳、朱雪吟、汪梅韵、侯莉君

众所周知，尤惠秋在解放前就以弹唱闻名电台，和朱雪吟拼档后更是如鱼得水，每当想到一句新腔，他就会一边哼，一边请朱雪吟伴奏，通过这种“笨”办法将曲调定下来。有时候灵感来了，他们甚至会半夜起床摸索曲调，以防止新腔“逃”掉。在长期的共同探索和实践中，“尤调”唱腔日渐丰富成熟，可以毫不夸张地说，“尤调”就是两人共同创造的。正因为如此，朱雪吟的琵琶伴奏能达到如影随形、严丝合缝的程度，在弹唱的配合上他们可与“朱郭档”媲美。由于朱雪吟长期担任下手，并没有全盘继承朱雪琴的书艺，但是从她的唱腔中依然能听到“琴调”的痕迹，她在表演中对于眼神、面风、手势的运用也完全源自朱雪琴。最难能可贵的是，她从朱雪琴身上传承了勇于创新的精神。

朱雪琴、朱雪玲师徒（朱一鹤先生提供）

第二个弟子朱雪玲（1932—　），本名陆慧珍，苏州人，是宫巷陆万兴商号（专售竹篮等杂货）的独生女，自幼喜欢听书，曾自学弹唱，经光裕社副理事长范寄舟介绍，于1949年1月13日正式拜入朱雪琴门下，成为她的第二位女弟子。拜师之后，雪玲先后到常熟、无锡跟师，第三只码头是嘉兴，由于当时浙江还未全部解放，父母不放心她出门，因此留在苏州。正好沈俭安、李念安在阊门外说《珍珠塔》，雪玲父亲和沈是熟稔的老友，经过沈的同意，雪玲完整地听了一遍《珍珠塔》。一起听书的还有沈的学生孙渭安等人，沈俭安要求十分严格，每天都要他们回课。为了早日登台演出，雪玲每日用功勤学，白天听书、回课，晚上试说一遍，她幸运地从孙渭安处抄到了脚本，凡有遗忘之处即可及时对照，增强记忆，这次偶然的听书经历使她吃足了“奶水”。三个月后朱雪琴回到苏州演出，雪玲接着听书，“秋档”做上海，由于开销比较大，她没有继续跟师。

因为雪玲家住在宫巷，离光裕社很近，和道中比较熟悉，大家知道她已经听了几遍书，就怂恿她出去练练书。正好姚文荪因为女徒姚鑫君出嫁，需要找个下手，雪玲就跟着他拼三个档，后因书路不合而作罢。师叔祖朱云天认为她的个性适合做上手，在他的建议下，雪玲和师妹雪霞拼了双档。她们初生牛犊不怕虎，在年终会书中获得好评，接到了上海群玉楼、龙泉、南园等书场的“年档”。1951年“秋档”开始和朱雪吟拼档，1952年初在苏州参加春节“斩尾巴”签写决心书运动，4月开始弹唱由潘伯英、朱霞飞、郭稼霖等改编的新书《梁祝》。同年8月杨德麟加入上海市人民评弹工作团后，尤惠秋改和朱雪吟拼夫妻档，朱雪玲则与严小屏合作弹唱《秦香莲》《梁祝》《珍珠塔》等，1956年曾任杨仁麟下手，弹唱《白蛇传》《双珠球》。1959年加入上海市长征评弹队（翌年转为长征评弹团），先后与卞迎芳、赵开生合作弹唱《珍珠塔》，参与编演《青春之歌》《李双双》等新长篇。

杨德麟

朱雪玲艺术上受沈俭安影响较深，擅长运用手面、眼神丰富表演，弹唱以“沈调”“琴调”并重，根据人物形象灵活处理。例如陈

朱雪玲、朱雪琴、赵小敏（朱一鹤先生提供）

夫人、方太太等老旦的唱，以低沉的“沈调”为主要基调，偶尔夹入一两句“琴调”，以免过于沉闷，而像采苹那样的脚色则以“琴调”为主，以表现其聪明活泼的形象。朱雪琴经常鼓励她：“雪玲，你适合做上手，但是也不用完全模仿我，你应该根据自己的条件去发展。”“你这样唱很好，倒也是另有一功。”

作为“珠塔世家”杨家的媳妇，她又得到过前辈名家杨星槎的指导。1959年下半年开始，朱雪玲和赵开生拼档将近半年时间，主要弹唱《珍珠塔》和《青春之歌》。期间陈云同志在上海听了他们的书，对他们继承《珍珠塔》寄予希望，称赞他们为“小朱郭”。在陈云同志的关注下，上海成立了《珍珠塔》整理小组，由原评弹协会秘书蒋开华主持，参与者大多为说唱该书的演员，整理本由朱雪玲、卞迎芳在书场试演，陈云听了他们26回录音后给予很大鼓励，并对不合情理之处提出意见。作为朱雪琴的主要继承者，朱雪玲长期担任上手，长期演唱《珍珠塔》，为该书的传承做出了积极的贡献。

朱雪霞（朱一鹤先生提供）

第三个弟子朱雪霞（1932—？），本名高云珍，家住苏州娄门外，家中开设金光杂货店，全家都喜欢听书，拜师前已能自弹自唱，兄高东升为朱介人之徒。1949年3月在无锡拜师（其时朱雪琴正在无锡蓬莱书场演出)，跟师仅45天，当年岁末和师姐雪玲拼档，1950年春节进上海，在群玉楼、龙泉、南园等书场做"年档"获好评。1951年"秋档"任朱雪琴下手，说唱《珍珠塔》时间较短，"斩尾巴"后弹唱新书《铁树开花》。在拼档近一年的过程中，自感说唱水平和琵琶伴奏都达不到先生的要求，于是推荐郭彬卿与朱雪琴合作。此后相继与何芸芳、陈绿波、洪碧君、赵慧卿、蒋一麟、张伯安等多人拼档，说唱书目较多。1960年加入上海市凌霄评弹团，先与王萍秋拼档弹唱《何文秀》《珍珠塔》，后翻上手，与顾凤仙合说《珍珠塔》。

第四位弟子朱雪雯（1933—？），本名吴文英，苏州人，拜师时间略晚于朱雪霞。出师后曾和梅灵云、金小天等人拼档，弹唱《珍珠塔》《四进士》，后与李舜华拼夫妻档，弹唱《落金扇》《打严嵩》《林子文》等书，50年代中期加入苏州市评弹二团。

第五位弟子朱雪韵（1933—？），上海人，从艺时间较短，曾与洪碧君拼档，弹唱《描金凤》《四进士》《双金锭》等长篇。

第六位弟子朱雪虹，本名杨瑞珍，1950年8月31日在上海沧洲书场拜师。开始随朱蓉舫、朱雪芳拼三个档，说唱《珍珠塔》《铁树开花》等书，后恢复本姓，艺名杨雪虹，1953年担任陈文雪下手，演出长篇弹词《三笑》《梁祝》《情探》《乌龙院》等，1955年加入苏州市评弹实验工作团，先与谢汉庭合作弹唱《落金扇》，后与罗介人拼档，说唱《珍珠塔》《四进士》《红色的种子》等长篇。

杨雪虹（朱一鹤先生提供）

1978年7月，陈云同志在给吴宗锡的信中指出，评弹应以说新书为主，同时保存传统的优秀部分，以贯彻百花齐放的方针。在陈云同志的推动下，许多优秀的传统书目恢复上演，青年演员学唱传统长篇的工作也被提上日程。在上海评弹团的统一安排下，74级学员赵小敏、朱建玲拜朱

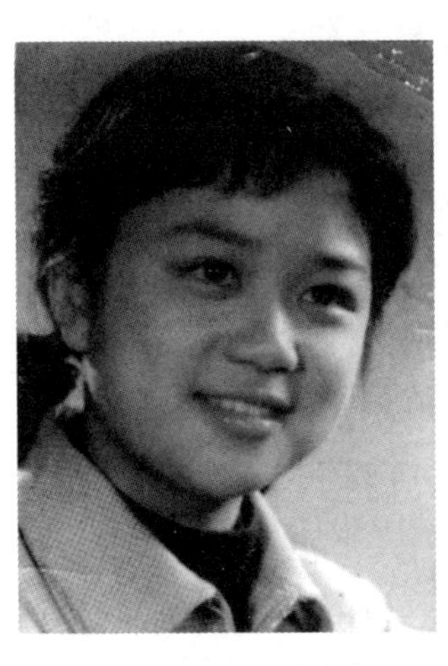
赵小敏(朱一鹤先生提供)

雪琴为师，传承《珍珠塔》和“琴调”艺术。尽管朱雪琴因患子宫癌动过手术，但是为了培养学生，她放弃大量休息时间，倾注了许多心血，手把手地辅导她们说表、弹唱和表演。为了让她们在实践中加深体会，她在身体允许的条件下亲自带她们到码头上演出，参加会书也时常安排双档或三个档，为她们创造锻炼机会，积累演出经验。

在她的悉心培养下，这对女双档很快成为书坛新宠，她们年轻靓丽，响弹响唱，上下手可以相互调换，是很有前途的《珍珠塔》传人和“琴调”继承者。此后她俩又分别和陈希安、赵开生拼档，在两位珠塔名家的关心下进一步学习和实践，增强了演出实力。1985年，上海评弹团特聘朱雪玲担任赵小敏的带教老师，在拼档演唱长篇的过程中，传授她继承朱雪琴表演风格的经验。可惜的是，随着恋爱结婚的到来，她们继承《珍珠塔》的脚步戛然而止，朱建玲与杨骢拼了夫妻档，改说《西厢记》和《武松》，赵小敏与黄嘉明拼夫妻档，改说《皇亲国戚》和《林子文》。到了90年代她们相继转业，书坛上少了两位优秀的“琴调”传人，这不得不说是件令人十分遗憾的事。

上述8位学生都是学唱《珍珠塔》的传人，除此以外，还有几位专为学唱“琴调”而拜在朱雪琴门下的学生，她们是张渭霖和周式巾、周映红姐妹。

张渭霖（1943— ），上海人，1960年考入上海市黄浦区戏曲学校评弹班，1961年进入上海市长征评弹团，与钱凤娟（艺名钱蕴华）拼女双档，师从钱雁秋学说《西厢记》《法门寺》《红岩》。1979年入新长征评弹团，80年代拜朱雪琴为师。她和庄凤鸣拼档，弹唱《法门寺》《鸳鸯劫》等书，嗓音宽亮，说表老练，所唱“琴调”颇有韵味。

周式巾、周映红姐妹俩是浙江桐乡人，1962年同时考入杭州市曲艺团学艺，师从金漱芳、金采芳姐妹，1965年调入嘉兴南湖评弹团。1967

年调入文化系统，先后参加越剧、京剧、歌剧表演。1980年调入浙江省曲艺团，与姐周式巾拼档，弹唱《三刺隋炀帝》《冯香罗》等书，1985年周映红与江肇焜拼档，弹唱《啼笑因缘》，1986年开始和吴国强长期合作，弹唱《岳阳楼》《张桂英挂帅》《贞观天子》等书。周映红天赋条件较好，音域宽广，原来主攻“丽调”，1980年开始拼姐妹档之后，浙江曲艺团为了培养她，决定让她拜朱雪琴为师，学习女上手表演和“琴调”。拜师仪式于1982年9月29日举行，周式巾也同时拜师。由于演出任务繁忙，师徒在一起的时间非常少，但是每次周映红去看望她，她总会抱着病体教她演唱，一首《伯喈哭坟》就是在这种情形下口授的，这让周映红非常感动，同时又于心不忍，虽有许多问题想请教，但是生怕影响她的健康。在学唱“琴调”的过程中，周映红并不一味追求高腔，她觉得“琴调”最富韵味的是中音，平中有起伏，平中见奇，所以在演唱时非常注重中低音的腔，她演唱的“琴调”富有激情，颇为神似。

朱雪琴和赵小敏、张渭霖、周映红、朱雪玲、朱雪霞等弟子（朱一鹤先生提供）

朱雪琴走红之际，许多热爱评弹的青年成为她的艺术追随者。除了上述女弟子外，50年代初她在家乡常熟还收过两个男弟子，由于当时两人只是票友身份，并未跟师学唱长篇，所以没有正式举行拜师仪式，也未题取艺名，在评弹界鲜为人知。一个是谭剑鸣，常熟人，家中开设照相馆，原为弹词票友，后下海说书，约在1952年初拜朱雪琴为师，1958年在上海参加整风时被捕，至江西某监狱服刑，后不知所终。另一个吴玉荪，也是常熟人，鸳鸯蝴蝶派代表作家吴双热之孙，1952年初在仪凤听书时结

1982年9月29日朱雪琴与周式巾、周映红姐妹结为师生留念

为师生，后因故未能继续跟师。半年后范玉山、方梅君到常熟演出，吴玉荪开始跟他们跑码头，曾和方梅君合说《方珍珠》，后与蔡小娟、濮小兰等拼档，自编自演《龙凤呈祥》《审头刺汤》等长篇弹词，先后参加嘉兴市评弹团和丹阳县曲艺团。

此外，还有两位无师徒之名却有师徒之实的学生。一位是朱雪芳，她是朱雪琴在码头上领养的，最初想当做养女，后来朱美英觉得两人年龄差不到10岁，还是当妹妹比较合适。雪芳名义上是朱蓉舫的义女和弟子，其实她和雪吟同时跟师，艺术上颇多受益于朱雪琴，也是她不折不扣的门下弟子。1949年秋季开始，雪芳和养父朱蓉舫拼档，直至1954年养父去世后，先后与王燕语、钱小玲等人合作，50年代中期加入上海市评弹实验第八组。

另一位是弹词名家余红仙（1939—　），她是杭州人，出生在上海，1952年师从醉霓裳学说《双珠凤》，艺名醉红仙，一年后跟随醉霓裳、醉天仙上台演出，1955年与王再香拼档，加入上海市评弹实验第四组，1956年入上海市评弹实验第九组，1958年入上海市红旗评弹队，1959年入上海市长征评弹团，其间曾与李伯康合作，1960年12月被吸收进上海市人民评弹团。

余红仙天赋嗓音高亢明亮，演唱富有激情和气势，尤以一曲毛主席诗词《蝶恋花·答李淑一》而闻名大江南北，享有“唱不煞的余红仙”之誉。据余红仙本人回忆，她在少年时代就听过朱雪琴的书，从此迷上了“琴调”。从艺后经常在演唱中夹几句“琴调”，每次都能获得彩头，尝到甜头后对“琴调”的兴趣愈发浓厚。1961年11月，上海评弹团将余红仙、张振华、赵开生、石文磊、刘韵若、孙淑英列为重点培养的第一类青年艺术人才，对他们的说表、弹唱进行针对性的专门辅导，其中余红仙由蒋月泉辅导说表，由朱雪琴辅导弹唱，要求一年打下弹唱基础，三年说好《双珠凤》。当时朱雪琴是主要演员，演出任务十分繁忙，团领导将余红仙作为她的B角培养，朱雪琴的开篇、中篇余红仙都要学，一旦朱雪琴身体不适，余红仙就能顶替上场。

余红仙与朱雪琴（朱一鹤先生提供）

1961年底，上海评弹团派出巡回演出队赴广东、广西巡演，余红仙有幸和“朱郭档”同行。为期一个月左右的演出过程中，余红仙与朱雪琴朝夕相处，得到了难得的观摩和学习机会。朱雪琴一向关爱扶持青年演员，她结合自己的演唱经验，在用嗓、行腔、转腔等方面给予余红仙耐心指导，鼓励她丢下思想包袱大胆地学唱，在演唱实践中寻找最适合自己的方法。同时，郭彬卿也为余红仙辅导“琴调”伴奏技巧，给她提供上台锻炼的机会，帮助她从伴奏角度加深对“琴调”唱腔的理解。巡演回来后，余红仙仍然经常登门请教，朱雪琴非但不厌其烦地给她释疑解惑，每次都热情地留她吃饭，使她倍感温暖，倍受鼓舞。在辅导的同时，朱雪琴也十分注重实践，先后和她对唱《击鼓战金山》《天安门上放礼花》《移风易俗带头人》等开篇，还去唱片公司录音。通过面对面学，手把手教，同台对唱，余红仙的“琴调”有了明显进步，在演唱其他流派时也能举一反三、触类旁通。

朱雪琴和余红仙演出照（上海评弹团提供）

1993年举行的朱雪琴舞台生涯60周年专场演出上，余红仙在表示祝贺时曾这样说："朱雪琴老师的'琴调'我从小就喜欢，小时候就学唱，唱到现在，虽然没有正式拜她为先生，实际上她就是我的老师。朱老师一点都不保守，不论唱还是弹，亲自传授给我，我不会忘记她。"

所以，余红仙虽然没有正式拜师，却是朱雪琴名副其实的学生，是朱雪琴演唱风格的优秀继承者，她结合自身特点演唱的弹词开篇《王熙凤》也是流传较广，深受听众欢迎的"琴调"开篇。在她数十年的艺术生涯中，不仅自己演唱"琴调"，还培养出多位擅唱"琴调"的传人。

坎坷感情路

坎坷是朱雪琴的人生关键词，生活遭遇坎坷，艺术发展坎坷，感情经历也相当坎坷。

桃李年华，本应该是如花盛开的美好时节，朱雪琴却遭遇了狂风暴雨的侵袭。被伪无锡水警队长强占的三年中，虽然被迫生活在一起，但她从未对这个恶魔有过一丝好感。远离了书坛，远离了父母，她整日被关在房中，只有大烟相伴，如同行尸走肉一般。幸亏抗战胜利，她才从"鬼"变回人。

1946年以后，重新振作起来的朱雪琴独创"琴调"，并由此迅速走红书坛。一位花信之年的弹词女明星，被关注的自然不止艺术，她的个人生

朱雪琴（朱一鹤先生提供）

活也是人们茶余饭后的谈资。署名言水的作者就在一本女性期刊上发表《女弹词的桃色新闻》，大谈范雪君、黄静芬、顾竹君、徐琴芳、朱雪琴的生活往事，其中不乏道听途说之事。作者还煞有介事地加以评判，在他看来"朱雪琴看尽了世间男男女女的事，也许她不会再结婚"。确实，当时说书人社会地位不高，女弹词则更加被人轻视，普余社中那些赫赫有名的女弹词家，在婚姻方面都不太如意。走红之时追求者众，有的为军官之妾，有的嫁作商人妇，一旦脱离书台，没了经济来源，只能仰人鼻息，遭受冷遇，所以很多女弹词会离开家庭，再作冯妇。尽管如此，许多女弹词限于自身条件，仍然只能选择当有钱人的外室。因为当时的社会环境下，找个情投意合的人过一夫一妻的美满生活，对她们来说简直就是奢望。

形形色色的听众中，"吃豆腐"者不在少数，面对他们的纠缠，"雪琴虽然以不亢不卑之态度、不屈不挠之精神周旋其间，难免顾此失彼开罪于人"，所以报端多讽骂之作，毁誉参半，甚至有别有用心者说她"散处于交际场所，活跃非凡"。对于这些恶意中伤，朱雪琴谨守"犯而不校"的古训，坚信事实胜于雄辩，终有大白之日。这些流言不可避免地对她造成了影响，使原本对她产生好感的男士望而却步，一段刚刚开始的恋情也因此终结。

朱雪琴游览长城（朱一鹤先生提供）

1949年1月，《上海书坛》《苏州书坛》《书坛周刊》《秋海棠书坛专刊》等书坛小报同时刊登朱雪琴即将订婚的消息，对象是常州某纱业巨子之公子邱某。报道称邱某对朱雪琴一往情深，曾追随她达六个月之久，终于使雪琴芳心可可，也获得朱蓉舫的认可。书迷们尽管不舍她离开书坛，但为她找到归宿深感高兴："雪琴风信年华，想必不久的将来，终有个归宿。如果这样，那么神仙眷属，锦样前程，我当为伊人庆。但为艺术着想，书人失却一颗明星，未免可惜。幸有她爱徒朱雪吟能接受她的衣钵！""眼看在不久的将来，雪琴就可终身有归宿了，照雪琴的年龄，年来仆仆风尘，实在也有难言之隐，憔悴芳华，还是摆脱弦索生涯为佳，此一番巧合奇缘，愿莫再蹉跎了，况乎你看程红芳、葛佩芳都及时退隐，女弹词除了万不得已，终要嫁人，雪琴聪明人，当理会此意。"

然而喜讯传出不到一个月，邱朱之恋就横生变故。起因是岁底武进各书场场东到苏州邀角，去兰陵说会书，朱雪琴当然是争邀对象，但是她"托故推诿，裹足不往"，于是各方猜测之辞纷纷而至。《书坛周刊》头版刊登《朱雪琴不敢到常州》一文，对此事大加议论："雪琴之婚姻大事，其本人亦已煞费苦心，邱某虽系小开，然人言可畏，加之朱嫁人对象之选择，不仅限于小开。邱朱之恋，停顿于此阶段上，谅距以上二项原因不远也。"而署名顾自怜者俨如知情人，称"盖武进一纱布号邱小开为其未婚夫耳，闻雪琴之浪漫，对于婚姻，大表不满，来函拒绝"。可以肯定的是，当年朱雪琴红遍江浙沪，追求她的人肯定不在少数，而且都有一定的经济条件和社会地位，所以真正谈婚论嫁时难免受到传统观念的压力，人言可畏也是导致女艺人婚姻不理想的原因之一。

屈惠康（朱一鹤先生提供）

直至50年代初，一个名叫屈惠康的人走进了她的生活。屈惠康也名屈豪，解放前供职于中国航空公司，1948年12月随公司撤至香港，1949年11月参加两航起义，翌年复员上海，据说曾任一级空中管制员，能讲一口流利的英语。屈惠康本是上海人，家中亲人都喜欢听书，其兄弟屈锡康、妹妹屈琴贞都是联社的票友。在家人的影响下，回到上海工作的屈惠康经常出入书场，逐渐迷上了朱雪琴。屈惠康身材高大，一表人才，能说会道，为人浪漫，很快就俘获了朱雪琴的芳心。可以说，屈惠康或许是朱雪琴一生中唯一动过真情的男人，所以尽管他已有妻室，朱雪琴还是心甘情愿和他生活在一起。屈的妻子知道他有外室，而屈颇有应付之道，彼此之间倒也相安无事。

朱雪琴与屈惠康弟妹（朱一鹤先生提供）

屈惠康时常跟着出码头，朱雪琴对他极为信任，所有演出收入都交由他掌管，如同经纪人一般。但是在旁人看来，屈惠康吃着朱雪琴的，用着朱雪琴的，还要对她管头管脚，甚至动手打她，实在是有些过分。所以不管她的学生还是说书的同道，都为她打抱不平，背地里都叫他“屈家里”(吴方言，意即姓屈的)。尽管很多人对他有成见，但有一件事不可否认，朱雪琴的嗜好是在屈惠康督促下才彻底戒除的。由于历史原因，朱雪琴的嗜好比较深，解放后仍然不能摆脱，走红之后日夜演出繁忙，为了调剂精神，反而有愈陷愈深的现象。屈的妻子是利群医院的医生，他本人也有一定的医学常识，深知若朱雪琴的嗜好不除，艺术前途终将毁灭。在朱雪琴戒烟的过程中，他甚至以殴打的方式逼她断绝烟瘾，这样做尽管比较残酷，但从长远来看是有功的。

和屈惠康共同生活的那几年，正是朱雪琴事业红火、经济丰收的时候，靠着长篇演出的收入，她在江阴路购置了住宅。为了让朱雪琴安心演出，屈惠康把舅舅、舅母接到上海，照顾她的生活起居。1955年7月，一场声势浩大的肃清内部反革命分子的运动在全国范围内开展，屈惠康因为过去的历史问题（有一种说法，他曾服役于国民党空军飞虎队，退役后进入航空公司）而遭到隔离审查，最终被判入狱。与此同时，法院判决解除了他和朱雪琴的事实婚姻关系。

屈惠康从青海归来时，朱雪琴的生活已发生重大变化，他已无法再踏进江阴路的房子。这一切变故他都归咎于“老太婆舅妈”，认为她“布下了恶毒的圈套”让朱雪琴去钻。在屈惠康晚年写给朱雪琴的信中，他依然流露出对她的关爱和希望生活在一起的愿望，但是碍于舅母的阻拦，他都不敢上门看望朱雪琴，因为担心舅母无理吵闹，影响朱雪琴的健康。而此时的朱雪琴，全部感情都在她最心爱的儿子身上。所以，屈惠康也把感情寄托在孩子身上，经常为他辅导英语，通过和孩子的交流得到感情上的慰藉。孩子和他也很亲近，如同父子一般，屈妻也十分喜欢这个孩子，为了帮助他找个稳定的工作，屈惠康把他当作自己孩子，多次向民航局提出顶替就业，由于政策原因未能实现。

造物弄人，人的命运真的是无法预料。度过苦难的屈惠康，连安度晚年的幸福都十分短暂，夫妻俩由于煤气中毒而不幸去世，令人唏嘘。

绝世母子缘

人的一生，总离不开一个情字，亲情、爱情、友情……丰富的情感经历编织成丰富的人生。在纷繁复杂的感情世界里，亲情最平凡也最伟大，它始终伴随人生，润物无声，历久弥深，历久弥坚。朱雪琴和朱一鹤母子之间的感情就是如此。

朱雪琴与屈惠康幼子兔兔(朱一鹤先生提供)

朱雪琴和屈惠康共同生活时曾怀过一个女孩，因为身体原因没能保住，为了给她一点安慰，屈惠康答应将最小的儿子过继给她。这事刚开始也得到他妻子的同意，等到正式办领养手续时她却变卦了，所以朱雪琴身边一直没有孩子。直到进入上海评弹团时，发生了一段意想不到的情事，并因此有了儿子。

1956年，朱雪琴接过了上海评弹团抛来的橄榄枝，放弃单干的高额收入，正式加入国营团体。进团前后，出于联络洽谈的需要，某评话家和她频频接触，以至于逐渐萌生了感情。但是这段感情注定不会幸福，因为这位评话家已有两个家庭，而且子女成行，他不可能再和朱雪琴组成家庭，双方的交往不宜公开，也不可能长久。不知道是命运的捉弄还是上天的眷顾，这段本不该有结果的感情却孕育了一个新的生命。他们这样的情况怎能把孩子生下来?！但是，舅母的一番劝说最终使朱雪琴改变了主意。

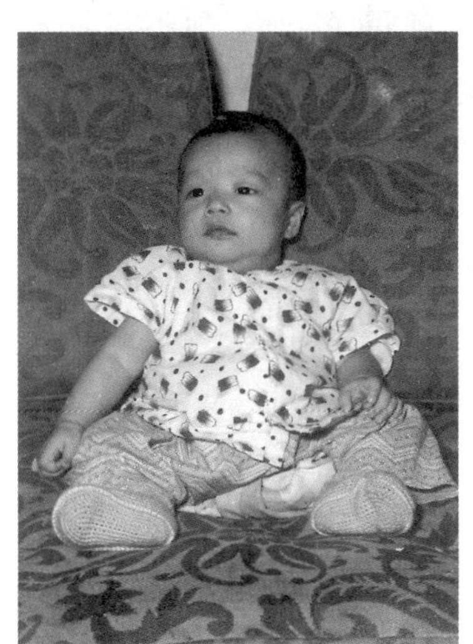

朱一鹤出生84天留影(朱一鹤先生提供)

"雪琴，你已经三十几岁，今后再有孩子的可能性不大。你还是生下来吧，我帮你带！"

屈惠康的舅舅王联芳、舅母周金妹都是苏州黄埭人，没有生育过子女。他们在屈惠康入狱后仍然留在朱家，朱雪琴演出繁忙，家中所有事务都依靠他们料理。老夫妻俩一个主外，一个主内，舅母虽然身材瘦小但非常能干，把全家的生活起居安排得妥妥帖帖，她烧得一桌好菜，待客热情周到，虽然是没有血缘的外人，却是朱家

朱雪琴怀抱爱子朱一鹤（朱一鹤先生提供）

朱一鹤和阿婆周金妹（朱一鹤先生提供）

不可缺少的当家人，在家中颇有些威势和地位。朱雪琴一直把他们当作亲人看待，直至养老送终。

朱一鹤出生于1957年6月10日，正是“反右”的时候，对于这个“不速之客”的到来，父母双方的反应截然不同。对朱一鹤来说，父爱的缺失固然是种遗憾，但母亲给了他加倍的爱，给了他一生的幸福。那一年朱雪琴34岁，事业有成，容颜靓丽，爱慕她追求她的男士很多，可是为了心爱的儿子，她毅然放弃了一个年轻女人的权利，放弃了个人的幸福，把全部感情都倾注在孩子身上。这就是伟大的母爱！因为家庭条件比较好，朱一鹤从小就养尊处优，光奶妈就用了三年，他不仅是朱雪琴的心肝宝贝，阿爹王联芳、阿婆周金妹也十分宠爱他，所有人都亲热地叫他“阿弟”。直到如今，许多熟悉他的朋友还是这样叫他。据说他的名字乃是命理家所提，其生父之子亦均以“鹤”排行，而“一鹤”寓有孤独之意，日后之事亦颇与之相合，巧合耶？天意耶？

自从有了儿子，朱雪琴不再孤独，她的感情有了寄托和归宿，生活充满希望和快乐。身为上海评弹团的主要演员，她的演出任务非常多，而且经常排在送客，演完夜场回家已是深夜，但是不管多忙多累，到家后的第一件事就是亲一下睡梦中的爱子，看到漂亮可爱的儿子，整天的疲劳都烟消云散了！每当回忆起儿时的情景，朱一鹤就会感受到妈妈带给他的无

朱雪琴母子与周金妹及其干儿子夫妇在一起（朱一鹤先生提供）

朱雪琴母子游玩时合影（朱一鹤先生提供）

尽温暖，“那时候妈妈用的唇膏是美国的蜜丝佛陀（Max Factor），晚上回来总是先来亲我，然后才去卸妆，我本来睡得不踏实，但是只要闻到蜜丝佛陀的味道就知道妈妈回来了，就会安心地睡到天亮。”他动情地说：“妈妈的温暖，就是永远在我身边的蜜丝佛陀味道”。

爱子朱一鹤（朱一鹤先生提供）

受遗传因子的影响，朱一鹤从小热爱文艺，也曾打算当一名评弹演员，后来阴差阳错进了上海魔术团，从事魔术表演和幽默演出。这时候，母子俩的工作状态刚好调了个个儿，朱雪琴退休后演出少了，朱一鹤则经常要出国表演，每次出远门时母子俩总要拥吻片刻，彼此难分难舍。当时的朱一鹤年轻帅气，形象好，演技也十分出色，到处都受欢迎，在新加坡、泰国演出时都有当地演出商挽留他，有的老板一下子和他签订4年工作协议，新加坡的好多同行哭着劝他留下来，但是想到上海的妈妈，他毅然拒绝："我什么都可以放下，但是妈妈不能放下，只要妈妈在，我永远不会离开上海！"

"妈妈为我放弃了太多太多，我总是问自己，你为妈妈放弃过什么？现在我可以自豪地说，留在新加坡、泰国发展是多么好的机会，我放弃了，我对得起妈妈。我要在妈妈身边，我要让妈妈幸福！"

大家都说，朱雪琴在事业上是幸福的，可是在生活上不太幸福。不过，朱雪琴却对自己的生活很满足，她说和儿子生活在一起感到非常幸福！因为忙于工作，儿子不能整天陪在她身边，为了给她解闷，他从团里带回来一只小狗，这个活泼可爱的"玩伴"很得她的宠幸，陪她度过了十

朱一鹤在表演（朱一鹤先生提供）

朱雪琴与爱子在一起（朱一鹤先生提供）

几年的晚年生活。在朱雪琴病重的那段时间里，朱一鹤把工作以外的时间全部给了妈妈，喂水喂饭甚至洗澡，所有生活起居都由他悉心照料。他知道，有他在身边，妈妈就不会感到痛苦，他的陪伴是妈妈最大的幸福。朱雪琴弥留之际无法开口说话，微笑着对儿子跷起大拇指，表示认可和赞许。

全家福（朱一鹤先生提供）

朱雪琴与爱子在一起（朱一鹤先生提供）

因为在中山医院失去了妈妈，那里成了朱一鹤的伤心地，他曾发誓再也不踏进这家医院，他说："哪怕再好的朋友住在里边，我也不会去看望，我走路都绕着走。"在外人看来，这样做或许有点不可思议，换一个角度来说，这种心结是母子相依为命38年的感情的凝聚，是朱一鹤对母亲的永久纪念，他的做法可以理解。直到如今，每逢母亲的生日和忌日，他都会以各种形式进行缅怀：有时候捧一束鲜花献在她的墓前，坐下来和她聊聊家常；有时候做一场法事，为她诵经礼忏，营斋追荐。

2004年7月11日晚，为了缅怀朱雪琴逝世十周年，一场由上海文广传媒集团、上海评弹团、上海曲艺家协会和东方电视台戏曲频道联合主办的"雪里飘梅香 琴中寄深情"专场演出在上海逸夫舞台隆重举行。为了怀念伟大的母亲，朱一鹤不惜花费10多万元，耗费几个月的时间，精心策划了这场意义非凡的纪念专场。

著名主持人曹可凡应邀担任主持而且分文不取，他在开场白中说接受朱一鹤的邀请是为了弥补11年前的遗憾：“今天我来到这里主持晚会，心情是与众不同的。我今天来是想了却我的一个心愿，为什么这么说呢？因为在11年前朱雪琴先生举办她的舞台生涯60周年演出，老人家特别希望我能够为她主持那场演出，而且我也非常荣幸地答应了她的要求，可是因为时间的变更和我台里的节目发生了冲突，所以最终没能如约地为她老人家主持，我心中一直留下了永远的遗憾。”

2004年朱一鹤策划举办的缅怀朱雪琴专场纪念特刊

尽管朱雪琴已经离开了10年，但是学生、同事、后辈始终没有忘记她为人为艺的风范，他们怀着崇敬之心和感恩之情参加专场演出，向听众展示不同时期的“琴调”代表作，以此缅怀和告慰朱雪琴。纪念专场在徐惠新讲述的楔子《传奇艺术人生》中拉开序幕，学生代表朱雪玲、周映红分别演唱《秋珠报信》和《岳母刺字》，专场演出的朱雪琴作品还有周红、高博文的《游水出冲山》，骆文莲、倪迎春的《红梅赞·受红旗》，魏含玉、袁小良的《痛责哭诉》，郑缨、江肇焜、范林元、冯小英的《三约牡丹亭·闹园》和赵开生、江文兰的《留款绿秋亭》。为了向母亲表达怀念和感恩，朱一鹤也亲自登场表演，和庄凤珠合说了一段“琴调”代表作《妆台报喜》。当主持人问到母亲留给他的深刻印象时，他深情地说：“我一生只有一个感觉，我的母亲最美！”蒋云仙作为嘉宾代表上台发言，盛赞朱一鹤为“当代孝子”。

值得一提的是，朱一鹤在母亲生前从未学过弹唱，母亲去世后，他在悲痛之余，为自己没有学唱“琴调”而感到遗憾。为此他暗下决心，一定要学好“琴调”，并在纪念专场上献给母亲，以告慰她的在天之灵。他从三弦、琵琶的弹奏开始，用了几年时间专攻“琴调”，毕竟是名家之后，有着独特的遗传因子，演唱时的举手投足、声音神情都酷似朱雪琴。当熟悉的“琴调”过门由朱雪琴的儿子弹出时，全场观众不约而同为之热烈鼓掌，加唱的“五星红旗红满天，随风飘扬在黄浦边”每一句都获得满堂彩。这些掌声是对朱一鹤惟妙惟肖的演唱的肯定，也是对他一片孝心的赞扬，更是向他们母子绝世情缘致以的崇高敬意。

朱一鹤和赵丽芳演出照（朱一鹤先生提供）

“我不结婚是为了还妈妈的情，”朱一鹤说，“妈妈爱子如命，不愿意和别人分享儿子，如果儿子结婚，她会很失落。”“妈妈在34岁就放弃一切，把爱都给了我。我今生最爱的人是妈妈，我要把所有的爱都给妈妈！”

第八章

桑榆晚晴

莫道桑榆晚，为霞尚满天。粉碎"四人帮"之后，朱雪琴重新登上久违的书台，排中篇，带学生，演长篇，说会书，只要是和评弹有关的事情，她总是劲头十足，精神百倍。其实，从1977年开始，她就不断地遭受病痛折磨，先后动了三次手术，但是在所有人的眼中，朱雪琴并不是被人同情的患者，而是受人尊敬的强者，不管艺术上还是生活上，她传递给人的永远是积极向上的精神力量。

迈步新征程

严冬终会过去，春风又绿江南。“文化大革命”开始后，朱雪琴虽然没有受到冲击，但是作为“三名三高”演员，她被剥夺了上台演出的权利，“靠边”期间除了参加学习和劳动以外，主要工作是负责团里演出服装的整理和保管。虽然被剥夺了演出资格，只能做个服装保管员，但是她一点没有自卑感，依然保持乐观开朗的心态，为人谦和合群，与同事相处融洽。每到休息时，她的服装间就是大家的聚会场所，欢声笑语不绝于耳。1975年9月，上海市人民评弹团为重新安排“三名三高”演员参加业务实践活动，向上海市文化系统党核心小组提出请示，经上级批准，朱雪琴和徐丽仙、严雪亭、吴子安等著名演员终于获得“解放”。

当时长篇演出尚未恢复，评弹团常以小分队的形式到书场、社区或工厂演出，节目大多是配合形势的宣传作品。1976年1月开始，朱雪琴终于有了演出任务，在“农业学大寨”专场中演唱开篇《风格船》。不久后又被安排和周亚君合说短篇弹词《两亲家》，作品主题是反对重男轻女思想，宣传计划生育，周亚君既是作者也是演员，一开始和徐丽仙合作，在西藏书场上演后获得好评。后来徐丽仙另有任务，团领导安排朱雪琴参加演出。由于极左思潮还占据主流，“琴调”等传统唱腔不能演唱，为了争取来之不易的演出机会，她只能委曲求全，学唱徐丽仙为周亚君谱的曲调(周、徐合作时周任上手)。好在她的性格豁达大度，根本没把这种事放在心上，只要能够上台演出就很满足了。她和演出队的青年们相处融洽，圆满地完成了演出任务。

1976年10月6日“四人帮”垮台，中国历史翻开新的一页。评弹艺术从不伦不类的歧途回到正轨，逐渐恢复了评弹的样子，迈向新的征程。1977年初，上海评弹团排演了粉碎“四人帮”后第一部中篇《夺印》，由杨振言、张鉴国、朱雪琴、江文兰、刘韵若、石文磊等以AB角轮流演出。如此多的优秀演员和久违的传统唱腔，吸引着听众蜂拥而至，在大华书场和

朱雪琴、赵开生、刘韵若合说《红梅赞》(朱一鹤先生提供)

西藏书场连续满座达4个月。在传统书尚未开禁的“书荒”年代,《夺印》也是众多区县评弹团观摩学习的精品佳作。同年底,“文化大革命”前排演的中篇《红梅赞》再度上演,朱雪琴、刘韵若仍合说第二回《受红旗》,经过长期演出提炼,这回书成为集思想性、艺术性为一体,可以独立成篇的经典作品,在庆祝中国共产党成立60周年专场等演出中多次上演。《受红旗》也是她为赵小敏、朱建玲辅导的第一个作品,先后参加1978年上海市青年文艺汇报演出评弹专场和1981年的江浙沪青年会书。

在全国人民欢庆伟大的历史性胜利,深入揭批“四人帮”的热潮中,上海评弹团的艺术家们创作热情高涨,谱唱了大量的新开篇。朱雪琴虽然已经年过半百,身体状态也不理想,但是在巨大的精神力量鼓舞下,她抑制不住创作冲动,接连演唱了《团结胜利向前方》等开篇新作。作为评弹界的代表,她和杨振雄、杨振言、陈希安参加了上海市文化局主办的“热烈拥护党的第十一次全国代表大会胜利召开文艺演出”,放声高歌文艺战士紧跟党中央,迈向新征程的一致决心。

放下三弦,她又拿起笔来,编写弹词开篇《文艺战士放声唱》和短篇弹词《父女俩》(与王小燕合作),分别在《上海文艺》和《曲艺》杂志上得到发表。她一辈子没有进过学校,完全没有文化基础,从艺后通过自学,一点一滴地积累起阅读书写能力,朴实无华的字里行间流露出一位文艺老兵的真情。

浦江两岸红旗扬,上海人民喜洋洋。
“人代”“政协”开大会,各界代表聚一堂。

……

1978年7月，陈云同志在写给吴宗锡的信中，两次提到传统书目的上演问题。他说："闭目不理有几百年历史的传统书，是一种历史虚无主义。只有既说新书，又努力保存传统书的优秀部分，才是百花齐放。"他还指出上演传统书的三条路：一是单独成篇、内容较好的选回，二是内容连贯的长篇分回，三是创作整理中篇。在陈云同志的指示下，上海评弹团组织张鸿声、吴君玉、朱雪琴、薛惠君、苏似荫、江文兰、沈伟辰、孙淑英等演员，整理排演《看马讨令》《李逵迎娘》《方卿见娘》《玄都求雨》《闹柬》等经典选回，于当年10月开始上演，被禁演十多年的传统书目终于重现书台。

久违的传统书在引发听书狂潮的同时，使听众领略到评弹艺术的真正魅力，著名记者、杂文家冯英子曾撰写《如闻其声　如见其人》，对朱雪琴的《见娘》大加赞赏。

> 朱雪琴是"琴调"的创始人，在上海书坛上，不知风靡了多少听众。我原以为"琴调"的特点是气势宏大，磅礴充塞，如长江大河，一泻千里，最适合于那种气概豪迈、精神雄健的作品。最近，听了她和薛惠君合作的折子书《见娘》后，觉得"琴调"更能表现那种含蓄深沉的感情，在说表方面，细腻、周密，更能引人入胜。
>
> 《见娘》是《珍珠塔》中的一折。方卿状元及第之后，到襄阳试探姑母，会见表姐，得知他母亲已经来到襄阳，流落在白云庵中，于是请采苹陪同，赶到白云庵中见娘。这回书一开始是说方老太太在白云庵中自悲自叹。一位世家的夫人，因遭奸人陷害，陷于无以为生的境地，儿子又生死不明，暮境凄凉，达于极点，因此她每日在以泪洗面，每日在回忆过去的日子，每日在想念她存亡未卜的儿子，这种幻想变成了梦境。朱雪琴用她迂回跌宕的唱腔，唱出了方老夫人那种暮境凄凉，悲不自胜的感情。正是因为方老夫人的这种感情，所以当采苹来报告她方卿来了之时，她还是将信将疑，疑是梦境。

等到方卿进来了，“和身扑倒娘膝下”了，这时方老夫人还疑是梦，但等到明白不是梦境，是现实时，方老夫人喜极而泣，眼泪满眶。这时已看不清楚儿子的面庞了，她只好伸手去摸，摸到方卿“胖笃笃、圆溜溜、滑腻腻”的面庞时，才像吃下了一颗定心丸，知道儿子的生活过得还不错。朱雪琴说到这里，她伸出手去，做了几个摸的动作。虽然这是几个虚拟的动作，但恍惚使人看到，她膝前真的跪着一个儿子似的，给人以非常真实之感。

在这回书中，特别是母子相逢以后母子两人的心理活动，描写得细致入微。方老夫人把曾经存款在姑母那里的经过告诉儿子，目的是要使站在边上的采苹知道，这样虽然采苹没有说话，倒使听众感觉到他们母子边上还站着一个采苹；方卿则把一切过失归罪于他的恶姑母，方老夫人则要儿子看在姑夫和表姐面上，原谅姑母，其实这几句话也是说给采苹听的。这样细腻的交代，周密的布局，正是如闻其声，如见其人，它再一次证明了朱雪琴在评弹艺术上的高度造诣。

1979年复排演出中篇评弹《唐知县审诰命》时合影，左起张鉴国、吴静芝、朱雪琴、胡国梁、俞雪萍、薛惠君、赵小敏、朱建玲

紧接着,《大生堂》《唐知县审诰命》《杨八姐游春》《晴雯》等优秀的传统中篇陆续复演。《唐知县审诰命》是朱雪琴进团后最早说唱的中篇,在第二回《告状》中她和严雪亭合作,一个蛮横无理的诰命夫人,一个不畏强权的唐知县,两人言来语去,针锋相对,戏剧冲突强烈,喜剧效果精彩至极。复演时严雪亭已患病辍演,他的学生胡国梁和朱雪琴、薛惠君合作,使这个经典回目得以重现,精彩的"严调""琴调"对唱为烘托书情起到很好效果,给听众留下深刻印象。中篇在上海、常州等地连续演出数月,获得极大成功。

70年代末和评弹团同事合影,前排:陆梅莺、陆蓓蓓、石文磊、俞雪萍、朱雪琴、沈世华、沈伟辰,后排:王正浩、杨德麟、胡国梁、徐云芳、苏似荫、朱信陵、张鉴国(朱一鹤先生提供)

不久后,传统长篇恢复演出,各地书场陆续复业或新开,许多优秀的评弹演员相继归队,评弹界再次迎来了书目繁荣、书场林立、听众云集的"春天"。老骥伏枥,壮心不已。为了保存优秀的传统艺术,为了培养评弹的接班人,朱雪琴踌躇满志,迈上新的征程。

余晖映书坛

春蚕到死丝方尽，蜡炬成灰泪始干。这句诗用来形容朱雪琴对评弹事业的热爱和付出是再恰当不过的。进入80年代以后，她的工作重心逐渐从台上转移到台下，但是工作热情并没有因为年龄、疾病和工作方式的改变而受到影响。为了学生，为了听众，为了评弹，她尽一切可能发挥自己的光和热。

青年是事业的接班人，是评弹未来的希望。朱雪琴对青年有着发自肺腑的关爱，74级学员在学馆学习期间，她像慈母一样给以他们无微不至的照顾，许多人至今仍念念不忘朱老师的温暖。在《我的心愿》一文中，她深感文艺工作者肩负的重大责任，以朴素的文字坦露心声：

1980年工作证（朱一鹤先生提供）

> 我已年近花甲，身体也不太好，演出的机会不多了。我决心在有生之年，以主要精力来培养评弹艺术的接班人，把自己几十年积累的艺术经验传授给他们，和他们一起搞整旧和创新，让他们都成长为德才兼备的演员。为了建设社会主义精神文明，鞠躬尽瘁，死而后已，这就是我的心愿。

1978年赵小敏和朱建玲拜师学说《珍珠塔》，她担负起了培养青年的重任，倾注了大量的时间和精力。先是带她们跟着中篇组跑码头，通过现场观摩学习书艺，为了让她们对《珍珠塔》有动态的印象，她不顾身体虚弱主动接演长篇，为她们作示范演出。即使休息时也会把学生约到家里，让她们回课，对说表、弹唱、表演进行辅导。在她的精心培养下，她们很快就

朱雪琴辅导学生赵小敏（上海评弹团提供）

登台说唱长篇，因为形象靓丽、台风大气、说唱俱佳，这对年轻女双档深受听众喜爱，是同一批青年演员中最先走红的一档。1981年11月上海评弹团举办庆祝建团三十周年演出，朱雪琴特地和学生排了一回《楼台会》，亲自带赵小敏参加专场演出，后来师徒三个档的《楼台会》又参加1984年迎春会书。1985年朱建玲和杨骢拼档后，朱雪琴向团领导推荐学生朱雪玲带着赵小敏继续演出《珍珠塔》，为了弥补自己不能带学生说长篇的遗憾，她利用会书机会和她们排了一回《小夫妻相会》，参加《星期书会大会串》演出。

朱雪琴手术后仍以事业为重，辅导青年演员，亲自带他们到码头上拼档演出，做好传帮带的事迹，经上海评弹团民盟支部反馈后受到民盟上海市委的表彰，在全市文艺界引起不小的反响。她不仅自己这样做，对于别人不关心学员的现象也直言不讳地予以批评：

朱雪琴辅导学生赵小敏和朱建玲（朱一鹤先生提供）

目前在这一片大好形势下，青年演员也增加了信心，也进一步巩固了自己的事业观。但在这当口，辅导老师却很少，即使有的学员跟了先生，也很少得到先生关心，有的甚至剧本也不肯给他们。我这里谈的意思是，我们老一辈的艺术是不可否认自己钻研而得来，但是我们也应想到评弹事业是党的事业，是人民给予我们的宝贵财富，各方面的丰富。我们所有的一切应回到人民中间去，更好地为人民服务。我们希望是寄托在第三代的身上，更需要我们全心全意地教好学生，带好青年演员，为了党的事业，像对待自己的子女一样，毫无保留的传下去。

1980年苏州评弹会书，朱雪琴、朱丽安弹唱《哭诉》（上海评弹团提供）

十一届三中全会召开以后，评弹界的拨乱反正和思想解放工作得到有序推动。第四次全国文代会期间，与会的评弹界代表发起成立苏州评弹研究会，旨在加强评弹工作者之间的联系，总结交流艺术经验，推动书目的创新和传统书目的整理，开展研究工作，促进发展繁荣。研究会筹备期间，江苏、浙江和上海两省一市共15个评弹团体和单位在苏州举办盛况空前的评弹会书，许多老艺术家怀着劫后余生的喜悦再展风采，作为声誉卓著的流派创始人，朱雪琴和师妹、苏州市评弹团著名演员朱丽安联袂演出《珍珠塔》中的“哭诉”。自1980年开始，她多次参加研究会主办的弹词音乐座谈会等活动，担任第四期青年演员进修班的任课老师，将“琴调”风格的形成和演唱技巧毫无保留地分享、传授给同行和后辈。

在辅导学生的同时，朱雪琴始终没有放松对自己的要求，不断推出开篇新作，讴歌日新月异的社会新貌。1981年春节，她代表评弹界参加上海电视台春节电视点播大联欢，一首《迎春曲》唱尽祖国春光，号召人们“少壮青春须努力，切莫白头方惜春”，表达了评弹界“春意盎然跟党走，誓为四化献青春”的决心。在建团三十周年的庆祝专场中，她演唱的《千朵桃花一树生》颂扬了大陆人民和台湾同胞唇齿相依、同源同根的骨肉亲情，反映了渴望祖国和平统一的爱国之心。一位听众激动地说："我有个姑母生活在美国，她也是老书迷，特别喜欢'琴调'，如果能把这首开篇的录音寄到美国，她一定会非常高兴。"除此以外，她还演唱了歌颂社会新风的《婆媳情》和反映地方风情的《东方明珠》《王四酒家》等新开篇。

1984年评弹迎春团拜陈希安、朱雪琴、薛惠君演出《羞姑》（上海评弹团提供）

1982年11月中旬，上海评弹团组织老中青三代演员赴北京、天津巡演，演出书目有选自《水浒》《西厢记》《描金凤》《珍珠塔》《大红袍》等长篇的传统选回和优秀现代中篇《真情假意》《春梦》，展示了评弹艺术在新时期取得的成就。这次演出朱雪琴和陈希安搭档，献演的节目有"琴调"开篇《潇湘夜雨》《岳母刺字》《千朵桃花一树生》和弹词选回《方卿见娘》《方卿唱道情》，还和马增蕙、赵玉明等北方曲艺名家在中央人民广播电台音乐厅联袂演出南曲北唱专场。在京期间参加了中国曲协、中央人民广播电台、中央电视台等单位举行的座谈会，陈云老首长在中南海会见全体演员时，与朱雪琴亲切握手并合影留念。

改革开放以后，内地与香港的文艺交流日益频繁，上海评弹团多次组队赴港演出。1986年4月，应香港联艺公司和亚洲电视台的联合邀请，徐檬丹带队率杨振雄、朱雪琴、杨振言、陈希安、薛惠君、吴君玉、华士亭、张振华、余红仙、沈世华、孙珏亭、庄凤珠等赴港演出，先后在九龙百丽殿剧场、联艺公司小会场共演出22场，朱雪琴除演唱开篇、选回外，还参加中篇评弹《点秋香》第三回的演出。受演出规格、阵容的制约，本次赴港的影响力与1962年不可同日而语，由于百丽殿剧场地理位置不占优势，上

朱雪琴、陈希安、华士亭三位常熟籍弹词艺术家与同乡吴伟君1986年香港合影（朱一鹤先生提供）

座率一直令人担忧，幸亏许多热心的老朋友和票房鼎力支持。4月6日，演出团一行特地拜访答谢香港雅风集业余评弹团票房，团长吴伟君在其私宅举行茶叙，应香港票友的热情要求下全体联唱《杜十娘》，连朱雪琴和杨振雄都“被迫”唱了两句“蒋调”。东道主吴伟君也是常熟人，和朱雪琴、陈希安、华士亭同乡相聚，真是说不完的评弹，叙不尽的乡情。朱雪琴知道他是“严调”迷，擅长模仿严雪亭的说唱，热忱地邀请他到上海回访，合说《三约牡丹亭》和《点秋香》，让他过一把“严雪亭”瘾。

朱雪琴、薛惠君80年代演出照（朱一鹤先生提供）

得益于音像技术的发展，上海评弹团早在1979年就开始抢救录制姚荫梅、张鉴庭、蒋月泉、杨振雄、朱雪琴、徐丽仙等老艺术家的资料。

朱雪琴演唱新开篇，薛惠君伴奏（朱一鹤先生提供）

为了保存艺术资料，朱雪琴抱病在上海人民广播电台录制了30回《珍珠塔》，又挖掘整理出五六十年代经常上演的《方卿见娘》《七十二个他》等选回，参加上海评弹团老艺人录像会书和江浙沪著名评弹老艺人书会。这些录音或录像都力邀“女琶王”薛惠君倾力襄助，她是“塔王”薛筱卿爱女，家学渊源，早在1962年赴港演出时“朱薛档”就有默契合作，“文化大革命”后朱雪琴的最佳搭档非薛惠君莫属。同时，朱雪琴还为“琴调”代表作《岳母刺字》《南京路上好八连》进行配像，使60年代朱雪琴演唱、郭彬卿伴奏的开篇，特别是郭彬卿的精美绝伦的伴奏声在荧屏展现，这也是一件非常有意义的事。

除此以外，朱雪琴参加会书演出的《羞姑》《授红旗》《思儿》《潇湘夜雨》《婆媳情》等选回或开篇、选曲，也被制作成录像资料保存。1985年5月上海电视台开播《电视书场》栏目，录制了朱雪琴、薛惠君的《妆台报喜》和《南京路上好八连》等节目。由于“琴调”开篇《拷红》深入人心，影响甚广，录制花色档长篇《西厢记》时，朱雪琴应邀和杨振雄合说《拷红》，朱雪琴起老夫人唱“琴派陈调”，杨振雄起小红娘，抱琵琶做下手，他们各

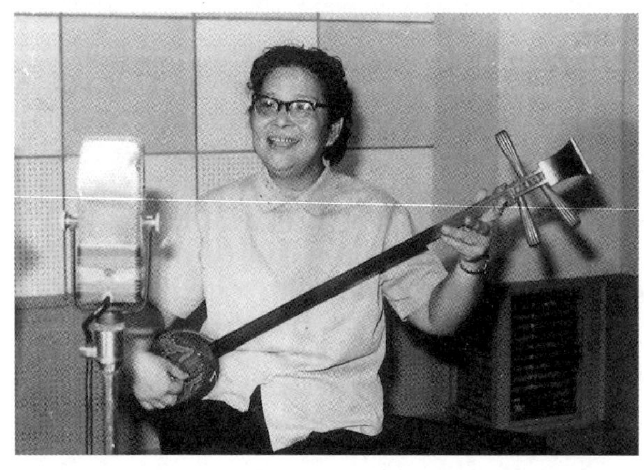
朱雪琴在电台录音（朱一鹤先生提供）

展所长，演活了书中人物，两位流派创始人的合作堪称书坛绝响，一时传为佳话。

相对于录音资料而言，录像增加了动态影像，具有直观可视等优点，这些录像将朱雪琴运用眼神、手面配合说唱表演的特长永久保存，是青年演员学习借鉴、评弹爱好者欣赏品评的珍贵资料，是朱雪琴留给评弹界的一份宝贵遗产。

暮年“吃生书”

80年代初评弹界曾出现短暂的繁荣，而繁荣背后却难掩青黄不接的现实。针对这些问题，深谙评弹艺术规律的陈云老首长提出了“出人、出书、走正路”和“评弹就青年”等指导性意见。1982年4月，陈云在杭州云栖召集评弹演员座谈，再次提到青年演员的培养和书目问题。座谈中，朱雪琴谈到有些青年缺少书目，却又不太愿意学，令人十分担忧，陈云同志说：“过去是‘偷书’，现在送给他都不要。条件太好了！”

朱雪琴和同仁们参加座谈（上海评弹团提供）

别看朱雪琴平日总是嘻嘻哈哈，其实她还有疾恶如仇的一面，对不良现象敢于直言，在评弹团素有“大炮”的雅号。在庆祝《陈云同志关于评弹的谈话和通信》出版座谈会上，她对书坛上的一些不良现象提出批评：

> 更使人痛心的是，前一段时间有的评弹艺人为了迎合社会上某些观众的需要，单纯追求票房，思想上向钱看，因而在评弹舞台上又出现了一些“野书”和下流黄色的噱头。这种现象的出现，让我很担心评弹事业会葬送在某些人的手里。

如果你以为朱雪琴只是仗着老资格说说风凉话，那你就错了。为了教育那些条件优越却不思进取的青年，为了让听众欣赏优秀的评弹书目，她竟然不顾自身健康，毅然学说长篇弹词《孟丽君》，以实际行动垂范后辈。

朱雪琴与上海曲艺界同仁在一起（朱一鹤先生提供）

《孟丽君》这部长篇改编自弹词小说《再生缘》，最早的改编者是秦纪文，初名《华丽缘》，重在讲述皇甫少华和孟丽君的曲折情缘，解放后为了突出女主角反抗封建压迫、争取婚姻自由的主题，改名《孟丽君》。众所周知，该书是秦纪文的成名作和“看家书”，除女儿秦香莲、秦文莲之外，概不外传。龚华声的《孟丽君》来自评话名家潘伯英，一般认为成书于60年代，其实不然，该书创作始于40年代末，最初是为蒋月泉编写的，后来因故没有上演，双方关系随之疏远，“七煞档”的瓦解与此不无关联。

早在1949年8月，潘伯英就将该书传授给夫人费正瑜（即费瑾初），由她和朱慧珍合作在建成电台播唱，当时书名也叫《华丽缘》。因为是试唱，时间较短，也未产生影响，直至1962年潘伯英将其重新整理，由龚华声、王月香、潘莉韵进行试演。潘伯英早年担任过教员，文字功底比较扎实，身为评话演员，不仅擅长编排书路、布置关子，编写唱篇也是内行，他的《孟丽君》唱篇集中，有利于演员发挥唱功，唱词既能用典又雅俗共赏。那段时间陈云刚好在苏州养病，一回不拉地听完该书，并称赞潘伯英改编的《孟丽君》“很成功，集中了二类书的优点，可算是这类书的代表作”。

朱雪琴与龚华声（朱一鹤先生提供）

可惜好景不长，该书就遭到了停演。“文化大革命”中潘伯英被打倒，所有资料均被抄没。有一天，无所事事的龚华声在单位废纸堆中发现了《孟丽君》的唱本（传统脚本只记录主要的对白和唱篇），他冒着风险把它藏了起来。“文化大革命”结束后，龚华声将原唱本重新整理、丰富，使这部湮没多年的二类书重见天日，由于主要情节、人物思想和说唱风格均有别于秦家，所以上演后非常受欢迎。

回忆起和朱雪琴合作的经过，蔡小娟至今仍感动不已，她说：“朱老师为了艺术舍身忘我、坚定不移的精神，一直激励着我，值得我们永远学习和铭记。”

1987年4月，我和龚华声进乡音书苑，说的是《孟丽君》。当时朱老师家住江阴路，离乡音很近，隔三差五来听书，乡音一个星期才换一次书，有的书她竟连听几遍，让我很是奇怪。后来才了解到，她是知道我们说《孟丽君》才特意来听书的，一是因为她和龚华声比较熟悉，性格也很相近，另一个原因是她对这部书很感兴趣。

朱老师听书认真仔细，落回后还到后台和我们探讨书情，提出意见和建议，指导我如何表演、塑造人物。在整部长篇中，主角孟丽君女扮男装的情节占较大篇幅，所以塑造这个人物时既要有刚的一面，又要有柔的内涵，只有掌握分寸恰到好处，才能吸引听众。朱老师从眼神、动作、语气等方面一一指点，让我受益匪浅。

相处时间长了，彼此了解日渐加深。朱老师热情好客，性格豪爽，一点没有名家的架子，和我们推心置腹，无话不谈。她说："这部书我越听越喜欢，难怪老首长称赞它是二类书中的状元，官白、唱词都很出色，书里有很多精彩的叠句，很适合我的唱腔。虽然我身体不好，但是作为演员应该永不停步，身体许可的话我倒想排这部长篇。"

"你喜欢只管拿去说好了"，龚华声爽快地说。

"我看中小娟做下手！""好的，你们先说一回试试。"

刚好有个早场，我们就排了一回《夫妻论官》，演出后反响很好。因为朱老师难得登台，初次和我拼档，又是第一次说《孟丽君》，有新鲜感。在10月份举行的苏州评弹艺术节上，我们这回书参加了潘伯英作品专场的演出，效果也很好。第二年年初，常州市举行龙城龙年会书，朱老师和我受到邀请，三次合说"论官"。

早场试说成功之后，我们就约定正式排长篇，在上海电视台录像。朱老师毕竟上了年纪，又开过刀，当然不可能跑码头，为了方便排书，我住到了朱老师家里。朱老师已经提前几个月把唱篇背熟，等我到上海之后就开始排书，每天睁开眼睛先排书，然后合傢生。我以前从未托过"琴调"，有点担心弹不好，朱老师一直鼓励我："你琵琶又不蹩脚，只要多听多练，弹熟就行，我怎么弹你也怎么弹，放心好了。"为了使伴奏和唱浑然一体，我们常常要练上几十遍，"琴调"好多花过门都要一一学会，再配合熟练，朱老师认真敬业的精神让我深受感动。

当时她家刚刚搬到愚园路，新房子只通了电，煤气还没有，生活上比较艰苦。我和朱老师、还有阿弟（朱老师儿子朱一鹤），三个人都不怎么会做饭，只能胡乱吃点，后来多亏朱老师的几个热心听客，隔三差五来帮忙烧点菜。为了早点把书排熟，我们也不管那么多了，只要吃饱肚子就行。

可能是排书过于辛苦，营养又没有跟上，眼看就快要录像了，朱老师却突然病倒了，发高烧，右手剧烈疼痛不能动弹。我赶紧叫上阿弟把她送到医院，医生诊断说手掌心长了几个疔，要及时治疗。我就对朱老师说："录像可以和电视台打招呼推迟，你身体要紧，我陪你一段时间，等你康复后再排。"

朱雪琴与蔡小娟在排书（朱一鹤先生提供）

"小娟，这些书我好不容易读熟，如果等我全部康复，咱们又要重新来一遍，这次的苦头不是白吃了吗?！我只要手不痛，能弹三弦就行。"这番话使我热泪盈眶，想不到她的毅力如此坚强。她是功成名就的老艺术家，和我拼档不为名不为利，为了自己热爱的事业，甘愿吃这样的苦，有几个人能像她这样做？这毕竟不是非说不可的书。

就这样，她一边吃药、挂水，一边用土方治疗，让我去买来六神丸，研碎后粘在棉花上，敷在手心里。我对这个土办法不大放心，朱老师还和我开玩笑："我懂的，敷出事来不要你负责。""小娟你放心，这些疔我决不让它生出来，否则弹弦子大有妨碍，排这部书花了多少心血，决不能让它中断我的演出。顺利地录像，也是我艺术生涯晚年的一件大事！"凭着朱老师坚强的意志，我和阿弟日夜照料、按时换药，几天后居然开始好转，掌心的疔没有冒头，就剩下7个红点。

和朱老师合作的过程中，她的为人给我留下深刻印象，她性格直爽，平易近人，一点没有响档架子。她是"琴调"创始人，是我的前辈，但从不以权威自居，她还鼓励我唱"琴调"，对我说："我年纪大了，唱得低，有些高的你唱，你翻得上。"有时候我提出唱一档"俞调"，她也毫不介意，"你唱好了，没关系的，《孟丽君》本来不是'琴调'，不像《珍珠塔》只唱快的不唱慢的。"

皇天不负苦心人，我们的《孟丽君》总算如期录制，而且15回书一遍就成功，播出后也得到观众的好评，特别是皇甫少华这个人物，她拿捏得稳，很出色。

这次深入的合作和相处，使我和龚华声对朱老师有了深刻了解，觉得她很伟大。古诗说“春蚕到死丝方尽，蜡炬成灰泪始干”，她真的做到了！

在评弹界，排演新长篇有个专用术语——“吃生书”。一个“吃”字，生动而形象，内涵极其丰富。“吃”不等于囫囵吞枣，需包括咀嚼、消化、吸收等过程，学说一部长篇亦是如此。老一辈说书人常说，换一部书如同换一身骨头，“吃生书”之不易由此可见一斑。朱雪琴年届65岁，放着舒适的日子不过，以一病弱之躯承受“吃生书”之苦，这是何苦来哉?!

朱雪琴、蔡小娟、赵善彬、王小蝶与电视书场工作人员合影（朱一鹤先生提供）

许多人对此无法理解，那是因为他没有走进朱雪琴的思想世界。她有着与生俱来的侠义精神，她有着与生俱来的坚强意志，不惧压迫，不畏权势，勇于突破传统，敢于特立独行。这些性格特点与孟丽君何其相似乃尔，或许这是她喜欢《孟丽君》这部长篇的一个重要原因。除了喜欢之外，真正让她下决心“吃生书”的，是她对评弹的热爱，对事业的责任感。

她曾经这样说过：“有时我也会想到，我们演员过去和现在的地位。过去被别人看不起，是下层人物，而现在党和人民称我们文艺工作者，给了我们莫大的荣誉和社会地位。如果我们不为党的事业贡献力量，心中感到对不起党和人民。”

乡音寄深情

地处上海闹市区的南京西路860弄，有一家名闻遐迩的高档书场——乡音书苑，这里闹中取静，环境清幽，设施先进，吴侬软语不绝于耳，弦索叮咚余音绕梁。长期以来，评弹演员均以进乡音说书为荣，各界知音都以到乡音听书为乐。乡音寄深情，妙韵动人心。开业30多年来，乡音迎来了大批名家响档，上演了大量精彩书目，接待了无数书迷朋友，许多海外游子更把这里当成感受乡音、寄托乡情的温暖的“家”。

也许很多人都不知道，乡音书苑的开办还凝聚着朱雪琴与家乡福山的浓浓乡情。

福山是常熟北部的一个滨江古镇，历代以来就是江南的江防要塞，也是长江南岸重要的商贸港口。十一届三中全会以后，福山抓住改革机遇，实现新的腾飞。这个方圆不到十平方公里的乡镇，竟然星罗棋布地办起了镇办企业24家、村办企业150家，1985年的工农业总产值达到一亿五千三百多万元，成为

朱雪琴和余红仙演出照（上海评弹团提供）

常熟市第一个"亿元乡"。福山书场众多，听书蔚然成风，除了日常的长篇演出之外，镇里经常举办评弹名家会书，犒赏农、工、副"三军"，慰问支援本地发展的技术人员。1985年2月初，福山成立了华福实业总公司，邀请朱雪琴回乡联欢，同时受邀的还有薛惠君、张振华、余红仙等著名演员，在上海评弹团副团长王济生带领下，在福山举行庆祝会书。

少小离家老大回，乡音无改鬓毛衰。回到阔别数十年的故乡，朱雪琴尽力寻找着儿时记忆，不胜今昔之感油然而生。回到上海后，她怀着激动的心情写下《故园今是亿元乡》，发表在《新民晚报》上。

早已听说我的故乡——常熟市福山乡成了亿元乡，先前身居草舍灶冷釜空的乡邻已有四个万元户，这真是一件不可想象的事。正好前几天乡里办的华福实业公司要举行成立大会，邀我和评弹团的同事们前往参加联欢，就欣然应命。

朱雪琴和薛惠君演出照（上海评弹团提供）

当车子驶近久别的故乡时，我的心就激动起来，我十岁离乡，至今已五十二年。当年断垣残壁、一片荒凉的景象犹在脑际；我父亲朱蓉舫终年背着孩子，跑遍了各个码头，仍然不能使家人免于饥饿，我就是这样背井离乡出去说书，从此不曾回乡的。

那天，当汽车驶进小镇时，我的眼睛顿时一亮，镇上矗立着一座可以容纳一千几百人的影剧场，上海人看的电影伲福山人也在看。影剧场旁有座四面厅，装点得窗明几净，古色古香，人称文化茶室，我真想上去说段书给老乡们听听。我小时候那个乡的"文化中心"在哪里呢？在我记忆里，是在破破烂烂的关帝庙旁，我只要能在关帝庙旁的那个小小围场上，不化一个子儿地看场猢狲出把戏，或者看场木人头戏，尤其口袋里又有几粒五香豆的话，那就深感幸福了。

关帝庙在哪里呢？当我那个当了乡长的族房侄儿陪我到他家去时，一路看去，都是新建筑，旧福山的痕迹再也找不到了。

我在福山虽然仅仅待了两天一夜，可我学到的东西真不少。我在农村更明白了什么叫做开拓精神，这种精神会产生多大的力量，在创造出财富和新生活！

这次回乡演出，朱雪琴和同事们都被当作久别重逢的亲人，得到福山镇领导的热情款待，茶叶是本乡的"七峰特绿"，桌上菜肴都是本地特产，有香甜的鸭血糯、鲜美的长江白鲒……宾主之间叙乡情，聊发展，评弹当然是绕不开的主题。

1985年乡音书苑开张，朱雪琴与福山乡领导熊方义、曹明华及上海市文化局副局长赵介纲、团长徐檬丹、副团长王济生、唐耿良等合影留念（朱一鹤先生提供）

乡党委书记曹明华、乡长熊方义和副书记周根保等都是老书迷，谈起评弹如数家珍："我们这个地区，可算是评弹的故乡。从演员来说，贵团的朱雪琴是我们本乡人；著名演员张鸿声、华士亭、陈希安、孙淑英、赵开生

等都是本县人。赵开生为了怀念故乡常熟，把女儿的名字也叫做‘虞’（常熟的简称）。”

“早在我们的祖辈，就爱听评弹。过去，在我们福山乡方圆两公里内，就有茶馆书场七个。评弹艺人为农民带来了文化娱乐，带来了寓于故事的道德教育。过去，我们农民把评弹艺人尊称为先生，叫做‘说书先生’，艺人是人民的教师啊。可是，现在评弹有点衰落，我们可不能让它断了档。上海评弹团振兴评弹，我们支持。好在我们现在经济上有能力来支持了。”

进入80年代中期，许多民营书场门庭冷落，为了缓解经营危机，纷纷开设音乐茶座和录像厅，对评弹演出造成很多不利影响。为此，上海评弹团决定自己开办书场，以保证新创书目和演员的艺术实践。为了解决资金筹措问题，《文汇报》曾就此事做了宣传，上海本市和郊县前来洽谈的单位很多，但是要求在评弹团大院内开饭店、设商场、建仓库，他们看中的是南京西路这个地段，想借上海团的宝地做买卖。这些方案上海团均予以回绝，一次次的洽谈都以失败告终。

在这次回乡联欢的过程中，朱雪琴亲眼见证福山的经济发展，感受到家乡领导对评弹事业的支持，因此将上海团遭遇的困难和盘托出，希望得到家乡企业的帮助，福山乡（同年10月撤乡建镇）党委和华福实业总公司当即拍板，与上海评弹团联合经营“乡音书苑”。一个月后，双方正式签订合同，经过进一步洽谈后于5月达成协议：华福实业总公司捐资10万元建造书场，开业后每月提供5 000元维修和添置费用，评弹团将底楼部分房屋作为华福公司在上海的办事处，推动公司的横向联系和发展。

经过半年的紧张施工，1985年11月20日乡音书苑隆重开张。简洁雅致的书台，紫红色的帷幕，书台上的红木书桌、椅子和红木屏风，都是华福实业总公司所属福山红木厂赠送的。书厅里76个座位是清一色的沙发，每个座位旁配有茶几，淡雅的壁灯，光滑的地坪，使书场显得高贵优雅，在如此优美的环境中品茗听书，绝对是不可多得的艺术享受。开业当天，朱雪琴、蒋月泉等弹词流派创始人和众多评话、弹词名家以及青年新秀参加开幕演出，著名剧作家曹禺、著名昆曲艺术家俞振飞以及社会各界书迷朋友纷纷前往祝贺，曹禺称赞说：“你们为中国人争气，中国农民为振兴评弹事业立功！”

30多年来，乡音书苑虽经多次修缮调整，但经营理念始终未变，一直是评弹名家荟萃、听众名流集聚的明星书场，同时也是展示评弹艺术和对外交流的重要窗口，至今仍是上海文艺界不可或缺的演出场所。

故乡是人生的起点，故乡是心灵的港湾，乡音蕴含着乡情，愈久愈纯，愈久愈真。只要是“回娘家”演出，朱雪琴总是一马当先，在所不辞。

1981年上海评弹团为庆祝常熟电讯厂俱乐部成立举行专场会书，前排右二为朱雪琴（庞宽先生提供）

改革开放以后，常熟的国有企业和乡镇企业都得到蓬勃发展，有了经济壮大的实力，文化艺术的活力得到增强，作为评弹第二故乡和江南第一书码头，常熟全市的评弹会书空前繁荣。1981年5月，常熟电讯厂俱乐部举行成立大会，朱雪琴和张鉴庭、张鉴国、杨振雄、杨振言、余红仙、张效声、吴君玉等应邀演出特别会书。1986年，常熟市淼泉布厂投资建办的第五热电厂举行投产典礼，朱雪琴、陈希安、张振华、庄凤珠、薛惠君、石文磊、金声伯等专程到淼泉，举行为期两天的祝贺会书。行前朱雪琴不慎把脚扭伤，为了回乡演出，她不顾领导反对带伤登台，分别和薛惠君、石文磊合说《方卿见娘》和《小夫妻相会》。

1987年开始，每隔两年举行的常熟市文化艺术节都会举办评弹专场，朱雪琴每一次都是欣然应邀。首届文化艺术节期间，朱雪琴和华士亭、孙淑英、饶一尘、赵开生、蒋云仙等常熟籍评弹名家回乡献艺，常熟书坛为之轰动，老听众李克为在《常熟市报》赋诗赞曰：

清秋艺坛发芳菲，弦索琤琤神采飞。
信是探珠多独创，何须衣锦亦荣归。
人书并出凝繁绿，流派纷呈耀彩绯。
莫道青年醉歌舞，鼎新革故畅生机。

1989年10月，上海民盟市委组织盟员中的著名评弹演员赴常熟，举

上海评弹团民盟盟员1989年为常熟梅园宾馆演出（高莉蓉女士提供）

行祝贺第二届常熟文化艺术节慰问演出，曾任上海评弹团民盟支部副主任的朱雪琴再次回乡，受到常熟市统战部、文化局和民盟市委的热情接待。同行的著名演员有唐耿良、陈希安、华士亭、江文兰、张效声、薛惠君、陆雁华和朱雪琴的学生张渭霖及搭档庄凤鸣，他们在虞山镇委礼堂和梅园宾馆举行的日夜三场演出场场爆满，听众们争睹名家风采，过足书瘾。90年代初，朱雪琴还应邀为常熟人民广播电台录制“虞山颂”常熟风情系列开篇中的《王四酒家》，以轻松欢快的“琴调”描绘爊鸟、油鸡、松蕈、血糯等名菜，听来使人齿颊生香，垂涎欲滴。

斯人已逝，乡情永恒。家乡人民从未忘却这位著名的弹词艺术家，常熟电台将“琴调”制作成评弹节目的开始曲，每到广播书场、琴川书会的开播时间，爽朗明快的“琴调”就在空中响起，几十年来从未间断。

艺坛六十春

经过“文化大革命”，许多造诣非凡的评弹艺术家进入暮年，因为身体和年龄原因逐渐告别书坛。为了表彰他们为评弹事业所做的贡献，上海评弹团和上海曲艺家协会、上海市文化局等单位为部分老艺术家联合举办研讨活动和庆贺专场。首先获此殊荣的是“丽调”创始人徐丽仙，她虽然身患癌症，却能够克服病痛折磨，坚持研究弹词唱腔，谱唱“丽调”新作，1981年3月中国曲艺家协会上海分会和上海评弹团为她举办了“徐丽仙艺术流派演唱会”。此后十年间，相继为张鸿声、蒋月泉、姚荫梅、杨振雄、张鉴国举办艺术探讨会和庆贺专场，为张鉴庭、刘天韵举办纪念活动和缅怀专场。

1993年，朱雪琴步入古稀之年，同时迎来书坛生涯六十华诞。为了表彰她为评弹事业做出的杰出贡献，上海市文化局、上海市曲艺家协会、上海评弹团、上海人民广播电台等单位决定联合主办弹词艺术家朱雪琴舞台生涯六十周年纪念演出。

时年88岁的老首长陈云同志获悉朱雪琴将举办专场，特地书赠条幅一件，写的是他从弹词《三笑》中选取的最喜欢的一首诗：

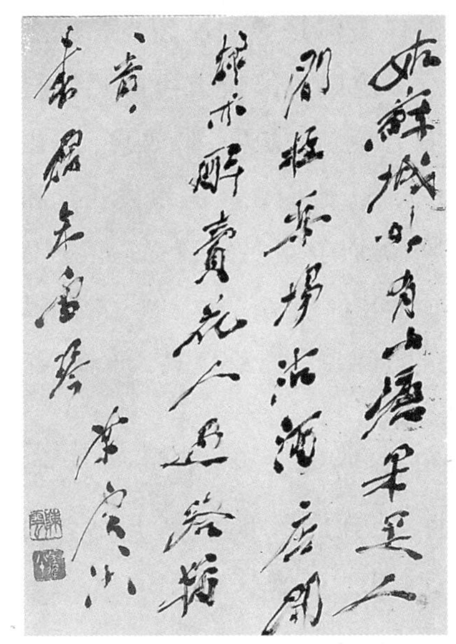

陈云老首长书赠条幅（朱一鹤先生提供）

姑苏城外有山塘，果是人间极乐场。
沽酒店开蜂亦醉，卖花人过路犹香。

中国曲艺家协会主席罗扬同志题赠：“寓教于乐 雅俗共赏”；上海评弹团老团长、时任上海曲协主席吴宗锡题词：“飞珠泻玉 走云连风”；同事多年的挚友杨振雄、杨振言欣然题词作画，祝贺朱雪琴从艺六十周年。苏沪两地评弹界领导周良、李庆福专门撰写贺词，既表达祝贺之意，又强调纪念专场的现实意义。

时任中国曲艺家协会主席罗扬题词（朱一鹤先生提供）

李庆福认为，“琴调”流派的产生昭示了一个道理：评弹艺术的发展在于一代代人对它的继承和创新，每一次创新都意味着对陈规的破除，意味着传统中精华的积累和延伸发展。评弹艺术需要一批像朱雪琴那样敢于继承、善于创新的开拓型的艺术家，同时也需要激励竞争机制。他说：“希望评弹界有志之士珍惜机遇，团结一致奋发努力，进一步健全竞争机制，使评弹艺术出现更多的名家，看家书目，具有个性的流派。这是今天庆贺朱雪琴书坛生涯六十周年最现实的意义，也是广大听众潜在心里的强烈愿望。”

周良在贺信中高度赞扬朱雪琴对艺术的执着态度和创造精神，“她不仅创造了独树一帜的琴调，能唱传统书目，也敢唱新编的书、现代题材的书。男女演员合作演出，她曾经是少

国画大师朱屺瞻赠画（朱一鹤先生提供）

弹词艺术家杨振雄赠画（朱一鹤先生提供）

有的女上手，敢为天下先的精神，使她闯过许多难关，敢于取得别人不敢指望的成绩。”这种精神值得后学者和所有从事艺术工作的同志学习和发扬。他说：“今天纪念她艺术生涯六十周年，表彰她的劳绩，发扬她艺术上的创造精神，很有现实意义。评弹正面临着困难，其原因，固然有客观上的、历史的原因，但是，评弹艺术不能适应发展了的时代和现时代听众的要求，是主观上的重要原因。艺术脱离了时代和群众，就会衰落。所以，今天多么需要有一群敢闯、敢于求新创造的演员，努力推陈出新，创造出适应时代要求的书目，革新和提高艺术水平。”

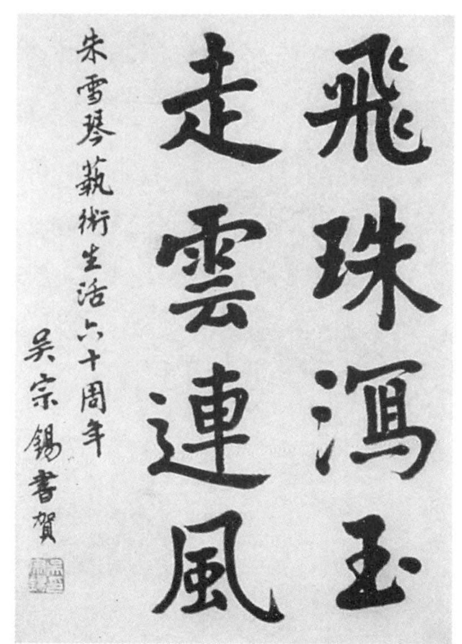

时任上海市曲艺家协会主席吴宗锡题词（朱一鹤先生提供）

纪念活动由朱一鹤、李庆福、戎雪芬、吴宗锡、吴敦宏、周苏生、徐杭生、秦德超、张振华、杨子龙组成组委会，王正浩、王维平、周介安、周荣耀和邱嘉麟统筹策划。7月11日一大早，中国大戏院门口人头攒动，热闹非凡，“弹词艺术家朱雪琴舞台生涯六十周年纪念专场演出”横幅高悬，两侧广告栏醒目地书写着专场节目单和20多家祝贺单位，行人和听众纷纷驻足观看。场内高朋满座，人声鼎沸，主办方和其他各界人士赠送的祝贺花篮摆满了舞台，背景高悬星期戏曲广播会的会标，两侧是“琴调绕梁 音韵不绝”八个大字，在悠扬的江南丝竹音乐中，听众们正在翻阅图文并茂的纪念演出特刊，探讨着朱雪琴来之不易的艺术成就，热切期盼即将上演的精彩专场。当日的上海人民广播电台《星期戏曲广播会》第320期对专场演出进行实况转播，江浙沪各地无缘到达现场的听众在电波声中共度盛会。

上午九时专场拉开帷幕，当主持人吴君玉、庄凤珠邀请朱雪琴登台亮相时，全场观众以热烈的掌声向她致敬祝贺。在发言环节，朱雪琴异常激动地说：“我和同志们很久没有见面了，因为最近几年病魔缠身，连开三次大刀。今天能和大家见面，我非常高兴，非常兴奋，也很有感触。如果没有领导的关怀，没有医务人员高超的技术和悉心的治疗，没有广大听众对我的热情支持和爱护，如果没有同志们的鼓励，我也不可能再次登上这个舞台举办演唱会。所以一切的一切，都是大家对我的精神支持，向大家表示深深的感谢！”

朱雪琴舞台生活六十年纪念演出在中国大戏院举行（上海评弹团提供）

演出在民乐联奏《琴调音韵》的音乐声中开场，该节目是作曲家顾炳泉特意为专场演出而创作的，由上海杂技团乐队表演。朱雪琴的嫡传弟子朱雪玲、张渭霖、周映红分别演唱恩师传授的《潇湘夜雨》《内堂报喜》《伯喈哭坟》等“琴调”代表作，大弟子朱雪吟和夫君尤惠秋一起参加祝贺演出，表演了《珍珠塔》选回《秋珠报信》。余红仙虽未拜师，但和朱雪琴同团共事并多次合作，深受教益，她和庄凤珠以“琴调”“薛调”对唱《击鼓战金山》。

此外，既是同乡又是同事还是同册的饶一尘和赵开生，携郑缨合说《老夫妻相争》。朱雪琴的老友、著名评话艺术家金声伯亦应邀前来祝贺，开讲《武松威震安平寨》，他在开场白中赞誉朱雪琴为评弹事业立了两大功，第一是开创了弹词流派“琴调”，二是开创了女上手男下手的形式，还戏称这是“反封建”，语言风趣幽默，书坛“巧嘴”名不虚传。专场演出的“送客书”，朱雪琴亲自登场，和薛惠君联袂演唱《方卿见娘》，虽然气息已非昔日可比，但是表现寄迹庵堂、思子情切的方太太恰如其分，一曲琴派陈调令人回味无穷，听众沉浸于她的演唱和两人精彩绝伦的合奏中，不时爆发出热烈的掌声。

朱雪琴在舞台生活六十年纪念演出现场发表感言，左侧为庄凤珠、吴君玉（朱一鹤先生提供）

朱雪琴舞台生活六十年纪念演出朱雪琴、薛惠君演出照（上海评弹团提供）

隆重的纪念演出转瞬即逝，留给听众的是热闹的会书，留给评弹界后辈的又是什么呢？在演出特刊中，有一篇朱雪琴撰写的《感想、感激、感奋》，从中我们不难找到正确答案。

> 我在几十年的艺术实践中体会到，一种唱腔的出现形成往往是根据唱词提供的情绪，演员在临场发挥中产生的，因此艺术素养的高低是艺术创造成败的要点。琴调的创新和发展，是一个由不自觉到自觉，由单纯追求技巧转向技巧与内容完美结合的较长的过程。在这个漫长的学习、实践、再学习、再实践的过程中，前辈评弹名家与当代评弹艺术家们对我帮、带，众多评弹听众对我鼓励和支持以及多年来与我合作伙伴对我帮衬、配合，创腔才能为听众所认可，琴调才可能得到发展。我衷心希望青年演员从我几十年艺术实践中，汲取点滴可供借鉴的经验，结合自身的条件，在艺术实践中创造新的流派唱腔与表演风格，为振兴和发展评弹事业作出贡献。

书坛耕耘六十春秋，朱雪琴为评弹艺术宝库增添了累累财富，其成就出自她对艺术的无限热爱。正是这一点使她在苦难深重的旧社会里坚强地奋斗着，正是这一点使她在晚年顽强地战胜了一再来犯的病魔，也正是这一点使她一生都离不开评弹艺术！

即使在年届七旬，即将告别舞台之际，她还是这样告诉听众："今天虽然是舞台生涯60年的纪念日，但不等于是结束，我从小热爱评弹，在自己的有生之年，我还要为评弹事业的繁荣发展贡献一点力量！"这样的真情

告白，直到今天还具有很强的现实意义。

愿朱雪琴热爱艺术的精神发扬光大！

生死谈笑间

古人云：“生老病死，时至则行”。世人皆知生老病死是自然规律，可是真正面对生死时，无所畏惧、豁达从容的能有几人？在评弹界，朱雪琴可以算一个，她的乐观与坚强感动过无数人。

“文化大革命”结束后，评弹界百废待兴，正当朱雪琴振奋精神，准备投身新的艺术征途之时，无情的病魔却接踵而至。1977年，恢复演出才一年的朱雪琴遭受了第一次打击，她被诊断出子宫癌并接受手术治疗。手术和康复都很顺利，仅仅休息了几个月，她就重新回到书台，谱唱新开篇、复演中篇、整理演出分回、参加各种专场演出、录制长篇，还挑起了培养接班人的重任。活跃的艺术生活反映了她乐观积极的人生态度，病魔在她心中没有占据任何位置，评弹才是她的一切。

1983年6月，可恶的病魔又缠上了她，这一次她被确诊为横结肠癌。或许是遗传基因所致，她的弟妹都因为肠癌而早逝，妹妹雅仙去世时只有42岁，弟弟文奎46岁去世。尽管如此，朱雪琴也没有把它当成“死亡通知”，她依旧保持着眉舒目展的神采和爽朗通达的性情。当她步履轻松、精神抖擞地迈进医院大门时，门卫把她当成探病的拦了下来，直到看见她手中拎着生活用品的网袋和住院通知单，他还是一脸疑惑，如此精神焕发的病人真是少之又少！

朱雪琴在家中弹唱（朱一鹤先生提供）

有朱雪琴在的地方，欢声笑语总是不断，哪怕病房也变得生机盎然。

手术前她还和医生打趣："你们开刀时看看，能不能帮我把肚子里的脂肪弄掉点。"后来人家和她开玩笑，说："朱老师，你肚子上的板油还是很多嘛。"她笑着回答："弄是弄掉了不少，但是又长出来了。"住院治疗期间，她也从不把自己当作病人，经常关心劝慰病友，用积极乐观的情绪感染他们。等她康复出院，舅母突发疾病入院抢救，家中别无亲人，大病初愈的朱雪琴又回到医院，陪护照料年迈的舅母。即使在这种焦头烂额的情形下，她担心的不是自己或家人的病体，而是评弹事业。

1984年初全市召开评弹工作会议，学习《陈云同志关于评弹的谈话和通信》，朱雪琴和徐丽仙因病没有参加会议，她们联名致信大会表达自己的心声：

> 我们虽然还在养病、治疗，可是一颗心却离不开评弹事业。每当有人来探望，我们总要了解评弹事业的现状。当听到有的评弹艺人迎合社会上某些听众，书坛上出现了一些野书和黄色下流的噱头时，我们真担心评弹艺术会被葬送。……
>
> 最近陈云老首长的著作出版，我们作为评弹事业的一员，心中万分激动，评弹的前途是光明的但还要靠我们每个评弹工作者按照老首长的指示不断努力，坚持说新书说好书。
>
> ……现在，党对评弹事业那么关心，青年演员也正在逐步成长，作为老一辈演员，有责任将过去所积累的书目与经验，毫无保留地传授给下一代。为了党的事业，要像对待自己的子女一样去关心他们、爱护他们，让祖国的宝贵财富——评弹事业一代代地传下去。

两个月后，徐丽仙不幸逝世。在她弥留之际，她的学生周美君打电话给朱雪琴，朱雪琴带了儿子匆匆赶到医院，不停地安慰徐丽仙，目送她安然长逝。她们是同病相怜的苦难姐妹，自幼就做了人家的养女，从艺后遍尝艰辛，婚姻生活一样的不如意，到了晚年又患上绝症。不过，朱雪琴并没有因此对自己的病情产生担忧或恐惧，她还是一心扑在评弹上。这一点，从她怀念徐丽仙的文章里很容易发现。她并没有过多地回顾曾经的

苦难，谈到最多的是徐丽仙的虚心好学、善于模仿和吸收创造，文章最后一段话这样写道：

三月六日下午，我去医院探望丽仙，不料她已奄奄一息，当我呼唤她说我和儿子一起来探望她时，她勉力地睁开眼睛看了看我，就溘然长辞了。想不到这最后的一见，竟成了生死诀别。

小时候丽仙和我是邻居，就像姐妹一样。特别是被人领养的相似命运，使我们很早就有了共同语言。

1953年她参加了上海评弹团，利用业余时间学文化。她虚心好学，善于吸收新歌剧、北方曲艺以及江南民歌等唱腔。团里领导和其他同志对她帮助很大，丽仙常常主动请他们解释唱词中的词意、典故，分析唱段特点及感情变化，他们也很乐意帮助，有时甚至连层次脉络都为丽仙详尽讲解。如开篇《黛玉焚稿》就是在领导的帮助下，经过丽仙的努力搞出来的，终于成为丽调的代表作品之一。

丽仙钻研谱曲的迷劲是团内人尽皆知的。有一次，下着小雨，她为新开篇作曲，一个人撑了把伞踱到人民广场，走过来走过去，一边哼着腔，一边打手势。过路人不理解，还以为她有病。直到她身边有人围着看，才使她刚刚察觉。

丽仙性格活泼好动，模仿力特别强。我和丽仙曾睡一个宿舍。有一晚她刚看了《天鹅湖》睡不着，竟然在床上跳起了“天鹅舞”。

丽仙什么戏都爱听，都爱学，很注意艺术的积累。京戏、沪剧、锡剧、黄梅戏平时经常在口头琅琅，评弹的各种流派唱腔哼得就更多了。我常觉得丽仙的某一句曲调像谁的，但仔细听听又都是她自己的。像《歌颂党的好领导》《社员都是向阳花》等开篇，不仅吸取了民间小曲的风格，内中还融化了蒋调、薛调等因素。《新木兰辞》中一段“姊姊闻妹来，当户理红妆；小弟闻姊来，欢呼舞欲狂”，粗听有些像琴调的叠句，但她唱起来不拘谨于叠句的板式，当唱到“磨刀霍霍向猪羊”时，旋律起伏较大，另具特色。开篇《见到了毛主席》中一段欢快的曲调，她是借鉴了华尔兹的节拍，听来亲切感人，但仍不失为评弹的曲调。

丽仙患了癌症后，她始终顽强地与病魔作斗争，一直没有放下评弹艺术，她这种忠于事业、忠于艺术的精神是值得我好好学习的。

两次手术之后，朱雪琴的体力、中气已经大不如前，但正像她自己所写的那样，她始终在向徐丽仙学习，忠于事业，忠于艺术。1977年12月开始，她先后当选第五、第六、第七届上海市政协委员，上海市妇联委员，民盟上海市委委员，中国曲艺家协会上海分会常务理事等社会职务，凡是通知她的会议、视察和参观活动，她几乎从不缺席，在民盟市委组织的交流联谊或慰问活动中经常表演节目。她还担任上海市曲艺家协会的艺术顾问，并加入上海曲协成立的以退休老艺人为主体的万年青曲艺团，和众多老艺术家一起为振兴曲艺发挥余热。为了赢得全社会对评弹的关注和支持，她为评弹的社会团体建设作出了积极的贡献，和顾宏伯、姚荫梅、张鉴国、陆耀良、冯筱庆、周剑萍等著名艺人发起成立闸北区评弹联谊会，亲自担任副理事长一职，积极开展社会活动，扶持评弹事业。

此外，她还被卢湾区评弹艺术促进会、静安区文化馆静苑集评弹协会聘请为顾问，辅导业余评弹队伍，提高他们的说唱水平。1989年7月，上海评弹联谊会排演的中篇评弹《五老审庞妃》在大都会舞厅二楼的书场隆重献演，在沪上书迷朋友中产生不小的反响。中篇故事源于顾宏伯的长篇评话《包公》，由著名弹词演员王小燕改编，评话名家陆耀良担任艺术总监，全书分为楔子旁白、大闹金殿、宫闱密议和五老审妃4回，参加演出的既有顾宏伯、朱雪琴、侯莉君、陆耀良等评弹名家，也有黄浦区评弹队的著名票友。最后一回是全书高潮，朱雪琴、侯莉君、王小燕、朱雪玲和黄浦区评弹队王忠元、钟玉玲一起登台，组成阵容强大的六个档，朱雪琴起李太后，有大段训斥仁宗的唱段，当唱到“当年狸猫把你太子换”的拖腔时，由于中气不足无法上行翻高，她巧妙地改为下旋，形成一句很少演唱的花腔，临场应变的技巧和韵味独特的新腔给听众留下深刻的印象。

在和病魔搏斗的17年中，朱雪琴始终没有放下心爱的三弦，每当接到演出邀请，她从不推辞，不管是说书还是唱开篇，无论上海抑或外地，她都欣然参加。上海人民广播电台《星期书会》每逢百期举行庆祝会书，朱雪琴逢请必到，没有名家架子，不提任何要求，在200期和300期时她都是头档，演唱祝贺开篇。在旁人看来，头档通常是实力弱、资历浅的演员，但是她丝毫不以为忤，只要是演出机会都一样珍惜，一样认真。有好友劝她："你要注意身体啊！"她却说："我不活动死得快，我离开评弹死得早！"1989年12月，杭州大华书场装修复业举行江浙沪著名评弹演员会书，朱雪琴应邀和郑缨合说《珍珠塔》，听众为其精彩说唱所倾倒，频频爆发掌声。谁也不曾想到，这位劲头十足、谈笑自若的老人，怀中竟然揣着刚拿到的癌症报告，她的坚强乐观竟达到如斯地步！

1989年1月朱雪琴、薛惠君参加星期书会300期庆贺演出（上海评弹团提供）

由于病情转化，她于1991年接受了第三次手术。这次手术后她的身体日渐虚弱，不宜再参加演出活动，只能长时间在家休养。江文兰和她住得较近，经常去陪她聊天，一个"琴姐"，一个"江妹"，两人性格相近，话得投机，如同姐妹相仿，有段时间江文兰索性在她家搭伙吃饭。每天下午，几个老友如约而至，陪朱雪琴玩"方城之战"，排遣寂寞。每次学生来看望她，家中就会响起三弦琵琶声，这是她最为舒心的时刻。

朱雪玲回忆说："先生对我们真心的好，即使生了病也不在意自己，每次去看望她，她总是叫我唱，还帮我弹琵琶伴奏。"在另一位学生周映红眼中，先生性格开朗乐观，见到她总是谈笑风生，从不在别人面前表露她所受的病痛，在病中仍想着学生，想着评弹。"1994年春天我去看望先生，顺便想请教琴调三弦的弹奏，但是看到先生比较虚弱，没好意思开口问。

正好看见旁边放着把三弦，我就随手拿过来弹了起来。先生非常善解人意，主动拿过三弦，给我示范和讲解弹奏技巧。”

生命的最后时光里，癌细胞在朱雪琴的体内不断肆虐，转移到了肝部。尽管住进了以肝癌防治研究闻名的中山医院，但是已无法通过手术来控制和改善病情，肝癌引起的剧烈疼痛终日折磨着她。每当疼痛袭来时冷汗如注，十多块毛巾手帕擦得湿透，即便在这样的情况下，她依旧是那样的淡定从容，面对前来探望的亲友，她始终微笑以对，从不发出一丝痛苦的呻吟，如此坚强的女性世上少有，闻者无不动容。

1994年5月25日，农历四月十五，朱雪琴生前最后一个生日。这一天朱一鹤有演出任务，不能像往年那样陪母亲过生日，演出前他和搭档到剧场附近的沈大成吃了碗面条，权作生日庆祝。他无论如何没有想到，第二天就是母子永别的日子。5月26日晚10点多，朱雪琴突然间呼吸局促起来，朱一鹤见状赶紧去找医生，可是没能找到值班医生，再想办法联系副院长，等到医护人员赶来为时已晚。据朱一鹤事后回忆，当天挂水时曾出现吊针脱落，可能在重新连接时进入了空气，因此造成这种突发状况，如果当时能及时救治的话，肯定不会就这样失去生机。为了给母亲讨个公道，朱一鹤曾考虑向医院提出交涉，后经王小燕等亲友劝说放弃了这个念头，因为不管怎样都无法改变死亡的事实，而且大家都不忍心再惊动遗体。

朱一鹤说，他宁愿相信这是天意，因为算命人说妈妈是星宿下凡，到了归位之时是说走就走的。“妈妈临终已无法说话，她看着我忙前忙后，微笑着向我竖起大拇指。我理解妈妈的意思，儿子没有辜负她的爱，她感到满意，她没有遗憾。”

6月8日上午10时，朱雪琴追悼会在龙华殡仪馆举行，前往吊唁送行的亲朋好友、单位同事、评弹道中、文艺界领导和知交以及票友、书迷等数百人，社会各界赠送的花篮和花圈摆满了告别大厅。大厅两侧悬挂的是饶一尘撰写的挽联：雪雨纷飞几经坎坷熬炼出一个非凡人物当年响彻书台，琴声悠扬一波三折迷恋了多少热情观众今日泪洒遍地；正门外的长廊悬挂着无锡听众邱嘉伦撰写的挽联：六十寒暑献身艺坛流派传颂四海神州淑德标彤史，七二春秋光明磊落今日永诀泪沾胸襟芳踪依白云。此

外还有戏曲评论家鲍世远敬挽的“琴调铮铮调如其人，事艺琅琅艺品永存”和朱立波、张佩良敬挽的“雪里红梅无可奈何花落去，琴调心声余韵流帏芳自留”等挽联。

追悼会由时任上海评弹团团长张振华主持，上海市文化局戏剧处负责人致悼词：

著名评弹表演艺术家、“琴调”流派唱腔创始人、上海市政协第五届、第六届、第七届政协委员、中国民主同盟盟员、上海曲艺家协会理事、上海评弹团一级演员朱雪琴，因病医治无效于1994年5月26日22点15分不幸与世长逝，享年72岁。朱雪琴同志重病期间曾经得到陈云办公室、龚学平副市长和市文化局领导关心，特此表示感谢。

朱雪琴同志八岁开始学艺，由于她天资聪慧，一年后就登台唱开篇，人称“九岁红”。不久，跟随继父朱蓉舫弹唱长篇《双金锭》和《描金凤》，又曾经与叔父朱云天拼档弹唱《玉蜻蜓》。当她正式与朱蓉舫拼档演出《珍珠塔》后，为了求深造而再投“塔王”沈俭安门下，并与沈俭安拼档一年，艺术上有了长足的进步。从此以后《珍珠塔》成了朱雪琴的看家书，而朱雪琴精湛的说表弹唱艺术又为《珍珠塔》增添了光彩。

朱雪琴从艺已经六十周年，去年由上海市文化局、上海曲艺家协会、上海评弹团和上海人民广播电台联合主办举行了专场纪念演出，朱雪琴为评弹事业贡献了一生，她不断创造不断攀登艺术高峰，取得了非同寻常的成就。朱雪琴所创造的“琴调”流派唱腔受到了听众广泛的喜爱，朱雪琴的弹唱给予人们高尚的艺术享受，她的代表作《珍珠塔》中的《妆台报喜》、《琵琶记》中的《伯喈哭坟》、《梁祝》中的《楼台会》以及开篇《潇湘夜雨》、《岳母刺字》等等都是具有很强艺术感染力的精品。她所演唱的新曲目《南泥湾》、《南京路上好八连》和《游水出冲山》更是充满了奔放的激情。她为评弹艺术宝库留下了珍贵的财富。

朱雪琴与郭彬卿合作拼档，是她艺术上黄金时期的开始，无论是说新编的《琵琶记》、《梁祝》还是传统的《珍珠塔》，她的非凡艺术才华都得到进一步的发挥。朱郭拼档珠联璧合光彩照人，红遍了江浙沪。朱雪琴作为男女双档中女上手，在评弹界中是少有的，她凭着自己深厚的艺术功底、凭着她独特的阳刚之气和洪亮嗓音，不但胜任上手而且赢得了听众的一致推崇。

1956年她参加了国家剧团，学习了党的文艺方针，接触了文艺理论，立足点更高了。同时，在与众多评弹名家共同切磋书艺的过程中，艺术更趋成熟，数十年来盛名不衰。她所塑造的人物鲜明生动，手面眼神都有独到之处，除了《珍珠塔》的种种角色以外，她在中篇《红梅赞》中起的双枪老太婆、在《芦苇青青》中起的顾春林和《三约牡丹亭》中起的相国夫人都给听众留下深刻印象，而且在良好的艺术环境中，她的琴调又发展到新的高度。

朱雪琴的生活道路是艰难曲折的，年轻的时候吃尽了旧社会的苦，然而她是一个乐观豁达和勇敢的人，她没有被苦难的生活压倒，她靠自己的奋斗拼搏，在书坛上立稳脚跟，而且日益令人瞩目。建国后，她有着强烈的翻身感，热爱党热爱社会主义，所以她奋发向上，努力工作。党和国家也十分重视她的才能和贡献，给予她应有的荣誉和地位。十年“文革”期间，“琴调”被禁唱，朱雪琴也受到迫害，但是这丝毫不能动摇她对党的信念。粉碎“四人帮”后，她重新焕发青春，参加许多重大演出，曾经出访到香港。她还与薛惠君一起完成了《珍珠塔》的电台录音和电视录像。本来她应该有一个安定幸福的晚年，但是从1977年起她就受到病痛的折磨，1983年又动了第二次手术。她面对疾病的打击，丝毫没有悲观失望，总是树立信心对疾病作顽强斗争，大家所看到的是一个充满活力充满生机的艺术家而不是一个病人。在两次手术后，朱雪琴虽然体力很差，年纪也已经六十开外，但是她不愿在病床上度过余生，更不愿放下心爱的三弦，她甚至下功夫排练从来没有说过的生书，与苏州评弹团蔡小娟合作的长篇《孟丽君》在电视书场播出后，引起大家的赞叹。她仍然热心于社会工作，她担任市政协委员，开会、视察、参观，忙得不亦乐乎。最近，她在住院接受治疗时承受了巨大的痛苦，但是当她的学生来看望她时，她还是在病床上支撑起来谈艺术讲唱腔……实在令人感动。我们都记得她所唱的深入人心的开篇《南泥湾》其中一句唱词是“困难吓不倒八路军”，朱雪琴同志也是一个困难吓不倒的人。

朱雪琴同志不幸离开了我们，评弹事业少了一位杰出的艺术家，全团同志少了一位爽朗热情的老大姐，我们感到十分悲痛。虽然再也听不到朱雪琴同志本人演唱“琴调”了，但是她培养的学生会把“琴调”继续唱下去，唱给广大听众听的。我们每个同志都不会忘记她对评弹艺术所作的重大贡献，也不会忘记她对同志对学生的深厚情谊。我们要学习朱雪琴同志热爱艺术敢于创新的精神，学习她坚强乐观不屈不挠与困难作斗争的精神，要像她一样尽自己的努力为评弹事业多作贡献。

安息吧，朱雪琴同志。

上海评弹团　1994.6

余红仙代表上海评弹团作缅怀发言，副团长周苏生宣读各界发来的唁电，朱一鹤向参加告别仪式的来宾致答谢词。随着朱雪琴的“琴调”开篇在大厅响起，全体人员怀着悲痛的心情向她作最后告别。

1997年10月10日，朱雪琴骨灰安葬仪式在奉贤滨海古园举行。墓地围墙成椅式，正面刻有“巾帼豪杰千秋颂，贤母美名千古闻”，第二句源于“琴调”开篇《岳母刺字》，意在缅怀朱雪琴的伟大母爱。背面镌刻着陈云老首长88岁时题赠给朱雪琴的书法作品，值得一提的是，时年九旬开外的著名古籍版本学家、目录学家和书法家、上海图书馆原馆长顾廷龙先生破例题写了墓碑。

这里特别要提到无锡的邱嘉伦先生，其祖父曾在南长街上塘开设南北山地货行，闲来无事常去和平书场听书，早年就是朱雪琴的书迷，抗战胜利后霸占朱雪琴的水上警察队长被公诉，其祖父作为老听客代表曾出庭作证。受祖父影响，邱嘉伦自幼喜欢听书，和上海评弹团的姚荫梅、张

顾廷龙为朱雪琴题写的墓碑(2017年5月29日笔者前往朱雪琴墓地祭拜时摄)

鉴国、吴君玉等都是至交。因为祖父的渊源,他和朱雪琴也是忘年之交,和朱家来往密切亲如家人。朱雪琴逝世后,他帮着朱一鹤一起料理后事,还于一周年之时在无锡太平禅院举办超度法会。

邱先生是个无职、无权、无名、无财的普通人,又是一位广交名士的不平凡之人,他和赵朴初、季羡林、顾廷龙、杨绛等有着非同寻常的友谊,能够比较自由出入他们的病房或家中。在朱一鹤为母亲修建墓地时,邱先生刚好接到顾廷龙老先生的来信,得知顾老在上海淮海路寓所小住,即择日前去拜访并请他为朱雪琴题写墓碑。顾廷龙题签的书有数百种,但很少题写墓碑,这次邱嘉伦溽暑登门令他感动,因此欣然应允。

顾廷龙是苏州人,虽然不是老书迷,但对于名震书坛的朱雪琴并不陌生,想到为她题写碑名,顾老感慨地说:“看着她唱书,看着她红起来,看着她落魄,看着她再红起来,现在看着她走了。”说完,提笔写下“评弹艺术家朱雪琴女士墓”11个大字,原件为四尺对开竖幅,刻制碑文时根据墓碑形状改作两行。顾老还特意解释墓碑字数以11为吉,因而少写一个“之”字。

七二人生,终归尘土。当苦难与荣誉一起烟消云散时,留下的是顽强的意志,拼搏的精神,乐观的态度,豪爽的性情,铿锵的韵律……

怀念朱雪琴,愿她的精神常在,艺术长流!

附 录

附录一

朱雪琴演出作品简目

一、长篇弹词

一类书:《珍珠塔》《双金锭》《描金凤》《玉蜻蜓》《白蛇传》《果报录》

二类书:《梁祝》《琵琶记》《林冲夜奔》《红楼梦》《铁树开花》《西厢记》《孟丽君》

三类书:《会计姑娘》

二、中篇评弹

《唐知县审诰命》《方卿见姑娘》《白毛女》《“迷路记”》《冲山之围》《厅堂夺子》《三约牡丹亭》《芦苇青青》《红梅赞》《疾风迅雷》《急浪丹心》《夺印》《唐伯虎点秋香》《五老审庞妃》

三、短篇弹词

《家庭爱国公约》《钱梦梵劝夫坦白》《亲兄弟明算账》《母与子》《保炉英雄》《当仁不让》《两亲家》

四、新开篇

《反美帝廿个他》《抗美援朝保家邦》《抗美援朝卫国保家》《援朝志愿军七勇士》《劳动生产开篇》《八中全会发公报》《上海英雄颂》《人民公社真正好》《宇宙行》《神枪姑娘》《造志气灯》《风格船》《剥画皮》《华主席和我们心连心——读唐山来信》《团结胜利向前方》《广州起义三十周年纪念》(董必武诗,朱雪琴、连波谱曲)

五、书戏

《金素娟》《众星拱月》《野猪林》

六、方言歌剧

《母亲的烦恼》

注：朱雪琴经常演出的选回和开篇、选曲等代表性作品详见附录二，这里不再列出，以免重复。

附录二

朱雪琴音像资料一览

一、录音资料

作品类型	曲目名称	作　者	演　唱	伴　奏	时　间
长篇	珍珠塔		朱雪琴、薛惠君		1981年录音
选回	琵琶记·伯喈祭坟	姚苏凤	朱雪琴、王月仙		1956年8月5日录音
选回	琵琶记·南浦长亭	姚苏凤	朱雪琴、王月仙		1956年9月1日
选回	梁祝·楼台会	吴双人	朱雪琴、郭彬卿		1958年录音
选回	梁祝·楼台会	吴双人	朱雪琴、赵小敏		1981年11月28日上海评弹团建团30周年专场
选回	梁祝·楼台会	吴双人	朱雪琴、朱建玲、赵小敏		1984年1月29日录音
选回	梁祝·十八相送	吴双人	朱雪琴、郭彬卿		1953年
选回	珍珠塔·下扶梯		朱雪琴、郭彬卿		1961年4月3日录音
选回	珍珠塔·下扶梯		朱雪琴、薛惠君		1985年录音
选回	珍珠塔·见姑娘		朱雪琴、郭彬卿		1961年实况录音
选回	珍珠塔·见姑娘		朱雪琴、郭彬卿		1961年唱片版

（续表）

作品类型	曲目名称	作　　者	演　　唱	伴　奏	时　　间
选回	珍珠塔·见姑娘		朱雪琴、薛惠君		1980年录音
选回	珍珠塔·方卿见娘		朱雪琴、薛惠君		1962年香港实况录音
选回	珍珠塔·方卿见娘		朱雪琴、郭彬卿		唱片版
选回	珍珠塔·方卿见娘		朱雪琴、薛惠君		1978年
选回	珍珠塔·方卿见娘		朱雪琴、薛惠君		1993年7月朱雪琴舞台生涯60周年纪念演出
选回	珍珠塔·妆台报喜		朱雪琴、郭彬卿		1957年电台版（24分钟）
选回	珍珠塔·妆台报喜		朱雪琴、薛惠君		1962年香港实况录音
选回	珍珠塔·妆台报喜		朱雪琴、郭彬卿		唱片版（35分钟）
选回	珍珠塔·妆台报喜		朱雪琴、郭彬卿		现场版（24分钟）
选回	珍珠塔·小夫妻相会		朱雪琴、朱雪玲、赵小敏		1984年录音
选回	珍珠塔·逼唱道情		朱雪琴、薛惠君		1985年2月14日
选回	珍珠塔·小夫妻相会		朱雪琴、石文磊		1986年常熟实况录音
选回	珍珠塔·方卿见娘		朱雪琴、薛惠君		1986年常熟实况录音
选回	珍珠塔·内堂报喜		朱雪琴、薛惠君		1962年香港录音
选回	珍珠塔·小夫妻相会		朱雪琴、余红仙		
选回	珍珠塔·方卿寻娘		朱雪琴、陈希安		1982年
选回	三约牡丹亭·闹园		华士亭、朱雪琴、薛惠君、谢毓菁		1985年

（续表）

作品类型	曲目名称	作　者	演　唱	伴　奏	时　间
开篇	思想上插起大红旗	朱雪琴、徐雪月	朱雪琴、徐雪月		1958年录音
开篇	东风绝对压西风	上海市人民评弹团	朱雪琴领唱	王柏荫、薛惠君	1958年录音
开篇	解放台湾有决心	上海市人民评弹团	江文兰领唱	朱雪琴、薛惠君	1958年录音
开篇	岳母刺字		朱雪琴	郭彬卿	1960年录音
开篇	柳梦梅拾画	姜映清	朱雪琴		1960年录音
开篇	美帝寿命长不了	苏似荫、江文兰、华士亭	朱雪琴	薛惠君	1960年录音
开篇	潇湘夜雨		朱雪琴	郭彬卿	1961年录音
开篇	潇湘夜雨		朱雪琴	郭彬卿	现场版
开篇	潇湘夜雨		朱雪琴	薛惠君	1987年10月20日苏州评弹艺术节闭幕式
开篇	百花齐放迎新春		朱雪琴、朱慧珍、江文兰等		1961年2月6日录音
开篇	拷红	苕人	朱雪琴	郭彬卿	1962年录音
开篇	击鼓战金山	陈灵犀	朱雪琴、余红仙		1962年录音
开篇	宝玉夜探		朱雪琴、郭彬卿		1962年录音
开篇	拷红	苕人	朱雪琴	薛惠君	1962年香港实况录音
开篇	螳螂做亲	汪伯英	朱雪琴		1962年香港实况录音
开篇	南泥湾	徐雪月	朱雪琴		1962年录音
开篇	幸福花开遍地香		朱雪琴		1962年录音
开篇	天安门上放礼花	苏似荫	朱雪琴、余红仙		1963年录音
开篇	天安门上放礼花	苏似荫	朱雪琴等		现场版

（续表）

作品类型	曲目名称	作　　者	演　　唱	伴　奏	时　　间
开篇	移风易俗带头人		朱雪琴、余红仙		1964年录音
开篇	歌唱王杰	华士亭	朱雪琴	薛惠君	1965年录音
开篇	来唱革命歌	夏史	徐丽仙、朱雪琴		1965年录音
开篇	爱国一片心	孙淑英	朱雪琴	张鉴国	1965年录音
开篇	越南军民打得好	吴强	朱雪琴、郭彬卿		1965年录音
开篇	军长打镰刀	姜金城原作，徐雪月改写	朱雪琴		1965年录音
开篇	红纸伞	夏史	朱雪琴	郭彬卿	1965年录音
开篇	小四牛	华士亭	朱雪琴	郭彬卿	1965年录音
开篇	王杰颂	华士亭	朱雪琴	徐仲达	1966年2月9日上海音乐厅实况录音
开篇	髫腮胡	姚荫梅	朱雪琴	郭彬卿	60年代录音
开篇	玛丽莎	彭本乐	朱雪琴	余红仙	60年代录音
开篇	白纸上面画新图		朱雪琴	郭彬卿	60年代录音
开篇	南京路上好八连	华士亭	朱雪琴	郭彬卿	1963年7月23日
开篇	美帝国主义滚出台湾		朱雪琴领唱		
开篇	请到我们山区来	夏史、本乐	朱雪琴	郭彬卿	
开篇	向农民兄弟致敬		朱雪琴		
开篇	一心为公的鸭司令		朱雪琴		
开篇	造志气灯		朱雪琴		
开篇	锻工新一代		朱雪琴	薛惠君	

(续表)

作品类型	曲目名称	作　者	演　唱	伴　奏	时　间
开篇	饮水不忘掘井人		朱雪琴	薛惠君	1978年录音
开篇	岳母刺字		朱雪琴	薛惠君	1982年录音
开篇	星期书会200期祝贺开篇	饶一尘	朱雪琴	薛惠君	1986年录音
开篇	星期书会300期祝贺开篇	朱恶紫	朱雪琴	薛惠君	1989年录音
开篇	千朵桃花一树生	陈灵犀	朱雪琴	薛惠君	1981年11月录音
开篇	东方明珠	朱寅全	朱雪琴	薛惠君	1986年录音
开篇	南京路上好八连		朱雪琴	赵丽芳	1989年10月兰心大戏院录音
开篇	羊年开篇		朱雪琴		1990年录音
开篇	简神童		朱雪琴、侯莉君		
开篇	王四酒家	俞中权	朱雪琴		
选曲	琵琶记・思乡	姚苏凤	朱雪琴	郭彬卿	1961年北京实况录音
选曲	琵琶记・思乡	姚苏凤	朱雪琴	郭彬卿	1962年录音
选曲	琵琶记・思乡	姚苏凤	朱雪琴	薛惠君	80年代立体声
选曲	琵琶记・哭坟	姚苏凤	朱雪琴	郭彬卿	1962年录音
选曲	琵琶记・哭坟	姚苏凤	朱雪琴	自弹琵琶	唱片版
选曲	梁祝・楼台会	吴双人	朱雪琴	郭彬卿	1962年录音
选曲	珍珠塔・妆台报喜		朱雪琴、郭彬卿		1956年录音

（续表）

作品类型	曲目名称	作　　者	演　　唱	伴　奏	时　　间
选曲	珍珠塔·妆台报喜		朱雪琴、郭彬卿		1961年录音
选曲	珍珠塔·妆台报喜		朱雪琴、薛筱卿、周云瑞 陈希安、陈红霞、石文磊		
选曲	珍珠塔·哭诉		朱雪琴	郭彬卿	1961年录音
选曲	珍珠塔·哭诉		朱雪琴		1962年香港实况录音
选曲	珍珠塔·哭诉		朱雪琴 薛惠君		1985年11月20日乡音书苑开幕实况
选曲	珍珠塔·方太太思儿		朱雪琴	郭彬卿	1961年12月10日录音
选曲	珍珠塔·方太太思儿		朱雪琴	薛惠君	1985年7月4日立体声
选曲	珍珠塔·方太太思儿		朱雪琴	薛惠君	1987年2月28日大众剧场
选曲	冲山之围·游水出冲山	唐耿良、苏似荫、江文兰、陈灵犀	朱雪琴、郭彬卿		1961年录音
选曲	芦苇青青·游水出冲山	唐耿良、苏似荫、江文兰、陈灵犀	朱雪琴	郭彬卿	1965年
选段	珍珠塔·哭诉		朱雪琴、朱丽安		1980年2月10日录音
选段	珍珠塔·见姑娘		朱雪琴 陈希安		1987年星期书会208期
选曲	珍珠塔·小夫妻相会		朱雪琴、石文磊		
选曲	珍珠塔·看灯		朱雪琴、薛惠君		
选曲	珍珠塔·痛责方卿		朱雪琴、余红仙		

（续表）

作品类型	曲目名称	作　者	演　唱	伴　奏	时　间
选曲	珍珠塔·思儿		朱雪琴	薛惠君	1985年录音（生前最后一次在电台录音）
选曲	珍珠塔·哭诉		朱雪琴	薛惠君	1985年录音（生前最后一次在电台录音）
选曲	珍珠塔·怒打三不孝		朱雪琴	薛惠君	1987年10月常熟实况录音
选曲	珍珠塔·怒打三不孝		朱雪琴	薛惠君	1987年1月23日星期评弹茶座百期书会
中篇评弹	唐知县审诰命	陈灵犀	刘天韵、严雪亭、朱雪琴、曹梅君、徐丽仙、陈红霞、徐雪花		1956年录音
中篇评弹	方卿见姑娘	集体整理，周云瑞执笔	薛筱卿、周云瑞、郭彬卿、朱雪琴、陈希安		1956年录音
中篇评弹	白毛女	陈灵犀、严雪亭、唐耿良	张鉴庭、张鉴国、姚荫梅、徐雪月、朱雪琴、郭彬卿、苏似荫、江文兰、张维桢		1958年录音
中篇评弹	厅堂夺子	陈灵犀、蒋月泉	蒋月泉、王柏荫、杨振言、朱雪琴、江文兰、华士亭、苏似荫、徐雪花		1959年录音
中篇评弹	三约牡丹亭	刘天韵、严雪亭、陈灵犀	刘天韵、严雪亭、朱雪琴、郭彬卿、朱慧珍、徐丽仙、徐雪花		1960年录音
中篇评弹	三约牡丹亭	刘天韵、严雪亭、陈灵犀	刘天韵、严雪亭、朱雪琴、薛惠君、徐丽仙、孙淑英、程丽秋		1962年香港实况录音
中篇评弹	芦苇青青	唐耿良、吴宗锡、苏似荫、江文兰、陈灵犀	苏似荫、沈桂英、张鉴庭、张鉴国、吴静芝、朱雪琴、张维桢		1965年1月25日实况

（续表）

作品类型	曲目名称	作　　者	演　　唱	伴　奏	时　　间
中篇评弹	芦苇青青	唐耿良、吴宗锡、苏似荫、江文兰、陈灵犀	严雪亭、张振华、陆雁华、华士亭、马小虹、朱雪琴、郭彬卿、姚声江		1965年录音
中篇评弹	唐知县审诰命	陈灵犀	张鉴国、吴静芝、王燕、胡国梁、朱雪琴、薛惠君、俞雪萍		
中篇评弹	红梅赞	陈灵犀	张鉴国、王正浩、吴静芝、朱雪琴、刘韵若、赵开生、余红仙		1965年、1977年两个版本
中篇评弹	夺印		朱雪琴、胡国梁、俞雪萍 周介安、石文磊、孙珏亭 王正浩、张鉴国、杨振言 江文兰、吴静芝		1977年录音
中篇评弹	唐伯虎点秋香	刘天韵、严雪亭、陈灵犀（执笔）	华士亭、陈希安、张振华、余红仙、庄凤珠、朱雪琴、薛惠君、孙珏亭、沈世华		1986年录音
中篇评弹	五老审庞妃	顾宏伯、王小燕	顾宏伯、朱雪琴、侯莉君、王小燕、朱雪玲、陆耀良等		1989年录音

二、录像资料

作品类型	曲目名称	作　　者	演　　唱	伴　奏	时　　间
选回	珍珠塔·见娘		朱雪琴、薛惠君		1979年录像
开篇	岳母刺字		朱雪琴	郭彬卿	1960年录音 1980年配像
开篇	南京路上好八连	华士亭	朱雪琴	郭彬卿	1980年配像
开篇	迎春曲	劳为民	朱雪琴	吕咏鸣	1981年录像

（续表）

作品类型	曲目名称	作　　者	演　　唱	伴　奏	时　　间
开篇	千朵桃花一树生	陈灵犀	朱雪琴	薛惠君	1981年11月录像
选回	红梅赞·授红旗	陈灵犀	朱雪琴、刘韵若		1979年录像
开篇	南京路上好八连	华士亭	朱雪琴	薛惠君	1983年录像
选段	珍珠塔·羞姑		陈希安、朱雪琴、薛惠君		1984年录像
选回	三约牡丹亭·闹园	刘天韵、严雪亭、陈灵犀	华士亭、朱雪琴、薛惠君、谢毓菁		1985年录像
选段	珍珠塔·妆台报喜		朱雪琴、薛惠君		1985年电视书苑录像
开篇	婆媳情		朱雪琴、石文磊		80年代录像
长篇	西厢记21回拷红(二)	黄异庵、杨振雄	朱雪琴、杨振雄		80年代录像
长篇	西厢记22回拷红(三)	黄异庵、杨振雄	朱雪琴、杨振雄		80年代录像
选曲	琵琶记·哭坟	姚苏凤	朱雪琴	郭彬卿	80年代以1962年录音配像
选回	梁祝·楼台会	吴双人	朱雪琴、赵小敏		1981年11月28日上海评弹团建团30周年专场录像
开篇	潇湘夜雨		朱雪琴	薛惠君	1987年10月20日苏州评弹艺术节闭幕式录像
选曲	珍珠塔·思儿		朱雪琴	薛惠君	1987年录像
选回	孟丽君·夫妻论官	潘伯英、龚华声	朱雪琴、蔡小娟		1987年录像
长篇	孟丽君	潘伯英、龚华声	朱雪琴、蔡小娟		1987年录像

（续表）

作品类型	曲目名称	作　者	演　唱	伴　奏	时　间
选曲	珍珠塔·打三不孝		朱雪琴	薛惠君	1990年无锡录像
选段	珍珠塔·妆台报喜		朱雪琴、薛惠君		1994年以1962年香港实况录音配像
选回	珍珠塔·小夫妻相会		朱雪琴、余红仙		

三、唱片资料

作品类型	曲目名称	作　者	演　唱	伴　奏	出版单位	规格	编　号	时　间
开篇	思想上插起大红旗	朱雪琴、徐雪月	朱雪琴、徐雪月		中唱	粗纹	4-2460甲（580499）4-2460乙（580500）	1958年
开篇	东风绝对压西风	上海市人民评弹工作团	朱雪琴领唱	王柏荫、薛惠君	中唱	粗纹	4-2701甲（580965）	1958年
开篇	解放台湾有决心	上海市人民评弹工作团	江文兰领唱	朱雪琴、薛惠君	中唱	粗纹	4-2701乙（580964）	1958年
选曲	冲山之围（一）	唐耿良、吴宗锡、苏似荫、江文兰	朱雪琴、郭彬卿		中唱	粗纹	4-4002甲（592015）4-4002乙（592016）	1959年
开篇	美帝寿命长不了	苏似荫、江文兰、华士亭	朱雪琴	薛惠君	中唱	粗纹	4-4445乙（601014）	1960年
中篇评弹	三约牡丹亭	刘天韵、严雪亭、陈灵犀	刘天韵、严雪亭、朱雪琴、徐丽仙、郭彬卿、朱慧珍、徐雪花		中唱	密纹	T-051甲（M-16/160）	1960年

（续表）

作品类型	曲目名称	作　者	演　唱	伴　奏	出版单位	规格	编　号	时　间
开篇	潇湘夜雨		朱雪琴	郭彬卿	中唱	密纹	M-310乙（M-33/895）	1961年
选回	珍珠塔·下扶梯		朱雪琴、郭彬卿		中唱	密纹	M-372甲（M-33/1003）	1961年4月3日
开篇	击鼓战金山	陈灵犀	朱雪琴、余红仙		中唱	粗纹	5-5728甲（620543）5-5728乙（620544）5-5729甲（620545）5-5729乙（620546）	1962年
选曲	梁祝·楼台会	吴双人	朱雪琴	郭彬卿	中唱	密纹	M-392乙（M-33/1092）	1962年
开篇	歌唱王杰	华士亭	朱雪琴	薛惠君	中唱	粗纹	5-7500甲（651193）5-7500乙（651194）	1965年
开篇	来唱革命歌	夏史	徐丽仙、朱雪琴		中唱	密纹	XM-1007甲（XM-33/228）	1965年录音1966年出版
选曲	芦苇青青·游水出冲山	唐耿良、吴宗锡、苏似荫、江文兰、陈灵犀	朱雪琴、郭彬卿		中唱	密纹	M-749甲（M-33/2223）	1965年录音1966年出版
开篇	潇湘夜雨		朱雪琴	郭彬卿	中唱	密纹	M-2406甲（M-78/4811）	1961年录音1978年出版
开篇	潇湘夜雨		朱雪琴	郭彬卿	中唱	小薄膜	BM-00882（BM-79/01763、BM-79/01764）	1961年录音1979年出版

（续表）

作品类型	曲目名称	作者	演唱	伴奏	出版单位	规格	编号	时间
选曲	梁祝·楼台会	吴双人	朱雪琴	郭彬卿	中唱	密纹	M–2495乙（M–79/4990）	1962年录音 1979年出版
开篇	拷红	苕人	朱雪琴	郭彬卿	中唱	密纹	M–2496乙（M–79/4992）	1962年录音 1979年出版
选回	珍珠塔·方卿见娘		朱雪琴、郭彬卿		中唱	大薄膜	DB–0134（DB–80/0267、0268） DB–0135（DB–80/0269）	1961年录音 1980年出版
开篇	击鼓战金山	陈灵犀	朱雪琴、余红仙		中唱	大薄膜	DB–0135（DB–80/0270）	1962年录音 1980年出版
选曲	梁祝·楼台会	吴双人	朱雪琴	郭彬卿	香港艺声	密纹	ATC–25（M–33/1092）	
开篇	潇湘夜雨		朱雪琴	郭彬卿	香港艺声	密纹	ATC–170（M–33/895）	
选回	珍珠塔·下扶梯		朱雪琴、郭彬卿		台湾女王唱片		QNL4603 AQNL4603B	1966年8月10日再版

四、专辑资料

专辑类型	专辑名称	出版单位	出版时间
盒带	琴调唱腔选	中唱上海公司	1986年
盒带	中国音像大百科曲艺苏州弹词系列流派唱腔·琴调（一）（二）	上海音像公司	1990年1月

（续表）

专辑类型	专　辑　名　称	出版单位	出版时间
CD	弹词流派唱腔系列·琴调唱腔选	中唱上海公司	2004年7月
CD	雪声琴韵——朱雪琴绝版典藏	上海录像公司	
CD	弹词流派唱腔大典·琴调	中唱上海公司	2007年
VCD	评弹名家特辑·朱雪琴	中唱上海公司	

上述音像资料仅为作者目力所及，挂一漏万在所难免，期待方家指正完善。

附录三

朱雪琴年谱

1923年　出生

5月30日（农历四月十五日）出生在浙江省嘉兴县濮院镇东河头，本姓吴，名心宝。生父吴浩希，江苏镇江人，生母顾秀英，上海人，父母因自由恋爱受阻而私奔至濮院，开设剃头店维持生计。

1924—1930年　1—7岁

父母相继生育12个子女，大多因贫病交加而夭亡，仅余四五人。家中生活困难，无力上学，常到濮院镇上玩耍。

1931年　8岁

时常到同福园书场玩耍，渐被台上说书吸引，成了“小书迷”。弹词艺人朱蓉舫、朱美英夫妇将她收为养女，取谱名熊民初，从此入了常熟籍，跟随养父母在江浙城乡“跑码头”，开始学习弹唱。

朱蓉舫，约生于1899年，江苏常熟福山镇人，祖籍湖南湘乡，系同治年间福山镇总兵熊登武之曾孙，师从夏莲君学艺，因说书被族人认作有辱熊氏先人而改姓朱。

1932年　9岁

开始随养父母登台“插边花”，艺名“九岁红”，曾依照养母艺名改叫朱小英。

1933年　10岁

随养父母在常熟东唐市三枪馆书场演出期间，因养父母归家探视突发急病的祖父，被逼“破口”登台，单档演出数天，获得当地听众好评。

是年，经常熟某地老听众建议，借用晚清名臣彭玉麟的字，将艺名改作朱雪琴。

1934年　11岁

7月7日，在苏州观东大戏院参加男女说书成立纪念集会，由东方照相馆摄影留念。是日，观东大戏院歇夏期间临时增设的男女书场正式开演，朱蓉舫、朱美英和钱景章、陈亚仙两档日夜演出，朱雪琴跟随听书、送开篇。男女拼档演出引起光裕社抗议，由此引发双方长达半年多的纷争。

8月12日开始，观东大戏院扩充阵容，朱雪琴正式与养父母拼档说书。日场三档：钱景章、陈亚仙《唐家书》，朱蓉舫、朱美英《描金凤》，徐雪行、徐雪人、徐雪月《笑中缘》；夜场三档：朱蓉舫、朱美英、朱雪琴《珍珠塔》（后部），钱景章、严诵君《落金扇》，王燕语、王莺声《珍珠塔》（前部）。

9月9日开始，苏州乐苑书场聘请男女说书，朱雪琴与养父母演日场头档，合唱《双金锭》。男女说书在苏州刚刚兴起，他们业务繁忙，同时在观东大戏院、大观戏院和乐苑三个书场演出，演员方面又增加醉霓裳、醉疑仙，沈丽斌、沈玉英和王叔平、严诵君三档。

11月17日，《苏州明报》刊登阿碧撰写的《女说书在苏州》之七，介绍正在苏州演出的朱雪琴。该文共连载八篇，其余七位受到推介的女说书是严诵君、沈玉英、徐雪月、王莺声、周雪艳、徐雪人、汪美云（即汪梅韵）。

1935年　12岁

1月中旬，一年一度的岁底会书在各地上演，朱雪琴随诸男女说书家赴无锡、昆山唱会书，渐为各地场方和听众熟识。

3月16日，男女说书组织普余社成立大会在苏州洙泗巷举行，朱雪琴全家都是创建该社的首批艺人。普余社办事处设立在钱景章、朱蓉舫两家居住的小王家巷29号。

8月，随养父母及钱景章、王燕语等到上海开辟男女书场，先后在中南、大中等书场登台说唱至岁末。

11月28日，《金刚钻》刊登《普余社女子弹词开篇》，朱雪琴、徐雪月等13位女弹词名列其中。

1936年　13岁

7月，与朱蓉舫、朱美英三个档在常州说书，每晚六到七点在武进电台播唱《描金凤》,为期4个月左右。上海出版的《凤鸣月刊》第1卷第4至第7期《全国无线电节目》刊有节目广告。

8月,沈陛云编辑、上海曼丽书局发行的《娱乐大观(普余社弹词号)》由浪花广告社出版,刊登朱蓉舫、朱美英、朱雪琴等48位弹词艺人的照片和代表性唱段。

1937年　14岁

除和父母拼档演出之外,曾与叔父朱云天有过短期合作,弹唱《玉蜻蜓》《白蛇传》。

朱云天为朱蓉舫胞弟,约生于1912年,系谢筱泉弟子。

1938年　15岁

沈陛云编辑、上海曼丽书局发行的《开篇大王弹词名家照相集》出版,刊登朱美英、朱雪琴等100多位弹词艺人照片。

1939年　16岁

1月15日,与朱蓉舫、钱琴仙、钱醉仙、王如泉、王再香等由常熟至沙头镇说唱会书,约五六日说毕后又往无锡说会书。

4月,章秀珊主编的《百美图》月刊第1卷第5期发表庄蝶庵的《书坛佳丽录》,评价朱雪琴"亦普余佳才也"。

7月底,朱蓉舫、朱雪琴父女档至无锡接顾稼村、顾文艳父女档下脚,在新万兴书场弹唱《双金锭》。

1940年　17岁

1月24日,无锡中南、新万兴书场联办的年底会书开书,中南日场阵容:殷宏飞《岳传》,沈萃英、黄燕霞《珍珠塔》,林筱舫、林娟芳《玉蜻蜓》,钱景章、朱雪琴《果报录》,夜场阵容:沈星霞《珍珠塔》,朱天韵、朱彩琴《大红袍》,王如泉、王再香、王兰香《白蛇传》,沈丽斌、沈萃英《双珠凤》。25日起又有醉霓裳、醉亦仙、金耀曾、金玉人、陈亚仙、陈美仙、徐雪月等人陆续加入。

是年,《艺海周刊》第22期《弦边丛话》(四)"现代评话弹词名家"介绍数十位普余社艺人及擅唱书目,其中包括朱蓉舫、朱美英、朱雪琴《描金凤》。

1941年　18岁

4月19日,《弹词画报》第29期《弦边绮语(三)》点评普余社色艺俱优的女弹词艺人,将醉疑仙比作平剧中之闺门旦,将朱雪琴、顾艳琴、汪兰韵、钱醉仙、钱美仙等比作青衫,将沈玉英、赵蕴玉比作花旦。

5月23日,《弹词画报》第40期《弦边绮语(十一)》赞誉醉疑仙、醉亦仙、沈玉英、赵蕴玉、谢鸿天、汪梅韵、汪兰韵、汪竹韵、朱雪琴、顾艳琴、陈美仙、夏秀珍为"书坛十二金钗"。

1942年　19岁

11月,朱蓉舫、朱雪琴在常熟演出。当月12日《常熟日报》刊登广告"中央书厅(寺前街书院弄口)重金礼聘润余社老牌滑稽朱蓉舫先生、普余社弹词明星朱雪琴女士日夜弹唱珍珠塔、双金锭。"

是年,朱雪琴与朱蓉舫有违言,曾独自放单档,在上海偶遇甫离师门的钱醉仙,两人临时拼档,日夜分说《倭袍》《珍珠塔》两书,在南京书场演出月余。后钱醉仙与黎里米商陈汉琪在沪订婚,旋即赴乡下结婚,两人的短期合作即告结束。

1943—1945年　20—22岁

被伪无锡县警察局水上警察队队长曹英强占,抗日战争胜利后脱离魔掌重回书坛,先放单档,后与养父母团聚,恢复父女双档。

1946年　23岁

3月30日,《苏州明报》刊登苏州南国新型书场阵容,朱蓉舫、朱雪琴日场弹唱《珍珠塔》,同场越做的有徐雪行、徐雪兰、徐雪芳和吴剑池、莫天鸿三档艺人。

11月,与朱蓉舫在湖州西园书场演出。

12月23日,上海《戏报》刊发报道称朱蓉舫、朱雪琴在盛泽中央书场"扫脚"时因拒绝点唱《女哭沉香》而致听客闹场。

1947年　24岁

1月,与朱蓉舫在盛泽弹唱《珍珠塔》。

3月至4月,与朱蓉舫在嘉兴珊凤书场弹唱《珍珠塔》。

5月,与朱蓉舫在平湖平厅书场演出。

6月，与朱蓉舫在硖石高乐书场弹唱《珍珠塔》。

7月，与朱蓉舫在常熟仪凤书场演出，日夜弹唱《描金凤》《珍珠塔》。

8月9日，常熟《夜报》刊文《朱雪琴临去秋波》。

8月24日，常熟《夜报》刊登《夜报独讯：仪凤朱雪琴正当弹唱，突来警察促令下台应询　科长主任调查税捐　引起误会几兴风波》。

10月，与朱蓉舫在昆山西园书场演出《珍珠塔》，恰遇沈俭安、薛筱卿同埠，双方常相往来，朱雪琴在薛筱卿提议下拜沈俭安为义父。下旬赴朱家角演出。

10月10日，收录同道茅云霞之女为开山门大弟子，取艺名朱雪吟。

11月，朱家角剪书，携徒雪吟赴上海看望沈俭安，月底赴松江演出。

12月，与朱蓉舫在松江鹤来书场弹唱《珍珠塔》，下旬赴常熟。

12月26日，常熟《夜报》刊文《朱雪琴叫人不蚀本》。

1948年　25岁

1月，与朱蓉舫在常熟长兴书场弹唱《珍珠塔》，系该书场开办后首次邀请男女档说书。

1月10日，常熟《夜报》刊文《咏朱雪琴》。

1月29日，常熟《夜报》刊文《朱雪琴雪中送塔》。

2月初，生母顾秀英去世，回家料理后事。

2月10日起，与朱蓉舫在苏州做年档，隶静园、德仙楼、龙园三家书场，弹唱《双金锭》《珍珠塔》。

2月17日，《苏报》刊文《朱雪琴艺事猛晋》。

3月4日（农历正月廿四），是日为说书业三皇祖师诞辰，在苏州静园书场参加夜场义务会书，弹唱《珍珠塔》，当晚收入津贴同道聚餐用款。

3月中旬赴无锡演出，接李伯康、徐绿霞下脚。

4月，在无锡演出。

5月，在常州武进书场演出。

5月31日，《苏州明报》刊文《朱雪琴剪书风光》。

6月27日，徒朱雪吟在惠中书场日场头档“插边花”，试唱开篇《灯下劝妻》，曲调模仿朱雪琴唱腔。

6月，与朱蓉舫在新沪、大同电台《空中书场》晚7：40档播唱《珍珠塔》。

7月，与朱蓉舫在中国华明烟公司假座上海建成、中国文化电台主办的《大百万金空中书场》晚6点档播唱《珍珠塔》《双金锭》。

7月4日，东方书场举行首期星期早场会书，沈俭安携朱雪琴合说《珍珠塔》传为佳话。

7月18日，参加东方书场星期早场会书，节目阵容：朱介生、朱介人《来富唱山歌》，韩士良《铜网阵》，曹啸君、祝逸亭《轧神仙》，平雄飞、杨振新《黄河阵》，沈俭安、朱雪琴、陈希安《珍珠塔》。

8月，与朱蓉舫做华园夜场头档，说《双金锭》，另外两档为杨振新《斩经堂》和沈俭安、薛筱卿《珍珠塔》。

8月22日，《书坛周刊》第9期“艺人通信”栏刊登朱雪琴《我的声明》一文，回应听众对“琴调”的批评以及与沈俭安拼档之传闻。

9月16日，因朱雪琴与沈俭安拼档长堂会及电台播音，朱蓉舫颇多啧言，致朱雪琴在愤怨之下一时冲动欲跳窗自杀，幸为群玉楼老板娘及时发现而阻止。

9月17日，中秋之夜听众数人假沈俭安寓所宴请沈俭安、朱雪琴两人，朱蓉舫带着醉意闯席，与沈俭安发生冲突。

9月18日，朱蓉舫向光裕社茶会报告与沈俭安纠纷事实，要求协会负责人出面解决。数日后父女拆档，朱雪琴携徒朱雪吟拼档，在东方、大陆、富春楼、湖园等书场演出。晚6点的电台节目仍与沈俭安拼档，说至10月下旬剪书。

10月17日，《国际新闻画报》的《每周书坛特辑》刊登记者李成章的《朱雪琴怎样在上海献艺》，介绍朱雪琴在上海演出时的情况。作者谓“上海的女弹词家，除了范雪君，很少住得起公寓的，朱雪琴也不能例外”，文中提到“她住在群玉楼上，陪着年老的义父母”。

10月19日，与曹醉仙实行播音拼档，在某电台午间档播说《果报录》，由“诊脉”开书。

10月20日，《书坛周讯》刊文《朱蓉舫、朱雪琴再度合作》。

10月22日，湖园书场某听客致字条点唱《忤逆爷娘》开篇，使朱雪琴十分难堪，因感人言可畏，当众宣布不日与艺徒离沪。

11月7日，携养父朱蓉舫、徒朱雪吟等离沪赴苏。

11月9日，携徒朱雪吟在苏州开书，隶东吴、龙园、静园、大观园、中央等五家书场。

11月12日，《苏州日报》刊文《赠朱雪琴》。

11月28日，《书坛》第8期刊登《书坛嘉宝——朱雪琴》《朱雪琴再试金石　苏地书迷为琴调迷》《赠朱雪琴词史》等文章。

11月30日，《苏州明报》刊文《韩兰根力捧胡天如，华香琳独赏朱雪琴》。

12月12日，参加苏州静园书场举行的首次星期会书，共4档书，分别是马晋斐、陈筱卿《疯僧扫秦》，朱介人、王兰香《来富唱山歌》，张国良、胡天如、金声伯《破窑告状》，胡寅秋、朱雪琴《玉蜻蜓·问卜》。

12月13日，朱雪琴、杜剑鸣、杜剑华、胡天如、张国良、陈筱卿、王兰香、马晋斐、金声伯、葛佩芳、杨德麟等11位后起之秀同拜静园书场经理韩文忠为寄父。

12月20日，《女人》第1辑刊登言水专稿《朱雪琴和她的"琴调"》。

12月23日，《苏州书坛》刊文《朱雪琴娇声唤寄爹，韩文忠丧父得子》和《眉飞色舞的朱雪琴》。

12月26日，《书坛周刊》第26期刊登卧月楼主撰写的开篇《书坛十二金钗》，其中有"珠塔名家怪琴调，左右为难朱雪琴"，该开篇于12月27日由祝逸亭在自由电台试唱。

1949年　26岁

1月，做苏州鸿兴馆"扫脚"，与杜剑鸣、杜剑华兄妹越做。

1月1日，《苏州书坛》刊登《朱雪琴誉满书坛》《愿与朱雪琴一醉》《我与朱雪琴》等三篇文章。

1月6日，《苏州书坛》发表朱雪琴撰写的《空中书场的鼻祖》。

1月13日，《常熟晚报》刊文《朱雪琴新正来常》。

1月13日，苏州光裕社主办的救济孤苦社员家属特别义务大会书在静园、雅乐书场举行，共5档书，分别是朱剑庭、徐天翔、杨德麟《描金凤·钱笃诏求雨》，杜剑鸣、朱雪琴《西湖奇缘·哭塔》，黄异庵、杜剑华《西厢记·游殿》，俞寿石、钱宝莲《啼笑因缘》，周慧芳、徐翰芳、莫天鸿《双金锭》。

同日，经光裕社副理事长范寄舟和老艺人俞泳春等人介绍，收女弟子朱雪玲，顾又良、程鸿奎、朱蓉舫等出席拜师仪式，席设义昌福。

1月20日，《苏州书坛》刊登《朱雪琴的嗓音和声调》和《捧朱雪琴为"书坛皇后"》等文章。

同日，《常熟日报》刊文《弹词皇后》，对朱雪琴、徐雪月、范雪君等进行评点。

1月23日，《上海书坛》第16期刊文《朱雪琴的甜酸苦辣》。

1月29日，携徒朱雪吟在常熟仪凤书场做"年档"，日场《珍珠塔》，夜场《双金锭》，说至3月初剪书返苏小休。

2月2日，《常熟日报》刊文《朱雪琴之通宵堂会》。

2月12日，《上海书坛》第19期开设《雪庐书话》专栏，发表朱雪琴撰写的《说书是教育的一部分》。

2月23日，《秋海棠书坛专刊》革新第八号刊发特约记者东峰报道的常熟年档盛况，朱雪琴师徒日夜有千零听客，在城内外七家书场中位居第一，"售座方面，可较去岁严雪亭之数不相上下"。

3月7日，《苏州明报》刊文《朱雪琴眼珠灵活》。

3月9日，由苏州赴无锡，携常熟土产拜望正在当地演出的义父沈俭安。

3月10日，携徒雪吟在无锡蓬莱书场开书，日场《珍珠塔》，夜场《双金锭》，说至4月中旬剪书。

3月13日，在《苏州书坛》开设《雪楼书谭》专栏，发表《说书的起源》。

3月13日，《苏州书坛》刊文《为朱雪琴征求雅号》。

3月21日，在《苏州书坛》第8期《雪楼书谭（二）》发表文章，对外界有关交际传闻作公开回应。该报同时刊登多篇文章，指责《上海书坛》选举"弹词皇后"舞弊，事实为朱雪琴票数最多。

同日，苏州书坛社举办的"书坛皇后"选举票统计结果第6次公布，截至3月19日朱雪琴获432票，位列第一。

3月28日，《苏州书坛》发表朱雪琴撰稿的《雪楼书谭（三）——评话与弹词》。同期有剑南客撰写的《书坛五虎将》，赞誉评话"五虎将"为唐耿良、杨震新、张少伯、汪雄飞、唐骏麒，弹词"五虎将"祝逸亭、杨振雄、周云瑞、曹啸君、钱雁秋，女"五虎将"钱丽仙、朱雪琴、贾彩云、王琴舫、汪菊韵。

4月4日，《苏州书坛》发表朱雪琴撰稿的《雪楼书谭（四）——女弹词简史》和《涨风开篇》。

4月11日，《苏州书坛》发表朱雪琴撰稿的《雪楼书谭（五）——续谈女弹词简史》。

4月11日，《苏州书坛》发表诗作《赠朱雪琴雪吟》和冰心室主的《征求诗钟对联》，以嵌朱雪琴之名的上联征求下联。

4月16日，由无锡返苏，因身体微感不适在寓所休养。

4月18日，《苏报》第三版刊登专稿《苏州书坛盛举　朱雪琴当选皇后》。

6月，至嘉兴珊凤书场演出。

6月25日，《上海书坛》第37期《令公杂谈》专栏中，杨公达提出设想十档理想阵容，包括朱雪琴、郭彬卿《珍珠塔》和蒋月泉、朱慧珍《玉蜻蜓》等。

7月中旬，应聘至湖州西园书场演出，说至8月中旬剪书，日夜听众达五百以上。

8月13日，《上海书坛》刊文《蒋月泉创办研究班　朱雪琴湖州将剪书　侯九霞、汤乃安来沪》。

9月，由湖州返苏休息期间受苏州场方力邀，在沧洲、龙园、四海楼、云苑4家书场登台，说至21日剪书。

9月3日，《上海书坛》刊文《朱雪琴在苏沪的场子》和《朱雪琴刮目相看》。

9月10日，《上海书坛》头版刊登朱雪琴照片一帧。

9月27日，《上海书坛》发表词作《捣练子　赠朱雪琴》。

10月6日起在上海演出“秋档”，日场维纳司、汇泉楼、丽都，夜场安乐、湖园、群玉楼，寄寓安乐书场。

同日《上海书坛》刊文《朱雪琴秋档奏新声》。

10月10日上午，姚荫梅之子崇石结婚，沈笑梅、刘天韵、顾又良、严雪亭、潘伯英、朱雪琴等前往丽都花园道贺。

10月12日，《上海书坛》刊文《记朱雪琴朱雪吟师徒》和《也来谈谈朱雪琴》。

10月15日，《上海书坛》刊文《也来谈谈朱雪琴（续）》和《朱雪琴三特耀书坛》。

10月18日，上海文艺界在大光明戏院集会欢迎中国民主青年出国文工团，评弹会范雪君、范雪萍、徐雪月、朱雪琴、朱雪吟、陈红霞、张丽君等女艺员与会，并由范雪君、范雪萍、徐雪月、朱雪琴、张丽君五人组织学习小组，向其他剧艺界学习。

10月19日，《上海书坛》刊文《记朱雪琴师徒》。

10月23日，宁波旅沪同乡会救济委员会为救济家乡受难同胞动员全沪剧艺界举行义播活动，50多位沪上评话弹词名家假座亚美麟记电台进行全天义播，上午十时至十一时由朱雪琴、朱雪吟和徐雪月师徒播音。

10月25日，上海市评弹协会第二次筹备改选会员大会在沧洲书场举行，出席大会的近百名男女评弹会员当场推选姚荫梅、薛筱卿、杨德麟、严雪亭、钱雪鸿、徐雪月、范雪君、朱雪琴8人，连同第一次会员大会推选的杨斌奎、韩士良、顾宏伯、张鸿声、潘伯英、蒋月泉、刘天韵共15人组成筹备改选委员会。

10月27日，评弹研究会妇女协会筹备会在沧洲书场举行成立大会，推选范雪君为主任委员，徐雪月、顾竹君为副主任委员，程红叶任秘书，朱雪琴、徐雪兰、朱慧珍、范雪萍为筹备委员。

10月29日，《上海书坛》刊文《朱雪琴雪吟访问记》。

11月，赵锡泉主编发行的《评弹人物志》第二辑《秋档特辑》由银都出版公司出版，刊登曙天的专稿《别创琴调的朱雪琴》，介绍朱雪琴艺事。该杂志刊登的阵容显示，朱雪琴、朱雪吟下午1点到2点在元昌鹤鸣电台播唱《珍珠塔》，兼做维纳司书场日场的送客档。其时义妹朱雪芳跟随学艺，常在元昌鹤鸣电台播唱开篇。

11月2日，《上海书坛》刊文《琴调可以传矣》。

11月5日，《上海书坛》刊文《朱雪琴之三弦》。

11月8日，评弹会妇女协会学习小组在沧洲书场召开第一次学习小组会议，朱雪琴携徒朱雪吟与会，学习《工人政治读本》第一课，研究劳动创造世界，积极发言辩论。

11月19日，因学习小组会议开得很晚，下午在元昌、鹤鸣电台1时至2时的《珍珠塔》误场，由朱雪吟和义妹朱雪芳代唱开篇，2人应付自如，博得听众赞赏。

11月26日，《上海书坛》发表诗作《蝶恋花　赠朱雪琴》。

11月27日，上海书场休息一天，艺人们在三和楼举行评弹联欢节(即旧时“三皇会”)。联欢节后部分书场阵容调整，朱雪琴、朱雪吟夜场加入群玉楼书场，与陈莲卿、祁莲芳、吴剑秋、朱慧珍、沈笑梅越做。

12月2日，朱雪琴、朱雪吟在元昌、鹤鸣电台的《珍珠塔》播音结束。

12月8日上午，评弹会各会员在三和楼举行会议，一致决议自即日起上海评话弹词研究会改称上海市评话弹词联合会，负责人仍由杨斌奎蝉联，各理监事仍照常，高绶亭仍任秘书之职。

12月14日，上海市评弹会筹备委员会在《上海书坛》发布启事，规定农历元旦起在上海献艺者一律说唱新书七天，以庆祝民族春节并兼作新书竞赛。

同日《上海书坛》刊文《也来谈谈朱雪琴》。

12月25日上午，苏州评话弹词工作者协会在珍珠弄光裕社举行成立大会，钱景章、黄异庵等15人当选执委，钱景章任主席，黄异庵、曹汉昌为副主席。

12月28日，参加评弹会妇女组学习小组例会，积极参与认购折实公债运动，范雪君认购10份，徐雪月、顾竹君、朱雪琴、朱慧珍、徐雪兰、徐雪芳、范雪萍等各认购四份。

12月31日，《新民报》晚刊《文娱新闻》栏目刊登信息：朱雪琴朱雪吟明春农历正月初一日至初七日，将以《双复仇》一书飨客。

1950年　27岁

1月8日下午，评弹会假座米高美书场举行救济评弹会孤儿寡妇特别大会书，共七档节目，分别为顾韵笙、徐雪兰、徐雪芳、徐天翔、程红叶的开篇《出猎回猎》，杨斌奎、杨振雄、杨振言、杨仁麟、杨德麟《新渔家乐·连报三喜》，朱雪琴、薛筱卿、郭彬卿、周云瑞、陈希安《珍珠塔·四美调笑》，沈笑梅、潘伯英、张鸿声、唐耿良、顾宏伯《鲁智深拳打镇关西》，姚荫梅、刘天韵、谢毓菁、顾竹君、徐雪月《小二黑结婚》，朱慧珍、张鉴庭、张鉴国、蒋月泉、王柏荫《野猪林》和李伯康、严雪亭、范雪君、范雪萍、徐云志、徐绿霞《杨乃武·开棺相验》。

1月13日上午，评弹会大乐队在沧洲书场开始排练，签名参加者有杨德麟、祝逸伯、尤惠秋、钟士英、张鉴国、陈希安、周孝秋、朱君康、杨振雄、杨啸雄、苏毓荫、周云瑞、顾宏伯、陈红霞、范雪君、徐雪兰、徐雪芳、顾竹君、黄静芬、朱慧珍、朱雪琴等，顾宏伯负责分配，杨德麟、周云瑞分别教授打鼓和军笛，朱雪琴任军鼓手。

1月18日，《新民报晚刊》刊发的《扰乱评弹流氓被拘》报道：群玉楼有小流氓数人，每当朱雪琴师生登台时，乱点开篇指定弹唱，并将烟蒂横排台前，令烟雾上升，使朱雪琴不能开唱，意欲敲诈。经茶社老板报告后，六流氓被邑庙分局拘捕教育。

1月20日下午，评弹会筹备会议在东方书场举行，会后乐队奏乐游行，杨振言打大鼓，朱雪琴、徐雪芳、陈红霞、黄静芬、钟士英、祝逸伯、尤惠秋、苏毓荫打小鼓，张鉴国、陈希安、周云瑞、范雪萍、顾竹君、徐雪兰、刘天韵等吹军笛。

1月21日，《上海书坛》第95期报道称朱雪琴先编成参加春节竞赛的新书《野猪林》数回，预备随说随编。

1月22日，评弹会在东方华美电台举行救济同道孤寡义务播音，演出自中午12时起至午夜12时止，阵容十分强大，连续演出的13档节目分别是：薛筱卿、郭彬卿、周云瑞、陈希安、朱雪琴《珍珠塔·内堂报喜》，华伯明、黄静芬《玉蜻蜓·云房产子》，吴剑秋、朱慧珍、尤惠秋《玉蜻蜓》，杨振雄、杨仁麟《长生殿·埋玉》,徐天翔、杨德麟、徐雪兰、徐雪芳的《描金凤》,徐云志、严雪亭、徐雪月《三笑·济贫》,姚荫梅《啼笑因缘》,范雪萍《杨乃武》,刘天韵、谢毓菁《落金扇》,顾韵笙、顾竹君《落金扇》,张鸿声、潘伯英《鲁达买肉》,唐耿良、顾宏伯《三国·赠马》,李伯康、徐绿霞《杨乃武·密室相会》。当日朱雪琴因参加乐队打鼓,穿着新制的列宁装上电台播音。

1月23日上午,上海市评弹公会在文艺处大礼堂举行成立大会,选举产生杨斌奎、韩士良、刘天韵、严雪亭、顾宏伯、张鸿声、姚荫梅、潘伯英、薛筱卿、徐天翔、祁莲芳、钱雪鸿等执行委员(候补委员徐雪月、朱慧珍、杨德麟、蒋月泉、顾月和5人)和杨振言、张汉文、吴剑秋、姬梦熊、王振飞等监察委员(候补委员黄兆熊、陈莲卿、张伯安3人)。会后全体会员执旗奏乐,举行盛大的游行。

1月28日下午,评弹公会为支持影剧工会筹备会书场组工作委员会筹募基金,在维纳司书场举行特别大会书,共6档节目:薛筱卿、郭彬卿、周云瑞、陈希安《珍珠塔》,顾韵笙、顾竹君、刘天韵、谢毓菁《落金扇》,杨振雄、杨振言、顾宏伯、唐耿良《长生殿》,杨仁麟、张鸿声、潘伯英、姚荫梅、朱雪琴《啼笑因缘》,徐雪月、徐雪兰、徐雪芳、徐云志、严雪亭《三笑》,张鉴庭、张鉴国、蒋月泉、王柏荫、朱慧珍、黄静芬《玉蜻蜓》。

1月29日,大多数艺人在上海剪书后分赴各码头开始年终会书,朱雪琴、朱雪吟、顾宏伯、陈莲卿、祁莲芳、徐天翔、杨德麟等先至硖石再去无锡。会书结束后,朱雪琴回苏照顾病重的养母朱美英,朱雪吟回嘉兴探亲。

2月14日,由苏州返回上海准备"年档"演出。

2月17日起,在上海演出"年档"并参加春节曲艺竞赛,说唱新书《林冲夜奔》,日场隶安乐、东方、西园等书场,夜场隶丽都、富春楼、雅庐等书场。因朱雪吟卧病嘉兴,临时与朱雪霞拼档,本来与朱雪霞合作的朱雪玲则改为单档。

2月20日,《上海书坛》刊文《朱雪琴的苦闷》。

2月21日起,朱雪玲因单档演出困难要求和朱雪霞恢复拼档,朱雪琴只能独放单档，东方、西园两处日场“借”徐雪月之徒陈红霞临时拼档。

2月25日，《上海书坛》刊文《朱雪琴独放单档　潘伯英嗓音失润》。

3月4日，《上海书坛》头版刊登朱雪琴、雪吟照片。

3月中旬，朱雪吟病愈返沪，恢复师徒双档。

3月22日，接到养母朱美英病危急电后返苏，所隶书场均由朱雪吟放单档。

3月26日，料理养母后事之后返沪，素服登台说书。

3月29日，《上海书坛》刊文《朱雪琴孝服登台》。

4月1日，《上海书坛》刊文《听朱雪琴雪吟后》。

4月5日，在西园书场演出时弹唱《哭母开篇》作纪念，弥补清明节无法回苏扫墓祭奠的遗憾。

4月8日，《上海书坛》刊文《朱雪琴哭母唱开篇》。

4月25日上午，徐雪月、陈红霞、朱雪琴、朱雪吟、顾竹君、曹织云、黄静芬、朱慧珍、程红芳、范雪萍等评弹女艺员在沧洲书场开会，推选范雪君、朱慧珍代表评弹界出席“民主妇联”大会。会上一致决议恢复评弹妇女小组，每逢周五集中学习。

4月30日，与朱雪吟、刘天韵、徐雪月等评弹艺人在亚美麟记电台义务播音，为中国红十字会常州分会组织的武进巡回防疫医疗队筹募经费。

5月7日下午，与朱雪吟、范雪君、徐雪月、黄静芬、刘天韵、薛筱卿等在亚美麟记电台义播，播音自5时至12时，共为流动诊疗车筹募经费九百余万元。

同日晚间，太先生夏莲君在上海南市病故。

5月21日，评弹公会为筹募福利基金在丽都书场举行义务会书，除场方开支和捐税外，共得330万元。六档节目分别是：黄兆熊、顾韵笙、顾竹君《落金扇·庆云自叹》，沈笑梅、严祥伯、唐耿良、韩士良《新水浒·翠屏山杀山》，周玉泉、华伯明、吴剑秋、朱慧珍《玉蜻蜓·得子》，徐云志、黄静芬、程红叶、陈红霞《三笑·梅亭相会》，薛筱卿、郭彬卿、朱雪琴、朱雪吟《珍珠塔·痛责》，蒋月泉、王柏荫、张鉴庭、张鉴国《林冲·误闯白虎堂》。

5月28日，参加广播界工作者及各种剧艺人在亚美麟记电台举行的庆祝上海解放周年联合播音大会串，弹唱自编的《劳动生产开篇》，并与姚荫梅、刘天韵、严雪亭、徐雪月、黄静芬、张鸿声等合演书戏《金素娟》。

6月11日，参加大美亚洲电台空中会书，共11档节目：杨仁麟、曹啸君《白蛇传·轧神仙》，张鸿声、徐雪月、程红叶《描金凤·招商调戏》，杨震新、曹汉昌《李闯王破京》，刘天韵、谢毓菁、黄静芬《落金扇·托媒》，薛筱卿、朱雪琴、郭彬卿《珍珠塔·小夫妻相会》，徐云志、祝逸亭《三笑》，李伯康、徐绿霞《杨乃武》，周玉泉、华伯明，杨斌奎、杨振言，韩士良、杨振雄《武松·访九》，姚荫梅、严雪亭《啼笑因缘·逼嫁》。

6月12日，《新民报晚刊》刊文《评弹市场好热闹　八家书场抢名家》报道：大沪、大都会、新大华、维也纳、百乐门、国际、仙乐、新仙林8家新书场预定端节开书，但聘不到名家，朱雪琴、严雪亭、张鸿声等都是被争聘目标，每档日夜兼隶六七家，各有应接不暇之势。

6月10日，上海市戏曲剧影妇委会为筹募托儿所基金联合各剧艺公演的方言歌剧《母亲的烦恼》在中央大戏院开排，徐雪月、朱雪琴、何丹凤参加演出，徐雪月饰三阿姨，朱雪琴、何丹凤分别饰家长甲和保育员乙，杨振言、郭彬卿、冯筱庆、尤惠秋等担任伴奏。

6月14日至16日，方言歌剧《母亲的烦恼》公演假座天蟾舞台日场举行，朱雪琴连续三天参加演出。

6月19日（端午节）起，上海各书场调整阵容，朱雪琴、朱雪吟日场隶得意楼、沧洲，夜场隶玉茗楼、汇泉楼。

6月23日，大沪书场开青龙，日场自下午1时至5时，共有6档书：顾又良《三国》，朱雪琴、朱雪吟《珍珠塔》，祝逸亭《三笑》，杨仁麟《白蛇传》，朱伯雄《刺马》，顾韵笙、顾竹君《落金扇》。

6月24日，戏曲干部学习班结业，评弹组学习干部为推动一般道中参加，决定继续开展小组学习，时间为每周三、周六上午，地点在沧洲书场三楼语林厅。

7月1日早晨，沧洲书场评弹小组开始第一次学习，首批报名参加的艺人有严祥伯、朱雪琴、朱雪吟、杨振雄、徐雪月、程红叶、陈红霞等，学习内容为《中国通史》，由严雪亭、谢毓菁、姚荫梅、沈笑梅、杨振言等学习干部领导学习。

7月5日，上午九时参加戏曲改进协会联合影剧工会在天蟾舞台举行的“和平签字运动”。

7月6日，晚上在亚美麟记电台播音，为推动保卫和平签名运动做广泛呼吁和宣传，参加活动的还有朱雪吟、杨斌奎、杨振雄、杨振言、刘天韵、谢毓菁、潘伯英、黄异庵、顾韵笙、顾竹君、王美君、陈鹤声、尤惠秋、朱慧珍、黄静芬、周玉泉、华伯明、韩士良、严雪亭、严祥伯等。

7月9日，评弹公会和滑稽改进会为流动诊疗车筹募建筑经费，联合在泰兴路丽都花园戏院举行义务大会串，上午9时至11时为弹词节目，共5档书：杨斌奎、杨振雄、杨振言《武松》，薛筱卿、郭彬卿、朱雪琴、朱雪吟《珍珠塔》，周玉泉、徐云志、华伯明、朱慧珍《玉蜻蜓》，刘天韵、谢毓菁、顾韵笙、顾竹君《落金扇》，严雪亭、姚荫梅、黄静芬《啼笑因缘》。11时起由姚慕双、周柏春、杨华生、张樵侬、笑嘻嘻、沈一乐、程笑飞、小刘春山、俞祥明合演滑稽戏《半斤八两》。

7月19日，沧洲书场夜场阵容调整，朱雪琴、朱雪吟担任送客，同场越做的有祝逸亭、潘伯英、黄异庵、杨震新等响档。

7月23日，在丽都花园建成电台参加庆祝《亦报》一周年空中书会，播音从中午12时至午夜12时，演出阵容为：沈俭安、薛筱卿《珍珠塔·婆媳相会》，张鸿声、曹汉昌《岳传·疯僧扫秦》，潘闻荫、苏毓荫、冯筱庆、尤惠秋的开篇，李伯康、徐绿霞《杨乃武·行贿》，韩士良、杨振雄《武松打虎》，徐云志、顾韵笙、顾竹君《三笑·进书房》，徐雪月、程红叶、朱雪琴、朱雪吟《珍珠塔》，姚荫梅、黄静芬《果报录》，杨斌奎、杨振言《长生殿》，周玉泉、华伯明、吴剑秋、朱慧珍《玉蜻蜓》，严雪亭、刘天韵、谢毓菁《三笑·文祝参相》，杨仁麟、曹啸君《白蛇传·盗仙草》。

朱雪琴等4人原定合说《描金凤·赖婚》，由雪月去钱笃诏，雪琴去徐惠兰，雪吟去钱玉翠，红叶去许卖婆，临时点唱电话源源不断，大多要求唱珍珠塔篇子，雪月效钟笑侬唱七十二个他，与雪琴对唱见娘，各唱哭塔，比赛马调，雪吟唱打三不孝。

7月29日，与朱雪吟参加亚美麟记电台义播特别节目，为中国红十字会常州分会主办的武进巡回防疫医疗队筹募经费，节目共24档，每档播唱半小时。

8月1日，携徒朱雪吟参加上海市文化局举办的戏曲研究班入学考试。

8月6日，与朱雪吟参加亚美麟记电台义播特别节目，为德本善堂筹募经费，节目共24档，每档播唱半小时。

8月8日，上海市文化局戏曲改进处举办的第二届戏曲研究班在中国大戏院开始上课，评弹与新乐府昆剧及苏剧卷词研究会组成第九中队，杨斌奎任中队长，严雪亭、曹汉昌、吴剑秋以及昆剧沈传芷为分队长，下设八个小组，甲乙两组为昆剧苏剧，其余六组评弹，分别由黄兆熊、曹啸君、周逸鸣、尤啸伯、朱雪琴、尤惠秋担任小组长。

8月13日，与朱雪吟参加东方书场第三期援助失业同道星期早场会书。

8月27日，携徒朱雪吟、朱雪玲、朱雪霞参加西园书场第五期星期早场会书。

8月31日，新收女弟子杨瑞珍，取艺名朱雪虹（即杨雪虹），在沧洲书场举行拜师礼。

9月1日起，与朱雪吟在大沪电台空中书场夜场播音。

9月17日，与朱雪吟参加东方书场第八期星期早场会书。

9月21日，参加上海市第二届戏曲人员研究班结业典礼。

9月21日，在大沪电台参加普善山庄义播会书。

9月25日，日场在沧洲书场参加筹募福利基金大会书，共6档节目：凌文君、朱雪琴、朱雪吟、徐翰舫《双金锭·戚子卿索银》，张鸿声、曹汉昌《疯僧扫秦》，杨振雄、杨振言、杨震新《武松杀庆》，黄异庵、刘天韵、谢毓菁《换空箱》，周玉泉、华伯明、蒋月泉、王柏荫《玉蜻蜓·见金》，张鉴庭、张鉴国《顾鼎臣·花厅评理》。

9月26日（中秋节）起，继续在上海做"秋档"，隶新开业的扬子舞厅书场及大华、华园、壶中天、红月等书场。

10月1日，参加庆祝国庆游行。

10月10日，与朱雪吟、黄静芬、周玉泉、华伯明参加在大世界举行的义演活动，为德本善堂筹募经费。

10月11日起，加入复业的小广寒夜书场，与朱雪吟说《珍珠塔》。

10月12日，《新民报晚刊》刊登横云的报道《小广寒夜书重开：女评弹首场卖满座》，提及朱雪琴、雪吟师徒说送客书，博得听客赞美。

10月15日，评弹协会为推进新评弹，在沧洲书场举行筹募基金大会书，参加演出的有6档书：徐云志、黄异庵、徐雪月、程红叶《三笑·上堂楼》，王耕香、王凤琳、王凤瑛《三笑·进书房》，沈俭安、薛筱卿、朱雪琴《珍珠塔·小夫妻相会》，沈笑梅、汪云峰《乾隆下江南·状元楼》，杨斌奎、杨振雄《武松·潘金莲戏叔》，李伯康、杨仁麟、徐绿霞、杜剑华《白蛇传·水漫金山》。

10月中旬，与朱雪吟加入新开设的大沪饭店书场夜场演出。

10月20日，无锡《晓报》刊登澹台清撰写的《琴调》。

11月2日，为响应上海市各界劝募寒衣运动，评弹会假座大沪电台举行劝募义播节目，自上午10时至晚上12时共有60多位评弹艺人参加，傍晚5时至6时由沈俭安、薛筱卿、朱雪琴、朱雪吟播音。

11月5日，与朱雪吟在丽都书场参加最后一期星期早场会书。

11月12日，维也纳书场举行劝募寒衣早场特别会书，共7档节目：陈鹤声、程红叶、陈红霞《劝募寒衣开篇》，魏含英、秦纪文、杜剑华、凌文君、王琴珠《描金凤》，蒋月泉、王柏荫、张鉴国、杨振言《林冲夜奔》，沈俭安、薛筱卿、周云瑞、陈希安、朱雪琴《珍珠塔》，张鸿声、杨震新、汪云峰、徐雪月《英烈》，刘天韵、谢毓菁、杨振雄、黄静芬《长生殿》，张鉴庭、严雪亭、姚荫梅、李伯康、范雪君《杨乃武》。

11月27日，《新民报晚刊》刊文《〈反美帝廿个他〉：朱雪琴今晚播唱》。

12月19日，《新民报晚刊》刊登横云的《痛斥美帝暴行　书家唱新开篇》，报道刘天韵、张鉴庭、张鉴国、徐雪月、蒋月泉、朱雪琴、雪吟、雪霞等在所隶电台书场加唱痛斥美帝暴行开篇。

12月20日，晚12时开始在卡尔登大戏院通宵排练抗美援朝大公演节目。

12月23日上午，上海市评弹界抗美援朝大公演在卡尔登大戏院举行预演，供各剧种观摩，东方华美电台进行钢丝录音并在当晚播放。朱雪琴与薛筱卿、冯筱庆、杨德麟、王柏荫、陈希安、钱丽仙等16位艺人大合唱开篇《抗美援朝保家邦》，朱雪琴艺徒朱雪吟、朱雪玲、朱雪霞等参加朗诵节目。

12月24日至25日，在卡尔登大戏院参加上海市评弹界抗美援朝捐献子弹大公演。

12月，胡克敏、万仰祖、朱婴、张准编辑的《弹词新开篇》出版，书中收录大量弹词开篇，并刊登朱雪琴、朱雪吟、朱雪芳等50多位说书人的照片。

1951年　28岁

1月3日起，与朱雪吟增添11时10分至12时大中华大陆电台节目，播唱姚苏凤编赠的新弹词《红楼梦》，前五晚先唱红楼梦人物开篇。

1月4日上午，出席评弹改进协会妇女组在沧洲书场召开的第四次会议，会上通过由徐雪月发起的筹募妇女组福利基金早场义务会书提议，推选徐雪月、黄静芬、葛佩芳等7人为筹备委员会。

1月7日，妇女组早场义务会书拟定6档节目，由朱雪琴携徒雪吟、雪玲、雪霞合说《新珍珠塔》送客。

1月8日，朱雪琴的新弹词《红楼梦》在大中华大陆电台正式开播，从林黛玉母亡、贾母遣仆至扬州接林开书。正书之外，连日加唱自编的贾宝玉、薛宝钗、林黛玉等红楼人物开篇。

1月8日，《新民报晚刊》刊发允琪的报道：朱雪琴、朱雪吟经许多听众之勉励，昨晚在东方华美电台下午空中书场节目中奏唱他们自编的新开篇《抗美援朝卫国保家》和《援朝志愿军七勇士》。

1月10日，《上海书坛》刊发消息：全体女艺人早场大会书经两次开会讨论，定于14日上午假座米高美书场举行，阵容拟定为六档，黄静芬、朱雪琴、朱雪吟、朱雪玲、朱雪霞合说《石达开》送客。

1月14日上午，抗美援朝大公演应各界强烈要求在北京大戏院再度公演。原定当日在米高美书场举行的女艺人早场义务大会书延后。

1月17日，《上海书坛》漫画专栏“水浒点将”刊登朱雪琴漫画，把她比作“病关索杨雄”，图中朱雪琴身背三弦，手持新书《红楼梦》。

1月18日起，三马路惠中书场举行女评弹艺人会书，参加演出的有朱雪琴、朱雪吟，汪菊韵、汪逸韵，华帼英，夏秀英、夏秀娟，裘凤天，醉迎仙、醉若仙等6档。

2月4日上午，嵩山区拥军优属义务大会书在新华书场举行，5档艺人依次为：徐雪月、凌文君、徐天翔，朱雪琴、沈俭安、薛筱卿，顾宏伯、唐耿良、汪雄飞，刘天韵、谢毓菁、张鉴庭、张鉴国，严雪亭、李伯康、黄静芬、姚荫梅，所得票款悉数慰问烈军属。

2月5日，《上海书坛》刊登周游创作的漫画《评弹界春节竞赛》，以10多位说新书艺人为代表反映春节竞赛盛况，图中朱雪琴作半蹲状，胸前“红楼梦”三字为其参加竞赛的新书。

2月6日“年档”开始，朱雪琴、雪吟以新书《红楼梦》参加1951年上海市戏曲界春节演唱竞赛，日夜分别做东方、汇泉楼、沧洲、米高美、西园、富春楼、小广寒等7家书场。

2月11日，米高美书场的新书竞赛半途而废，全场恢复旧书，朱雪琴、雪吟改说《珍珠塔》。

2月14日，《文汇报》刊文《庆祝中苏友好同盟互助条约签订一周年：剧影戏曲工作者满怀胜利的信心》，报道中提及朱雪琴、雪吟等十几位评弹工作者出席该活动。

2月25日，《上海书坛》为扩大征求订户在大中华大陆电台举行全天盛大会书，杨仁麟、朱雪琴、朱雪吟参加晚6点至7点档播音。

3月7日，《上海书坛》发布统计：全沪13家私营电台共有评弹节目26档（包括转播），平均每家2档，除刘谢档《三上轿》和朱雪琴《红楼梦》2档新书外，其余全部说旧书。

3月8日，朱雪琴、雪吟等30多位女艺人参加上海市各界妇女纪念“三八”国际妇女节反对美国武装日本示威大游行。

3月15日，评弹妇女小组在东方书场开会总结三八妇女节游行，朱雪琴因抱病参加游行而受到表扬。

3月31日，《新民报晚刊》报道：评弹妇女组为筹募剧影协会托儿所经费，定于8日联合小黑姑娘剧团举行早场义务会书，预定阵容有六档新评弹，朱雪琴、雪吟和杜剑华合说《红楼梦》，小黑姑娘大鼓送客。

4月起暂停长篇演出（部分书场由朱蓉舫代书），开始为期两个多月的休养治疗，彻底戒除嗜好。期间为调剂精神，常赴联社票房向吕振原学习大套琵琶，偶尔参加公益会书。

4月1日，评弹改进协会为慰劳中朝战士、救济朝鲜难民，在维也纳、米高美同时举行早场义务会书，徐雪月、黄静芬、朱雪琴合说《九件衣》。

4月8日，评弹妇女组联合小黑姑娘剧团在米高美举行义务会书，为剧影托儿所筹募经费，朱雪琴两次登台，先参加大合唱《抗美援朝保家邦》，最后和黄静芬、何剑芳、朱雪吟、杜剑华合说《祥林嫂》送客。

4月14日，《上海书坛》刊登消息：16日起朱雪琴为医治眼疾，向各书场普遍请假一星期，由其父朱蓉舫与朱雪吟拼说。

4月25日，《上海书坛》刊登消息：朱雪琴已于廿二日出院，先行试唱电台，书场方面短期内可登台。

4月出版的《广播群像》刊登朱雪琴、朱雪吟在电台播音的照片。

5月1日，评弹会二百余人参加庆祝五一国际劳动节示威大游行，朱雪琴因病未参加，在东方书场观看游行。

5月3日，《上海书坛》刊载消息：朱雪琴、杨振言等参加联社成立二周年纪念大会。

5月9日，《上海书坛》书场近讯报道：朱雪琴仍在休养中，西园夜场、小广寒均已将朱双档换去，更换其他艺人。

5月13日，上海市评弹改进协会为筹集经费假座米高美书场举行新评弹早场会书，从上午9时至12时共6档，每档5人合作，朱雪琴与姚荫梅、蒋月泉、薛筱卿、徐云志合说《金素娟》。

5月19日，德本善堂为筹款特邀评弹艺人假座东方华美电台举行义播，朱雪琴、雪吟、尤惠秋于中午12时率先播音，整场义播共23档节目，至午夜12时结束。

5月26日晚，参加民声电台、大沪电台的宣传有奖储蓄播音。

6月7日晚，魏含英、朱耀祥、华伯明等发起的评弹实验剧团召开第一次筹备会，朱雪琴、朱雪吟等20余人参加会议。

6月9日"夏档"开始，接做大沪、东方、沧洲、维纳司、富春楼、大世界等六家书场以及东方、新声两档电台节目，因身体虚弱，常感精神不支。

6月16日，《上海书坛》刊登《朱雪琴播唱〈铁树开花〉》，文中称朱雪琴前在新声电台所说之《红楼梦》，因不合个性而放弃，改说杨逸云所编之《铁树开花》，俟纯熟后，将在各书场全面弹唱，不再说旧书《珍珠塔》。

6月17日上午，评弹改进协会假座米高美书场举行捐献支前大会书，六档全部为新评弹，朱雪琴应邀和黄异庵、杨震新、朱慧珍、俞筱云合说《李闯王》。

6月30日，《上海书坛》刊登消息：朱雪琴以病后之体，端节起竟接书场六面之多，最近又接中央书场。

7月7日，《上海书坛》刊登消息：朱雪吟近患胃病请假，各书场均由雪琴独当一面，本月5日夜场，雪琴携其徒杨瑞珍拼档，瑞珍拜师仅半载，效薛调极佳，该日一曲开篇，颇为听众所惊异。

7月8日，第三期早场实验新书会书在东方、沧洲、西园、小广寒举行，朱雪琴、朱雪吟在小广寒书场送客。

7月15日，雅庐、富春楼、壶中天、中央、西园、群玉楼、红月7家书场举行早场会书，仅西园书场朱雪琴、雪吟师徒说新书《铁树开花》。

7月21日，《上海书坛》刊登消息：增产捐献星期早场会书决定本周日（22日）假八家书场开始，每家6档，朱雪琴、雪吟排在大陆书场第5档，弹唱《铁树开花》。另五马路中央书场朱雪琴、雪吟本隶2档，现因大沪停业后，已改演第3档。

7月25日，评弹界妇女组假沧洲书场举行会议，除号召积极参加增产捐献早场会书之外，还开展了女艺人批评与自我批评。会上，朱雪琴认真检讨了自己以往的错误。

7月28日，《上海书坛》250期刊登朱雪琴的《在评弹妇女组大会上检讨了我以往的错误》全文，表明戒除嗜好、积极进步的决心。

8月1日晚，上海市戏曲界学委会第七八时事宣传队（沧洲小组）应邀赴茂名北路丰盛里和蕃芷里，参加庆祝八一建军节和居民委员会成立余兴节目，朱雪琴、雪吟、曹醉仙、汪菊韵、汪逸韵5位女艺人合说短篇弹词《家庭爱国公约》。

8月17日,《新民报晚刊》刊登评弹女艺人将捐献公演新书戏《众星拱月》的消息,朱雪琴反串昔日洋行高级职员朱更生。

8月21日,朱雪琴、朱慧珍等十姐妹受妇女组推荐冒雨赴范雪君寓所,邀请她为妇女组捐献义演登台。

8月22日,《上海书坛》刊登听众吴鹤春来稿,批评朱雪琴、雪吟在沧洲书场弹唱的《乱点鸳鸯》开篇无聊浅薄,毫无价值,希望朱雪琴进一步努力,提高自己觉悟。

8月23日上午,上海文化艺术工作者工会评弹工作者委员会筹备会假座大沪书场举行成立大会,出席会员及来宾六七百人。会后,朱雪琴师徒、民锋苏剧团、王双柏等表演余兴节目。

9月1日起,每日上午在沧洲书场排练书戏《众星拱月》。

9月10日,上海评弹妇女组捐献飞机大炮大公演在金都大戏院日夜演出两场,朱雪琴参演新书戏《众星拱月》。

9月15日"秋档"开始,朱雪琴与朱雪霞拼档,在上海安乐、惠中、大陆、西园、群玉楼、雅庐、丽都等书场演出。

9月30日,华园、得意楼、沧洲、西园4家书场举行星期日早场捐献会书,全部新评弹,朱雪琴、雪霞排在西园第二档。

9月,上海市新评弹作者联谊会选辑出版《最新弹词开篇集》,刊登朱雪琴、朱雪吟等36位艺人的照片。

10月13日,苏州评弹会妇女组徐雪月发起全体女同志举行响应"六一"捐献义演,在苏州静园、雅乐书场日夜演出四场会书,特邀上海评弹会妇女组的朱雪琴、朱慧珍、黄静芬、朱雪霞参加,四人合作弹唱新书《铁树开花》送客。演出间隙,全体女艺人在光裕社大厅拍摄合影留念。

10月14日,苏州评弹会召开大会欢送朱雪琴等4人返沪。

10月17日,《上海书坛》273期发表朱雪琴的《我参加了苏州捐献会书　光荣是属于大家的!》一文,同时刊登朱雪琴等4人的演出照和捐献会书相关报道。

该期信箱刊登范舒答读者问:(一)朱雪琴有艺徒雪吟、雪玲、雪雯、雪霞、雪韵、雪虹等六人（二）《红楼梦》已放弃不说，现正钻研《铁树开花》。

11月3日，《上海书坛》刊登杨逸云编写的《新道中开篇》，宣传弹唱新书的艺人，其中写到“《铁树开花》朱雪琴”。

11月4日，沧洲书场举行星期早场会书，六档全部新弹词：钱苔纯《武松打虎》，汪菊韵、汪逸韵《刘巧团圆》，徐丽仙、刘美仙《九件衣》，严诵君、严小君《新白兔记》，徐琴芳、徐小琴《棠棣之花》，朱雪琴、朱雪霞《铁树开花》。

11月9日至11日，上海评弹界为响应六一号召捐献飞机大炮在大众剧院义演书戏《野猪林》三场，朱雪琴与魏含英、杜剑鸣、秦纪文、祁莲芳、徐琴芳、徐丽仙等在《长亭送别》一幕中分饰众乡邻，唱各派各调。

11月10日，《上海书坛》刊登消息：五层楼夜场姚荫梅剪书后改聘朱雪琴、雪霞。

11月17日至18日，为筹募评弹工会及协会经费，书戏《野猪林》在大众剧院再次献演两场。

11月24日上午，评弹工作者工会筹备会议决定对因演出书戏而停业的艺人职工给予半数包银或薪给补偿，严雪亭、朱雪琴等艺人均表示为了工会福利，不愿收受。

12月9日上午，评弹界为普善山庄募集经费假西藏路维也纳书场举行新评弹会书义演，共6档节目，徐云志、徐雪梅、徐琴韵、朱雪琴合说《三上轿》。

12月12日，《上海书坛》刊发报道《朱雪琴西园改说新书　不抽签增加了对新书的信心》。

12月23日上午，流动诊疗事业委员会为筹募基金商请评弹艺人假维也纳书场举行新评弹大会书，共6档节目，汪菊韵、汪逸韵、朱雪琴、朱雪霞合说《刘巧团圆》。

1952年　29岁

2月21日，在常熟演出期间参加全市“五反”宣传大会书，与朱雪霞合说《钱梦梵劝夫坦白》。

3月2日，再次参加常熟评弹艺人“五反”宣传大会书，与朱雪霞、屈锡康（联社票友）合说《亲兄弟明算账》。

3月初，常熟剪书后赴无锡蓬莱书场做“年二档”，与朱雪霞弹唱新书《铁树开花》。

4月8日，自无锡蓬莱书场剪书赴沪，在联社业余评弹会参观排书，经该社同志一致要求，弹唱《铁树开花》新书一回。下期长篇，拟赴杭州接三元书场。

4月9日，《上海书坛》刊登周一帆以朱雪琴姓名创作的组字画。

7月初，从杭州卸硖石演出。

7月9日，朱蓉舫、朱雪虹、朱雪芳应聘常州大东书场，日夜开说《铁树开花》。

8月上旬，在嘉兴珊凤书场演出。

8月中旬，由嘉兴抵沪，接隶农历七月初一起的书场。

8月20日（农历七月初一）起，与郭彬卿拼档在上海沧洲、大沪、华园、大美、富春楼等书场弹唱《梁祝》。

是日，《上海书坛》刊登听闻的短文《朱雪琴郭彬卿合作弹唱梁祝》。

8月27日，《上海书坛》刊登读者壹士的来信，对朱雪琴在大沪书场应少数听客点唱的《哭母开篇》提出批评。

8月30日，《上海书坛》第363期刊登读者朱培元、林稼人的来信，对“朱郭档”女起男角、男起女角的方式提出不同看法。

9月3日，《上海书坛》364期发表王越的《双反串的我见》，支持“朱郭档”的表演形式。

9月10日，《上海书坛》366期刊登读者来信，指出“朱郭档”在“十八相送”中的“过了一山又一山，前面到了紫金山”有讹。

9月17日，《上海书坛》368期刊登朱雪琴回信，对“十八相送”唱词作解释并表示修改为“过了一滩又一滩，前面到了绿岩滩”。

9月19日（农历八月初一）起，“朱郭档”继续在沧洲、丽都、维也纳、大沪、大美、华园、富春楼等书场日夜演出。

9月24日，《上海书坛》370期读者来信向朱雪琴提意见，指出“揹鼻头不能代表梁山伯的性格”。

10月19日上午，上海市文艺工会评弹工作委员会筹备会为流动诊疗车筹募经费，假座沧洲、红星、汇泉楼、西园、得意楼、群玉楼六家书场举行早场会书。朱雪琴、郭彬卿与陆秋霞、唐紫云、严祥伯、赵兰芳、胡寅秋、汪梅韵、徐丽仙、包丽芳等六档艺人参加汇泉楼会书，“朱郭档”送客。

10月22日，《上海书坛》刊载消息：传朱雪琴亦有计划集体组织之说。

11月17日（农历十月初一）起，在上海沧洲、新乐、五层楼、群玉楼等书场演出，沧洲书场日夜场均为送客档，在新乐开说新书《西厢记》。同时，在联合电台还有播音节目。

1953年　30岁

1月11日，参加沧洲书场星期早场会书，共4档节目：吴子安《李闯王》，徐丽仙、包丽芳《刘胡兰·看护伤病员》，朱雪琴、郭彬卿《楼台相会》，凌文君、张如君《马新贻祝寿》。

1月15日（腊月初一）起，在上海沧洲、维纳司、五层楼等书场日夜演出。

2月14日（大年初一）起，在常熟仪凤书场做“年档”，日夜弹唱《梁祝》。

6月，由於莲卿编选、上海铁流出版社刊行的《新评弹选集》第1集出版，刊登新评弹唱词和朱雪琴等十几位艺人的照片。

7月10日，《新民报晚刊》“书场中来”发表月子的《朱郭档的问题》，对“朱郭档”坚持向某些书场要求“多拿一根签子”的做法提出批评。

9月8日（农历八月初一）起，在维纳司、大美、新华、华园等书场日夜弹唱《梁祝》。

9月18日，《新民报晚刊》发表苏凤《我对〈梁祝〉弹词的一点意见》，文中对“朱郭档”艺术水平给予好评并提出建设性意见。

10月8日（农历九月初一）起，在上海大美、维纳司、新华、东方、华园等书场演出，日夜弹唱《梁祝》，为期两月。

11月1日，评弹改进协会筹募经费早场大会书在维也纳书场举行，共5档节目：杜剑鸣、杜剑华、顾竹君《武松·请邻取供》，朱雪琴、郭彬卿、秦纪文《梁祝·楼台会》，唐耿良《特级英雄黄继光》，严雪亭、徐翰舫、顾宏伯《白毛女·杨白劳打手印》，张鉴庭、朱慧珍、陈希安《林冲·贞娘刺奸》。

12月6日（农历十一月初一）起，在上海沧洲、米高美、大沪、维纳司、西园、安乐书场演出，日夜弹唱《梁祝》，为期两月。

1954年　31岁

1月6日（农历十二月初一）起，继续在上海沧洲、米高美、大沪、维纳司、西园、安乐书场演出，日夜弹唱《梁祝》。

2月3日（正月初一）起，继续在上海做"年档"，为期两月，隶大沪、维纳司、群玉楼、新成、安乐等书场，开说新书《琵琶记》。

2月20日，《新民报晚刊》报道薛筱卿、严雪亭、朱雪琴、郭彬卿、华佩亭等积极参加推销公债宣传活动，在各书场加唱新开篇，鼓动人民群众踊跃买公债。

2月23日，出席在沧洲书场举行的上海市推销1954年国家经济建设公债委员会职工总会文艺分会戏曲支会评弹、苏北评鼓、沪书分支会成立大会。

4月3日（农历三月初一）起，在上海沧洲、华园、新乐、丽都、玉茗楼、大陆书场弹唱《琵琶记》，为期两月。

5月16日上午，评弹改进协会为德本善堂筹募经费在大沪书场举行义演大会书，共5档节目：徐琴芳、侯莉君、蒋云仙《秦香莲》，华士亭、华佩亭、何学秋《梁祝》，凌文君、张如君、唐骏骐《刺马》，杨振雄、杨振言《武松·访何九》，朱雪琴、郭彬卿、薛筱卿《琵琶记·吃糠》。

6月1日（农历五月初一）起，在上海西藏、新成、大沪、丽都、新乐、红星书场弹唱《梁祝》《琵琶记》。

7月13日至15日，上海市戏曲改进协会召开评弹工作座谈会，上海市人民评弹工作团及评弹改进协会60多人与会，刘天韵、薛筱卿、朱雪琴、曹梅君等13人发言。

8月6日，《新民报晚刊》发表专题报道《上海评弹艺人讨论宪法草案》，全文刊登刘天韵、唐耿良、蒋月泉、周云瑞、张鸿声、顾宏伯、朱慧珍、朱雪琴、徐丽仙、杨斌奎、吴子安、杨振雄、杨振言等艺人的发言稿。

9月27日（农历九月初一）起，在上海西藏、大沪、丽都、大华、红星书场弹唱《琵琶记》，为期两月。

11月25日（农历十一月初一）起，在上海沧洲、大美、红星、大华、华园、新成书场弹唱《梁祝》《琵琶记》，为期两月。

1955年　32岁

1月24日（正月初一）起，在地方国营常熟书厅做“年档”，日夜弹唱《梁祝》《琵琶记》，为期一月。

2月22日（农历二月初一）起，在常熟梅李龙园书场演出，日夜弹唱《梁祝》《琵琶记》，为期一月。

3月24日（农历三月初一）起，在杭州演出。

5月12日起，在常州大观园书场弹唱《梁祝》《琵琶记》，下卸昆山西园。

8月18日（农历七月初一）起，在苏州光裕书场弹唱《琵琶记》，为期一月。

9月18日（农历八月初三）起，在乌镇艺乐书场日夜弹唱《琵琶记》。

10月16日（农历九月初一）起，在嘉兴珊凤书场日夜弹唱《梁祝》《琵琶记》，下卸湖州西园书场。

1956年　33岁

4月11日（农历三月初一）起，回到上海演出，日场新成、大华、静园，夜场东方、西园，弹唱《琵琶记》，为期两月。

6月9日（农历五月初一）起，继续在上海演出，日场东华、仙乐，夜场红星、西藏、沧洲，弹唱《梁祝》，为期两月。

7月，加入上海市人民评弹工作团。

8月5日，与王月仙合说的《琵琶记》选回《伯喈祭坟》在电台录音。

9月1日，与王月仙合说的《琵琶记》选回《南浦长亭》在电台录音。

9月10日起，与王月仙临时合作在仙乐夜场弹唱《琵琶记》，说至10月3日。同时参加中篇评弹《唐知县审诰命》和《珍珠塔》的排练。

10月，郭彬卿加入上海市人民评弹工作团，恢复“朱郭档”。4日（农历九月初一）起，日场在新成、东方书场弹唱《琵琶记》，为期两月；夜场在大华、仙乐书场演出，与严雪亭、曹梅君合说中篇《唐知县审诰命》的第二回《告状》，与陈希安合说中篇《方卿见姑娘》的第四回《逼唱道情》，演至12月15日。

农历十一月，朱雪琴、郭彬卿、严雪亭、张鸿声、张效声等赴黄埭、光福、望亭、浒墅关巡回演出。

是年，加入中国民主同盟。

1957年　34岁

1月31日（正月初一）起，"朱郭档"首次在上海弹唱《珍珠塔》，日场仙乐书场，夜场红星、大华书场，为期两月。

3月1日，加入上海市工会联合会。

6月10日，爱子朱一鹤出生。

10月23日（九月初一）起，在西园、西藏书场夜场弹唱《琵琶记》，为期两月。

12月21日（十一月初一）起，日场东方、新华书场，夜场红星、静园书场，弹唱《梁祝》，为期两月。

1958年　35岁

2月11日，经上海市文化局批准，上海市人民评弹工作团改名为上海市人民评弹团。

4月19日（农历三月初一）起，日场在西藏书场弹唱《珍珠塔》，为期两月；夜场在仙乐书场演出中篇评弹《白毛女》，与郭彬卿、徐雪月合说第二回《死里逃生》，与姚荫梅、郭彬卿合说第四回《大地回春》，演至5月30日。

5月31日起，夜场参加仙乐书场的短篇专场，与郭彬卿合说《母子之间》。

6月8日，与徐雪月、张鉴国组成宣传总路线小分队，在黄浦江轮渡上进行宣传演出。

6月11日晚，朱雪琴、郭彬卿参加上海市第一届曲艺会演，在仙乐书场演出《梁祝·楼台会》。

6月13日晚，朱雪琴、郭彬卿参加上海市第一届曲艺会演，在新华书场演出短篇《母与子》。

7月16日，上海市第一届曲艺会演召开总结大会宣布评判结果，“朱郭档”的《母与子》被评为现代题材较好节目，《梁祝·楼台会》被评为传统题材一般节目。

7月27日上午，即将赴京参加全国曲艺会演的上海曲艺代表队在仙乐书场公演，选演节目有朱雪琴的开篇《思想插上大红旗》，刘天韵、蒋月泉的《王魁负桂英·义责》，唐耿良的评话《王崇伦》，钱雁秋、饶一尘的《曙光与五味斋》，陈卫伯的评话《社会主义第一列飞快车》等5个。

8月7日，参加第一届全国曲艺会演，表演弹词开篇《思想插上大红旗》。该开篇由朱雪琴、徐雪月创作，收入《曲艺》杂志1958年8月号“第一届全国曲艺会演特辑”。

9月13日（农历八月初一）起，夜场在仙乐、大华书场演出，与郭彬卿合说《梁祝》中的精华选回，节目三天一换。

11月1日起，夜场在仙乐书场演出中篇评弹《“迷路记”》，与张鉴国、郭彬卿合说第三回。

12月4日至12日，上海市人民评弹团全团人员在常熟县白茆人民公社集中进行社会主义、共产主义教育。

是年，朱雪琴、徐雪月作词并演唱的弹词开篇《思想上插起大红旗》由中国唱片公司灌制成胶木粗纹唱片出版。

是年，上海市人民评弹团集体创作、演唱的弹词开篇《东风绝对压西风》由中国唱片公司灌制成胶木粗纹唱片出版，朱雪琴领唱，王柏荫、薛惠君伴奏。

是年，上海市人民评弹团集体创作、演唱的弹词开篇《解放台湾有决心》由中国唱片公司灌制成版胶木粗纹唱片出版，江文兰领唱，朱雪琴、薛惠君伴奏。

1959年　36岁

2月7日（大年夜）起，日场在仙乐书场说《梁祝》，夜场在西藏书场说《琵琶记》，在大华书场参加中篇评弹《冲山之围》首演，与唐耿良、郭彬卿合说第二回。

3月1日起，日场在西藏、静园书场弹唱《琵琶记》，为期一月。夜场在仙乐、西藏书场说《琵琶记》，其中西藏书场只做七天。

3月8日起，夜场在静园书场演出中篇评弹《厅堂夺子》，与蒋月泉、江文兰合说第三回《训子》，说至月底。

5月10日起，在玉茗楼中场弹唱《琵琶记》，与徐雪月、陈红霞《西厢记》越做。

5月11日起，夜场在静园书场演出中篇评弹《三约牡丹亭》，与刘天韵、严雪亭、朱慧珍、郭彬卿等参加首演。

6月1日起，中篇《三约牡丹亭》因刘天韵、朱雪琴生病而停演，静园夜场改由王柏荫、朱慧珍、徐丽仙、张维桢、陆耀良、严雪亭等四档演员说唱长篇。

6月24日晚，唐耿良、朱雪琴、郭彬卿在静园书场参加上海市1959年曲艺会演，演出《冲山之围》。

7月11日晚，评弹流派演唱大会串首次在上海文化广场举行，朱雪琴、郭彬卿弹唱选曲《游水出冲山》。

7月12日，静园书场早场举行评弹大会串，朱雪琴、郭彬卿弹唱《梁祝》，夜场继续参加文化广场举行的评弹流派演唱大会串，弹唱选曲《十八相送》。

7月25日和26日晚，上海市人民评弹团应广大群众要求，再次在文化广场举行两场开篇集锦、中篇菁华大会串，朱雪琴、郭彬卿弹唱选曲《七十二个他》。

7月27日晚，上海市人民评弹团在科学会堂举行花园纳凉晚会，朱雪琴、郭彬卿弹唱选曲《七十二个他》。

8月，朱雪琴、徐雪月创作的弹词开篇《思想插上大红旗》选入《第一届全国曲艺会演作品选集》，由上海文艺出版社出版。

9月1日起，夜场在雅庐书场弹唱《珍珠塔》。

10月，日场在大华书场弹唱《梁祝》，同时参加上海市人民评弹团举行的庆祝建国十周年夜场会书，在静园书场演出中篇评弹《三约牡丹亭》，与严雪亭、郭彬卿、华士亭合说第三回；11日至17日在西藏书场参加第二期新开篇、短篇专场，弹唱新开篇《八中全会发公报》；在仙乐书场参加4期长篇分回演出，分别弹唱选回《七十二个他》、开篇《拾画》、选回《下扶梯》和选回《楼台会》。

11月，夜场在仙乐、大华书场弹唱《琵琶记》，其中8日至30日的日场郭彬卿与薛惠君拼档，在红星书场弹唱《珍珠塔》。

11月17日，据《新民晚报》报道，上海评弹团日前为纪念白求恩大夫举行座谈会，蒋月泉、唐耿良、杨振雄、杨振言、周云瑞、朱雪琴、陈希安等出席并发言。

是年，朱雪琴、郭彬卿演唱的《冲山之围（一）》由中国唱片公司灌制成胶木粗纹唱片出版，唱片共两面。

是年，朱雪琴、郭彬卿首唱陈灵犀创作的弹词开篇《击鼓战金山》。其后，朱雪琴分别和余红仙、石文磊，蒋月泉与朱慧珍，薛筱卿与朱慧珍都演唱过这首开篇。

1960年　37岁

1月，文化部曲艺优秀节目汇报演出在北京举行。8日，朱雪琴、陈希安演出《游水出冲山》。9日，朱雪琴为弹词合唱《向秀丽》担任伴奏。另有周云瑞、张振华合说的《茶访》于11日演出。

1月下旬，上海评弹团根据电影《上海英雄交响曲》的解说词改编成大型合唱开篇《上海英雄颂》，独唱部分由蒋月泉、徐丽仙、朱雪琴、严雪亭、杨振雄等担任，唐耿良朗诵。该节目在春节期间文化广场举行的早场会书中受到欢迎，同台演出的还有朱雪琴、郭彬卿的《保炉英雄》等现代节目。

1月31日，上海市人民评弹团在静园、西藏、红星、西园4家书场同时举行会书早场，"朱郭档"在红星演出《珍珠塔》。

2月1日起，"朱郭档"日场西藏、夜场仙乐，弹唱《珍珠塔》。

2月14日，与陈希安、华士亭、徐雪花随上海市总工会慰问参加西北建设职工代表团启程赴甘肃、青海、宁夏、陕西等地，演出《上海英雄颂》《红色教师李景兰》和《思想插上大红旗》等节目，历时3个月。期间郭彬卿与薛惠君拼档，在大华、西园、红星等书场弹唱《珍珠塔》。

3月，在青海西宁等地慰问演出。30日抵达银川，在宁夏慰问至4月14日。

4月18日，抵达西安慰问演出。其间，与组队赴西北、西南五省巡回演出的严雪亭、杨振雄、徐丽仙、张维桢、张如君、刘韵若6人会师，在西安人民大厦前合影留念。

8月14日，上海评弹团应听众要求在文化广场加演“开篇、中篇选回大会串”，朱雪琴弹唱开篇《岳母刺字》，同台演出的有吴子安、张效声的短篇评话《威震海外》和薛筱卿、朱慧珍的开篇《击鼓战金山》等节目。

9月，与郭彬卿在红星书场（日场）、静园书场（夜场）弹唱《珍珠塔》，静园说至10日。

10月，《上海市评弹节目表》刊登朱雪琴、郭彬卿对唱的弹词开篇《人民公社真正好》。

11月，日场在福州书场弹唱《梁祝》。

是年，苏似荫、江文兰、华士亭作词，朱雪琴弹唱，薛惠君伴奏的弹词开篇《美帝寿命长不了》由中国唱片公司灌制成胶木粗纹唱片出版。

是年，朱雪琴参加演出的中篇评弹《三约牡丹亭》中国唱片公司灌制密纹唱片出版。

1961年　38岁

2月6日，录制弹词开篇《百花齐放迎新春》，朱雪琴与江文兰、石文磊、武家安、余红仙、朱慧珍、孙淑英、赵菱菱等联唱。

2月14日（大年夜）起，在静园书场（日场）弹唱《珍珠塔》。

2月16日至17日，参加上海评弹团在文化广场举行的春节演出。

2月19日上午，上海评弹团首次在上海音乐厅举行“评弹曲调流派汇演”，展示十二种不同流派，朱雪琴演唱选曲《蔡伯喈操琴思乡》。

2月23日起，在静园书场（夜场）演出传统书目菁华，与朱慧珍、张维桢合说《三约》，演至3月1日结束。

2月24日，《新民晚报》刊登月子的评论文章《“琴调”得力于“放”——评弹曲调流派杂谈之二》。

2月26日，《新民晚报》报道人民电台应听众要求将于27日19时选播“评弹曲调流派汇演”的实况录音。

4月3日，朱雪琴、郭彬卿的《珍珠塔》选回《下扶梯》在中国唱片厂录音，同年出版密纹唱片。

4月7日，离沪赴北京、天津、安徽等地巡回演出，演出书目为《珍珠塔》选回《妆台报喜》《下扶梯》《方卿见娘》和开篇《好八连》《击鼓战金山》等。演出期间适逢苏联宇宙飞船实现首次载人宇宙飞行，朱雪琴随即演唱周云瑞连夜赶写的新开篇《宇宙行》，引起轰动。

4月14日，《北京晚报》发表曲集撰写的《上海评弹的流派》，文中评价“琴调”对温文尔雅的评弹曲调是一种极大的突破和发展。

4月22日晚，前一天刚从外地回京的陈云同志到北京剧场观看演出，散场后在后台和演员亲切交流。在京期间，陈云多次到场听书，并安排演员参观游览颐和园、香山、八达岭、革命军事博物馆等地方。

4月23日，《北京晚报》发表林瑞颐的评论文章《好难下的扶梯》，对“朱郭档”的演出赞誉有加。

4月28日，在人民大会堂山东厅为陈云、乌兰夫、陆定一等中央领导同志作专场演出并合影留念，演出结束后由陈云同志安排秘书陪同，游览天坛和雍和宫。

5月7日，北京演出圆满结束，中国剧协主席、文化部艺术局局长田汉赋诗《听评弹四绝》致谢赠别，其中一首专为朱雪琴、郭彬卿的《下扶梯》而作，诗云：待见方卿行又止，人情剖析到毫厘，唱完十八因何句，才下妆楼一半梯。这首诗作在《曲艺》杂志1961年第3期发表。

5月14日，在天津公演期间，著名戏剧家李邦佐在报上发表文章《高歌琴韵入耳新》，赞赏朱雪琴演唱的《妆台报喜》和《好八连》。

5月18日，当日出版的《曲艺》杂志1961年第3期刊登杨振雄、朱雪琴、徐丽仙、周云瑞、杨振言联合撰写的《向北方的战友学习》。

5月21日至28日，第二届“上海之春”音乐会在上海音乐厅举行，参加演出的评弹节目有孙淑英等演唱的毛主席诗词《长沙》、朱雪琴的《宇宙行》、徐丽仙的《我见到了毛主席》和余红仙的《蝶恋花·答李淑一》等。

6月4日，当日出版的《人民音乐》1961年第6期发表朱崇懋的《动人的声韵醉人的音》,文中对朱雪琴在“七十二个他”中的演唱技巧作了分析。

7月1日至2日,上海评弹团在上海音乐厅举行两场毛主席诗词和开篇、选曲演唱会,朱雪琴分别弹唱《宇宙行》和《岳母刺字》。

7月6日,《文汇报》报道朱雪琴、郭彬卿在上海评弹团开展的“摸家底”工作中,整理出《珍珠塔》中的《姑侄相争》和《方卿见娘》两回“沉书”。评弹团在开展讨论表演艺术的活动中还对朱雪琴的唱调和郭彬卿的琵琶伴奏进行认真探讨。

7月28日晚,在文化广场参加上海市评弹传统节目会串之传统开篇专场,弹唱《翻腮胡》。

8月14日,《新民晚报》刊登杨振雄、周云瑞、朱雪琴、徐丽仙、杨振言联合撰写的《回忆梅先生听书》,缅怀刚刚逝世的梅兰芳先生。

11月7日,《文汇报》报道上海评弹团定于17日至25日在仙乐书场、虹口剧场轮换举行保留剧目展演,朱雪琴、郭彬卿将在仙乐书场演出《妆台报喜》《方卿见娘》,两人还将参加19日在上海音乐厅日场演出的开篇、选曲演唱专场。

11月,经市文化局批准,上海评弹团增补朱雪琴、徐丽仙、吴子安、张鉴庭、张鸿声、薛筱卿、朱介生、吴宗锡为艺委会委员。

同月,上海评弹团做出重点培养第一类青年艺术人才的打算,其中余红仙由蒋月泉辅导说表,由朱雪琴辅导弹唱,要求一年打下弹唱基础,三年说好《双珠凤》。

12月24日,《新民晚报》报道唐耿良、杨振雄、朱雪琴、徐丽仙、杨振言、郭彬卿等一行十人于22日抵达长沙,开始为期一月左右的巡回演出,除长沙外还将赴南宁、柳州、桂林、衡阳等处演出。

是年,中国唱片公司录制出版朱雪琴的弹词开篇《潇湘夜雨》,郭彬卿伴奏。香港艺声唱片公司以此为基础复制出版过唱片。

1962年　39岁

1月,巡回演出到达广州,除公演之外还应广州军区俱乐部之邀为叶剑英演出,广东省副省长兼广州市市长曾生设宴招待叶剑英时邀请杨振雄、朱雪琴、徐丽仙等作陪。当月下旬返回上海。

2月，夜场在大华书场弹唱《珍珠塔》。

2月3日，《新民晚报》介绍4日晚人民电台举办的市人民评弹团迎春广播会将播送薛筱卿、周云瑞、朱雪琴、陈希安、陈红霞、石文磊联唱的《七十二个他》。

4月17日，《解放日报》发表左弦的《琴调小论》。

4月下旬，朱雪琴入选赴港演出名单，开始和薛惠君排练演出节目。

5月4日，上海市文学艺术工作者第二次代表大会开幕，上海市曲艺工作者协会成立，朱雪琴出席大会并当选曲协第一届理事。

6月1日起，随赴港演出团到苏州、无锡举行为期11天的短期公演。郭彬卿无缘赴港，日场在福州书场单档弹唱《珍珠塔》。

6月17日，香港《大公报》刊发乐闻声的文章，为丽的呼声金色电台当晚8时30分播放的刘天韵、严雪亭、徐丽仙、朱慧珍、朱雪琴、徐雪花、郭彬卿等弹唱的《三约牡丹亭》作预告介绍。

6月18日，抵达广州为赴港演出作最后准备。

7月1日，香港《大公报》刊登《应丰年娱乐公司邀请上海评弹团将到港》的消息。

7月3日，乘火车离开广州经深圳前往香港，受到丰年娱乐公司及各界知名人士的欢迎。

7月4日晚，丰年娱乐公司董事长何贤在丽宫酒楼设宴为上海评弹团洗尘，全体团员出席宴会。

7月6日，上海评弹团赴港演出在香港大会堂音乐厅开幕，朱雪琴、薛惠君合说的《珍珠塔・七十二个他》在日场首演中取得很好的效果。当天香港《大公报》刊登吴人的节目简介特稿，赞誉"《七十二个他》听出耳油"。

7月7日，继续在香港大会堂音乐厅演出，日场与薛惠君合说《珍珠塔・见娘》，夜场参加弹词曲调演唱会，所唱《拷红》博得满堂彩，连续加唱《十八因何》和《方卿哭诉陈翠娥》两段选曲。

7月8日，夜场移师普庆戏院演出，朱雪琴、薛惠君合说《珍珠塔・见姑娘》。当日香港《大公报》发表天堂一老的《星期特稿：我对评弹有乜好弹》，文章对朱雪琴、薛惠君的《七十二个他》大加赞赏。

7月9日晚，中篇评弹《三约牡丹亭》在普庆戏院上演，朱雪琴与刘天韵、严雪亭、薛惠君合说第三回《闹园》。当日香港《大公报》刊登惠斋的文章，将朱雪琴的手风、杨振雄的俞调和刘天韵的做表喻为评弹团向港九听众、书迷们奉敬的既醇厚又清新的三杯酒。

7月10日，香港《大公报》刊登刘郎的《唱江南·朱雪琴赞歌》，为加强宣传效果，报上还印制了朱雪琴的大幅照片。

7月11日夜场，在中华总商会礼堂演出《珍珠塔·下扶梯》。

7月12日夜场，在中华总商会礼堂演出《珍珠塔·小夫妻相会》。

7月13日日场，在百乐门餐厅演出《珍珠塔·内堂报喜》。

7月14日，香港《大公报》撰文推荐刚刚面市的评弹唱片，对朱雪琴的《下扶梯》作详细介绍。

7月15日夜场，在都城戏院演出《珍珠塔·内堂报喜》。

7月16日夜场，在都城戏院演出中篇《三约牡丹亭》。

7月17日，休息一天，上午到铜锣湾中国国货公司逛街，中午参加香港新闻界人士在北角丽宫酒楼的招待宴会。

7月19日，中午再逛百货公司，购买衣料及日用品。夜场在普庆戏院演出《珍珠塔·下扶梯》。

7月20日，上海评弹团在普庆戏院举行闭幕演出，朱雪琴演唱选曲《伯喈荣归》，加唱《螳螂做亲》和《见娘》。

7月22日，赴港演出团应香港《文汇报》和《大公报》的邀请乘坐游艇游玩南丫岛。

7月23日，出席香港方面举办的告别酒会。

7月24日，上海评弹团一行于上午九时许离开香港，梁威林、孟秋江、费彝民等各界人士到尖沙咀火车站送行。十时抵达深圳，受到宝安县领导的热情欢迎，下午乘车返抵广州，全体团员调整休息。

8月1日起，在广州南方戏院举行三场公演。

8月6日下午，上海评弹团一行回到上海，上海市文化局局长孟波、剧协副主席刘厚生到车站迎接。

8月16日开始，夜场在仙乐书场参加赴港归来汇报演出。

10月，“朱郭档”夜场在大华书场弹唱《珍珠塔》。

12月，保加利亚武装力量剧院总导演阿刘克山得尔·伊万诺夫和斯托物诺夫（老共产党员）到上海人民评弹团访问，薛筱卿、朱雪琴、周云瑞、余红仙、刘韵若、赵开生等参加演出。

是年，朱雪琴、余红仙对唱的弹词开篇《击鼓战金山》由中国唱片公司灌制成胶木粗纹唱片出版，唱片共两张四面。

是年，朱雪琴弹唱、郭彬卿伴奏的选曲《楼台会》由中国唱片公司录制出版密纹唱片。

1963年　40岁

1月1日，日场在仙乐书场演出《珍珠塔》选回。本月赴嘉定参加为期12天的全团集中学习。

3月，夜场在仙乐书场弹唱《珍珠塔》。

6月1日晚，参加天津市曲艺团、上海市人民评弹团、上海市长征评弹团、上海市大公滑稽剧团和上海市大众滑稽剧团在上海音乐厅举行的南北曲艺交流演出，弹唱开篇《南京路上好八连》，郭彬卿伴奏。

6月2日下午，参加南北曲艺交流演出第二场，与石文磊对唱弹词开篇《击鼓战金山》。

7月4日起，日场在仙乐书场说长篇，头档徐雪月、徐丽仙《王老虎抢亲》，二档张鸿声《铁道游击队》，送客档朱雪琴、郭彬卿《珍珠塔》。

7月7日至10日，参加上海市人民评弹团举办的第二期现代开篇、选曲、短篇演唱会，朱雪琴、郭彬卿在静园夜场分别弹唱开篇《南泥湾》和《夸英雄》。

7月13日至19日，参加上海市人民评弹团举办的第三期分回演出，“朱郭档”在仙乐夜场弹唱《采苹报喜》送客。

8月，日场在仙乐书场弹唱《珍珠塔》。

9月12日上午，上海市人民评弹团就《光明日报》的《进一步贯彻执行戏曲的百花齐放、推陈出新的方针》专栏中的编者按和有关文章进行讨论座谈，朱雪琴参加座谈会并发言。

12月25日开始，为期一月的华东区话剧观摩演出在上海举行，朱雪琴、余红仙参加招待演出，对唱“琴调”开篇《移风易俗的带头人》。参加演出的节目还有石文磊的开篇《社员都是向阳花》，唐耿良的短篇评话《穷棒子办社》和蒋月泉、余红仙的弹词选回《夺印·夜访》。

1964年　41岁

1月4日至7日，参加上海市人民评弹团在仙乐书场夜场举行的现代短篇、传统分回演出。

2月1日晚，评弹现代书目会书的重点节目《歌颂三千勇士战烈火》专场在仙乐书场公演，朱雪琴、陈红霞合说弹词《当仁不让》。

2月2日下午，春节广播会在仙乐书场举行，第7个节目由朱雪琴等14位女演员联唱开篇《天安门上放礼花》，收音机前的听众积极参与竞猜。

2月4日上午，出席上海市曲艺工作者协会在文艺会堂召开的评弹界全体大会。会议对现代书目会书作了总结，传达中国文联和中国曲协召开的曲艺创作座谈会精神，布置下一次现代书目会书的任务和要求，号召评弹书目革命化、评弹艺人革命化。

2月12日（大年夜）起，《歌颂三千勇士战烈火》专场在静园书场夜场再度上演。

7月5日起，与郭彬卿在仙乐书场弹唱现代长篇《会计姑娘》。

7月中旬，在上海文化俱乐部为刘少奇、王光美演出，弹唱新开篇《请到我们山区来》，参加演出的节目还有徐丽仙的《社员都是向阳花》。

7月21日，《新民晚报》报道中国人民解放军南京部队曲艺演出队在沪演出期间，青年评弹演员徐林达、赵菱菱邀请刘天韵、蒋月泉、朱雪琴、杨斌奎、钱雁秋、蒋云仙、江文兰、余红仙等前去传艺，正在上海休养的徐云志也参加这次活动。

8月3日，《文汇报》“歌唱新社会”专栏发表朱雪琴忆苦思甜文章《琵琶悲欢曲》。

8月3日起，中篇评弹《芦苇青青》在仙乐书场夜场演出，朱雪琴和余红仙以A、B角轮流上场，与苏似荫、郭彬卿合说第三回。

9月，夜场继续在仙乐书场演出中篇评弹《芦苇青青》，与苏似荫、郭彬卿合说第三回。

10月1日至3日，参加上海市人民评弹团在仙乐书场夜场举行的革命斗争开篇和毛主席诗词演唱会。

10月4日至7日，参加上海市人民评弹团在仙乐书场夜场举行的现代开篇短篇演出，弹唱开篇《神枪姑娘》。

10月9日起，中篇评弹《芦苇青青》继续在仙乐书场夜场演出，朱雪琴和江文兰以A、B角轮流上场，与苏似荫、郭彬卿合说第三回，说至11月底。

11月12日，以小生团长和冈本文弥副团长为首的日本艺能家代表团访问上海市人民评弹团，朱雪琴参加艺术交流，弹唱《南京路上好八连》，冈本听后激动地和她握手交谈，称赞她的调子很明快，使老年人听了变年轻了。

12月，中篇评弹《芦苇青青》继续在仙乐书场夜场演出，朱雪琴与苏似荫、江文兰、吴静芝合说第三回。

1965年　42岁

1月，中篇评弹《芦苇青青》继续在仙乐书场夜场演出，朱雪琴与苏似荫、江文兰、吴静芝（A角）、沈桂英（B角）合说第三回。

2月，中篇评弹《芦苇青青》继续在仙乐书场夜场演出，朱雪琴与苏似荫、吴静芝（A角）、沈桂英（B角）合说第三回。

4月10日起，中篇评弹《红梅赞》在仙乐书场夜场演出，朱雪琴与刘韵若、赵开生合说第二回《受红旗》，说至6月底结束。

5月16日，参加第六届上海之春音乐会闭幕式“支持越南人民抗美救国斗争、支持多米尼加人民反对美国武装侵略音乐歌舞专场”公演，与陈希安对唱弹词开篇《越南军民打得好》。

6月24日，《新民晚报》预告27日早场上海市人民评弹团在上海音乐厅演出评弹演唱会，严雪亭、朱雪琴、徐丽仙等演出。

7月，赴苏州演出中篇评弹《芦苇青青》。

8月1日至8日，参加沧洲书场夜场的《农村节目选辑》专场，与郭彬卿分别弹唱开篇《红纸伞》和《任春塘变了样》。

8月29日，上海市人民评弹团在美琪电影院举行评弹演唱会，朱雪琴弹唱开篇《小四牛》送客。

8月，上海市人民评弹团为庆祝抗日战争胜利二十周年，在静园书场露天花园夜场演出中篇评弹《芦苇青青》，朱雪琴、郭彬卿、姚声江合说第三回，演至9月7日结束。

10月，中篇评弹《疾风迅雷》在静园书场夜场演出，朱雪琴与吴子安、郭彬卿合说第一回。

11月，中篇评弹《疾风迅雷》继续在静园夜场演出，第一回改由张鉴庭、吴子安、朱雪琴三人合说。

12月13日晚，上海市人民评弹团评弹演唱会在大华书场举行，演出均为现代题材开篇，朱雪琴弹唱《歌唱王杰》。

是年，弹词开篇《歌唱王杰》（华士亭作词、薛惠君伴奏）由中国唱片公司灌录成胶木粗纹唱片出版，唱片共两面。

是年，徐丽仙、朱雪琴对唱的弹词开篇《来唱革命歌》由中国唱片公司录音，翌年灌制成密纹唱片出版。

是年，朱雪琴、郭彬卿对唱的选曲《芦苇青青·游水出冲山》由中国唱片公司录音，翌年制作成密纹唱片出版。

1966年　43岁

1月20日起，中篇评弹《急浪丹心》在大华书场夜场演出，朱雪琴与姚荫梅、陈希安合说第二回《过滩》，演至6月时姚荫梅受到批判被撤下，由周苏生顶替演出。

2月9日，在上海音乐厅演唱《王杰颂》。

5月，上海市人民评弹团《毛泽东思想闪金光》演唱活学活用毛主席著作标兵专场在仙乐书场夜场举行，演出节目有朱雪琴的开篇《造志气灯》、严雪亭的故事《为革命织布》、陈瑞琳的开篇《海上红色服务员》和唐耿良的故事《红雷凯歌》。

8月10日，台湾女王唱片公司再版朱雪琴、郭彬卿的《下扶梯》。

1967年　44岁

因为声援杨振言领导的“红色扫荡组”为杨振雄平反而遭受批判，被迫靠边不能演出，工资大幅削减。

1968年 45岁

5月4日，郭彬卿因屡遭造反派殴打而在团部三楼上吊自杀，年仅49岁。1978年得到平反昭雪。

1969—1971年 46—48岁

处于靠边状态，后来被下放至奉贤文化五七干校，接受贫下中农教育。

1972年 49岁

3月8日，在团部参加三八妇女节座谈会，讲述旧社会对女艺人的压迫和学艺的艰难。

1973—1974年 50—51岁

除参加评弹团组织的劳动、学习和会议外，主要负责团部演出服装的保管和整理工作。

1975年 52岁

9月，上海评弹团为重新安排“三名三高”演员徐丽仙、严雪亭、吴子安、朱雪琴等参加业务实践活动，向市文化系统党核心小组请示。此后，朱雪琴等著名艺人获得“解放”，重新登上书坛。

1976年 53岁

1月，参加上海市人民评弹团短篇评弹专场，弹唱根据上海县文化馆创作浦东说书《送船》改编的弹词开篇《风格船》。

2月，与周亚君合作短篇弹词《两亲家》。

4月至7月，参加上海市人民评弹团短篇评弹专场，弹唱由彭本乐作词的弹词开篇《剥画皮》。

8月，继续参加上海市人民评弹团短篇评弹专场，和吴静芝分A、B角轮流演出，弹唱弹词开篇《剥画皮》。

1977年 54岁

1月，参加上海市人民评弹团“迎新春庆胜利”曲艺专场。

2月至4月，参加中篇评弹《夺印》的演出，与胡国梁、俞雪萍合说第二回《破浪》。

4月3日，在西藏书场参加上海市人民评弹团举办的曲艺专场，弹唱开篇《南泥湾》。

8月，在上海市文化局主办的“热烈拥护党的第十一次全国代表大会胜利召开文艺演出”上，弹唱辜彬彬作词的开篇《团结胜利向前方》。

12月，中篇评弹《红梅赞》再度上演，朱雪琴、刘韵若合说第二回《受红旗》。

同月，当选上海市政协第五届委员会委员。

是年，因患子宫癌进行手术治疗。

1978年　55岁

1月至2月，参加中篇评弹《红梅赞（上集）》演出，与刘韵若合说第二回《受红旗》。

1月20日出版的《上海文艺》1978年第1期发表朱雪琴创作的新开篇《文艺战士放声唱》。

10月，参加上海市人民评弹团传统选回专场，与薛惠君弹唱《珍珠塔》选回《方卿见娘》。著名记者、杂文家冯英子在听书后撰写评论文章《如闻其声　如见其人》，对朱雪琴的书艺大加赞赏。

12月，参加上海评弹团举行的纪念毛主席诞辰评弹演唱会。

是年，收上海评弹团青年演员赵小敏、朱建玲为徒，传授“琴调”唱腔和长篇弹词《珍珠塔》。

是年，弹词开篇《潇湘夜雨》由中国唱片公司灌制成密纹唱片出版。

1979年　56岁

1月，参加上海评弹团在新春前夕举行的迎春广播演唱会。

春节开始复演中篇评弹《唐知县审诰命》，朱雪琴与胡国梁、薛惠君合说第二回《告状》。

4月13日起，在常州书场演出中篇评弹《唐知县审诰命》。

4月18日，《常州日报》刊登《评弹流派与“琴调”》，介绍正在常州演出中篇的朱雪琴和“琴调”。

8月，与王小燕合作编写的短篇弹词《父女俩》在《曲艺》杂志1979年第8期上发表。

是年，弹词开篇《潇湘夜雨》由中国唱片公司灌制成小薄膜唱片出版。

是年，中国唱片公司灌制出版《弹词流派唱腔集锦》唱片一套四张，其中集锦三收入朱雪琴弹唱的《梁祝》选曲《楼台会》，集锦四收入朱雪琴弹唱的开篇《拷红》。

1980年　57岁

2月2日至12日，江苏、浙江、上海两省一市评弹会书在苏州举行，朱雪琴和苏州市评弹团朱丽安联袂弹唱《珍珠塔·哭诉》。

5月9日，上海市曲协为来沪演出的天津市曲艺团举行艺术交流座谈会，朱雪琴出席活动并演唱。

6月1日起，夜场在闵行前进书场单档弹唱长篇弹词《梁祝》，与吴县团金建忠《小五义》两档越做，为期十五天。

7月9日，上海市曲艺工作者协会召开第二次全体会员大会，更名为中国曲艺家协会上海分会，朱雪琴当选理事。

7月17日至22日，静园书场夜场举行上海评弹团老艺人录像会书，分三期进行，每期两天。第一期为蒋月泉、江文兰《玉蜻蜓·恩结父子》，唐耿良《三国·临江会》和杨振雄、杨振言《西厢记·回柬》；第二期朱雪琴、薛惠君《珍珠塔·七十二个他》，吴子安《隋唐·沙陀寨》和张鉴庭、张鉴国《顾鼎臣·花厅评理》；第三期杨振雄、杨振言《西厢记·佳期》，张鸿声《英烈·双喜临门》和张鉴庭、张鉴国《顾鼎臣·塞赃》。

10月，吴君玉、魏真柏在上海结为师徒，朱雪琴应邀参加拜师会。

12月，根据民盟上海市委的要求，上海评弹团民盟支部对恢复活动一年来的工作进行小结反馈，表扬朱雪琴手术后仍以事业为重，辅导青年演员，亲自带他们到码头上拼档演出，做好传帮带。

是年，朱雪琴、郭彬卿合说的选回《方卿见娘》和朱雪琴、余红仙对唱的开篇《击鼓战金山》由中国唱片公司出版大薄膜唱片。

1981年　58岁

春节前夕，参加上海电视台举办的1981年春节电视点播大联欢，弹唱新开篇《迎春曲》，吕咏鸣伴奏，该节目于2月4日除夕夜播出。

5月，上海评弹团部分著名演员应邀为常熟电讯厂俱乐部成立举行庆祝会书，朱雪琴与余红仙合说《珍珠塔》选回。

7月1日至2日，在大华书场参加上海评弹团举办的庆祝中国共产党成立六十周年专场演出，与刘韵若对唱中篇评弹《红梅赞》选曲《授红旗》。

9月，《中国戏曲曲艺辞典》由上海辞书出版社出版，演员条目中写到了朱雪琴。

11月28日，在西藏书场参加上海评弹团庆祝建团三十周年专场演出第三场，与赵小敏合说弹词选回《梁祝 · 楼台会》。

11月30日，在西藏书场参加上海评弹团庆祝建团三十周年专场演出第五场，弹唱现代开篇《千朵桃花一树生》，薛惠君伴奏，加唱《拷红》片段。

是年，与薛惠君合作在上海人民广播电台录制长篇弹词《珍珠塔》30回。

1982年　59岁

3月，全国开展第一个“全民文明礼貌月”活动，朱雪琴、石文磊合作表演对白开篇《婆媳情》，宣扬新人新事。

4月29日上午，陈云在杭州云栖召集江浙沪评弹界人士座谈，朱雪琴参加座谈会。

8月下旬，在大华书场参加上海评弹团举办的分回演出，弹唱《珍珠塔》选回《痛责哭诉》。

9月6日至11日，中国曲协上海分会、中国音协上海分会、苏州评弹研究会联合举办的弹词音乐座谈会在上海召开，朱雪琴出席会议并作交流发言。1983年9月出版的《评弹艺术》第二集发表了她的发言稿《我的唱腔风格的形成》。

9月29日，收浙江曲艺团周式巾、周映红姐妹为徒，蒋月泉、张鉴庭、张鸿声、陆耀良、胡天如、张鉴国等出席拜师活动。

10月，《曲艺》杂志1982年第10期“认真学习、宣传、贯彻党的十二大精神”专栏发表朱雪琴撰写的《我的心愿》。

11月11日至12月5日，上海评弹团赴北京、天津演出，演员有杨振雄、朱雪琴、杨振言、陈希安、吴君玉、张如君、张振华、余红仙、刘韵若等，在京期间与北方曲艺演员同台演出南曲北唱专场，参加中国曲协、中央人民广播电台、中央电视台等单位举行的座谈会。

11月21日上午，赴京演出的全体演职员在中南海受到陈云同志接见并合影留念。

12月4日，《广播节目报》101期刊发图片报道“上海评弹团在京专场演出”，内容包括朱雪琴和“琴调”等。

1983年　60岁

1月，《曲艺》杂志（总第126期）封二“上海评弹团来京演出照片选刊”刊登朱雪琴、陈希安弹唱《珍珠塔·方卿唱道情》的剧照。

4月，当选上海市政协第六届委员会委员。

6月，因患横结肠癌接受手术治疗。

6月4日，《舞台与观众》发表夏史的文章《豪放雄健的“琴调”》。

9月22日，给中央人民广播电台编辑袁枫回信，信中提到自己做了横结肠癌手术。

12月31日，参加上海市文化局、中国曲艺家协会上海分会在文联大厅召开的庆祝《陈云同志关于评弹的谈话和通信》出版座谈会，畅谈学习体会。

1984年　61岁

1月11日至15日，上海市评弹工作会议在青浦召开，朱雪琴、徐丽仙因病没有参加，向会议发去贺信和书面发言，《舞台与观众》于1月13日刊发该信。

春节期间，参加上海评弹团与上海电视台联合在上海政协会堂举行的迎春团拜会，与陈希安、薛惠君合说《珍珠塔·羞姑》，上海电视台于2月3日播出实况录像。

1月29日，携徒朱建玲、赵小敏参加迎春会书，合说选回《梁祝·楼台会》送客。

3月，在《新民晚报》发表《忆徐丽仙二三事》一文，怀念刚刚逝世的徐丽仙。

4月6日，参加民盟上海市第八次盟员代表大会，和薛惠君一起为与会代表演唱开篇。

11月14日至20日，上海市文化局演出处、上海文化录音录像中心、《文汇报》《解放日报》联合举办的江浙沪著名评弹老艺人书会在上海大华、红星书场日夜举行，朱雪琴、徐琴芳、侯莉君、朱介生、王月香、张鸿声、唐耿良、曹汉昌、邢瑞庭等参加演出。

11月25日，庆祝上海人民广播电台《星期书会》100期评弹大会串在上海音乐厅举行，朱雪琴携徒朱雪玲、赵小敏合说《珍珠塔·小夫妻相会》。

1985年　62岁

2月2日，朱雪琴、余红仙、张振华、薛惠君等应邀赴常熟福山乡祝贺华福实业公司成立，举行专场会书。

2月14日，迎春曲艺交流演出评弹专场在西藏书场举行，日场演出由朱雪琴、薛惠君合说《逼唱道情》送客。

2月18日，民盟上海市委为上海市老年人体育协会组织的公益文艺节目在人民大舞台举行，朱雪琴、薛惠君弹唱开篇《迎春曲》。

2月22日，在《新民晚报》发表《故园今是亿元乡》一文，畅谈回到故乡常熟福山乡的感受。

5月，应邀出席上海电视台电视书场开幕晚会，为电视观众表演《双金锭》中"雉尾生"龙梦锦的人物形象。

10月15日，参加上海市文联、上海市文化局、中国曲协、民盟上海市委、中国曲协上海分会和上海评弹团联合主办的刘天韵逝世二十周年纪念会。

10月16日，纪念刘天韵逝世二十周年评弹专场在大华书场举行，华士亭、谢毓菁、朱雪琴、薛惠君合说《三约牡丹亭·闹园》送客。

11月14日至15日，无锡广播书场开播35周年迎新会书在无锡红星剧场举行，朱雪琴、薛惠君弹唱《下扶梯》《方卿哭诉》。

11月20日晚，上海评弹团附属乡音书苑举行开幕演出，朱雪琴、薛惠君对唱《珍珠塔·哭诉》送客。

是年，上海音像公司出版《星期书会大会串》盒带，收入朱雪琴、朱雪玲、赵小敏合说的《珍珠塔·小夫妻相会》。

是年，中国唱片公司上海分公司出版盒带《红楼梦开篇集锦》(HD227/228)，收入朱雪琴弹唱的《潇湘夜雨》。

1986年　63岁

2月22日至23日，在雅庐书场演出中篇评弹《点秋香》，朱雪琴、孙珏亭、薛惠君、沈世华合说第三回《天从人愿》。

3月13日至15日，上海评弹团赴港演出团赴无锡预演三场，其中13日日场朱雪琴、薛惠君合说《珍珠塔·秋珠报信》，14日日场演出中篇评弹《唐伯虎点秋香》。

4月，应香港联艺公司、亚洲电视台的联合邀请，徐檬丹带队率杨振言、杨振雄、朱雪琴、陈希安、薛惠君、余红仙、沈世华、吴君玉、华士亭、孙珏亭、庄凤珠等赴香港演出。2日至8日和12日至5月2日分别在九龙百丽殿剧场、联艺公司小会场演出，共计22场。

4月6日，拜访香港雅风集业余评弹团票房，受到吴伟君、何国安等票友的热情接待。

6月2日至7月31日，苏州评弹研究会委托苏州评弹学校举办第四期青年演员进修班，朱雪琴应邀前去授课。

8月，上海有声读物公司借乡音书苑进行录音，节目有朱雪琴的《东方明珠》等，同年制作出版《姑苏情》盒带。

12月7日，参加上海人民广播电台《星期书会》200期祝贺演出，弹唱饶一尘撰写的祝贺开篇，在听众强烈要求下又加唱《珍珠塔》选曲，薛惠君伴奏。

年底，应常熟淼泉布厂邀请参加该厂发电厂投产典礼会书，分别与薛惠君、石文磊合说《珍珠塔》选回。

是年，中国唱片上海公司出版《琴调唱腔选》盒带。

1987年　64岁

2月，中国曲艺家协会上海分会、上海电视台、上海针织九厂联合主办的江、浙、沪“三枪杯”评弹中青年演员邀请会书在上海举行，与吴宗锡、蒋月泉、唐耿良、姚荫梅、杨振雄、张鸿声、顾宏伯一起担任艺术顾问。

2月28日，上海闸北区评弹联谊会成立，顾宏伯、朱雪琴为首届理事会正、副理事长，会员有姚荫梅、张鉴国、陆耀良、冯筱庆、周剑萍等著名艺人。

2月28日晚，江、浙、沪“三枪杯”评弹中青年演员邀请会书授奖仪式在上海大众剧场举行，与王柏荫、李家耀、吴君玉、周柏春、侯莉君、张静娴、程之、童芷苓、杨飞飞、赵志刚、赵春芳、鞠秀芳等参加姐妹艺术反串评弹演唱会，弹唱《珍珠塔》选曲《方太太思子》，薛惠君伴奏。

5月，被上海市卢湾区评弹艺术促进会、静安区文化馆静苑集评弹协会等组织聘请为顾问。

夏季，全家从江阴路82号旧宅搬至愚园路479号新居。

8月上旬，在红星书场参加上海评弹团举办的会书。

10月13日至14日，应邀参加常熟市首届文化艺术节评弹专场，弹唱《打三不孝》。

10月15日至20日，在苏州参加苏州评弹艺术节。15日和17日晚，评弹作家潘伯英作品专场分别在苏州书场、和平书场上演，朱雪琴、蔡小娟合说《孟丽君·夫妻论官》。20日晚闭幕式苏州弹词流派唱腔专场在开明大戏院上演，朱雪琴弹唱“琴调”代表作《潇湘夜雨》，薛惠君伴奏。

10月底，开始在上海电视台录制《孟丽君》。

是年下半年，著名语言学家周有光在香港中国语文学会的支持下开展《苏州评弹记言记谱》研究，课题组以朱雪琴的弹词开篇《潇湘夜雨》和徐云志、侯莉君的弹词选回《备弄相会》的录音为研究对象，由苏州大学吴语专家石汝杰记言、中国歌剧舞剧院作曲家张以达记谱。1988年3月完成课题研究。

1988年　65岁

1月30日，在常州大观园书场参加龙城龙年书会，日场和蔡小娟合说《孟丽君·夫妻论官》，夜场弹唱《潇湘夜雨》。

4月，当选上海市政协第七届委员会委员。

9月，经上海市文化局高级评审委员会评审通过，成为一级演员。

年底，上海曲协成立以退休老艺人为主体的万年青曲艺团，首批加入的有杨华生、袁一灵、笑嘻嘻、朱雪琴、顾宏伯、蒋云仙、吴双艺、翁双杰、绿杨、张鉴国等。

1989年　66岁

1月1日下午，《星期戏曲广播会》第174期暨庆贺上海人民广播电台《星期书会》300期评弹大会串在上海长江剧场举行，朱雪琴弹唱祝贺开篇，薛惠君伴奏。

5月，上海评弹团对1964年上缴工资部分戏曲演员恢复到上缴前工资数，蒋月泉、唐耿良、杨振雄、吴子安、朱雪琴、陈希安、张鉴国、杨振言8人列入此范围。

5月14日，随静安区政协文化艺术委员会赴昆山亭林公园参观。

5月28日，上午在大众剧场参加庆祝上海解放四十周年暨上海市卢湾区评弹艺术促进会成立二周年评弹、戏曲艺术交流演出专场，与张鉴国对唱弹词开篇《双官诰》。

6月27日，被聘请为上海市曲艺家协会艺术顾问。

7月23日上午，上海评弹联谊会假座大都会舞厅二楼书场，组织专业业余演员合说中篇评弹《五老审庞妃》，朱雪琴、侯莉君、王小燕、朱雪玲、钟玉玲、王忠元合说第四回《五老审妃》，朱雪琴起李太后一角。

9月，上海文史资料选辑第61辑《戏曲菁英（上）》刊登朱雪琴的回忆文章《两个“第一”忆当年》。

10月，在兰心大戏院参加第二届卢湾区文化艺术节，弹唱开篇《南京路上好八连》，赵丽芳伴奏。

10月5日至6日，应邀参加常熟市第二届文化艺术节慰问演出，游览尚湖风景区。

12月1日至3日，杭州大华书场装修复业举行江浙沪著名评弹演员会书，朱雪琴应邀和郑缨合说《珍珠塔》。

1990年　67岁

1月，中国音像大百科编辑委员会编的《苏州弹词系列流派唱腔·琴调》盒带由上海音像公司出版。

5月11日，台湾奥林匹亚俱乐部祥乐国际机构董事长吴逢祥（台湾苏州同乡会总干事）到乡音书苑听书，朱雪琴、陈希安、吴君玉、张振华、孙淑英、庄凤珠、秦建国、徐惠新等参加演出。

10月11日至15日，无锡人民广播电台为庆祝广播书场开播40周年在吟春书场举行5天10场盛大会书，朱雪琴应邀参加会书，弹唱《打三不孝》，薛惠君伴奏。

1991年　68岁

2月22日，在上海瑞金剧场参加老中青传统选曲选段专场演出。

11月，上海曲艺家协会主编的《评弹艺术家评传录》由上海文艺出版社出版发行，其中《琴韵铿锵　曲如其人——朱雪琴评传》由劳为民、蔡志明撰写。

是年，因患癌症第三次进行手术。

1992年　69岁

春节前，上海市副市长谢丽娟到第六人民医院看望因病住院的朱雪琴。

1993年　70岁

1月3日，上海人民广播电台《星期书会》500期举行评弹空中大联播，编辑周介安在直播中电话采访朱雪琴。

2月2日，参加上海雅风评弹之友社新春茶话会。

6月，陈云同志获悉上海评弹团将为朱雪琴举办舞台生涯60周年纪念演出时，特地为她书写一个条幅："姑苏城外有山塘，果是人间极乐场。沽酒店开蜂亦醉，卖花人过路犹香。"

7月10日，常熟人民广播电台《琴川书会》栏目获悉朱雪琴举办舞台生涯60周年纪念演出，编辑郁乃舜专程赴沪祝贺和采访。

7月11日上午，上海市文化局、上海市曲艺家协会、上海评弹团、上海人民广播电台等单位联合主办的弹词艺术家朱雪琴舞台生涯60周年纪念演出在中国大戏院隆重举行。

专场演出由吴君玉、庄凤珠主持，节目阵容：上海杂技团乐队表演的民乐联奏《琴调音韵》，张渭霖的《潇湘夜雨》，朱雪玲的《内堂报喜》，饶一尘、赵开生、郑缨合说的《老夫妻相争》，余红仙、庄凤珠对唱的《击鼓战金山》，金声伯的《武松威震安平寨》，周映红的《伯喈哭坟》，尤惠秋、朱雪吟合说的《秋珠报信》和朱雪琴、薛惠君演唱的《方卿见娘》。

7月24日，李伯乐、杨兴泉、杨建明代表苏州评弹知音艺术研究小组为祝贺专场圆满成功对朱雪琴进行专访。

10月，从上海评弹团退休。

10月22日，参加上海市曲艺家协会召开的重阳节敬老茶话会。

1994年 71岁

5月8日，余红仙书坛生涯40周年演唱会在上海商城剧院举行，姚荫梅、蒋月泉、杨振雄、朱雪琴、吴子安、杨振言、陈希安、张鉴国担任专场演出的艺术顾问。

5月26日（农历四月十六）晚，因病医治无效在上海中山医院逝世。

6月8日上午十时，朱雪琴同志追悼会在龙华殡仪馆大厅举行。翌年5月14日（农历四月十五日，朱雪琴冥诞），朱一鹤在无锡太平禅院为母亲朱雪琴举办超度法会，按照民间习俗具化冥库。1997年10月10日，朱雪琴的骨灰安葬在上海滨海古园，碑名“评弹艺术家朱雪琴女士墓”由著名古籍版本学家、目录学家和书法家、上海图书馆原馆长顾廷龙题写。

附录四

我的唱腔风格的形成

朱雪琴

我不是一本正经要唱“琴调”出来，过去在唱的时候，并没有想过什么“琴调”。

我八岁时跟父亲上台唱开篇，那时候，女演员大都是低弹高唱的。用比乐器高八度的声音来演唱。我的嗓音这样唱实在不适合，也很难听。当时，说的是《双金锭》和《描金凤》，因为这两部书唱篇少，如果用“俞调”唱，可以把书拉长些，但是我的嗓子唱“俞调”也不行。后来父亲换了《珍珠塔》，《珍珠塔》唱篇多，都唱“俞调”听了厌烦。

有一次，在苏州，沈薛档演出《珍珠塔》。我去一听，觉得他们唱得特别好听，嗓子洪亮，又有味道。我就想学，但女学男声嗓子有局限，学不像。后来，我和学生朱雪吟拼档，两个女演员声音都是又高又尖，我就改用高弹低唱。可是比乐器低八度演唱，嗓子很难受，听客听了也觉得没有劲。我想，虽然不好听，但和男演员的嗓音可接近些，只要多练，唱习惯了，总会好听的，从此我就坚持这样唱。经过了一段时间的锻炼，我唱“沈调”觉得好听些了。

双档之间伴奏很重要，如果唱得好，伴奏跟不上，必然要影响唱的。我和郭彬卿拼档时，在弹唱上经常研究，演出以后觉得不够的地方，也相互指出不足，有时甚至争吵。但为了艺术，吵也没有关系。他在这方面是认真的，如果说我的唱有一点成绩的话，和他的伴奏是分不开的。可惜他已经去世了，要是活着的话，我在弹唱的风格上可能还会有发展的。

我的调子在开始时只有一句，就是：

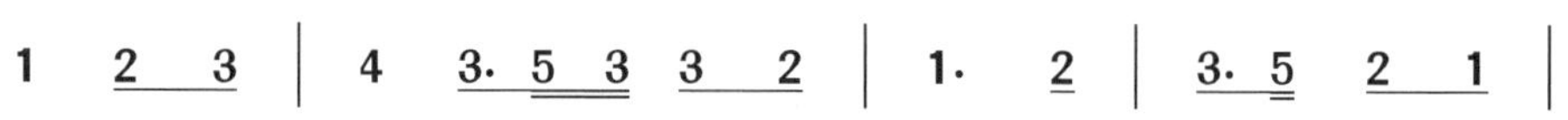

1 2 3 | 4 3· 5 3 3 2 | 1· 2 | 3· 5 2 1 |

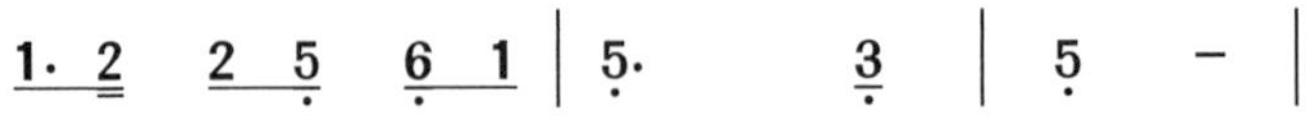

1· 2 2 5 6 1 | 5· 3 | 5 — |

这一句哪里来的呢？那时我和父亲在上海汇泉楼演唱《双金锭》，这家书场很难演，因为老听客多，你要是能在这家书场演好，你就能在上海站住脚跟。因此，每天要研究，怎么能唱好。这一句唱腔是从“沈调”里化来的。

“沈调”原来的唱腔是这样的：

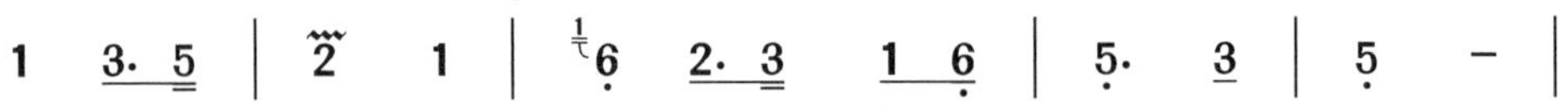

1 3· 5 | 2 1 | 6 2· 3 1 6 | 5· 3 | 5 — |

有时我就翻上去一点：5 3· 5 | 2 1 |因为我能向上去，有这个条件，唱到后来变了。为什么要这样唱呢？也是根据书情的需要：龙梦锦去探监，见到未婚妻时，心里高兴，因此唱腔应该是喜悦的，所以我就这样唱。当时对此是有争论的，有人讲它是怪腔，是野的，也有人讲这是“琴调”。

那时候，一天要演几个书场，我每个书场都这样唱，听众反映都很好，我想不管你们讲“野”的，只要听众爱听，即使是“野”的，我也要唱成“调”的。所以不管书情和这句唱对不对头，我老是唱这一句，甚至《梁祝》中《英台哭灵》我也唱这句唱腔。不是为内容服务，而是单纯为我的唱腔服务了。

后来，我进了国家剧团，在党的培养下，自己逐步地认识了，尤其是蒋月泉老师，在给我排书时，对我帮助很大。使我懂得唱首先是要根据书情、人物性格以及周围环境等，不能乱来。

1960年，领导上要我唱《潇湘夜雨》，我有些着急了。我想我的调门怎样唱《潇湘夜雨》呢？它适应表现活跃欢乐的情绪，怎么能反映这种伤感纤细的感情呢？因此，编唱腔时是很费力的，把高亢的唱腔压下来。如第一句“云烟烟烟云笼帘房”，原来我是这样唱的：

3 6 1 1 | 6 1 6 6 5 | 3 6 | 6 — 5 3 2 | 2 1 |

云 烟 烟 烟 云 笼 帘 房

但是想想觉得不对头，林黛玉病入膏肓，潇湘馆这时也非常萧条，夜景凄凉，这样唱不符合当时的环境，那么改成下行呢？

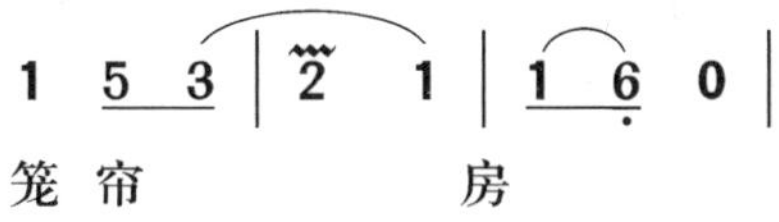

1 5 3 | 2 1 | 1 6 0 |
笼帘 房

也不对，我想到后来，把嗓音带一些阴面（假嗓音），

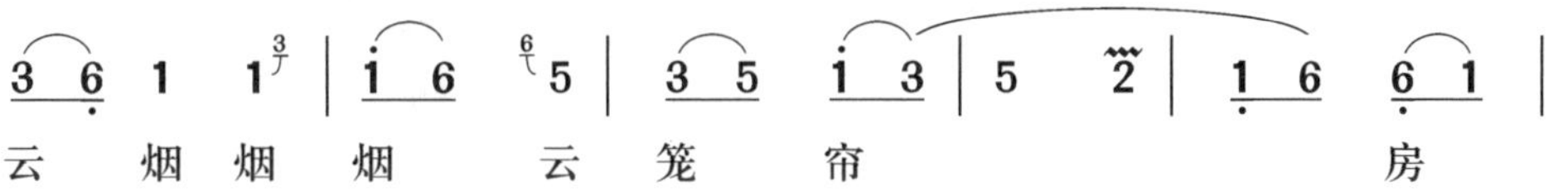

3 6 1 1 | 1 6 5 | 3 5 1 3 | 5 2 | 1 6 6 1 |
云 烟烟烟 云笼 帘 房

这样唱好像软一些了：

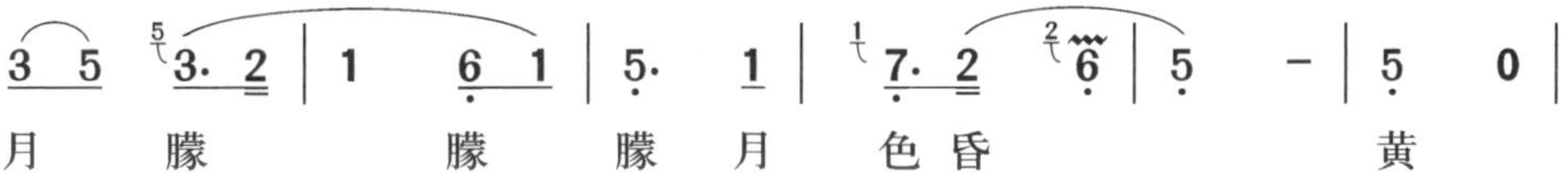

3 5 3· 2 | 1 6 1 | 5· 1 | 7· 2 6 | 5 - | 5 0 |
月 朦 朦 朦月 色昏 黄

这样唱，对我来讲，是非常吃力的：

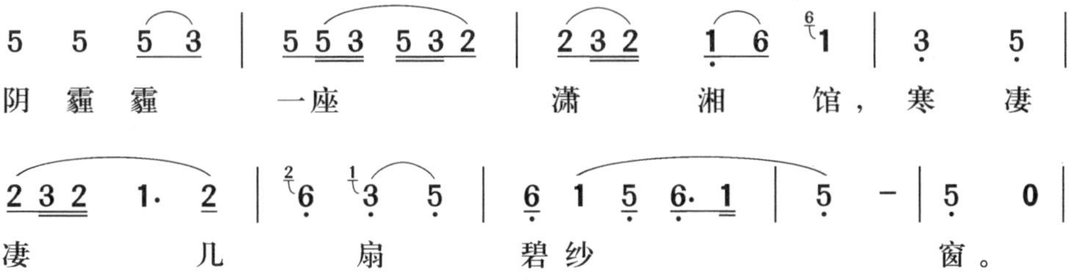

5 5 5 3 | 5 5 3 5 3 2 | 2 3 2 1 6 1 | 3 5 |
阴 霾霾 一座 潇 湘 馆，寒 凄

2 3 2 1· 2 | 6 3 5 | 6 1 5 6· 1 | 5 - | 5 0 |
凄 儿 扇 碧纱 窗。

虽然是萧条的，但也不能唱得没有一点生气，要有些变化：

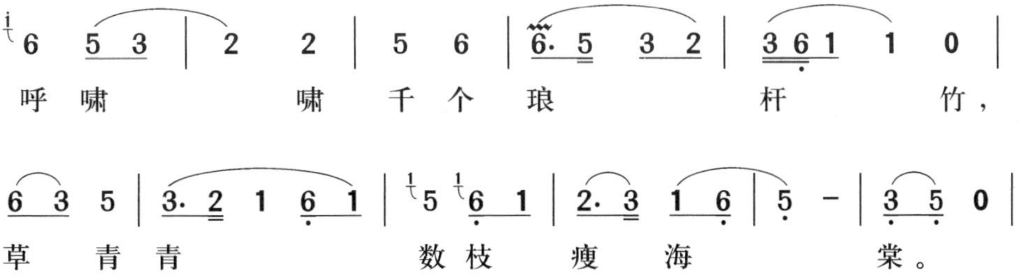

6 5 3 | 2 2 | 5 6 | 6· 5 3 2 | 3 6 1 1 0 |
呼啸 啸千个琅 杆 竹，

6 3 5 | 3· 2 1 6 1 | 5 6 1 | 2· 3 1 6 | 5 - | 3 5 0 |
草 青青 数枝 瘦 海 棠。

到林黛玉时，不能向上，要向下面去，要表现林黛玉睡在病榻上病入膏肓的样子：

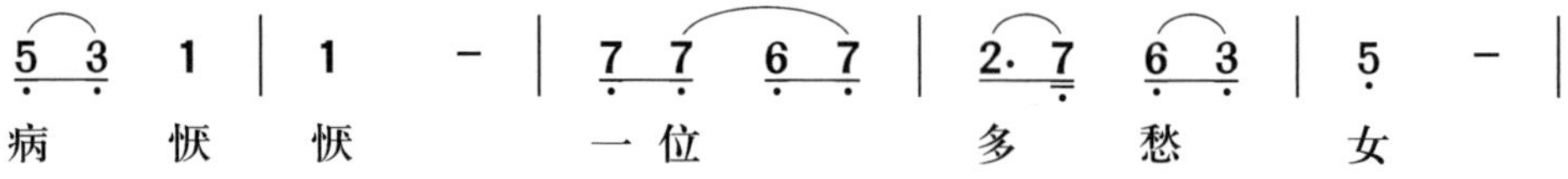

5 3 1 | 1 — | 7 7 6 7 | 2· 7 6 3 | 5 — |

病 恹 恹 一位 多 愁 女

旁边两个丫鬟不能像林黛玉一样，稍为活跃些：

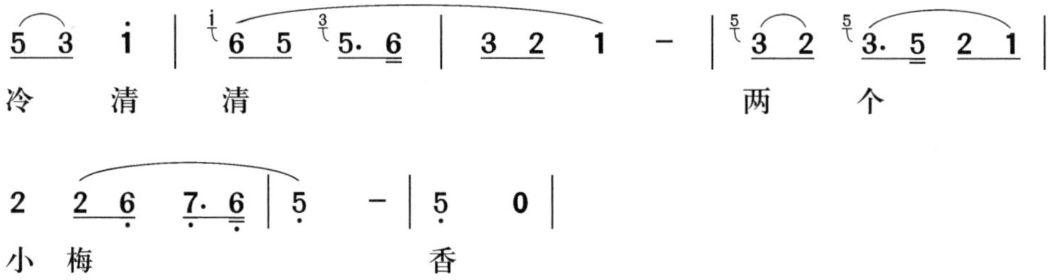

5 3 1 | 6 5 5· 6 | 3 2 1 — | 3 2 3· 5 2 1 |

冷 清 清 两 个

2 2 6 7· 6 | 5 — | 5 0 |

小 梅 香

诸如此类，唱景稍为生动些，唱林黛玉时稍为深沉些，还有悲与怨的东西要唱出来，这样才能层次分明。当时唱了以后，我自己也有些怀疑，这样唱，怕不像我唱的调子了，好像低沉得很，后来一次次唱，觉得反映正常。我想虽然它和原来唱的调子有些两样，跳跃的唱腔少了些，但能符合人物感情，因为各种开篇要有各种唱法。唱开篇《拷红》又不同了，里面有两个人物，老太太和红娘要区分开来：

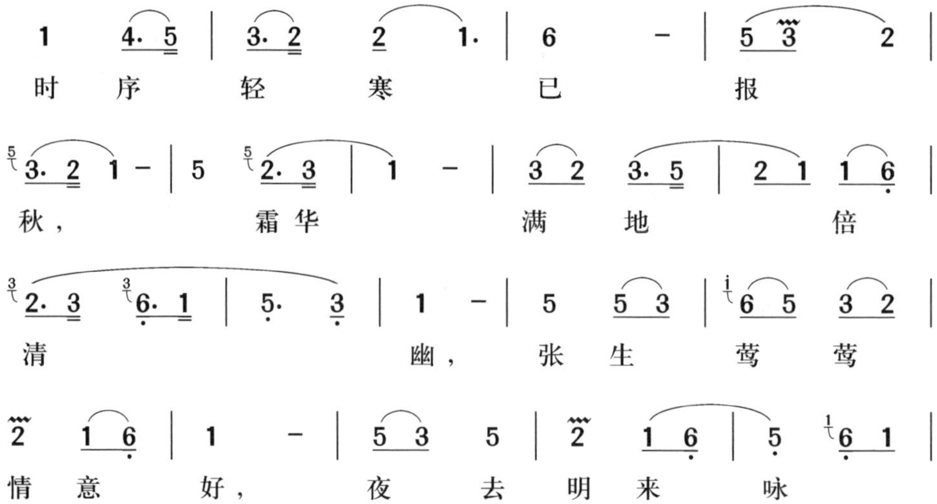

1 4· 5 | 3· 2 2 1· | 6 — | 5 3 2 |

时 序 轻 寒 已 报

3· 2 1 — | 5 2· 3 | 1 — | 3 2 3· 5 | 2 1 1 6 |

秋， 霜 华 满 地 倍

2· 3 6· 1 | 5· 3 | 1 — | 5 5 3 | 6 5 3 2 |

清 幽， 张 生 莺 莺

2 1 6 | 1 — | 5 3 5 | 2 1 6 | 5 6 1 |

情 意 好， 夜 去 明 来 咏

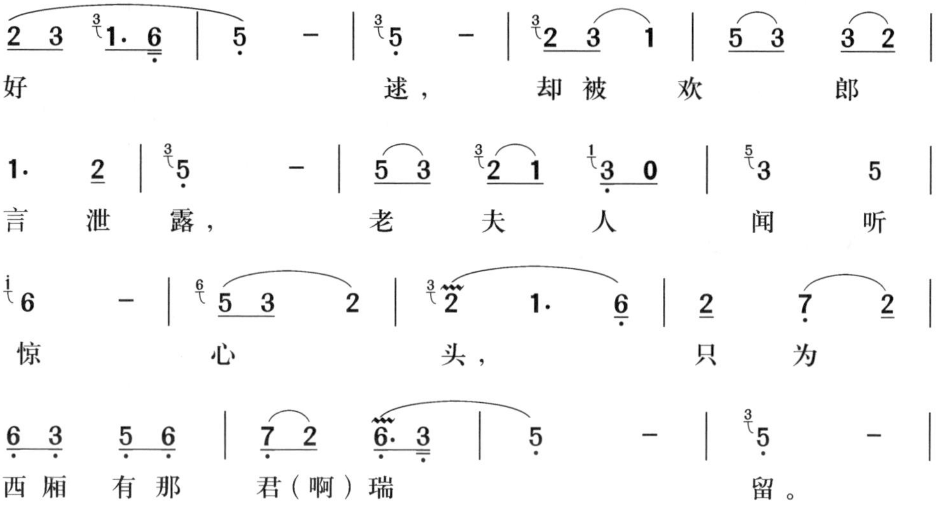

2 3 ^{3}1· 6 | 5 - | ^{3}5 - | ^{3}2 3 1 | 5 3 3 2 |

好 述， 却被欢 郎

1· 2 | ^{3}5 - | 5 3 ^{3}2 1 ^{1}3 0 | ^{5}3 5 |

言泄露， 老夫人 闻听

$^{\dot{1}}$6 - | ^{6}5 3 2 | ^{3}2 1· 6 | 2 7 2 |

惊 心 头， 只 为

6 3 5 6 | 7 2 6· 3 | 5 - | ^{3}5 - |

西厢有那君（啊）瑞 留。

前面几句叙述事由，下面人物出来了。老太太这个人物要唱“陈调”：

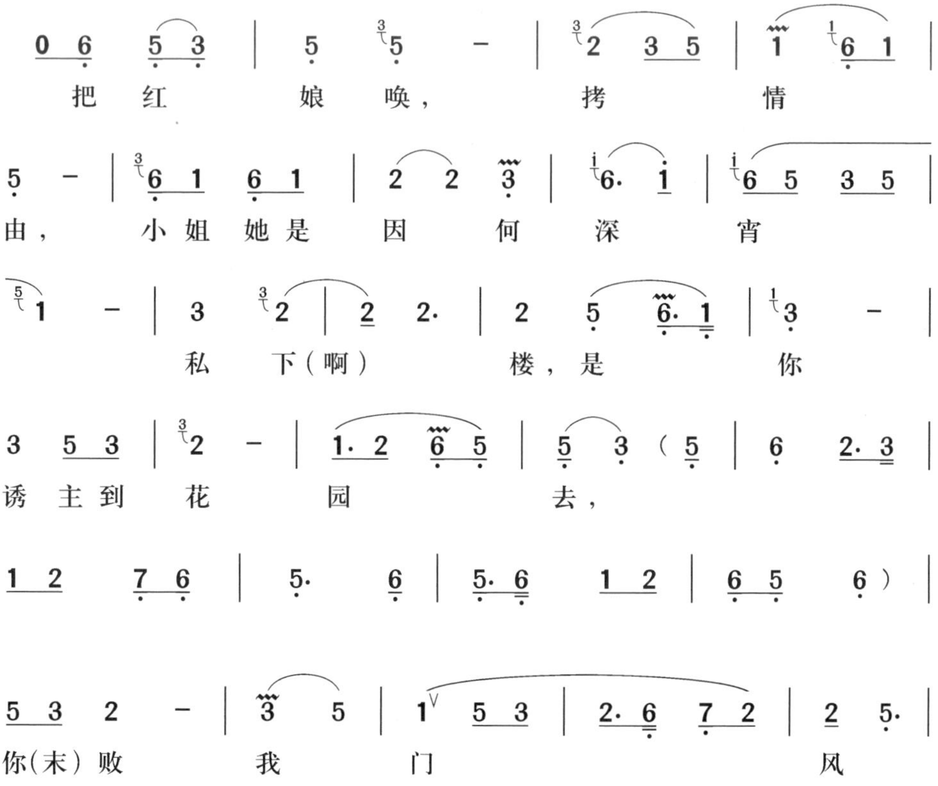

0 6 5 3 | 5 ^{3}5 - | ^{3}2 3 5 | 1 ^{1}6 1 |

把红 娘唤， 拷 情

5 - | ^{3}6 1 6 1 | 2 2 3 | $^{\dot{1}}$6· $\dot{1}$ | $^{\dot{1}}$6 5 3 5 |

由， 小姐她是 因 何 深 宵

^{5}1 - | 3 ^{3}2 | 2 2· | 2 5 6· 1 | ^{1}3 - |

私 下（啊） 楼，是 你

3 5 3 | ^{3}2 - | 1· 2 6 5 | 5 3（5 | 6 2· 3 |

诱主到 花 园 去，

1 2 7 6 | 5· 6 | 5· 6 1 2 | 6 5 6）|

5 3 2 - | 3 5 | 1 5 3 | 2· 6 7 2 | 2 5· |

你（末）败 我 门 风

这一句“陈调”唱腔，我吸收了苏剧的唱腔，因此带有苏剧的味道：

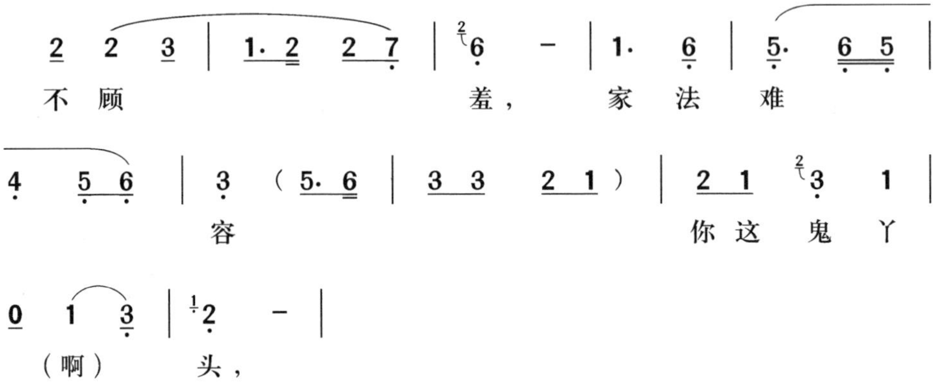

2 2 3 | 1·2 2 7 | 6 － | 1· 6 | 5· 6 5 |
不 顾 羞， 家 法 难

4 5 6 | 3 （5·6 | 3 3 2 1） | 2 1 3 1 |
容 你这 鬼 丫

0 1 3 | 2 － |
（啊） 头，

接下来是红娘唱，红娘这丫头要唱出她的机智、聪明，并带些俏皮的味道，过门也弹得花一些：

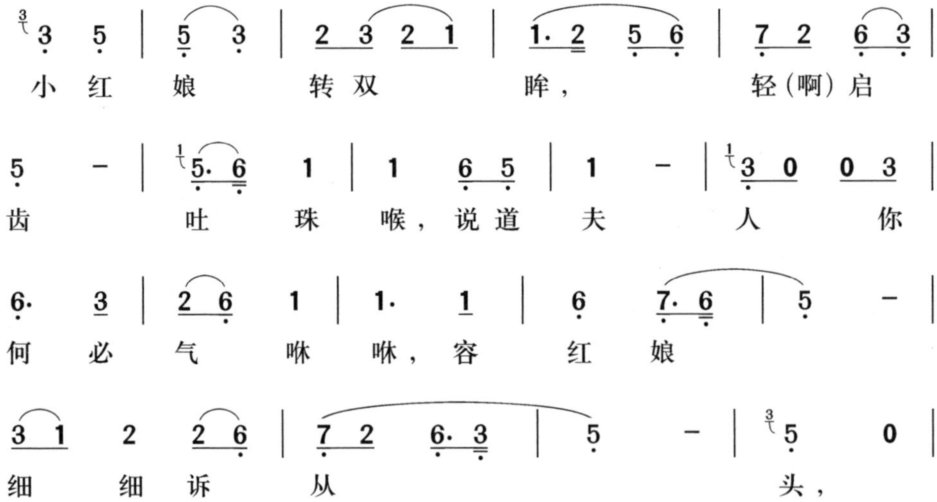

3 5 | 5 3 | 2 3 2 1 | 1·2 5 6 | 7 2 6 3 |
小 红 娘 转 双 眸， 轻（啊）启

5 － | 5·6 1 | 1 6 5 | 1 － | 3 0 0 3 |
齿 吐 珠 喉， 说 道 夫 人 你

6· 3 | 2 6 1 | 1· 1 | 6 7·6 | 5 － |
何 必 气 咻 咻， 容 红 娘

3 1 2 2 6 | 7 2 6·3 | 5 － | 5 0 |
细 细 诉 从 头，

我就根据不同的人物，用不同的唱法。如果你要唱叙述性的内容，就要唱得爽一些了。如开篇《南泥湾》在叙述中带歌颂性的，就要唱得爽朗些：

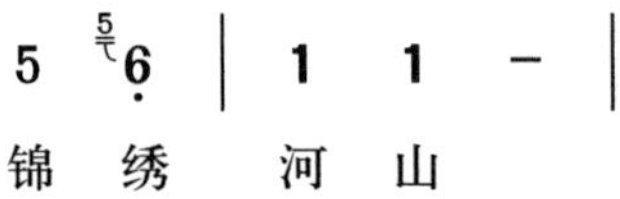

5 6 | 1 1 － | 咬字要煞，出口要清。
锦 绣 河 山

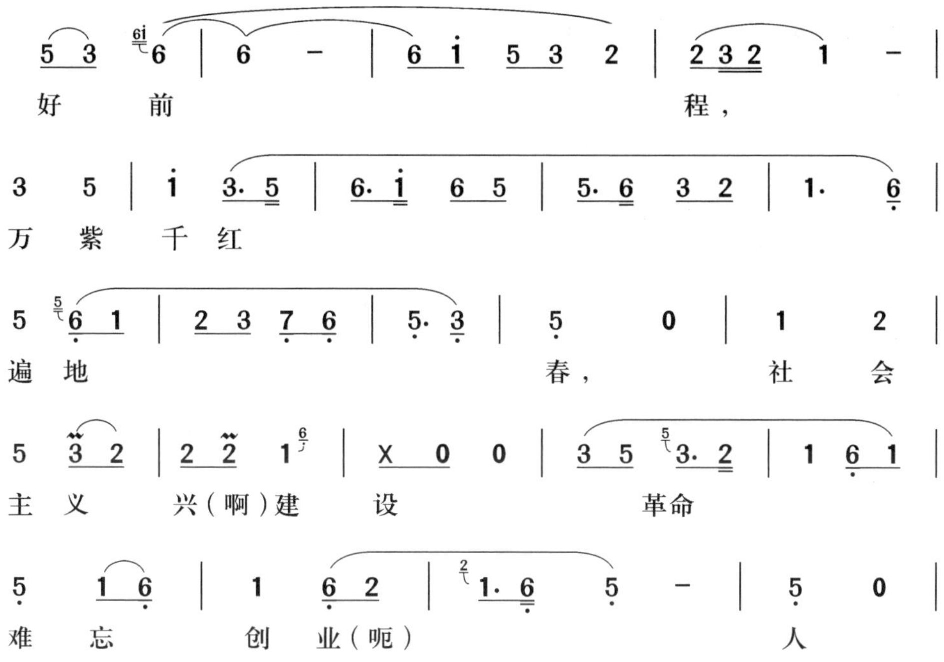

5 3 6 | 6 - | 6 i 5 3 2 | 2 3 2 1 - |

好 前 程，

3 5 | i 3·5 | 6·i 6 5 | 5·6 3 2 | 1· 6 |

万 紫 千 红

5 6 1 | 2 3 7 6 | 5·3 | 5 0 | 1 2 |

遍 地 春， 社 会

5 3 2 | 2 2 1 | X 0 0 | 3 5 3·2 | 1 6 1 |

主 义 兴（啊）建 设 革命

5 1 6 | 1 6 2 | 1·6 5 - | 5 0 |

难 忘 创 业（呃） 人

在唱的同时，包括面风（面部表情）、手面（手势动作）一起配合，使内容更加突出，唱到反动派时，就要有憎恨的感情：

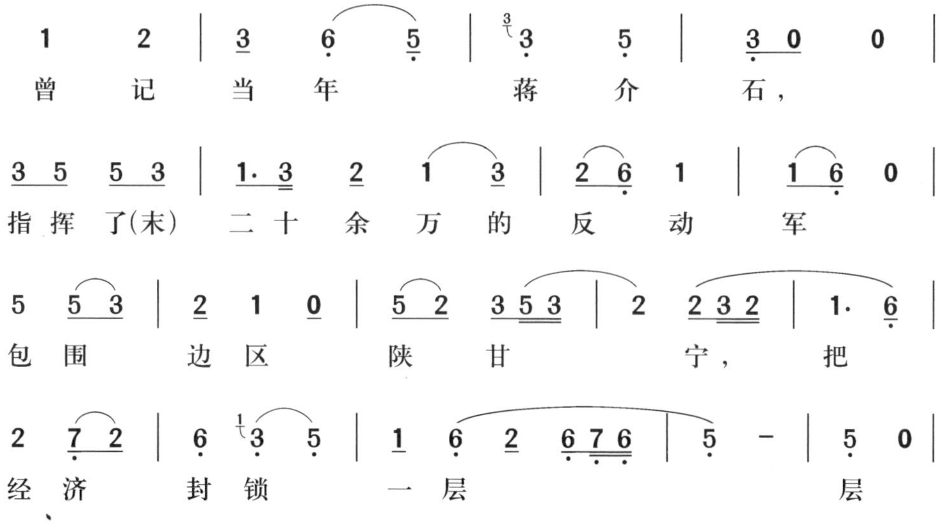

1 2 | 3 6 5 | 3 5 | 3 0 0 |

曾 记 当 年 蒋 介 石，

3 5 5 3 | 1·3 2 1 3 | 2 6 1 | 1 6 0 |

指 挥 了(末) 二 十 余 万 的 反 动 军

5 5 3 | 2 1 0 | 5 2 3 5 3 | 2 2 3 2 | 1· 6 |

包 围 边 区 陕 甘 宁， 把

2 7 2 | 6 3 5 | 1 6 2 6 7 6 | 5 - | 5 0 |

经 济 封 锁 一 层 层

、

唱到毛主席时，要用歌颂的感情来表达；

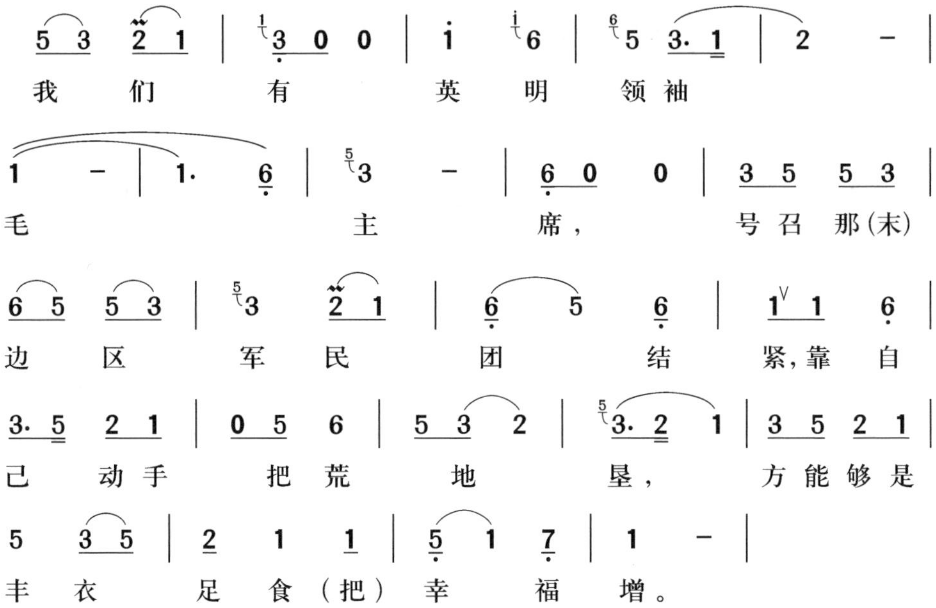

我们有英明领袖

毛主席，号召那(末)

边区军民团结紧，靠自

己动手把荒地垦，方能够是

丰衣足食（把）幸福增。

唱到“知难而进”四字时，我就不用唱腔来表达，而是有口劲、有力度地念这四个字，但这四个字的节奏，是符合整个唱腔节奏的，这样也可重点突出八路军艰苦奋斗的精神：

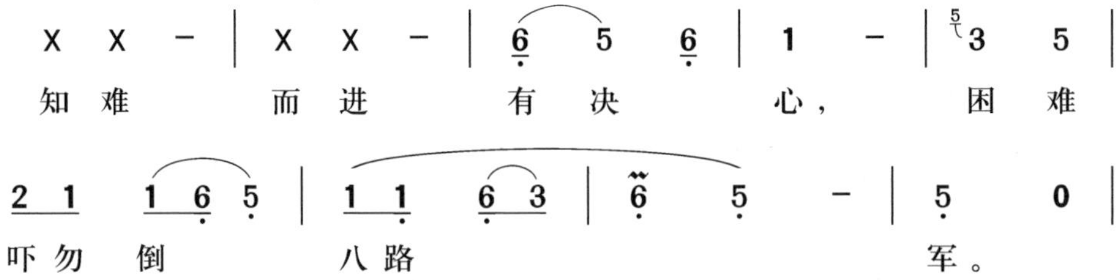

知难而进有决心，困难

吓勿倒八路军。

我是这样唱的。在唱腔中，怎样来表现八路军的雄壮气概呢？我是从一句长腔拖音上唱出来的：

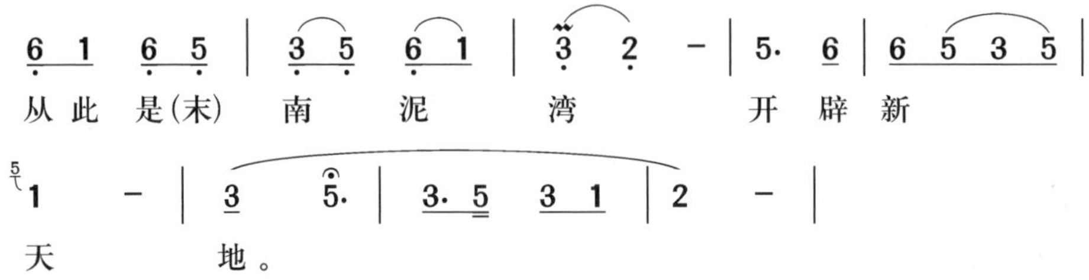

从此是(末)南泥湾开辟新

天地。

这里我采用了《三大纪律八项注意》歌曲中的一句旋律：

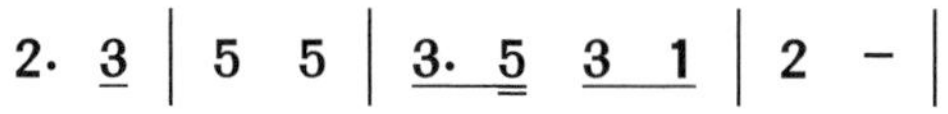

2· 3 | 5 5 | 3· 5 3 1 | 2 - |

我在“地”字的长腔上就用上了 3· 5 3 1 2，这样就有一些进行曲的因素，也能表现八路军的雄壮气势：

原来“蒋调”中有一句拖腔是在4字上的3 2 3 | 4 -· | 3 5 3 2 | 1 - |，我学他唱时，改了一下。改作：3 2 3 | 4 - 4 5 | 3· 5 | 6 1 2 3 | 1 - |，我转腔向下旋，不往上面去。后来，往上的转腔，我发展到6字拖腔，6 - | 6 i | 5 6 5 3· 1 | 2 - |，听起来差不多，但各有不同。怎样用？要根据内容、感情和当时环境。还有一点咬字要清晰，咬字不清，人家听了也不懂。所以不论唱或者说白，都要咬字清，有的地方，不一定用中州韵咬字，这也是为了要人家能听懂。另外，还要多演多唱，特别是青年同志，只有多演，才能不断地提高。过去，我们每天要演四、五场，唱到最后一场的唱腔，总是比第一场好。为什么呢？因为在演唱中可以不断改进。

（1982年9月在弹词音乐座谈会上的发言，

整理后在《评弹艺术》第2集上发表）

附录五

“薛调”“琴调”琵琶伴奏的经验

郭彬卿

在党的号召之下，每人将自身的艺术要总结，以供相互提高作为参考，所以我亦应当响应党的号召。但是我说的《珍珠塔》只是弹弹唱唱，又不立起来，手面亦很少，只不过认真说书而已，故而我的艺术路子很狭，谈不到所谓总结，更写不出什么好的东西与同志们进行交流，真是自觉惭愧，只能表表心意。

历年以来，要我教琵琶的人很多，因为我不善于教授，而且因工作繁忙，与各人空闲的时间又不相同，难能与诸位交流，现在我利用业余时间，写在纸上与爱好琵琶者来一次交流。但我文化水平不够，写得词不达意，还望诸位见谅。现在就将我学琵琶经过的情况写在下面，倘不对还望指教。

我幼年的时候，对音乐并不十分喜欢，独有对琵琶很感兴趣。话儿说回来，因我学的是说小书，要靠此吃饭，不得不感兴趣。最初也无所谓什么调，就是学几个最简单的过门，很刻板的《三六》，只是好奇偏要学会它。最初跟一个亲戚叫茅雨庵先生，同时有两个女的一起学。我呢很认真的弹，学了十六天，别人就觉得我比学了半年的师兄弹得好，学到五个月，就比三年的师兄弹得好。那时我对琵琶开始真的有兴趣了。

弹琵琶对于一个滚字最重要。在学琵琶之前先要练滚，滚得不成熟，弹任何曲调不能动人。我学滚的过程中用一块竹爿，两头钻一个小洞，将弦线穿进两头，弯成弓形，两头结牢，大小能放在衣袋中就行。因琵琶不能随身带，这小弓就可代替琵琶，放在衣袋中，随时带在身边，随时随地都可以拿出来练滚。既便利又能节约时间。练的方法，先从大指头一挑，继而食指弹出去，再用中指、第四指、小指一一弹下去。待小指弹出，继续又用大指一挑，弹第二遍。不断的一遍一遍弹，要滚得圆，听上去滚的声音听不出断，才算成功。但是学滚非常手酸的，在初学的时候，滚不到两三分钟就要手酸的。就是手酸了，你不要怕酸，你要坚持弹，越是手酸，越是要再滚。真正吃不消，略停一停再来。这样练，你滚的时间就会渐渐延长，这才是功夫，不然练不好的。弹弓大都在听先生说书的时候，耳朵记着书，手里空就拿出来弹。或与别人谈天的时候，也可弹，弹弓要不分昼夜、不分地点，总之手一空就弹。照如此争取时间的练，也要练三个月才能勉强滚得圆，滚的时间也比较长了。滚是学琵琶的基础，基础打得越好，滚得时间越长。基础打得牢，学琵琶才容易入门。

学琵琶不宜性急。我记得起先跟茅雨庵老师走的小码头，好的琵琶根本没有碰到过，即使碰到比较好一些的琵琶，我也很快就能跟上他，好比一直是小鸡中的凤凰。有时听收音机中薛筱卿弹的琵琶，真是好听极了，有种普通的过门，也能听得会，居然我还要教教别人。后来一到上海拜了薛筱卿，情形不同了，周围都是好琵琶，真是沈薛门中无弱将。只要是沈薛的门徒，没有一个傢生是不好的，所谓近朱者赤。我就变了凤凰中的小鸡，一看周围这样多的好琵琶，我要学的东西，好似三天没有吃饭要吃，结果欲速则不达。好得我听的多，薛派还不至于学僵。（往往不管什么派别，觉得好听就拉进来，而手法倒不注意，很可能被批评一句叫学僵琵琶，俗语叫“猪头肉三勿精”。）我觉得学会的过门总没有他们弹得好听，我就体会只是学拍子亦不是很正确的事，最重要听的时候要心细，弹的音要听得准，不要性急，你听得仔细，就是几天学一个过门也不算慢。我认为学琵琶听音调，比学拍子重要，因为拍子是死的。我学琵琶不全是学拍子，主要听音。譬如“得龙打龙打得龙底打”，将这音调听熟了，就到琵琶上去摸出来，倘不对，明日再听，再留心看先生弹的时候，一举一动都要特别注意。例如将弦线如何一拉，如何一推，一一记住。照这样方法，自己听了摸出来，既不会忘记，而且弹出来的过门来得活，能够一个一个过门都学会。

我每天非弹三四小时不可，哪怕别人在讨厌你，离开他远点还是要弹，有时晚上人都睡静了，还是那样的弹，只不过弹得轻些。我自己不当它练琵琶，只是好白相，说也奇怪，弹得时间长了，音越弹越和顺，越和顺越好听，越好听越是要弹，弹得最有兴的时候，仿佛自己也陶醉了，居然迷在琵琶中。弹到这个程度，你自然而然懂得哪一个字要弹得响点，哪一个音要低点；这个音要离开那个音远点，那个音要与这个音凑得近点。你懂得这一点的时候，别人听你弹也觉得非常好听悦耳了。在初弹的时候，一味要花要响，听的人并不一定觉得好听，等到真真纯熟有功力的时候，你自己会将很响的声音转入温文而有力，由花转到不需要的字音，一个一个抹去，听听虽然有的字音不弹出来，但是完全在手法内带过去，像这种音调，似有非有，真要比弹出的音好听得多呢，既清楚又厚实，一点没有火气。

留声机唱片，也是帮助学琵琶的好东西。当时我学薛筱卿的琵琶，一遍一遍仔细地听，逢到一个过门学不会，就将这一段倒转来，倒转来，听到学会为止。收音机也是学琵琶的好工具，先生忙，没有工夫和你合傢生，不合怎能摸到唱调的规律。有时先生上电台，自己在家中开了收音机和他合，即使合不拢也不妨碍他。每天候到他的节目，跟了他弹，弹到同他合得拢为止。这都是弹琵琶方法。更进一步，要学托琵琶，那是更难了，在我的回忆中也觉得很困难，托琵琶不是在家中练练弹弹就能学会的，一定要到台上去实习。

起初拼双档，对上手唱调不十分了解，或快，或慢，慢里快，快里慢，抢板等等，你就先注意他的唱法，在他唱的时候，你不一定要弹得字音多，即使打打拍子也无所谓，主要不能妨碍他的唱，待真真摸熟了他的调子时，再想字音补足它。

我与先生拼双档，起初琵琶弦子合得不是最紧凑。我先生薛筱卿在评弹界当中都称他一声“琵琶王”，“开口琵琶”就是他老人家创造的。最初上手唱的时候，下手琵琶是不弹的，要唱完时再弹过门。我先生的上手叫沈俭安，沈俭安未到老年，在最红的时候他的喉咙渐渐音哑，每每唱不出来。既然嗓音出了毛病，怎能有多数听众欢迎他？一半是他的艺术高超，一半是我先生用“开口琵琶”来补他不足。沈俭安喉咙不是一哑就哑，一步一步不灵，薛筱卿的琵琶亦逐渐逐渐的来补足他。沈俭安唱法极聪明，他能借琵琶音来发挥他哑调，薛筱卿呢，因要补他不足的音调，而创造了“开口琵琶”，弹得与唱的人浑然一体，好似绞力棒绞在一起，没有丝毫不紧的地方流露，使听众不觉得沈俭安唱不出，只觉得舒服好听。

我的先生既是琵琶王，他对我弹琵琶是非常严格的。有时我自以为弹得很好，只要有一点不对，他马上指出，加以批评，起先我嘴上不响，心中是抱怨的，想你先生太不马虎了。（我心中亦有一个底，因我与先生未拼之前，与周云瑞拼过一年双档，我们是初出茅庐，只希望彼此都好，可立住脚。在艺术上，不论说、噱、弹、唱，只要有一点好都是相互注意、保护而学习提高的，故合作得非常密切。周云瑞音乐天才比我好，学得又比我多，在对弹的一方面，只要是说书范围内，帮助我提高很快。即是业务上口碑甚佳，故我认为我的琵琶也相当好，怎么你先生还嫌我这点不好，那点不对，可是太不马虎了。）其实对艺术真是不能马虎，这就是先生对教导的负责，要希望你精益求精的深造。现在想想先生对我严格是有益的，因我与周云瑞拼档琵琶虽然弹得很好，只不过是弹琵琶，先生对我提高是托琵琶。有一句可以证明，后来周云瑞逢到我，听了我的琵琶弹法，他很惊奇地说，彬卿想不到你琵琶的窍开得这样快。

托琵琶比弹琵琶难的地方，我的学问有限，写不清楚了，只能用一个“奥”或一个“巧”字来形容。要在弹琵琶有一定的功夫，再进一步就是托，托比弹好似要加一倍的快，对各个过门手法都是极熟极熟。托对唱的注意力较弹特别加强，全神等待唱的人腔调，转变细小的地方，你能极聪敏的一样发出，非但注意唱的人的腔调，再要注意唱的人的精力。因唱的人有时精神好，有时精神差一些，托的人也要注意。他精神好、有劲，你要弹得响一点；他精神不足，你就弹得略低一些，而节奏要比平时再紧一些；他精神不好呢，你就比较难弹一些。你开头弹，不晓得他精神好与不好，怎样弹呢？以我的见解，由唱的人弦子先出半个过门，你再当心的跟上去，倘你琵琶先出过门，容易压制他的快慢，而要妨碍他的唱，琵琶慢出半个过门，还有一个好处，不至于琵琶弦子像火车碰火车（个勒突）现象，那就是两个人快慢有分歧。总之上手唱，让弦子先出半个过门，反之，下手唱让琵琶先出半个过门，容易调和。

我们薛派琵琶最重要就是托，使上手唱起来既好听又不吃力。我除了先生传下来的过门，受到听众的鼓励，心情愉快，更要使听众听得舒服，又创造了一些新过门，过门愈多托起来愈好听，再要配合书情，像悲苦的调子，弹起来较慢、低，要注意到音轻而不弱；怒气的调子，要弹得高昂有重音，要注意响而不粳硬；兴奋愉快唱出轻快的调子，要多弹花过门，注意快而不乱，显得上手唱得格外好听。你能够一点一点细细的注意，无私地为艺术服务，最后假使上手换一个下手，唱的人就要觉得唱起来自己的艺术无法发挥，在听众听起来，只认为上手艺术退步了，或者他的气不足了。这就是薛派琵琶的特有，学琵琶应当注意的。

我对于学琵琶用功苦练细心学习之外，有时在不如意、不得意的环境中，亦能得到进步。但是你要有毅力有决心，不骄傲，不灰心，结果反而得到进步。所以我认为，有时困难就是创造的机会，所以我们不能向困难低头。我记得1948年做沧洲书场，与徐小琴做上下档，那时我弹（陈调），即是老生唱的调子，我弹得不够突出的好，业师薛筱卿对我讲："你弹的陈调，要听听徐小琴的弹法，要向她学习。"当时我听了不服气，我想我弹得不如你先生是事实的，难道还不如她，难道她一定比我弹得好，我要向她学习?！这种说法简直是侮辱，听了很气，心中虽是很骄傲，但再想想，我的陈调弹得确是不够美，我就仔细研究，再多听音乐唱片，在一年中居然被我创造出新的陈调过门。我先生传下来四个陈调过门，即使你托陈调托得很好，但过门还不多。我认为陈调是很沉闷的，倘唱的人音不够苍老，遇到一档长的陈调唱片，往往使听众听得沉闷乏味，四个陈调过门还是不够。我想出六个新的陈调过门，再加上传下来的四个过门，一共十个过门，这样一来，即使一档长唱片，我能够上手每唱一个上下呼（即是两句）换一个不同音调的过门，使听众每听两句唱词，即有一段短小巧妙的小音乐，一档长唱片唱完，不觉陈调的沉闷。初听我弹陈调过门者或爱好琵琶者，只觉得好听而非常要听，也有专来学习这些过门者，只是看琵琶，他们有时竟出了神。在书场上弹这些陈调的新过门，有时一个过门弹完时，下面突然哄得啰嘈起来。惜乎我不会记谱，不能很有耐心的教会别人，说也奇怪，这种过门一定要在台上弹方有精神，若是在家中一个人单独弹，是不及有一个人在那里唱，我跟牢唱那样弹来得精彩，大约环境紧张形势压力下，能使我这样弹。再者，若是唱的人不卖力，我要弹得精彩，又是不大可能，总之弹是帮助唱的，不是卖弄性质，苦是要凭个人发挥，恐怕要弄巧成拙。

以上这一点是刺激出来的，我现在回忆领导同志与我先生亦差不多，他们将你的能力看得很清楚，每一个任务交下来，在你的能力下是一定可以完成的，若是你不能完成任务或事情干得不好，那是你自己主观上不努力。我以前每遇到一件变动工作，总是先动火功，凹腔别调，推说弄不来，但真正去做呢，十桩也能完成八九桩，直要到胜利完成后才心中感激领导，倘你不闹情绪或者还要干得好一些。我现在明白领导有困难交与你，就是在培养你。我有许多陈调过门，当时怪先生，说的话使我难堪，直要到听众有效果发出，我才想到先生又使我更进一步。

再有弹不称手的琵琶，为了要应付困难，反而能增加技术进步。在解放前，书场上每家都有琵琶、弦子，他们的琵琶是不考究的，只要能弹就算了，多数琵琶的品音是不准的，不准也不是一样的，有的上把准了中把不准，有的中把准了下把不准，有的下把准了上中把都不准，种种不一。这种琵琶是乐器店里做的时候粗枝大叶，没有校准的缘故。在未解放时，你要买一只品音准确的琵琶是极少的，往往都是艺人买到家中，自己将品拍下来，重新排过，方能三把都准。但是你要做五六家场子，也没有这许多琵琶去放在书场上，只好马虎一点。用场子上不准的琵琶也要弹得好听，只得忍了性去找窍门，譬如某家场子的琵琶上把不准，我就专弹中把下把，再在中把下把创造过门；倘然中把不准，我就在上把下把想出过门；倘这只琵琶下把不准，我就在上中把想出过门。弹着不称手的琵琶，如此克服过去，但是过门渐渐多了，所以每件事的成功，不是很顺利很便当就成功了，非要经过很复杂，很不如意，不怕困难，要坚持一定要弹好它，才能坏事变好事。不称手的琵琶倘然能如此应付，再弹到一只三把都准的琵琶，就可过门全部发出，那显得你的琵琶过门特别多了。

再有创造好的帮腔，或新的过门，都是由上手在唱一段长篇子，内中亦有说白的，在这说白的时候，是发明过门的好时间。因为你弹的时间比较长，手法正在灵活的时候，若觉得有弹得不够美或不足的地方，就在这上手说明的短时间内，私自变变看，等他唱时，你就将变出来的过门与唱的腔合合看，可合得拢否，倘合不拢，等他说的时候你再想，总之要试到合得拢，成功为止。这种办法，上手最恨，因为他在说白的时候，他耳朵里绝不希望听到有叮咚叮咚的声音，很容易使他分心，我也因此听过几次教训，但是我仍不放弃，不过更留心弹得轻一点。其实在手弹得纯熟时，听到上手的唱腔，是最容易改进过门的好机会，我每每在这种时候亦改进了不少过门。

弹琵琶还要有泼力。即使你琵琶已经弹得有了成就，倘无泼力，也觉平淡，就缺少一种惊人夺目的手法。有了泼力，能托得更好，上手唱到有劲、有小小段落的时候，绝对不是跟跟他的调子就算数了，你琵琶上要有一种比他更有劲的音调，某几个音不与他相同亦可，只要到板上相同合上。这种弹法，难以讲得明了，我的体会好似京戏中打鼓的朋友，你唱得有劲，他打鼓打得有劲，有时唱的人略停一停，他的鼓就有力的咚咚两记，使听的人真有劲。我的琵琶有时就弹出这种情形。弹的时候一定要胆大心细，所谓叫泼力，否则你懂了这种方法你亦不敢弹。

琵琶上断弦线，看看一桩小事，也值得研究。现在大家都是用的玻璃弦线，不容易断，过去像我们用丝做的弦线，我们音调高，所以弦线和得相当紧，紧了就容易断弦线，断弦线是一桩伤脑筋的事，因接弦线要妨碍书中情绪。你要接得快非要练过，接得好，迅速，一点不影响书中的情绪或上手只唱了一二句，你已经接好了。如此接法，有时听众亦能给你一个满堂彩。我的方法：第一根弦断了，上手刚巧有说白，我就马上接；倘上手仍在唱，我就暂时不接，即弹中把（方法是上把反宫）。前排听客见你断了弦线不接，照样能弹，感到非常满意，后面听众根本不得而知，等上手这段唱完了再接。倘断了两根弦线，就弹上把（方法就是中把的反宫）；倘断了三根弦，就照第一根的弹法。但这种方法，一定要平日锻炼过，否则你有了这种方法也来不及用。倘你看了都不懂，请当面来谈谈。我记得最初与周云瑞合作，在东方饭店演出，我们是送客。上档是一位很有名的琵琶，他在弹的时候，琵琶上的千斤掉下来了，他就认为根本不能弹了，只得老老实实放下来。但我们接他下档，仍要用这只琵琶。因过去场子不像现在，备几副琵琶弦子，坏了只要换一只便了，那时场子上只有一副傢生。我们登台，听客在对我们好笑，因我们唱《珍珠塔》，少了琵琶一定很尴尬。不料我们恰巧有办法，本则琵琶上四根弦线和的音5215，如今少了一个千斤，就和6326四个音，继续能弹，听众马上一个满堂彩。倘你们以后逢到这种场面，不妨试一试。

朱雪琴换弦线也特别快。普通换弦线的方法是将一根弦线一头穿到轸子小洞洞里，回过来再穿一穿便慢慢地将弦线绞到绷紧为止，这样比较慢。她将弦线穿到小洞洞里，也不回过来再穿一穿，就将弦线头从小洞洞里拉过来，拉得特别紧，将两根弦线一起绞紧，这样绞的时间就可缩短了。

我再来谈谈我与朱雪琴拼档。据听众的反映，说我们琵琶、弦子合奏特别好听，怎么会傢生吸引力特别强。我们最初拼档，她的调子很简单，就是最后一句特色一点所谓“琴调”，亦未必一定能配合书情，在我们听听普通得极。但她衷气很足，喉咙也响亮，她的唱腔属于跳跃性的大转弯，但我们“薛调”是浑厚带宽紧式的小转弯，她是没有的。她很聪明，能吸收我们“薛调”中的优点。我虽则唱的是“薛调”，事实上与老师亦有不同，我喉咙好的时候，亦有新腔。但现在不能尽力运用，原因有两个：一、受到配合傢生限制；二、我有了失眠症，精神不足就不能很好地发挥。这也是我一种隐痛，不能为听众好好的服务。要我的精神能唱到A字音高两个音，再将气运到喉边，再将气好似变压器压低，吐出一种柔软式的调子。有时我与雪琴对唱，她上一句唱刚强响亮的调子，我下一句唱柔软低糯的调子，听众有哄堂的效果。我唱这种调子，倘弦子音弹得响点，我就无从出口。我的柔软式调子，雪琴因个性关系虽不能吸收，但我部分新腔她也能采用，因此她的调子渐渐丰富起来。她与我拼，调子也不是一多就多。过几天多了一句，过半月又多一句，那就一年一年的多起来，我的琵琶也随时发展。一句新腔合熟，再接第二句，这样我们傢生就随时合得很紧，她在发展，我也在发展。我们到现在已拼了十年了，这十年中的经验所在，她唱的时候，我能得心应手的托她，不论她快也好，慢也好，高也好，低也好，我的琵琶与她的唱调，合得很紧凑。但是这样的伴奏，首先对她的唱调，你都要会，非但会，而且要了解得熟。若是她今日唱腔特殊有变，因为我对她的调子实在熟，故弹法亦能特殊变化去托她。我们拼了半年，因为托得她气顺，她唱时余气未尽，就突破平音调转入尖音，所谓假嗓子，这一句音调特别好听，就是在结尾的第二句这一声高而亮的尖音，再后一句就是原来的"琴调"。结尾第二句听上去最刺激。我们未拼档之前，这一句调子是没有的。因为阳面嗓子要唱到A字音高两个字，一般艺人是没有的，因我的嗓音狭，所以阳面音也就唱得很高。起先她也懂得合作要发挥两个人的长处，她也很愿意唱得这样高，因音唱得最高处，就很可能碰到尖音或假嗓子。唱这种好听的调子，一定要上来先唱一二档普通平调，唱到气最顺，傢生要和，她越唱越顺，最后就能唱出这一句调子，老听客一定能感觉到结尾第二句最好听。反之，倘琵琶不紧凑或不和顺，可以说她就不能唱出这句调子来，即使唱出来，一定很竭声竭气，而且硬唱最伤喉咙。所以往往有人学她唱，别的调子可能唱得像，就是结尾第二句就无法学像。事实上这句调子与琵琶亦有相当关系，虽然她创造了这句调子，但是托琵琶的人，亦要费一番工夫。因她最高音要唱到高音$\dot{5}$到$\dot{6}$，但是琵琶上高音到$\dot{3}$字已没有了，倘你弹中把的6字来代，未免配音配得不够正（而一种滑音也没有了），故一定要在最后$\dot{3}$字用手指拉到它$\dot{5}$或$\dot{6}$为止，这种拉法一定要指法极正，方使听众增加好听和刺激。倘你指法功夫不到，要想一拉就拉过两字到三个字，你拉也拉不动。我因为经常拉，拉得四个指头上都起了横的一条一条老茧。倘然休息一个月，停止弹琵琶，老茧的皮褪了些，一朝登台忽然弹到这一句，尚且手指头会觉得有些痛，倘你手指不用这点功力，听上去就不够精彩。换句话说，朱雪琴上台不是唱过一二档普通的调子，气不是唱得很顺，一登台就要唱这一句特色的调子，恐怕她也唱不出。其余她的调子很多，高高低低的，跳音的，随时有变化，我的弹法亦要适合她的需要，亦随着变化。不论她怎样唱，在她换气的时候，你一定要有极短的小过门配上去，使她不吃力。这种方法，必须要很细心地去领会她转调和接气，听听在一刹那，她停我就不能停，而要很快的配上一二个接凑音，虽然一二个接凑音，配得得当，其实是很难的。普通的人听了也不懂，只晓得好听而已。但是有高度音乐性的人听了，就晓得补得不容易，既要增加她的强弱音，又要使她便于出口唱。这种弹法，非要下手书很顺熟，说的书勠转念头，方可完全顾到她的唱，否则弹得很起劲，她将书中的钩子甩过来，你说书都要接不牢。而且你弹的时候，脑子要灵敏，她唱，你注意她的调子，她唱完一句，你马上换你琵琶过门。但换琵琶过门，亦要看唱片内容和时间性，她唱片内容很丰富，你多弹花过门，反而要妨碍书中情绪，听书者主要是听书，不能喧宾夺主。其次，她有足够配合书情又好又多的调子，你亦不能大弹花过门，妨碍她的唱，绝不能使听众注意花过门，忽略了听她的唱，分散她唱的吸引力，做事要顾到大局。我每每弹花过门，在送客的一回书将要结束时，但钟点还未到，她唱的片子与书情并不紧贴，又无好的叠句可唱，听客将要抽签还未抽的时候，这时不得不将花过门来补足唱的吸引力，她每唱一句，我即换上一个花过门，使听众要听花过门而坐住，那时帮助了整个书与唱，使听众听了非但不觉沉闷，反而感到轻快。故而听众有一句，听朱郭档只要琵琶弦子拿起来，我们就舒服了。记得有一次我们在无锡演出，无锡书场多，敌档亦多。有一天唱到快要结束时，刚巧书不紧，既无对白又无唱词，上手一个人的说表，听众不客气，倒要走了。倘然真正走得很多，就要影响明天的生意，我也不管没有唱，先将琵琶一拿，雪琴同志也很领会，她也将弦子手中一拿，听众就不走了，因此可以很紧的散场。所以艺人要了解听众的心理，不然是很吃亏的。

做到以上几点，两个人不是打成一片是办不到的。像有两回书，我搭得很少，都是朱雪琴同志的唱。虽然我开口很少，做下手的要尽到互助责任，拼命托好她，她快我也快，她慢我亦慢，她唱得有力，我弹应当更有力，她唱宛转，我应当柔糯，她突然要停，我绝不能让琵琶流出半个音来。朱雪琴的唱与我先生大大不同，她不像我先生唱时始终中气很平均，因为她是女（有妇女病的），倘今日她精神不好，弹的人亦要活变，不要去催她（就是逼她快）。或经常唱的调子，她今日唱不上，突然转低音，我亦要跟她转得快，有时她气特别短促，我琵琶来不及转而弹僵亦有，因我的过门多手法快，弹僵了半个，下半个已变正常。其实是弹坏了，但不至于使听客听出来，这样几次一来，产生新过门亦有，到最后就是弹僵，听客只当你是新过门。总之过门越多，手法越熟。有时她气足劲来，我弹得杀而响，兼有抖音，但是抖音必须一出来就便出绝，否则过头要变摇声，就不够美。有时她唱一档有劲的长篇子，我的精气神都集中在琵琶上，弹得气迸住，听众看我很轻松，其实弹得喉咙里唾沫都弹干，等她将下手唱篇甩过来，我几乎唱都唱不出，每每就出洋相。倘然不想到我们是合作，你好就是我好，怎样肯这样弹。你要夹杂一些自私或闹名利的人，就不会这样做，上手明白点还好。往往双档闹不团结，真是听众的损失，亦是艺人不顾大局，倘有了这种技术不用，也是艺术道德品质不高。虽然听众不晓得弹的人对唱的人有这样帮助，但帮助的人，也无须一定要使听众晓得，但对艺术上总是做了一桩美事。反之，有了艺术不肯帮助人，听客亦不晓得，但本人良心上亦要受到暗暗责备，艺术道德上是做了一件不美的事。

我自己晓得我很笨，每学一种东西，都是无厌烦死弄的。每一个过门，在起初练习的时候，一连就弹几十遍到几百遍，因为我耳音和记忆力都不强，恐怕要忘记，一下子就使它熟，不让它逃走。因为笨肯用功夫，这样倒变了有功夫了，现在想想笨也不算一桩坏事。朱雪琴就非常聪明，耳音也强，我每一个特色过门，她总能应付，弦子上也配合很好，但因为本身很聪明，能应付，就不肯用死工夫，故她的弦子听上去总是欠功，这也是她的缺点，所以我下手唱时受到相当影响。她的唱也合于她的个性，凭她一条好嗓子，随口唱，比如有种篇子连唱几遍，遍遍不同，而都好听。有时她唱得很好的调子，过一时竟然没有了。她唱这样活变，所以我们的过门自然也活变了。我琵琶配合她的调，因此亦是遍遍不同，有的好过门弹了没有几遍，就此永远也不弹了。有时我们的录音，共录几遍，唱词都一样，唱腔和过门都变花样，听听都是花过门，节奏就变样了。我们弹的东西，弹了一遍，往往要复原是不可能的，弹法不是刻板式，这一个过门弹完，接下来一定是弹那一个过门，你一定要一套一套的弹，那就不对了。她是活变的唱，碰到我是灵活性的弹，连过门都变得很快，这也是一件巧遇。比方我有几十个花过门，但每次弹得真正好的，亦不过两三个至三四个，你们买几张唱片听听就晓得，同样都是一连串的花过门，每张有每张的好处，这张是这几个花过门突出，那张是那几个花过门突出。所以听的人容易模糊。过门音乐字眼高低的准确，与唱的人节奏都有关系的。

我花过门的多，最先要感谢老师的基础好，其余是吸收了周云瑞和吕逸安、李念安、庞学卿诸位师兄的长处。

庞学卿的琵琶是好，唱的人很舒服。他的缺点不考究滚所谓转的轮子，而无高潮，优点是柔软"拍"音多。

吕逸安的琵琶有高潮，滚有长力，但他应的字眼并不多，而有时一直滚，听众要讨厌他的弹，虽然他也弹得好，然而要妨碍唱的人，故我晓得琵琶凭你功夫好弹得好，妨碍唱的人，听众就不能十分欢喜。

李念安琵琶算正宗，但创造力并不强，我曾经也吸收他一个过门。

周云瑞琵琶创造力特别强，但不限于"薛调"，因为他爱好的东西相当多，而调子面积也广了。他对"薛调"过门创造并不多，当时我们合作的时候，同辈算他琵琶最好，他琵琶面积很广，各种调子和大套他都会弹。他谈话中对薛筱卿的琵琶并不崇拜得五体投地，我就带科学性的问他，既然你琵琶好，怎么你没有发明新过门。他回答我，"薛调"中的过门被你先生发明光了。照这一句话听来，他对"薛调"新过门并没有尽心创造。那时他对我的琵琶很担忧，他说我耳音较次，进步又慢，因为我们感情好，他怕我不能赶上前几位师兄。照我看来学艺术要下苦功，慢点是不要紧的，可是绝对不能灰溜溜。要有钻研性，我现在有点小成就，他也为我很高兴，但他对我的愿望，我还没有达到，以后我是要尽力用功夫，不负我好友的期望。

照我内心讲，薛筱卿不愧是一个发明家，他老人家的琵琶有泼力、有高潮，又紧凑、又清楚、又灵活，有杀有软，真是有美皆备，恰到好处。指法有滚、有拍音、又有挪音，再有四个指头弹三根弦线，弹得喷松喷松。这都是有软硬功，基本功差就学不会。还有吃音，很多的字眼，吃得字眼很少，听上去简单清爽，其实弹的手与挪弦线的手指都要用相当功力。

我自己爱好听轻音乐，以及好的京戏。我也创造了一种来回双复音及两根弦线绞一绞的音，再有两句滚得不断的过门，就是说这一个过门不是弹的，完全是滚的。我还能用四个指头弹三根弦线用来回式弹成两个过门，这也是老师基础上加工创造的。

听老先生讲练琵琶的苦功，到大冷天，将弹热的手要在雪里去焐冷，然后再弹，要这样练，才能成为好琵琶。这种苦功我虽则没有尝试过，但是我在最冷的天气，一双冰冷的手搭到冷的琵琶上，右手还好，左手确是很难受，大指头搭到琵琶背后，四只指头搭到弦线上，手真是冷得有些痛，这样冷，一定要将一双手弹得热，那是经常的事。往往到了冷天，有的人弹琵琶先要在热水袋上焐暖了，方始去弹，这与老先生所说的练法恰是相反。

我的总结，要琵琶弹得好，一定要勤修苦练，孜孜不倦。要有钻研性，并要自得其乐，当它不出钱的消遣品。还要受得起打击，多吸收各人的特长，多听丰富性的音乐。练琵琶和练唱是一样的，练唱要练几小时，这样长时间的唱，唱到最后气顺了，自然调亦来了。假使今日嗓子觉得不顺，就马上停止，明日再练，硬练非但没有好处，反而要伤喉咙。练琵琶亦然如此，倘今日兴致不好，那就不必勉强。还有一点，练琵琶，琵琶上的品一定要将音排得很准确，往往不好的琵琶音不准，弹出来凹腔别调，自己也不要听，反而打消你的兴致。故而音不准，容易使你不高兴弹，我说好的琵琶，并不是指质量（要红木琵琶象牙品等等），只要音准就是好琵琶。

弦线粗细亦要注意，一定要分得清。第一根一定要细，第二根略粗一些，每三根再粗些，第四根最粗，这样音方始好听。每每有的琵琶三根弦线一样粗细，弹的时候怎能好听。有时我看见团里的琵琶弦子，先是灰尘龌龊，弦线都是断的，懒得接弦线工夫都没有，对乐器这样不爱护，学者与乐器有什么情感，怎能弹得出够美呢？欢喜弹乐器，对乐器不爱护，应当打手心。

以上是练琵琶的基本办法，再要加上艺术道德品质，再加上唱的人对唱有研究而欢喜唱，方能珠联璧合，倘然我逢不到薛筱卿老师拼档和与朱雪琴同志合作，我的琵琶亦不可能有这样的好听，这亦是时间、地点、环境配合而成功的。

1961年11月12日

（上海评弹团资料室提供）

沿着母亲的脚印行走

母亲的传记行将出版，唤起我对她光彩照人的一生的无尽回忆。无数个不眠之夜，思绪翻滚，心潮起伏，纵有千言万语，也诉说不尽三十八年刻骨铭心的母子之情。

我无限感恩我的母亲，一个为了儿子的幸福，毅然牺牲自己宝贵的青春年华的女人。印象中的母亲豁达开朗，温厚热情，为人仗义，乐于助人，一生襟怀坦荡，虚怀若谷。母亲不仅容貌出众，更富有一种高贵的气质，浑身上下都传递出阳光和活力。

回想儿时，我们母子间总是聚少离多。妈妈为了她的演艺事业，常年累月奔波于上海及长三角地区，正是这样的孜孜追求，才使她在艺术上达到了不可逾越的巅峰。我常常天真地从无线电收音机里寻觅她的身影，总因为只闻其声不见其人而大惑不解。我日夜盼望着妈妈回家后的甜蜜亲吻和“宝贝心肝”的呼唤，多么希望能享受到荡漾在母亲怀抱中的无与伦比的幸福感。母亲对我并非一味溺爱，她希望我成为品学兼优的人，所以在人格方面的培养极为严厉，这足够我受用一生。

母爱是无限的温暖，这种温暖充斥全身，充盈我的一生。记得5岁那年，母亲赴港演出，给我带回来一支漂亮的电动仿真冲锋枪，让我狂喜不已，因为当时内地还没有这么高档的玩具。扣动扳机，随着嗒嗒之声红光四射，引来无数小伙伴羡慕的眼光，这让我着实兴奋了好一阵子。可笑的是，因为是香港物品，这个玩具在“文化大革命”中也被没收了。同时收走的还有香港影星夏梦赠与我母亲的照片和一束塑料花。“文化大革命”时母亲去了五七干校，暑假里我便去干校陪伴母亲。当时她所在的所谓“先锋连”聚集了各个院团的许多演员，他们的子女也都来过暑假，干校生活虽然枯燥、艰苦，有了我们这些孩子，倒也不乏欢声笑语，大家共同享受着这来之不易的天伦之乐。

少年时，母亲便发现我有着超强的艺术天赋，她有意让我也走艺术之路，曾亲自带我去找乔奇、祝希娟、徐玉兰等老师辅导。只是我天生腼腆，以致乔奇老师批评我都不敢看着他的眼睛。我遗传了妈妈的优秀基因，可塑性及模仿力极强，记忆力尤为突出，在祝希娟老师的辅导下，只用了10分钟就能声情并茂地完整背诵高尔基的散文诗《海燕》。徐玉兰老师更是手把手地教我动作，连连夸赞我扮相好，十分契合贾宝玉的形象。遗憾的是，在去北京电视剧《红楼梦》（1987版）剧组试镜时，却因为1米78的个头而与贾宝玉角色失之交臂。几番阴差阳错，我走进了杂技马戏世界，母亲照例非常支持我。我也不负众望，取得了不错的成绩，每次出国演出我都会带礼物给母亲，她拿到礼物时笑逐颜开的样子永远留在我的记忆深处。

1977年，当母亲的艺术迎来第二个春天之际，她不幸患上了癌症，先后动了三次大手术。尽管疾病缠身，她依然把大量精力投入到她钟爱的评弹艺术之中。母亲始终不畏病魔，以极其顽强的精神与疾病抗争了十七年之久，直至生命的最后一刻。这十七年也是我陪伴母亲最长的时光。为了我的前途，母亲不顾病体沉重，鼓励我去国外发展。然而慈母在，儿岂能远行！我只能辜负母亲厚望，毅然放弃了唾手可得的大好机会。作出这个决定，我从未后悔过，因为母亲赐予了我宝贵的生命，我一定要回报母恩，全心全意地陪伴她走完生命历程，不留遗憾。

母亲的为人处世一贯得到评弹行内及演艺界的交口称赞。身为成就非凡的艺术家，她从不端架子，更不会谄上欺下，她一向平易近人，就是和里弄服务站的阿姨们都能亲密无间地交往。

母亲与生俱来的良好的艺术审美，使她在生活中和舞台上的形象总是那么典雅精致，超凡脱俗。记得蒋月泉先生、骆玉笙大师都曾邀我母亲陪同挑选衣料，设计服饰，对她的独到眼光赞不绝口。

母亲的艺术和她的形象一样，总是那么光彩夺目，气宇不凡。"朱郭档"所到之处总是叱咤风云，风靡一时。独树一帜的琴调和琴派艺术硕果累累，为评弹宝库留下了取之不尽的艺术财富，她的美名必将永远铭刻于评弹事业的丰碑之上，熠熠生辉。

某个深夜，母亲曾对我说，她是天上星宿下凡，到时终将被上天召回。我非常愿意相信这是真的，感谢上天把我送入她温暖的怀抱。母亲病重之时，我总想知道在她心中我算不算孝子，但始终不忍开口，直到她临行前的一刻对我伸出了大拇指，才使我忐忑不安的心灵得到宽慰。

伟大的文学家高尔基说："世界上一切的骄傲和光荣，都来自母亲。"我将在母亲的光环照耀下，沿着她的脚印行走一生。

衷心感谢本书作者、挚友春敏先生长久以来为传记的诞生所付出的大量的精力与劳作，致以崇高的敬意！

朱一鹤

2020年11月

后记

朱雪琴是一位伟大的艺术家，她有着过人的天赋和惊人的创造力，是《珍珠塔》脉系中唯一能够突破“沈”“薛”声腔的樊篱而屹立高峰之人。朱雪琴是第一个创立苏州弹词流派的女艺人，也是第一个打破传统观念和男下手合作并取得成功的女上手。她的弹词艺术之所以引人入胜，不仅在于弹唱的韵律之美，更在于手挥目送、声情并茂的生动表演，每当聆听其作品时，她的洒脱风姿总会油然浮现在眼前。

为这样一位艺术大家立传，我深感荣幸，亦倍感压力。

余生也晚，虽然和朱雪琴同为常熟人，却缘悭一面。唯因少年时代就迷上听书，对“琴调”喜爱至深，对这位同乡名家充满景仰之情，这是我敢于不揣浅陋，撰写传记的主要原因。

为了确保传记真实可信，必须拥有丰富详实的资料，但是在朱雪琴逝世20多年后想获得完备的资料谈何容易。两年多的时间里，我时常奔波在常熟和苏、沪之间，或登门采访相关人士，或置身图书馆内、埋首故纸堆中，个中辛苦自不待言。幸而功夫不负有心人，“挖”到了不少珍贵的资料。这些资料不仅为传记提供了重要线索，也可对流传甚广的一些错误予以纠正。例如，《评弹文化词典》朱雪琴条目就有几处错误，书中介绍“1938年夏，改名雪琴”，而事实上1934年8月《苏州明报》刊登男女说书广告时已用朱雪琴之名。有鉴于此，我在选用资料时采取审慎态度，避免受一家之言的误导，相关口述史料都尽量从其他材料中寻求印证，力求真实无误。所以，搜集、甄选资料和编制年谱永远在路上，不管花多少时间都是必要的、值得的。

从苦难的家庭到漂泊的江湖，从备受欺凌的女说书到受人尊敬的艺术家，朱雪琴"踏平坎坷成大道"，生动诠释了成大事者不仅要有过人天赋，更需要坚韧不拔的意志。这种坎坷而丰富的人生经历，为我们提供了感知时代变迁、观察评弹发展的历史窗口。因此，传记既立足于朱雪琴本人，亦旁及相关的艺人艺事，以此反映时代对艺人、艺术的影响，反观朱雪琴的个体独特性及其对评弹艺术的贡献。由于本人学识浅薄，文笔粗陋，于传记写作毫无经验可言，下笔之际总感觉力有所不逮，与朱雪琴的非凡经历和卓越成就相比，我的文字定然显得苍白无力。在此，由衷地希望读者、书迷朋友们能热情地给予指正和帮助。

《菊坛名家丛书·评弹系列》是上海评弹团和上海人民出版社联合打造的项目，我有幸从读者成为作者，首先要感谢秦建国、高博文两任团长和丛书策划、主编唐燕能先生，他们的信任、鼓励和扶持是我顺利完成写作任务的重要保证。作为一名教师，我的工作重心是教学，此外还有曲协的工作，唯有寒暑假才有大量时间用于撰写，致使交稿时间一拖再拖。对此，他们给予最大程度的宽容和理解，使我倍受鼓舞、倍加努力。

朱一鹤先生是朱雪琴唯一的爱子，也是"琴调"艺术最虔诚的崇拜者，传记的撰写离不开他的大力支持。对于众所周知的身世问题，他丝毫没有为尊者讳的狭隘观念，而是希望还原一个真实的、有血有肉的朱雪琴。每一次交谈，我都深切感受到他对母亲超越生死的感情，也感受到他遗传自母亲的乐观、豁达、豪爽的性情。每当我遇到困难或疑虑时，他总是有求必应，帮我联络采访，倾箱倒箧找寻资料，他的支持给了我极大的鼓励和动力。

在本书撰写过程中，许多珍贵的资料和信息来自上海评弹团以及上海图书馆、苏州图书馆的民国期刊报纸。此外，周希明、章绍曾、罗浩、周巍、姚勇、杨兴泉、曾康、陆栋梁等先生无私分享他们珍藏的评弹资料，上海师范大学唐力行教授带领团队编纂出版的《中国苏州评弹社会史料集成》也是不可或缺的参考资料。上述单位和个人的帮助，使我拥有了比较详细、可靠的第一手资料，在此向他们表示诚挚的谢意。同时感谢杨一麟、赵开生、吴玉荪、濮正明、程若仙、江文兰、王小燕、杨德麟、朱雪玲、陈希安、吴宗锡、秦笑侬、金声伯、彭本乐、薛惠君、周映红、邱嘉伦、蔡小娟、江肇焜等老师接受采访，为我讲述朱雪琴的生平和艺术，使她在我脑海中的形象日益深刻和饱满。

每月两次的常熟市评弹团退休艺人茶会上，张慧麟、周剑霖、高莉蓉、徐品莲、吴振扬等先生也为我提供了许多有益信息，感谢他们一直以来的关心和支持。庞志豪、王炜、金悠清、彭金良等好友多次热情相助，亲自陪同采访，感激之情无以言表。朱维德、周亚君、周天来、王映玉、沈玲莉、王昕轶等老师不厌其烦，为我答疑解惑，使传记增色出彩。给予关心帮助的还有周良、陆建华、殷德泉、潘讯、万鸣、夏煜、吴军民、黄庆元、李建国、张健、钱敏磊、顾剑峰、刘雪平、周峰、解军、陈伟春等师友以及濮院“聚桂文会”的王立、陈滢伉俪，在此一并表示感谢。

从中学时代开始，评弹就是我业余生活的重要部分。工作后加入了曲协，并在陆建华先生的支持和鼓励下主编评弹月刊，至今已坚持19个年头。如果没有家人的理解和支持，我是不可能做到这些的。在撰写本书的几年中，全家出游是一种奢望，我的业余时间几乎只剩评弹二字，家人非但没有怨言，而且全力支持。父母一如既往做好后勤保障，妻子在处理家务之余，还担任了我的助理，主动承担整理采访录音、扫描图片资料和文字录入等基础工作。从某种意义上来说，本书凝结着全家的心血与汗水。每念及此，内心感到无比的温暖和幸福。

回顾写作过程，困难与收获共存，而最大的收获是快乐！只有坚守内心的真诚，以认真执着的态度去做人处事，才能获得真正的快乐。谨以此自勉，并与正在高中苦读的女儿共勉。

2019年10月3日

于虞山南麓尚湖之畔

图书在版编目(CIP)数据

飞珠泻玉韵连风：朱雪琴传 / 陶春敏著. —上海：
上海人民出版社，2020
（菊坛名家丛书. 评弹系列）
ISBN 978-7-208-16632-5

Ⅰ. ①飞… Ⅱ. ①陶… Ⅲ. ①朱雪琴-传记 Ⅳ.
①K825.78

中国版本图书馆CIP数据核字（2020）第144399号

责任编辑 李 远
封面设计 傅惟本

菊坛名家丛书·评弹系列
飞珠泻玉韵连风
——朱雪琴传
陶春敏 著
出 版 上海人民出版社
（200001 上海福建中路193号）
发 行 上海人民出版社发行中心
印 刷 上海商务联西印刷有限公司
开 本 720×1000 1/16
印 张 26.75
插 页 7
字 数 382,000
版 次 2020年12月第1版
印 次 2020年12月第1次印刷
ISBN 978-7-208-16632-5/K·2983
定 价 116.00元